ALICE BRAUNER
HEIKE GRONEMEIER

Münter & KANDINSKY

Von der Macht der Farben
und einer fatalen Liebe

PENGUIN VERLAG

Die Briefe, die Wassily Kandinsky aus Russland an Gabriele Münter und andere schrieb, sind nach dem bis 1918 gültigen julianischen Kalender datiert. Der in Deutschland gültige gregorianische Kalender war diesem damals um 13 Tage voraus. Im Text folgen wir bei den Zeitangaben, sofern nicht anders angegeben, letzterem.

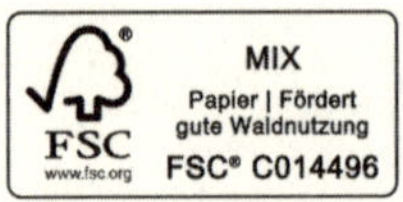

Penguin Random House Verlagsgruppe FSC® N001967

1. Auflage

Lektorat: Jürgen Bolz
Bildredaktion: Annette Baur
Bildbearbeitung: Lorenz & Zeller, Inning a. Ammersee
Umschlaggestaltung: bürosüd
Umschlagabbildung: Gabriele Münter,
Blick auf's Moos, Detail, 1909, Privatsammlung /
© VG Bild-Kunst, Bonn 2024
Satz: satz-bau Leingärtner, Nabburg
Druck und Bindung: GGP Media GmbH, Pößneck
Printed in Germany
ISBN 978-3-328-60370-2
www.penguin-verlag.de

Je größer die Verwirrung im Leben,
desto notwendiger die Klarheit in der Kunst.

Gabriele Münter

Manches ist nur in der Zukunft gut,
manches in Unmöglichkeit schön.

Wassily Kandinsky

INHALT

V BLEIERNE ZEIT

VI DER LANGE SCHATTEN DES GEFÄHRTEN

VORWORT

»Du verdienst totgeschlagen zu werden. (...) Warum räche ich mich nicht an Dir?« Große Wut und tiefer Schmerz sprechen aus diesen Worten. Sie stammen aus einem Brief, den Gabriele Münter im Juni 1903 an Wassily Kandinsky schrieb. Da kannten sich die beiden gerade einmal ein Jahr. Beim darauffolgenden Malkurs in Kallmünz werden sie endgültig zueinanderfinden – die durchaus selbstbewusste junge Künstlerin und der russische Maler, beide noch nach einem eigenen künstlerischen Ausdruck suchend, beide noch nicht auf dem Höhepunkt ihres Schaffens. Und doch stehen diese verstörenden Worte nicht nur für den schwierigen Beginn dieser dramatischen Liebe, sondern sinnbildlich für die zwölf Jahre andauernde Beziehung: eine Zeit des wechselseitigen künstlerischen Befruchtens und gleichzeitig eine des schleichenden gegenseitigen Vergiftens.

Nur zögerlich lässt sich Münter auf Kandinsky ein, diesen attraktiven Mann, der deutlich älter ist als sie und von seinem Wesen her ganz anders. Ein wankelmütiger, zögerlicher Mensch, dessen emotionale Ausschläge zwischen glühender Leidenschaft und pathetischem Rückzug in die Einsamkeit ihr alles abverlangen. Vor allem aber ist er ein verheirateter Mann, gequält von Schuldgefühlen gegenüber seiner Frau, geplagt von Verlustängsten und gleichzeitig beseelt von der Vorstellung, mit Münter zu leben und zu arbeiten.

Doch die gegenseitige Enttäuschung auf der Beziehungsebene wird in den gemeinsamen Jahren Monat um Monat wachsen. Weil Kandinsky die Scheidung hinauszögert und damit das Münter gegebene Eheversprechen. Er fühlt sich von ihr bedrängt und eingeengt, während sein ausweichendes Verhalten bei ihr zunehmend Verbitterung und Verzweiflung nährt.

Dieses Buch versucht das komplexe Geflecht, das dieses Liebesverhältnis geprägt hat, zu entwirren. Ziel ist eine zeitgemäße Lesart ohne retrospektive Projektionen, doch eingebettet in eine profunde Darstellung der gemeinsamen Geschichte im Kontext der damaligen gesellschaftlichen Verhältnisse.

Johannes Eichner, Kunsthistoriker und seit 1927 Münters Lebensgefährte, beschrieb das Paar in den 1950er Jahren als den »Zusammenschluss zwischen dem Naiven und dem Spirituellen«. Münters »unversehrte Zuversicht des Herzens« stellte er der »komplizierten Geistigkeit Kandinskys« gegenüber, ihre »unreflektierte Sicherheit der Kreatur« seiner »intellektuellen Grübelsucht«. In der Heiterkeit eines schüchternen Gemütes halte Münter die »Anmaßung des Denkens« von sich fern und sei außerstande, »Erklärungen, Begründungen, Wertungen« für ihre eigene Arbeit zu geben. Ihre Kunst sei ihrer »Einsicht und Absicht entzogen«. Gelassenheit sei ihr Grundzug, sie sei »echt und ursprungsfrisch«, »kindhaft-fröhlich«, kritikfern und spontan im Gegensatz zu Kandinskys »verquält köpflicher Einstellung«.[1] Aus dieser charakteranalytischen und kunsttheoretischen Schwarz-Weiß-Malerei, die keinem der beiden gerecht wird, sprechen der Geist der damaligen Zeit und typische Rollenzuschreibungen.

Gisela Kleine hat sich in ihrem Standardwerk *Gabriele Münter und Wassily Kandinsky. Biographie eines Paares* tief in die Beziehung der beiden hineingearbeitet, doch das Werk ist inzwischen 34 Jahre alt. Seitdem wurden einzelne Aspekte der Verbindung von Münter und Kandinsky beleuchtet, es entstanden kunsthistorische Sachbücher mit kleinen biografischen Einsprengseln, deren Fokus auf der Malerei und dem künstlerischen Aufbruch in die Moderne liegt; oder aber romanhafte Erzählungen, die diese vielschichtige intensive Verbindung trivialisieren und eine klare Rollenverteilung zwischen »gut« und »böse« vornehmen. Oftmals wird Münter dabei als »Opfer«, Kandinsky als »Täter« stilisiert, der sie durch sein Verhalten in eine Depression und Schaffenskrise stürzte. Hier die verkannte Münter, dort der verteufelte Kandinsky. Aber so einfach ist es nicht.

Wir haben intensiv über die Blaue Reiterin Gabriele Münter und ihr persönliches und künstlerisches Umfeld recherchiert und uns mit wachsender Neugier in ihr Leben und Werk vertieft. Dieses Buch fasst die Ergebnisse dieser Annäherung zusammen. Es ist der Versuch eines emotionalen, intimen Einblicks in ein faszinierendes und bisweilen tragisches Künstlerleben, das sich vielschichtiger zeigt als bislang angenommen. Von Anfang an konnten wir uns sehr stark mit Gabriele Münter identifizieren, weil viele Frauen zu allen Zeiten Ähnliches erlebt haben und heute noch erleben: das Dasein im Schatten eines berühmten, erfolgreichen, emotional fordernden Mannes. Das Sich-erniedrigt-und-wertlos-Fühlen.

Die Beziehung zwischen Münter und Kandinsky war in der Tat dysfunktional – das bestätigen sowohl die Briefwechsel aus dem Umfeld der beiden, als auch die vielen Selbstzeugnisse: Von Wassily Kandinsky sind rund siebenhundert Briefe, darunter vielfach mehrseitige, sowie Postkarten im Nachlass erhalten, von Gabriele Münter nur etwa zweihundert, dazu Notizen und Tagebucheinträge. Sie zeichnen den langen Weg nach vom erst zarten, dann drängenden Werben Kandinskys hin zu einer Bindung, in der beide künstlerisch Fesseln sprengen, sich aber der Wunsch aus den Anfangszeiten, es möge immer heiterer Himmel über ihnen sein, als Illusion erweist.

Münter war eine sperrige Person, die zuweilen Schwierigkeiten im sozialen Umgang hatte. Kandinsky ein janusköpfiger Russe mit starken Gefühlsschwankungen. Waren sie getrennt, vermisste er sie unendlich, schrieb ihr seitenlange Briefe, die vor Liebesbekundungen nur so trieften. Waren sie beieinander, gab es immer wieder Schwierigkeiten bis hin zu erbitterten Streitereien. Es war eine Liebe, die keine Erfüllung duldete, weil sie sich nie die Wirklichkeit zum Maßstab ihrer Vollendung machte. Kandinsky, seinerseits verliebt in die Idee von Liebe, konnte in jeder verwirklichten Liebe nur ein Schattenbild seiner schillernden Vorstellung derselben sehen. Münter, ihrerseits verliebt in einen zum Phantasma idealisierten Kandinsky, eilte einer Fata Morgana nach, die blass aus der Ferne lockte, im Augenblick des Greifbarwerdens aber nur ernüchtern konnte. Einer Liebe, die zu keinem Zeitpunkt in Zusammenhang mit ihrer Verwirklichung steht, ist die Enttäuschung als Signatur eingeschrieben. Von dieser Signatur, die sich aus den Namen Münter und Kandinsky zusammensetzt, erzählt das Buch.

Eine Betrachtung von Kandinsky vor dem Hintergrund von Münters Biografie kann ihre Leistung als Künstlerin keinesfalls schmälern. Im Gegenteil: Frauen in der Kunst werden bis heute oftmals unterschätzt. Das ist nichts wirklich Neues. Neu allerdings ist die Anerkennung, die Gabriele Münter in jüngster Zeit erfährt – ihre Bilder erzielen mittlerweile zum Teil siebenstellige Summen auf internationalen Auktionen. Gabriele Münter in all ihren Facetten zu zeigen, heißt deshalb auch, die Beziehung zu Kandinsky nicht als Scheitern weiblicher Emanzipation, sondern als Ausdruck ihrer Unbeugsamkeit zu begreifen. Münter ist die Wertschätzung, die sie verdient hätte, lange nicht zuteilgeworden. Aber war das so, weil sie zu lange im Schatten des »großen« Wassily Kandinsky stand? Oder hat nicht gerade er ihre Wandlung vom impressionistischen Abmalen zu expressionistischen Höhenflügen gefördert? Münter selbst sagte später über ihren ehemaligen Lehrer und seine Rolle in ihrer künstlerischen Entwicklung: »Alle meine Bilder stellen Momente meines Lebens dar, flüchtige, visuelle Augenblicke, meist rasch und spontan hingeworfen. Aber Malen ist wie plötzlich in tiefes Wasser springen, und ich weiß vorher nie, ob ich werde schwimmen können. Was Kandinsky mich lehrte, war eben die Technik des Schwimmens, das heißt (…) mit genügend Selbstvertrauen zu malen, um solche Augenblicke des Lebens rasch und ungezwungen festzuhalten.«[2]

Gabriele Münter war im Kontext ihrer Zeit progressiv und emanzipiert. Auch dank des Erbes ihres Vaters, das ihr die Ausbildung an privaten Akademien wie Kandinskys Malschule Phalanx ermöglichte. Aber eben »emanzipiert« im damaligen Sinne. Wer die Bemühungen um die Eigenständigkeit einer Künstlerin wie Gabriele

Münter zur Darstellung bringen will, sollte also nicht der Versuchung erliegen, sie durch die Linse zeitgenössischer Emanzipationsbewegungen zu betrachten. Heute mag es niemanden verwundern, wenn ein Kunstwerk von einer Frau signiert ist. Doch zu Zeiten des *Blauen Reiters* war schon der bloße Akt, aus Gründen der beruflichen Selbstverwirklichung als freie Künstlerin zum Pinsel zu greifen, ein emanzipatorischer. So kann Münters Malerei auch als Ausdruck des Triumphes weiblicher Selbstbestimmung über den männlichen Blick auf die Welt gewertet werden.

Dass Gabriele Münter unabhängig davon eine Ehe nach bürgerlichem Vorbild mit Kandinsky anstrebte, macht sie nicht minder selbstbestimmt. Vielmehr war das Ausdruck der gesellschaftlichen Strukturen der Belle Époque, denen sie trotz allen Aufbäumens unterworfen war. Ohnmächtig stand Gabriele Münter diesen Strukturen jedoch nicht gegenüber. Nicht im Mindesten! Statt sich mit der ihr aufgezwungenen Rolle abzufinden, statt sich in Passivität und Resignation angesichts patriarchaler Weltmuster zu flüchten, brachte sie ihr künstlerisches Können zur Entfaltung.

Die Erwartungen, die Vorbehalte und der Widerstand, gegen die Gabriele Münter ankämpfen musste, waren andere als heute. Doch das schmälert ihre Leistung für die selbstbestimmten Lebensperspektiven von Frauen nicht. Neben Paula Modersohn-Becker, Käthe Kollwitz, Marianne von Werefkin und anderen war Gabriele Münter eine jener Künstlerinnen, die den Keim legten, den heutige Emanzipationsbewegungen in der Kunst zur Reife bringen wollen. Auf den Schultern dieser Frauen stehen inzwischen ganze Generationen von Künstlerinnen. Nicht zuletzt auch diesem Erfolg will das Buch ein Denkmal setzen.

Alice Brauner und Heike Gronemeier
Berlin/München, im Sommer 2024

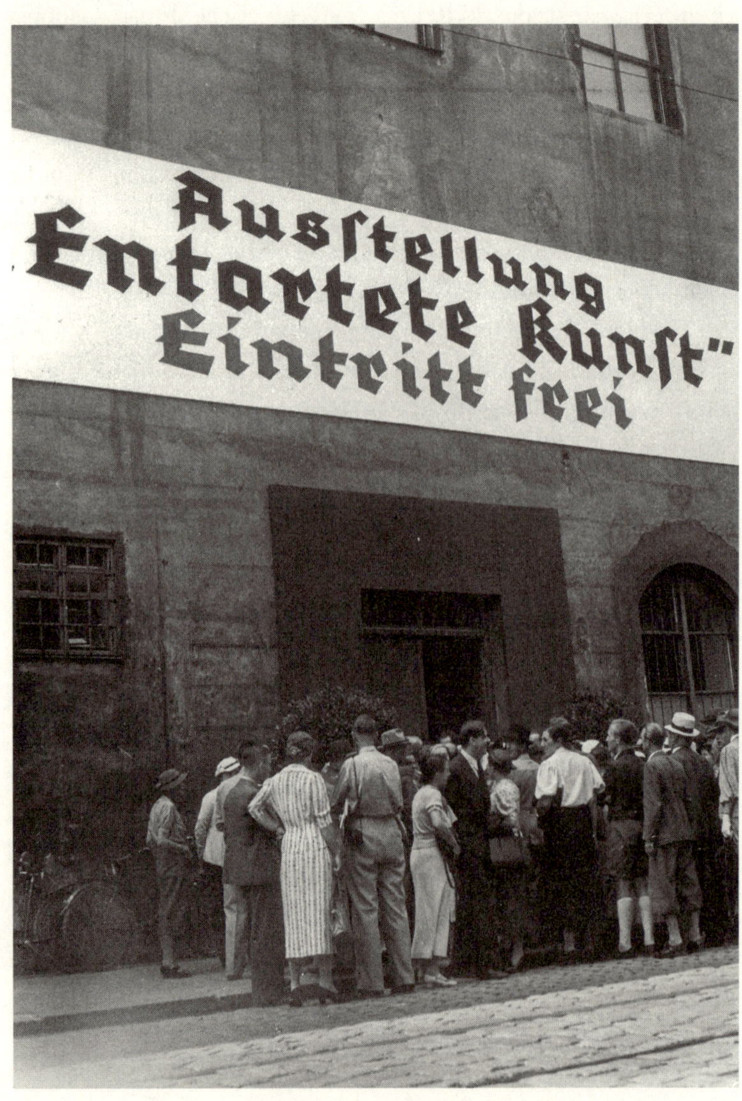

Nicht nur in München stehen die Menschen Schlange,
um einen Blick auf »entartete Kunst« zu werfen.

PROLOG

Am 19. Juli 1937 eröffnet im Archäologischen Institut in den Münchner Hofgartenarkaden eine Ausstellung, in die gleich am ersten Tag 30 000 Besucher strömen. Von Dezember an werden die 650 Exponate von mehr als hundert Künstlern, konfisziert aus 32 deutschen Museen, als Wanderausstellung in zwölf weiteren Städten gezeigt. Zwei Millionen Menschen wollen sehen, was die nationalsozialistische Propaganda als »entartete Kunst« deklariert. In seiner Eröffnungsrede dröhnt Adolf Ziegler, Präsident der Reichskammer der bildenden Künste: »Sie sehen um uns herum diese Ausgeburten des Wahnsinns, der Frechheit, des Nichtskönnertums und der Entartung. Uns allen verursacht das, was die Schau bietet, Erschütterung und Ekel.« Seit 1933 waren deutsche Museen gezielt von allem »gesäubert« worden, was das »gesunde Volksempfinden zersetzen« könnte, was die Nazis als »undeutsch« und »jüdisch-bolschewistisch« diffamierten. An die 20 000 Werke waren bis dahin aus Museumsbeständen beschlagnahmt worden, Arbeiten von weit über tausend Künstlern galten als »entartet«, viele von ihnen hatten Berufsverbot. Eisenbahnzüge hätten nicht ausgereicht, um die deutschen Museen von diesem Schund auszuräumen, so Ziegler.[1]

Betroffen sind alle Stilrichtungen moderner Kunst seit der Jahrhundertwende: Impressionismus, Expressionismus, Dadaismus, Konstruktivismus, Kunst des Bauhauses, abstrakte Kunst, Neue Sachlichkeit, Surrealismus, Kubismus, Fauvismus und Futurismus. Vor allem über Künstler des Expressionismus hatten sich schon seit Längerem Hohn und Spott ergossen. »›Der Blaue Reiter‹. Einst war er das Wahrzeichen jener Ultras, die sich 1912 um den Russen Kandinsky scharten, mit dem erhabenen Ziel, die Kunst in Deutschland zu allen Hunden zu hetzen. (…) Jene Meister, die noch den Heilskelch

Deutscher Kunstüberlieferung durch die verpestete Zeit tragen (…) werden uns helfen, dass eines Tages der Spuk des Blauen Reiters in alle Winde verfliegt«, hatte die völkische Deutsche Kunstgesellschaft bereits 1930 verlauten lassen.[2] Diese Auffassung sollte sich durchsetzen, auch wenn Joseph Goebbels noch bis ins Jahr der Ausstellungseröffnung versucht hatte, den Expressionismus als »nordische Kunst« zu deklarieren, weil sie so kraftvoll und revolutionär sei – und sich besonders gut im Ausland verkaufen lasse, weshalb die deutschen Vertreter dieser Richtung das internationale Ansehen des Landes mehren könnten.

In den Hofgartenarkaden drängen sich die Besucher durch neun Räume auf zwei Stockwerken, jeder einer anderen »Entartung« gewidmet. Aktgemälde von Max Ernst oder Ernst Ludwig Kirchner werden als »Verhöhnung der deutschen Frau« gebrandmarkt, und sakrale Motive von Emil Nolde, Max Beckmann oder Karl Schmidt-Rottluff verunglimpften angeblich die christliche Religion. Über den größten Teil der Ausstellung lesen die Besucher im Leitfaden zum Rundgang: »Dieser Abteilung kann man nur die Überschrift ›Vollendeter Wahnsinn‹ geben. (…) Auf den Bildern und Zeichnungen dieses Schauerkabinetts ist meistens überhaupt nicht mehr zu erkennen, was den kranken Geistern vorschwebte, als sie zu Pinsel oder Stift gegriffen.«[3]

Unter den Besuchern ist auch Gabriele Münter. Es ist eine schmerzhafte Begegnung mit der Vergangenheit, mit den Weggefährten des *Blauen Reiters* und mit ihrer großen Liebe Wassily Kandinsky. Sie steht vor Alexej Jawlenskys *Mädchen mit grüner Halskette/Kleines Kind* (1908) und der *Sizilianerin mit grünem Schal* (1912), vor Franz Marcs *Turm der blauen Pferde* (1913) und *Zwei Katzen in Blau und Gelb* (1912), vor Werken von Paul Klee, Alfred Kubin und Heinrich Campendonk. Sie sieht Druckgrafiken von Kandinsky, *Zweierlei Rot*, das im Jahr ihrer letzten Begegnung entstanden war und *Improvisation X*, das 1910 auf der zweiten Ausstellung der Neuen Künstlervereinigung München zu sehen gewesen war. Das Bild war der Auftakt für den künstlerischen Weg des Gefährten in die Abstraktion. Schon damals hatten Publikum und Presse über wüste Farbkleckesereien gespottet, später die *Blauen Reiter* »Verräter am deutschen Geist« genannt, jetzt waren Ausschnitte von Kandinskys Bildern an die Wände der Ausstellungsräume gepinselt, um den Besuchern klarzumachen, dass ein paar schwarze Linien mit bunten Flächen dazwischen keineswegs als Kunst zu verstehen seien.

Dass ihre eigenen Werke als einzige aus dem Kreis des *Blauen Reiters* nicht zu sehen sind, liegt daran, dass kein deutsches Museum bis dahin eines ihrer Bilder erworben hatte. Es liegt daran, dass sie in der Wahrnehmung als Künstlerin im Schatten ihrer männlichen Malerkollegen steht – einzig ein Werk von Paula Modersohn-Becker ist in München zu sehen. Es liegt daran, dass ihre Bilder aus der Zeit des *Blauen Reiters*, die Wahl ihrer Motive und vor allem ihre Hinterglasbilder eine gewisse »Volkstümlichkeit« vermittelten, man ihnen einen naiven Realismus zuschrieb, eine weiblich-naive schlichte Sicht auf die Welt, in der das Gegenständliche sich nicht wie bei Kandinsky aufgelöst hatte. Und es liegt auch daran, dass der Galerist Herwarth Walden, der in den Jahren vor dem Ersten Weltkrieg der Avantgarde in seiner »Sturm«-Galerie eine Plattform gegeben hatte, Gabriele Münter 1923 wegen eines Rechtsstreits von der Liste »seiner Künstler« gestrichen hatte. Für die nationalsozialistische Propaganda war Walden einer jener »jüdischen Kunsthändler«, die mit ihren Galerien zur Verbreitung dieser »Schandwerke« beigetragen hätten. Waldens Liste war eine der Quellen für die Zusammenstellung der Ausstellung »Entartete Kunst« gewesen.

Als die Nationalsozialisten am 31. Mai 1938 das »Gesetz über die Einziehung von Erzeugnissen entarteter Kunst« auch auf Bilder in Privatbesitz ausweiten, entscheidet sich Gabriele Münter zu einem hochriskanten Schritt. Sie holt heimlich die in München bei einer

Spedition eingelagerten Werke von Kandinsky und den Malerfreunden aus dem Kreis des *Blauen Reiters* in ihr Haus nach Murnau. Der Marktflecken bezeichnet sich schon Mitte der 1920er Jahre stolz als Nazi-Hochburg, der Ort im »Blauen Land« ist braun und seit 1933 »judenrein«. »Gestern als ich vor Mitternacht nach oben ging, fand ich am Türfenster 3 Blatt Hitlerreklame, die abends um 11 angebracht [worden] war. Heute war auch ein großes Blatt im Briefkasten – es kann einem übel werden«,[4] hatte Gabriele Münter schon 1932 festgehalten und nach dem Wahlsieg der NSDAP ein Jahr später ihre eigenen Bilder aus Galerien und Depots, vor allem in Berlin, allesamt nach München bringen lassen, verpackt in zahllosen Kisten, über 900 Kilo Fracht.

Jetzt löst sie vorsichtig Leinwand um Leinwand aus den Rahmen, die sie zu Brennholz zerkleinert. 139 Ölgemälde sind es allein von Kandinsky, dazu kommen über 280 Aquarelle, Temperabilder und Zeichnungen, Dutzende grafische Blätter, Hinterglasbilder und Skizzenbücher aus der Zeit vor 1914. Eingerollt in Packpapier überdauert das gesamte Frühwerk Kandinskys im Keller ihres Hauses in einer Zinktonne, die Gabriele Münter in einen versteckten Einbau geschoben hatte, vor neugierigen Blicken geschützt durch Vorratsregale mit Einmachgläsern. Es übersteht die Einquartierung Ausgebombter und den Beschuss von Zügen und der nahe gelegenen Bahnlinie durch Tiefflieger. Doch als die Amerikaner Ende April 1945 vorrücken, kursieren schnell Gerüchte, dass sie Häuser beschlagnahmen würden, um darin ihre Offiziere unterzubringen. Den Bewohnern bliebe nur eine Viertelstunde Zeit, das Nötigste zu packen.

Tatsächlich trommeln am 30. April um zwei Uhr nachts amerikanische Soldaten an die Tür des Hauses in der Kottmüllerallee. Mit einer Kerze in der Hand habe sie geöffnet, hält Gabriele Münter in ihrem Tagebuch fest: »Zwei Pistolen, wir mussten ihnen das ganze Haus und die Keller zeigen, immer bedroht, scheußlich.« Zwei Tage später, am 2. Mai, gibt es gleich vier Hausdurchsuchungen: »Sämtliche Soldatenschnüffler sind dumm an der Remisentür vorbeigegangen. Noch keiner hat sie bemerkt.«[5] Drei Mal interveniert sie bei den Amerikanern, erklärt, wer sie ist, und legt ein englischsprachiges Buch aus dem Jahr 1914 vor, in dem sie als Mitbegründerin des *Blauen Reiters* geführt wird und mit zwei Bildern vertreten ist, Kandinsky mit vieren, gefeiert als »pure Musik«[6]. Erst danach wird ihr Haus und damit unwissentlich auch der »Millionenkeller« unter Schutz gestellt und von weiteren Durchsuchungen ausgenommen. Noch mehr als ein Jahrzehnt lang wird niemand erfahren, was hier unten lagert. Selbst als die moderne Kunst längst wieder rehabilitiert ist, wird Gabriele Münter nicht eines der Werke aus der Remise auf den Markt bringen, nicht einmal ein Skizzenblatt. Und das, obwohl sie jahrelang nahe dem Existenzminimum lebt und sogar den Verkauf des Hauses in Betracht zieht, in dem sie und Kandinsky so viele glückliche Stunden verbracht hatten.

Schon während des Krieges hatte sie den Rasen im Garten umgestochen, um Zuckerrüben und Mais anzubauen, hatte händeringend versucht, an Bezugsscheine für die Erteilung von »Spinnstoffwaren« oder einem Paar Schuhe zu gelangen und Freunde und Verwandte um Lebensmittel gebeten. Pilze und Beeren aus dem Wald, von Schnecken zerfressener Weißkohl aus dem Garten, der für den Winter gedörrt wurde, halfen gegen die Not, nur selten war etwas Fleisch von der Freibank auf den Tisch gekommen. Sie malte Motive vom Staffelsee oder kleine Stillleben, Bilder, von denen sie hoffte, sie könnten von Nutzen sein, im Tausch gegen Mittel des täglichen Bedarfs. Hin und wieder gab es Anfragen für Auftragsarbeiten – ein Blumenbild oder ein Porträt zum Geburtstag etwa, für 100 Reichsmark oder einen Sack Kartoffeln.[7] Als die Heizkosten für das Murnauer Haus ihr über den Kopf zu wachsen drohten, hatte sie vorübergehend im Badezimmer einer befreundeten Künstlerin in München gehaust.

Nach dem Krieg war die Lage kaum besser geworden. Zeitzeugen erinnern sich noch an die zierliche Frau mit dem grauen

Pagenkopf, die mit Hut, abgewetztem Mantel, Gehstock und einer großen viereckigen Tasche durch Murnau gelaufen sei: Die Bauern hätten ihr manchmal etwas gegeben, Eier oder Milch und Butter, der Bäcker auch schon mal einen Laib Brot oder ein paar Semmeln. Und die Wirtin vom »Angerbräu«, das von den Amerikanern mit Lebensmitteln beliefert wurde, weil hier polnische Offiziere auf ihre Rückführung warteten, hätte sie hin und wieder umsonst dort zu Mittag essen lassen und den mitgebrachten Henkelmann aufgefüllt, damit sie auch für abends noch etwas hätte. Im Friseursalon soll die Chefin einem jungen Auszubildenden zugeraunt haben, er solle der »Frau vom Russenhaus da droben am Berg« die Haare möglichst kurz schneiden, damit sie nicht so schnell wiederkomme – sie könne nicht zahlen. Und ein anderer will sich daran erinnern, dass sie in der großen eckigen Tasche »immer a Buidl dabei ghabt« hat. »Sie hod oiwei gsogt, ihr kennts eich a Buidl raussuacha. Da Voder hod amoi zu ihr gsogt: Nimm deine Buidln wieder mit, unserne Kinder moln schener. Heid kannt ma si d'Hoar raffa. Hod jo koaner denkt, dos des amoi wos wert is.«[8]

Im Jahr 2021 knackt ein Bild von Gabriele Münter in einer Auktion in München erstmals die Grenze von einer Million Euro. Das großformatige Ölbild *Stillleben mit Madonna* (1911) erzielt damit mehr als das Fünffache des Schätzpreises. Wie viele ihrer Werke Murnauer Ladenbesitzer und Bauern seinerzeit tatsächlich ins Feuer geworfen haben, wie viele vom Tausch gegen Lebensnotwendiges noch immer in den Wohnstuben hängen, auf dem Dachboden oder im Tresor einer Bank für die Gewährung eines Kredits lagern mögen, gehört ins Reich der Spekulation und möglicherweise auch in das des Legendhaften. Der heutige Besitzer eines traditionsreichen Farbengeschäfts im Ort kann jedenfalls mit der Geschichte aufräumen, dass auch bei ihnen Bilder verbrannt worden seien. Bei seiner Großmutter Zenta hatten Gabriele Münter und Wassily Kandinsky regelmäßig Farben, Pinsel und Leinwand gekauft. Dinge, die während der beiden Kriegsphasen rationiert waren. Bilder von Münter hätte sie im Tausch gegen Malutensilien aber nie angenommen, sie hätten ihr schlicht nicht gefallen.

Solche Geschichten, in denen ein wahrer Kern stecken oder in denen manches im Rückblick dramatisch ausgeschmückt worden sein mag, haben eines gemeinsam: Sie zeigen neben den prekären Lebensumständen der Künstlerin vor allem, wie wenig anerkannt ihre Werke damals waren – und wie lange es gedauert hat, bis sich daran etwas änderte.

Zwei Jahre nach der Münchner Auktion wechselt Kandinskys Gemälde *Murnau mit Kirche II* (1910) in London für den Rekordpreis von 42,3 Millionen Euro den Besitzer. Genau wie Münters *Stillleben mit Madonna* stammt dieses Bild aus der kreativsten und künstlerisch bedeutsamsten Phase der Liebesbeziehung zwischen Gabriele Münter und Wassily Kandinsky. Weder ihre jeweiligen Lebensgeschichten noch die ihrer künstlerischen Entwicklung und damit der Aufbruch in die Moderne sind ohne den anderen denkbar.

Beide sind über die Liebe zur Kunst untrennbar miteinander verbunden, begleiten jeden Entwicklungsschritt des anderen mit kritischem Blick. Für Gabriele Münter ist Wassily Kandinsky erst Lehrer, dann Förderer und Hüter ihrer schöpferischen Begabung, und dies in einer Zeit, in der Frauen kreatives Talent weitgehend abgesprochen wird. Die Welt der Kunst ist eine Männerdomäne, von den Kritikern über die Galeristen und Museumsdirektoren bis hin zu den Mäzenen. Wie schwer sie es hatte, sich hier als eigenständige Künstlerin durchzusetzen, zeigt ein Tagebucheintrag: »Eine alleinstehende Frau – selbst von meiner Art – kann sich nie allein zur Gestaltung bringen. Andere, ›Autoritäten‹, müssen für sie eintreten.«[9]

So ist Kandinsky in den ersten gemeinsamen Jahren auch manches Mal ein Türöffner für die Gefährtin. Nach ihrer ersten Einzelausstellung mit 64 Bildern 1908 im Salon Lenoble in Köln, wo zwei Jahre zuvor Kandinsky ausgestellt hatte, werden die Werke auch im Kaiser Wilhelm Museum in Krefeld gezeigt. Die Korrespondenz des

Direktors mit Kandinsky zeigt die ganze Herablassung, mit der man Künstlerinnen damals begegnet: »Sie glauben gar nicht, wie man mit Anfragen von malenden Damen überhäuft wird. Daher halte ich mich in solchen Fällen sehr zurück. Ich ließ mir aber zur Probe zwei Bilder des Fräulein G. Münter von Lenoble kommen und finde zu meiner Freude, dass hier einmal etwas Gutes von einer Dame geleistet wird. (...) Ob für die Dame ein finanzieller Erfolg dabei herauskommt, ist natürlich im Voraus nicht zu sagen.«[10] Und noch Jahre später, als sie international längst anerkannt ist, muss Münter feststellen, dass die bloße Anwesenheit des Lebensgefährten mehr Besucher in eine ihrer Ausstellungen zu locken vermag als ihre eigene.

Für Kandinsky ist »die malende Dame« Schülerin, Muse und wichtige Gesprächspartnerin beim Beschreiten neuer Wege in der Malerei. Dieser Austausch, ihre Anregungen und ihre teils unverblümte, teils vorsichtig verpackte Kritik haben dazu beigetragen, dass er sich weiterentwickelte: »Sehr schön ist Deine Madonna, lieber Meister (...) es scheint mir fein komponiert. (...) Nun, die Hauptsache wird ja wohl die Farbe sein, die mich vielleicht mit den unangenehmen Verzeichnungen aussöhnen würde«, schreibt sie ihm im Herbst 1905.[11] Selbst wenn er manches Mal aufstöhnt, dass sie nicht bei jeder seiner Arbeiten Höchstleistungen verlangen könne, dass sie ja nie zufrieden mit ihm sei, wird er Jahrzehnte später, als die Beziehung lange schon in Trümmern liegt und die Welt durch zwei bittere Kriege gegangen ist, an Hilla von Rebay, die Gründungsdirektorin des heutigen Guggenheim-Museums in New York schreiben, dass »die Jahre mit Münter seine allerbesten« gewesen seien und er nie wieder so intensiv und kreativ habe arbeiten können.[12] Auch seine wichtigste theoretische Abhandlung *Über das Geistige in der Kunst* entsteht in den gemeinsamen Jahren, ebenso der *Almanach* des *Blauen Reiters*. Gabriele Münter hat ihren Lebensgefährten in all diesen Gedanken und Ausführungen bestärkt und mit ihrer Geradlinigkeit und ihrem Elan beharrlich versucht, ein stabiles Gegengewicht zu formen, wenn bei ihm Selbstzweifel und Stimmungsschwankungen die Oberhand gewannen. Ohne sie ist diese wichtigste und innovativste Schaffensphase von Wassily Kandinsky nicht denkbar. Gleiches gilt umgekehrt. So hat er kaum eine Gelegenheit ausgelassen, um sie zum Arbeiten zu motivieren, felsenfest von ihrer Begabung überzeugt und davon, dass sie größte Anerkennung verdiene. »Ich liebte von Anfang an dein Talent, und ich werde es immer lieben, und vielleicht bin ich bis jetzt der Einzige, der seinen Rang begreift«, schreibt er ihr 1916.[13] Er bewundert ihre feine Linie, die leuchtende Kraft ihrer Farben, die Sicherheit, mit der sie ihre Motive wählt. Ihre Bilder seien die gelungensten im neuen expressionistischen Malstil gewesen. Heute gelten sie als die bedeutendsten in ihrem umfangreichen Œuvre, sodass andere Facetten oft dahinter zurücktreten, die zeigen, wie mutig sie Neues ausprobiert und damit wiederum auch Kandinsky beeinflusst hat.

Der Großteil der Werke, die uns vor Augen treten, wenn wir heute die Namen Münter und Kandinsky hören, entsteht in den gemeinsamen Jahren von 1902 bis 1914. Während sie künstlerisch Fesseln sprengen, durchlaufen sie als Paar Höhen und Tiefen, bewegen sich phasenweise in einem emotionalen Spannungsfeld, das man heute toxisch nennen würde. Oder, wie Wassily Kandinsky es ausdrückte: »Wie du mich glücklich machen kannst. Und wie du mich quälen kannst.« Es ist ein Satz, der auch aus der Feder von Gabriele Münter stammen könnte.

I
NEUE WELTEN

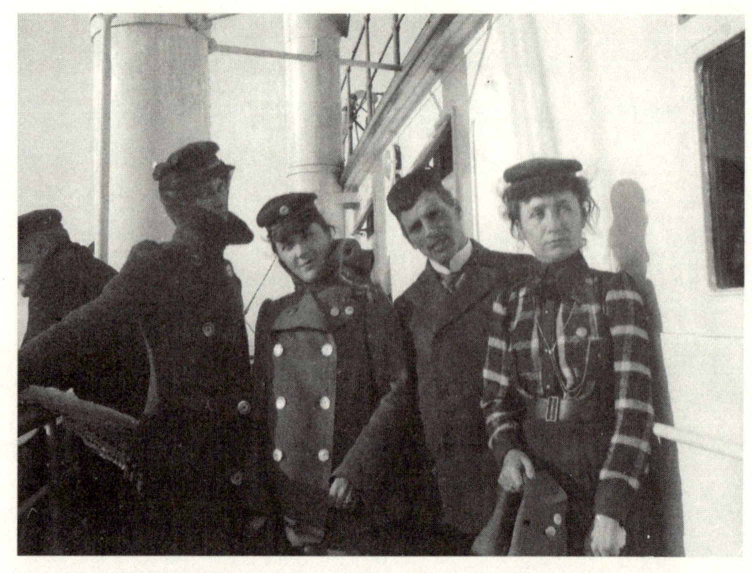

Die Neue Welt lockt: Gabriele (rechts) und Emmy Münter (Mitte) mit weiteren Passagieren an Bord der *Pennsylvania*.

LEINEN LOS!

Schön war die Freiheit in der unendlichen Natur.
Und lustig waren die guten Menschen.

GABRIELE MÜNTER

Am späten Vormittag des 29. September 1898 besteigen zwei junge Frauen mit Hut, gestärkten Blusen, dunklen Röcken und doppelreihig geknöpften Mänteln im Matrosenlook in Rotterdam die *Statendam*. Der luxuriöse Ozeandampfer in Diensten der Holland-America-Line, auf dem über 2000 Passagiere Platz finden, ist nur wenige Monate zuvor im nordirischen Belfast vom Stapel gelaufen und gerade von seiner Jungfernfahrt zurückgekehrt. Für die Werft Harland & Wolff, die später auch die *Titanic* bauen wird, ist der Dampfer das bis dahin größte Schiffsbauprojekt.

Knapp 160 Meter lang und 18 Meter breit ist die *Statendam*, mit eigenen Promenadendecks für Reisende der ersten und zweiten Klasse, während die der dritten im Bauch des Schiffes ausharren müssen. Die Kabinen, die die beiden Frauen beziehen, Nummer 152 und 154, sind komfortabel ausgestattet, der Ozeanliner selbst bietet allen erdenklichen Luxus der Zeit: elektrisches Licht, Flure mit Teppichboden, holzvertäfelte Salons mit gepolsterten Sitzgruppen, verspiegelte Bars, in denen zahllose Spirituosen locken, Rauchsalons mit Humidoren, man speist von edlem Porzellan auf Damastdecken, beschienen von funkelnden Kronleuchtern.

Zwölf Tage wird die Überfahrt dauern. Ziel der beiden Frauen ist New York. Von dort aus wollen sie zwei Jahre lang das Land bereisen, in dem ihre Eltern einst gelebt haben. Rund 7000 Kilometer mit dem Zug, dem Planwagen, zu Pferd. Es ist ein ungewöhnliches Unterfangen für zwei junge unverheiratete Frauen, das eine gehörige Portion Mut und Abenteuerlust erfordert. Gabriele Münter, genannt »Ella«, ist 21 Jahre alt, ihre Schwester Emmy 29.

Hinter ihnen liegen schwere Jahre. Der Vater ist seit zwölf Jahren tot, gestorben mit gerade einmal 59 Jahren an einem Herzinfarkt, der älteste Bruder, August, war ihm nicht einmal ein Jahr später, im Januar 1887, gefolgt, die Mutter haben sie vor einem Dreivierteljahr beerdigt. Seitdem verwaltet Carl Theodor »Charly«, der Zweitgeborene, das ererbte Vermögen, aus dem die Schwestern nun eine Leibrente beziehen. Mit dem Tod der Mutter, die schon seit Längerem kränklich gewesen war und nach dem schmerzlichen Verlust erst des Ehemanns und dann des Erstgeborenen kaum noch das Haus verlassen hatte, war für Ella die letzte Säule in einem über die Jahre immer brüchiger gewordenen Familiengefüge eingestürzt. Wilhelmine war eine starke, unkonventionelle Frau gewesen, zupackend und furchtlos. Auch wenn sie nicht zu emotionalem Überschwang oder besonderer Zärtlichkeit neigte, hält die Tochter Jahrzehnte später rückblickend fest, »hingen wir [alle] sehr an ihr – sie lebte nur für uns«[1]. Sie war der ruhende Pol in den vergangenen Jahren gewesen, die von Umzügen und Neuanfängen geprägt waren. Innerhalb kurzer Zeit drei geliebte Menschen zu verlieren, öffnet den Blick in den Abgrund, erschüttert den Glauben an die Verlässlichkeit der Welt.

Vor zwei Wochen erst hatten die Geschwister die letzte gemeinsame Familienwohnung in Koblenz aufgelöst, und die Möbel bei einer Spedition einlagern lassen. Kurz zuvor war ein Brief aus Amerika angekommen. Vier Schwestern der Mutter lebten mit ihren Familien noch in den Staaten, ihre Kinder und Enkel arbeiteten als Farmer, Handwerker und Bankiers in verschiedenen Bundesstaaten. Schon vor Jahren hatte die Mutter Emmy versprochen, dass sie eines Tages die Verwandten in jenem Land besuchen dürfe, dessen Pioniergeist sie selbst so sehr geprägt hatte. Nach ihrem Tod schien das in weite Ferne gerückt, bis die Einladung von Tante Caroline aus Arkansas eingetroffen war. Für Emmy ist es die Erfüllung eines lang gehegten Traums, ein letzter Ausbruch vom vorgezeichneten Weg von der »höheren Tochter« zur »guten Partie«. Das Leben in Koblenz, das vornehmlich aus Bällen, Reitstunden, Sticknachmittagen mit Freundinnen, etwas Musizieren und Übung in gepflegter Konversation bestand, hatte sie zunehmend gelangweilt. Einen Beruf zu erlernen, um selbst für sich sorgen zu können, galt in bürgerlichen Kreisen als unschicklich und indirektes Eingeständnis, nicht über eine ausreichende Mitgift zu verfügen und keinen Mann finden zu können. Dass sie eines Tages heiraten und Kinder bekommen würde, stand für Emmy außer Frage. Aber die Verehrer, die bisher um sie geworben hatten, empfand sie als ebenso fad, wie das Leben in Wartestellung. Wie viel verlockender erschien da Amerika!

Charly, über Nacht zum Familienoberhaupt geworden, hatte allerdings Bedenken, falls Emmy allein auf die große Reise gehen würde. Er kannte seine schöne, etwas flatterhafte Schwester, immer auf einen großen Auftritt bedacht, umschwärmt und keinem Flirt abgeneigt, und dabei in einem Alter, in dem andere Frauen längst in den vermeintlich sicheren Hafen der Ehe eingelaufen waren. Ella, die manchmal zu schwermütigen Grübeleien neigte, eher in sich gekehrt war und sich in ihren Büchern oder hinter ihrem Skizzenblock vergrub, würde die ältere Schwester erden und durch die Reise vielleicht selbst ein wenig aus ihrem Schneckenhaus hervorgelockt werden. Vor allem aber brauchte sie eine neue Perspektive.

Es war Charlys Idee gewesen, sie nach dem Ende des Lyzeums im Mai 1897 nach Düsseldorf zu schicken, damit sie dort an einer privaten Kunstschule etwas Zeichenunterricht nehmen konnte. Nicht etwa, weil er erkannt hätte, dass eine große künstlerische Begabung in der »kleinen Mü« steckte, sondern weil er die Beschäftigung mit etwas Schöngeistigem als sinnvoll betrachtete, damit sie sich zu Hause, so ganz ohne Pflichten, nicht langweilte. Das Klavierspielen, die vielen Besuche von Oper und Theater, an denen Ella so große Freude hatte, reichten als Zeitvertreib nicht aus. Und im Übrigen würde eine gewisse Kunstsinnigkeit und Handfertigkeit ihre Attraktivität als zukünftige Ehefrau zweifelsohne erhöhen. Emmy etwa dekorierte mit Begeisterung weißes Porzellan mit bunten Blumenranken oder bestickte Kissen und Tischdeckchen mit kunstvollen Ornamenten. Während sie dafür aber eine Vorlage verwendete, und den Stich nur dort und in der Farbe setzte, wie es angegeben war, wollte Ella, das »alte Malhuhn«, wie Emmy sie manchmal nannte, mit ihren Zeichenstiften die Welt festhalten, wie sie selbst sie sah.

Doch die Kurse, die sie in Düsseldorf belegt hatte, waren eine frustrierende Erfahrung gewesen. Zunächst hatte sie von Mai 1897 an ein Semester lang Privatunterricht bei Ernst Bosch, einem Porträt- und Genremaler, im Herbst war sie in die »Damenklasse« des Malers und Lithografen Willy Spatz gewechselt. »Der Betrieb dort war enttäuschend öde. Ich verließ ihn nach etlichen Wochen, anlässlich des Todes meiner Mutter«[2], schreibt Gabriele Münter rückblickend über ihre Zeit in der Akademiestadt. Der Ruf der königlich-preußischen Kunstakademie, an der im 19. Jahrhundert Maler und Bildhauer studierten, die unter dem Qualitätssiegel »Düsseldorfer Schule« ihre Werke vermarkteten, oder der des Künstlervereins Malkasten, dem Bosch angehörte, war ausgezeichnet. Nur dass Frauen im Deutschen Reich damals keinen Zugang zu den Akademien hatten. Sie konnten froh sein, wenn einer der lehrenden Herren ihnen gegen Geld Privatunterricht erteilte. Es scheint ein lukratives Geschäft gewesen zu sein, all die Frauen zu unterrichten, die mit ein bisschen Kunst vermeintlich nur das Warten auf den

Ehemann überbrücken wollten: »Man kann gar nicht so absolut kein Talent haben, als dass man nicht in irgendeine Damenschule aufgenommen würde«, lästerte Fritz von Ostini, der Mitbegründer der Zeitschrift Jugend. Und sein Zeitgenosse, der Publizist Karl Scheffler, beschied Frauen, sie würden über keinerlei künstlerische Begabung verfügen, sondern könnten als »geborene Dilettantinnen« – wenn überhaupt – nur imitieren, aber selbst nichts Kreatives erschaffen.[3] Der Unterricht in den »Damenklassen« dürfte vielfach entsprechend uninspiriert abgelaufen sein. Auch Ella klagte in ihren Briefen, das einzig Anregende sei die Gesellschaft mit anderen Frauen gewesen, »wir singen und pfeifen und schwatzen fast in einem fort«[4].

Sie kannte die opulent ausgestalteten pathetisch-romantisierenden Ölgemälde ihrer beiden Lehrer, ihre bukolischen Darstellungen des dörflichen Lebens, noch ganz dem Stil der Romantik verhaftet, ihre monumentalen Heldenszenen und Triptychons mit biblischen Motiven. Ihre Werke waren bis ins kleinste Detail ausgearbeitet, sie sollten den Betrachter ergreifen, seine empfindsame Saite zum Klingen bringen. Und mit diesem Anspruch unterrichteten sie ihre Schülerinnen im Zeichnen. Doch Ella wollte ihre Zeichnungen nicht kleinteilig ausschmücken und damit in ihren Augen verkitschen, sondern mit wenigen Linien erfassen, was ihr wesentlich erschien. Es ging im Kern bereits darum, nicht möglichst naturgetreu abzubilden, was sie sah, sondern die Essenz des Gesehenen herauszufiltern, den Blick darauf zu fokussieren.

Sie hatte Heimweh und das Gefühl, an den gestellten Aufgaben ihrer Lehrer zu scheitern. Ornamente nachmalen, Flächen mit feinsten Strichen und in unterschiedlichen Schwarz- und Graustufen zu schattieren, die Arbeit mit Wischkreide – vieles davon sei ihr »mit Erfolg vorbeigelungen«, »Kunstwerke« seien dabei kaum herausgekommen, schreibt sie an ihre Mutter. »Die anderen haben sehr hübsche Sachen [gemacht], ich bin aber zu dumm für sowas!«[5] Wilhelmine mahnt zu Geduld: »Dass Du aber gleich den Muth sinken lässt, weil die Damen im Atelier mehr können wie Du ist doch unvernünftig. Die werden auch wahrscheinlich schon länger dabei sein. Du wirst schon noch was lernen, wen Du fleißig bist.«* [6] Fleiß war ganz sicher keine ihrer Stärken; sie sei begabt, aber nicht strebsam, hatten schon die Lehrer am Lyzeum geurteilt.

Trotz der frustrierenden ersten Erfahrungen in Düsseldorf hatte sie im Frühsommer 1898 nach dem Tod der Mutter einen zweiten Anlauf bei Willy Spatz gewagt – und war nach kurzer Zeit in tiefe Resignation versunken. Das Einzige, was ihr Spaß gemacht hatte, war das Modellieren von Köpfen gewesen und das Gestalten von Masken aus Ton. Das Herausarbeiten plastischer Konturen entsprach genau dem Ansatz, mit dem sie auch zeichnete: Schnell hingeworfene Skizzen, die bei ihrem detailverliebten Lehrer auf Kopfschütteln stießen. Gemessen an dem, was Spatz von ihr fordere, müsse sie gleich einen zehnfachen »Malkater« haben, wenn sie sich ihre Arbeiten ansehe, hatte sie Charly geschrieben. »Ich sage mir, dass ich in 1 ½ Monaten nicht viel erreichen kann, Düsseldorf also wieder verlassen werde.«[7] Seitdem hatte sie missmutig die Zeit in Koblenz totgeschlagen. Tante Carolines Einladung nach Amerika war gerade im rechten Moment ins Haus geflattert.

Während der ersten Tage an Bord verbringt Ella viele Stunden schlafend in der abgedunkelten Kabine, sie ist seekrank. Auch Migräneattacken, unter denen sie seit Jahren leidet, machen ihr zu schaffen. Doch als sich die *Statendam* am 9. Oktober 1898 New York nähert, steht sie erwartungsvoll mit Skizzenbuch und Bleistift oben an Deck. Mehr als ein halbes Dutzend solcher Skizzenbücher hat sie in ihrem Reisegepäck verstaut, vertraute Begleiter seit vielen Jahren, angefüllt mit Porträts, Köpfen im Halbprofil, dazu Momentaufnahmen, etwa von Emmy, rauchend auf einer Chaise-

---

* In einigen wenigen Zitaten wurden sehr behutsam Schreibweisen korrigiert, um zu vermeiden, dass Abweichungen von der korrekten Orthografie die Lesbarkeit und das Verstehen beeinträchtigen.

longue oder im Kreis ihrer Freundinnen. Zeichnen ist für sie eine Form der Kommunikation, damit kann sie flüchtige Augenblicke für die Ewigkeit festhalten. Bilder bleiben, auch wenn der Moment und das Motiv selbst vergänglich sind.

Schon während der Überfahrt hatte sie gezeichnet, einen vorbeifahrenden Frachter, die Küstenlinie der Isle of Wight und einige mitreisende Passagiere, die den beiden allein reisenden Frauen ganz unterschiedlich begegnen. An Bord prallen Alte und Neue Welt aufeinander, treffen Konvention auf Emanzipation, »Das tut man nicht, schon gar nicht als Frau« auf ein: »Warum denn nicht?«

Während Ella zunächst noch schüchtern und eher beobachtend am Rand bleibt, taucht Emmy vom ersten Moment an mit traumwandlerischer Sicherheit in das Leben an Bord ein. Karten spielen im verrauchten Salon, nach dem Essen zum Tanz, umringt von Herren, die um ihre Aufmerksamkeit buhlen. Warum denn nicht die Freiheit auskosten und etwas flirten, bevor der Ehering die Unterordnung unter die Führungsrolle des Mannes besiegelte, das Einfügen in patriarchale Moral- und Wertvorstellungen? Charly mochte darüber die Augen verdrehen und zu mehr Sittsamkeit mahnen, aber sie hielt es eher mit ihrer Mutter: »Amüsiert Euch, habt's nicht eilig mit der Ehe! Sie ist nicht Antritt einer höheren Würde, sie ist Abdankung«, hatte sie ihnen immer wieder erklärt.[8]

Der Anblick von New York, den Ella jetzt auf Papier bannen will, während das Schiff langsam in den Hafen einläuft, hatte sich einst auch ihren Eltern geboten. Wie aus milchigem Dunst Ellis Island auftaucht, die Freiheitsstatue, sich dahinter die Konturen von Manhattan abzeichnen.

Ihre Mutter Wilhelmine, geboren 1835, ist neun Jahre alt, als ihre Eltern sich entscheiden, von Siglingen an der Jagst in die Vereinigten Staaten auszuwandern. Tischlermeister werden gebraucht in der neuen Welt, in New York wie in der Provinz, wo sich die Familie schließlich nach langem, beschwerlichem Treck in Tennessee niederlässt. Der Anfang ist hart, sechs Kinder müssen durchgebracht werden, drei weitere kommen in den USA zur Welt, alle müssen mit anpacken, aber Johann Gottlieb Scheuber – zum Zeitpunkt der Auswanderung immerhin schon an die vierzig – gelingt es, über die Jahre mit Holzhandel zu einigem Wohlstand zu kommen.

Wilhelmine »Minna« ist also eine gute Partie, als sie in Savannah einem neun Jahre älteren Zahnarzt mit deutschen Wurzeln begegnet. »Meine Mutter hat mir auf Spaziergängen (...) erzählt, dass sie meinen Vater zum ersten Mal gesehen hat, als sie im Schulzimmer saß am Tag ihrer Abgangsfeier. Ein junger Mann mit großen hellblauen Augen sah zum Fenster der Klasse hinein und hat ihr Eindruck gemacht«, schreibt Gabriele Münter in ihren Erinnerungen.[9] Kurz darauf habe er sie zu einer Kutschfahrt eingeladen und ihr einen Antrag gemacht. Dass er offenbar zuvor schon bei ihrem Vater vorgesprochen hatte, widersprach Minnas Selbstverständnis. Sie hatte den Eindruck, die Männer hätten eigenmächtig über sie verfügt, noch bevor sie selbst ihre Gefühle habe prüfen können.

Der junge Mann mit den hellblauen Augen ist Carl Friedrich Münter, Sohn eines Beamten im Staatsdienst aus dem westfälischen Herford. Der Familienlegende nach ein Heißsporn, so freiheitsliebend, liberal und begeisterungsfähig für revolutionäres Gedankengut, so wenig ein Blatt gerade bei politischen Äußerungen vor den Mund nehmend, dass die Eltern und sein kaufmännischer Lehrherr dem rebellischen jungen Mann, der schon mal auf den Tisch sprang, um seinen umstürzlerischen Reden Nachdruck zu verleihen,[10] eine Auswanderung nahelegen. Sprich, ihn kurzerhand mit kaum mehr als ein paar Talern in der Tasche und einem Bündel Kleidung in Bremen auf einem Frachtsegler einschiffen, um einer möglichen Verhaftung vorzubeugen.

Carl lebt den amerikanischen Traum. Er jobbt als Hausierer in New York, arbeitet als kaufmännischer Angestellter in Quincy, Illinois, heiratet eine junge Witwe, die früh verstirbt und greift sofort zu, als sich eine neue Chance auftut: Ein Bekannter, ein Zahnarzt, dem er hin und wieder zur Hand gegangen war, legt ihm ein Studium der »Dental Surgery« in Cincinnati nahe. Rund zehn Jahre nach der Gründung der ersten zahnärztlichen Ausbildungsstätte 1840 in Baltimore ist Carl Friedrich Münter frisch gebackener Dentist und auf dem Sprung nach Tennessee. Über Jackson und Nashville kommt er schließlich nach Savannah, wo er Minna kennenlernt und die beiden 1857 heiraten.

Ihr Drugstore mit Behandlungsstuhl im Nebenzimmer läuft gut, zum großen Glück fehlt nur noch der Nachwuchs. Dass sie Ende 1864 alle Zelte hinter sich abbrechen und überstürzt in die alte Heimat zurückkehren, liegt an Minnas Schwangerschaft und dem Sezessionskrieg. Die Kämpfe zwischen Konföderierten und Unionisten sind bedrohlich nahe gerückt, und von der Nachbarschaft werden die Auswanderer zunehmend kritisch beäugt: »Als Kaufleute waren sie an die Bewirtschaftung der Pflanzungen nicht gebunden. Die meisten waren außerdem als politische Flüchtlinge, die an die Menschenrechte glaubten, in die Staaten gekommen. Sie erregten den Argwohn, auf Seiten der Gegner der Sklaverei, das heißt der Nordstaaten, zu stehen«, so Gabriele Münter 1960 in einem Interview.[11] Tatsächlich sind die Eltern ideologisch den Unionisten näher, auch wenn sie in ihrem Haus »Negersklaven« beschäftigt hätten, wie Münter in ihren *Erinnerungen an Amerika* festhält.[12]

In Berlin eröffnet Carl in der Beletage des Hauses Nummer 58 Unter den Linden eine Zahnarztpraxis. Und hier kommen auch endlich die ersehnten Kinder zur Welt. August im August 1865, Carl im Jahr darauf, Emmy 1869 und acht Jahre später, am 19. Februar 1877, Gabriele. Da hat der Vater die fünfzig bereits überschritten, die Mutter ist Anfang vierzig.

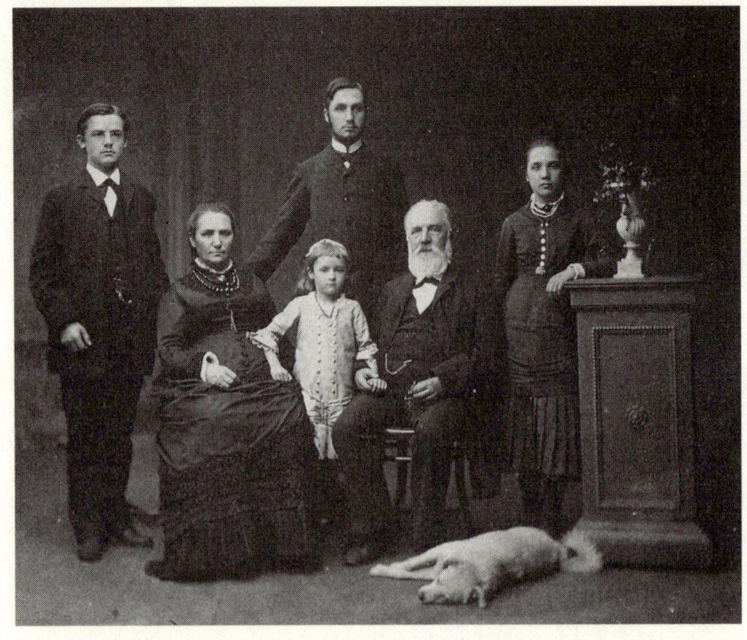

Die Familie Münter um 1882, von links nach rechts: Bruder Carl, Mutter Minna, Bruder August mit Nesthäkchen Gabriele davor, Vater Carl Friedrich und Schwester Emmy.

Nur ein Jahr nach Ellas Geburt sitzt die Familie wieder auf gepackten Koffern. Carls Renommee als einer von drei »American Dentists« in der Stadt – in der Praxis hatte sich rasch zahlungskräftige Kundschaft die Klinke in die Hand gegeben – hatte gelitten, seitdem die Behörden vermeintlichen Kurpfuschern das Handwerk legen wollten und dabei besonders im Ausland »Diplomierte« ins Visier nahmen. Dazu kamen Verluste an der Börse und das Platzen der Spekulationsblase 1873. Sie hatte die Weltwirtschaft in eine Krise gestürzt, der die Politik mit Protektionismus begegnen wollte. Doch die neuen Zölle ließen die Lebenshaltungskosten explodieren. Angesichts dieser Umstände schien ein Neuanfang in der Provinz geboten.

Minna mag es im ersten Moment wie eine Erleichterung vorkommen, als es aus dem engen gesellschaftlichen Korsett der wohlhabenden bürgerlichen Kreise Berlins mit ihren Konventionen, den opulenten Diners und der gestelzten Konversation ins beschauliche Herford, die Heimat ihres Mannes, geht.

Aber auch dort muss sie erleben, dass Frauen eine andere Rolle zukommt, als sie das aus Amerika gewohnt war. Weder in der Großstadt noch auf dem Land sind Frauen gleichberechtigt, nicht auf Augenhöhe mit dem Mann, wie sie das eigentlich in ihrem Alltag mit Carl lebt. Hier in Herford sind Frauen eine »Zierde des Mannes« und sollen ihn in seinem naturgegebenen Glanz erstrahlen lassen. Genau diese untergeordnet-demütige und vor allem demütigende Haltung möchte sie ihren Töchtern nicht vermitteln und erntet damit im Kreis der westfälischen Verwandtschaft ebenso Kopfschütteln wie zuvor in der Hauptstadt des Kaiserreichs. Hinzu kommt, dass Minna nach den langen Jahren in Amerika immer noch nicht fehlerfrei Deutsch spricht, worüber man sich in Berlin nicht nur hinter vorgehaltener Hand mokiert hatte. Hätten die Damen erfahren, dass die Frau des angesehenen Zahnarztes als junges Mädchen Schlangen auf der Veranda erschlagen hatte, vor denen die Dienerschaft entsetzt geflohen war, wäre sie ihnen wohl noch deplatzierter erschienen.

In Herford, wo Ella ihre Kindheit in einem Haus mit großem Garten direkt am Fluss Aa verbringt, eckt Minna zwar mit ihren »modernen amerikanischen Ansichten« über die Ehe und die Gleichberechtigung von Mann und Frau an, ihre anderen Qualitäten werden aber mehr geschätzt als in Berlin. Sie gilt in der Verwandtschaft trotz der Vorbehalte ihren Erziehungsmethoden gegenüber als tüchtig, etwas wortkarg und spröde, eine Frau, die den großen Auftritt um des Auftritts willen verabscheut, keinen falschen Schein kennt und die in sich ruhend klaglos all die Neuanfänge mitmacht, die ihr erst die eigenen Eltern, dann der Ehemann bescheren. Denn 1884 übersiedelt die Familie erst ins nahe gelegene Bad Oeynhausen, das gerade zum Kurort und damit attraktiv für Ärzte aus verschiedenen Fachrichtungen geworden war. Die

Hoffnung, hier seinen Patientenkreis erweitern zu können, scheint sich aber nicht erfüllt zu haben, denn noch im selben Jahr geht es in das Hunderte Kilometer entfernte rheinische Koblenz.

Der Wechsel in die deutlich größere Garnisonsstadt ist für Ella ein tiefer Einschnitt. Das Leben in der Großstadt ist ungewohnt, ihr fehlen das Draußensein in der Natur und im Garten, das Schwimmen im Fluss, vor allem aber die nur ein Jahr ältere Cousine Julie, die sie – das »weltfremde und doofe« kleine Mädchen, als das sie sich selbst sieht –, immer an die Hand genommen hatte.[13] Die Landschaft rund um Herford zwischen dem Teutoburger Wald und dem Wiehengebirge, Sinnbild des Schwermütigen, des Dunklen, Geheimnisvollen und Deutschen, das August Macke später in ihrer Malerei erkennen wird,[14] bleibt zeitlebens die Gegend, in der sich Gabriele Münter am tiefsten verwurzelt fühlt. Jetzt ist sie aus allem herausgerissen, zwei Schulwechsel innerhalb kurzer Zeit kappen gerade geknüpfte Bande zu Gleichaltrigen, und nur zwei Jahre später stirbt ihr Vater.

Sein plötzlicher Tod ist der erste schmerzhafte Riss im Familiengefüge, Minna bleibt allein mit ihren beiden Töchtern in Koblenz zurück. August promoviert damals gerade in Zahnmedizin in den USA, seine schwache Konstitution und eine schwere Lungenentzündung hatten Minna in der Vergangenheit für Wochen zu seiner Pflege in die Staaten getrieben, während sich eine Tante um den Haushalt in Koblenz kümmerte. Charly leistet seinen Militärdienst ab, und Emmy, bald 18, geht mit ihrer Trauer anders um als die neunjährige Schwester. Ella bleibt – wie bei vielem anderen – weitgehend sich selbst überlassen. »Ich war immer allein und niemand hat mich erzogen oder angeleitet«, betont sie später.[15] Sie läuft in der Familie mit, wächst eher wie ein Einzelkind im Kreis der viel älteren Geschwister auf, dauerhafte Freundschaften mit gleichaltrigen Spielkameraden fehlen. Sie muss sich ihr kleines Stückchen Welt selbst erobern.

Das Rüstzeug dafür hat sie eigentlich von den Eltern mitbekommen. Hier der glühende freiheitsliebende Rebell, da die Einwanderertochter, die ihren Kindern immer wieder einschärft: »Ein erschrockener Mann ist auch im Himmel verloren. Das gilt auch für Frauen, merkt euch das.«[16] Doch oft reagiert Ella mit Rückzug, wenn sie das Gefühl hat, nicht weiterzukommen, dann wieder mit Sturheit und Trotz, immer geradeheraus, häufig kompromisslos. Ihre Mutter nennt sie manchmal scherzhaft »Peacemaker«, und meint damit keineswegs einen Streitschlichter, der sorgfältig alle Positionen abwägt, bevor er sein Urteil fällt, sondern einen sechsschüssigen Trommelrevolver, den sie und ihr Mann einst in ihrem Drugstore neben allerlei Dingen des täglichen Bedarfs verkauft hatten. Im Zweifel wurde mit diesem Colt das letzte Wort gesprochen.

Ella hat den westfälischen Dickschädel des Vaters geerbt, bei aller Schüchternheit auf den ersten Blick eine gewisse Unerschrockenheit und Neugier auf alles Unbekannte, und die Bereitschaft, Grenzen zu überwinden – und sei es nur der Zaun zum Nachbarsgarten in Herford, in dem ein Bildhauer namens Rosenberg auf magische Weise Steine zum Leben erweckt. Stundenlang kann sie ihm dabei zusehen, wie er erst einen Aufriss zeichnet, bevor er dann Meißel und Hammer ansetzt. Ihr Bruder Charly, der beobachtet hatte, wie sie mit großen Augen die Arbeit des Bildhauers verfolgte, schenkt ihr zum sechsten Geburtstag einen großen Skizzenblock, Graphitstifte und ein Messer zum Anspitzen. Drei Jahre später bekommt sie einen Tuschkasten. Von diesem Moment an zeichnet sie immer und überall, anfangs weitgehend unbemerkt von der Familie, vor der sie ihre »belanglosen Kritzeleien« verbirgt.

Die anderen Kinder in der Schule hätten mit Stift und Malkasten immer versucht, Geschichten zu erzählen. »[Ich] zeichnete immer nur Gesichter. (…) Ich versuchte nicht, Ereignisse und Handlungen darzustellen. Einzig die bleibende Erscheinung fesselte mich am Menschen – die geprägte Form, in der sich sein Wesen ausspricht.«[17] Dieses Wesen zu erfassen erfordert, bei aller vordergründigen Schroffheit, die Münter auch später noch nachgesagt wird und die sie selbst immer wieder als Manko im Umgang mit anderen bezeichnet, ein hohes Maß an Einfühlungsvermögen und die Fähigkeit, in wenigen Augenblicken hinter die Fassade des Gegenübers blicken zu können.

Dass sie über diese Fähigkeit nicht nur verfügt, sondern darüber hinaus über enormes künstlerisches Potenzial, ist ihr lange nicht bewusst. Etwas, das ihr seit Kindertagen so mühelos und selbstverständlich von der Hand gehe, sei ganz sicher nichts, worauf sie sich etwas einbilden könne. Ihr Bruder August ist der Erste, der seine kleine Schwester, die die Ränder ihrer Schulhefte mit Zeichnungen versieht und munter drauflos skizziert, sobald sie ein Stück Papier vor sich hat, darauf aufmerksam macht, dass sie über eine besondere Fertigkeit verfügt. »Als August eine kindliche kleine Zeichnung sah, die ich ›zum Scherz‹ gemacht hatte, [sagte er]: Das kann ich nicht!«[18] Aber selbst als sie bereits die ersten Schritte im akademischen Betrieb absolviert hat, sagt Gabriele Münter immer noch von sich, sie zeichne Bilder von Menschen, die sie auf eine bestimmte Weise ansprächen, nur als »bescheidener Dilettant ohne künstlerische Absichten«.

In der Familie und deren Umfeld fehlen Berührungspunkte zur Kunst – anders als bei späteren Weggefährten wie Marianne von Werefkin, deren Mutter Ikonen malte und deren eigenes Talent früh entdeckt und gefördert wurde. Oder bei Franz Marc, dessen Vater Deckengemälde und Bilder für König Ludwigs Schlösser Herrenchiemsee und Linderhof geschaffen hatte. Im Hause Münter mag man wohlwollend zur Kenntnis genommen haben, wie treffsicher Ella mit vierzehn Jahren Kurgäste in Bad Oeynhausen proträtiert hatte, mehr aber auch nicht. Nichts deutete darauf hin, dass Ella Kunstgeschichte schreiben, dass sie eine der Wegbereiterinnen der Moderne werden und zu einer Künstlerin reifen würde, deren Werk so facettenreich ist, mit immer neuen und scheinbar mühelosen Wechseln zu neuen Techniken und Stilrichtungen, dass Wassily Kandinsky später von einem »göttlichen Funken« sprechen wird, der in ihr stecke.

Ihr selbst erscheint der Gedanke, dass Kunst eines Tages zu ihrem Lebensinhalt werden könnte, nach den frustrierenden Erfahrungen in Düsseldorf zu kühn. Sie sei sich ihrer selbst lange nicht bewusst, und auch nicht selbstbewusst gewesen, schreibt sie rückblickend.[19] Das ändert sich auf der Reise in die Neue Welt.

Tag für Tag schickt Ella eine Postkarte an Charly. Sie erzählt von der ersten Woche in New York, in dessen Häuserschluchten Menschen wie Ameisen wirkten, vom stampfenden Lärm der Großstadt, von ihrem Hotel jenseits des Hudson River in der 3rd Hudson Street in Hoboken, einem roten Klinkerbau mit weißen Rollläden. Mit dem Baedeker in der Hand und einer Reihe von Tipps, die ihnen ein früherer Bekannter des Vaters mitgegeben hat, tauchen die beiden Schwestern ein in das New Yorker Leben, lassen sich faszinieren von der glitzernden Welt der Metropole, radeln in Hosen durch die Straßen, ohne dass jemand darüber die Nase rümpfte, und stehen staunend vor den Exponaten aus aller Welt im Metropolitan Museum of Art im Central Park. Elf Tage später besteigen sie den Zug nach St. Louis, das einstige Tor zur Besiedelung des Westens. Zwei Tage und zwei Nächte geht es durch Pennsylvania, Ohio, Indiana und Illinois bis nach Missouri. Der Kontrast der weiten Landschaft zum Gigantismus New Yorks hätte nicht größer sein können.

Über ein Vierteljahr bleiben die Schwestern bei der Familie einer jüngeren Schwester der Mutter, die einen Bankier geheiratet hatte und ein großes Haus führte. Die ganze Bandbreite dessen, was ein Leben in Amerika bedeutete, sollte sich aber erst offenbaren, als es im klirrend kalten Februar des Jahres 1899 zunächst nach Moorefield in Arkansas zu Tante Caroline geht und im Juli weiter nach Texas. »Wir sind eingefroren. (…) Wasser,

Milch, Pie, Eggs, alles gefriert hier, it's horrid. You'll pity us«, schreibt sie am 25. Februar an ihren Bruder.[20] Die Familie der Tante führt einen Betrieb mit Walzmühle und Sägewerk, die »Rollermills«. Das Leben ist anders als in St. Louis, wo es noch allerlei Ablenkungen gegeben hatte, Theater- und Konzertbesuche, Ausflüge in einen Vergnügungspark oder Fahrten mit dem Raddampfer auf dem Mississippi. Hier geben die Jahreszeiten den Lebensrhythmus vor, bestimmt harte Arbeit den Tagesablauf. Es ist eine gute Vorbereitung auf die Stationen in Texas, die Ella und Emmy bis in den äußersten Westen an die Grenze zu New Mexico führen. Cowboyland. In Plainview, das sie nach einer dreitägigen Fahrt mit dem Planwagen erreichen, gibt es eine staubige Hauptstraße, gesäumt von Warenlagern und einfachen Holzhütten ohne Komfort und moderne Installationen, gewaltige Rinderherden und vor allem unendliche Weite. »Wenn Du Dich auf den Boden legst, kannst Du meilenweit sehen. Es gibt zwar nichts zu sehen, aber wenn es etwas gäbe, so könntest Du es sehen!«, schreibt sie im August 1899 an ihren Bruder.[21] Ella reitet allein durch die Prärie – im Damensattel –, nimmt an einem Viehtrieb teil, zeltet am Lagerfeuer und stellt fest, wie inspirierend diese eigentümlich leere und schroffe Landschaft ist. Sie öffnet auch den Blick nach innen und setzt neue kreative Impulse frei.

Die ganze Zeit über hatte sie gezeichnet, jetzt verschwinden Papier und Bleistift weitgehend in der Tasche. Denn inzwischen hat sie ein neues Mittel geschenkt bekommen, um die Welt festzuhalten: eine Kodak Bull's Eye No 2. Die viereckige Kastenkamera mit hölzernem Gehäuse und einer ausziehbaren Kassette für Rollfilme muss auf Brusthöhe gehalten werden, damit man von oben in den Sucher blicken kann. An die 400 Fotos entstehen, vor allem während der sieben Monate dauernden Rückreise nach New York, auf der die Schwestern ein zweites Mal Station bei ihren Verwandten machen. Etwa die Hälfte der Bilder zeigt Menschen, aufgenommen vor allem in Alltagssituationen, bei der Arbeit auf dem Feld, auf dem Jahrmarkt, beim Picknicken im Sonntagsstaat, es sind flüchtige Momentaufnahmen, selbst die Porträts wirken nicht gestellt. Dass sie offen und ohne Scheu in die Kamera blicken, hat auch mit der Fotografin zu tun. Egal ob mit dem Zeichenstift, dem Pinsel oder der Bulls Eye, »ohne Respekt vor dem Menschen ist kein wahres Bildnis möglich. Man muss Teilnahme und Verständnis haben, um einem Menschen gerecht zu werden. Nur wer etwas Herzlichkeit mitbringt und bescheiden in den anderen sich versenkt, hat Aussicht auf Gelingen.« Und wenn das alles nicht helfe, bleibe immer noch der Humor.[22]

Die übrigen Fotografien halten karge Landschaften fest, gewaltige Eisenbrücken, Züge und Dampfschiffe, die dunkle Rauchwolken hinter sich herziehen, Telegrafenmasten, die aus Häuserschluchten aufragen, Symbole der Moderne, die unaufhaltsam auch in die hintersten Winkel vordringt, dazwischen windschiefe Holzhütten der »einfachen Leute«. Das vielleicht Bemerkenswerteste an den Fotografien ist, dass von Anfang an, trotz der unvertrauten Technik, Ellas besonderer Blick für Bildausschnitte, für klare Strukturen und die Anordnung eines Motivs im Raum deutlich wird. Es ist alles vorhanden, was später ihre Werke kennzeichnen wird, nur die Farbe noch nicht.

Die Kamera wird in den folgenden Jahren auch ein wichtiges Mittel für eine weitere Besonderheit im Werk von Gabriele Münter: das serielle Arbeiten, die Darstellung eines Motivs mit verschiedenen Techniken. Fotografien dienen als Vorlagen für Skizzen, später dann auch für Gouachen, Farblithografien oder Gemälde, für Ansichten etwa von der Vilsgasse, dem Torhaus und den charakteristischen Felsen in Kallmünz (1903) oder quirlige Straßenszenen, die sie auf ihren langen Reisen mit Wassily Kandinsky festhält. Erst in Schwarz-Weiß mit der Kamera, dann auf Skizzen oder mit Farbe auf der Leinwand.

Amerika wird für Ella zum Schlüsselerlebnis. Die enormen Kontraste zwischen dem einfachen Leben auf dem Land und den kosmopolitischen boomenden Städten, zwischen kolossalem Wachstum, Fortschrittsglauben und unendlicher Weite, dazu die Vielzahl unterschiedlichster Lebensentwürfe, denen sie nicht nur innerhalb der weitverzweigten Verwandtschaft begegnet, das Selbstbewusstsein der Frauen, der Optimismus und die Willensstärke der Menschen, es aus eigenem Antrieb schaffen zu wollen, verschieben ihre Perspektive – auch auf sich selbst.

Amerika ist Aufbruch und Neubeginn, Wagemut und Wandel. Vor der Reise war sie niedergedrückt von den Verlusten und unsicher gewesen, was sie mit ihrem Leben anfangen sollte, in den Vereinigten Staaten erfährt sie eine ganz andere Form der Selbstwirksamkeit, als ihr das in der räumlichen und gesellschaftlichen Enge Deutschlands je möglich gewesen wäre. Sie lernt in kürzester Zeit die fremde Sprache, in der sie auch ihre Notizen verfasst, komponiert ein Lied über den Mississippi – »The River and I« – und schreibt einen englischen Text dazu, mit dreistimmigem Refrain: »Als ich es endlich ins Reine abgeschrieben hatte, vernichtete ich die Reinschrift statt der Kladde, was ich so tragisch empfand, dass ich auch die Kladde vernichtete.« Sie lebt in einfachen Holzhäusern, unter denen die Schweine hausen, repariert ein Windrad, kippt mit einem Pferdewagen um, auf der statt des Kutschbocks nur Stühle montiert waren, hievt einen heruntergefallenen riesigen Sack Mehl, den sie aus einem Stunden entfernten Store geholt hatte, allein wieder aufs Pferd und genießt die Freiheit in der unendlichen Natur. Die Verwandten erleben sie als »hands on«, als zupackend und praktisch, stolz und vergnügt, während man Emmy immer etwas verhätscheln müsse.[23]

Als die beiden Schwestern am 8. Oktober 1900 in New York an Bord der *Pennsylvania* gehen, um die Rückreise nach Hamburg anzutreten, hat Ella eine Entscheidung getroffen. Sie will sich noch einmal auf die Kunst einlassen, diesmal ernsthaft. Und wieder kommt genau zur richtigen Zeit eine Nachricht per Post. Zurück in Koblenz, wo sie gemeinsam mit Emmy eine neue Wohnung bezogen hat, notiert sie am 5. April 1901 in ihrem Taschenkalender: »Ab nach München!«

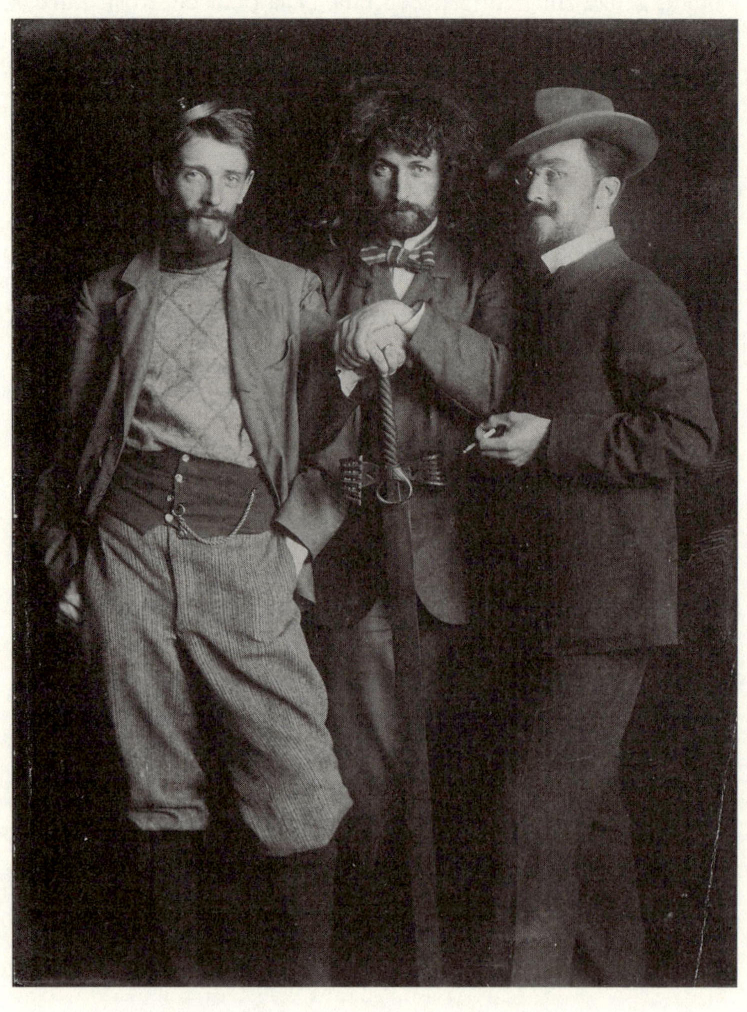

Nikolaj Zeddler, Dmitry Kardowsky und Wassily Kandinsky (rechts) um 1897 in der Malschule von Anton Ažbe.

MÄRCHENSTADT

Als ich von Moskau mit dem Gefühl einer Wiedergeburt nach München kam, die Zwangsarbeit hinter mir, die Lustarbeit vor mir, stieß ich sehr bald auf eine Begrenzung meiner Befreiung.

WASSILY KANDINSKY

In seinen Erinnerungen schreibt Wassily Kandinsky, der Anblick eines scheckigen Schimmels auf der Straße habe ihn in München heimisch werden lassen. Er hätte genauso ausgesehen wie der kleine bemalte Spielzeugschimmel, auf den man wechselnde Jockeys setzen konnte. Die Gedanken an längst vergangene Kindertage hätten eine Flut von Bildern in ihm ausgelöst. Mit einem Mal wurden »die deutschen Märchen, die ich als Kind so oft hörte, lebendig. Die jetzt verschwundenen hohen, schmalen Dächer am Promenadeplatz und am Maximiliansplatz, das alte Schwabing, und ganz besonders die Au, die ich einmal zufällig entdeckte, verwandelten diese Märchen in Wirklichkeit. Die blaue Trambahn zog durch die Straßen wie verkörperte Märchenluft (…), die gelben Briefkästen sangen von den Ecken ihr kanarienvogellautes Lied. Ich (…) fühlte mich in einer Kunststadt, was für mich dasselbe war wie [eine] Märchenstadt.«[1]

Hier soll für Kandinsky endlich Wirklichkeit werden, was er sich selbst lange versagt hat: »Das unbegrenzt glückliche Leben eines Künstlers zu führen.«[2]

Wassily Kandinsky wird am 4. Dezember 1866 in Moskau in eine wohlhabende Familie hineingeboren. Vater Wassily Silvestrowitsch stammt aus Ostsibirien und ist Leiter einer Teehandelsgesellschaft, Mutter Lydia, geborene Tichejewa, entstammt dem gehobenen Moskauer Bürgertum. Über die Großmutter mütterlicherseits, eine Baltin, kommt Wassily früh mit der deutschen Sprache in Kontakt. Sie ist es, die ihn mit deutschen Märchen und Sagen vertraut macht.

Die Eltern führen ein offenes Haus, in dem Professoren, Journalisten und Intellektuelle verkehren. Es herrscht eine politisch liberale Atmosphäre – ganz dem damaligen Zeitgeist entsprechend. Zar Alexander II. hatte nach der Niederlage im Krimkrieg umfangreiche Reformen auf den Weg gebracht, um die Rückständigkeit seines Landes im Vergleich zum übrigen Europa zu mindern. Dazu gehörten die Abschaffung des Leibeigentums, aber auch Umbauten im Justiz- und Verwaltungssystem, beim Militär oder im Bildungswesen. Während sich Kreise des Adels durch die Reformen um ihre Pfründe gebracht sahen, ging es in den Städten wirtschaftlich aufwärts. Zu Zehntausenden strömten Arbeitskräfte vom Land in die größeren Metropolen. Das dortige Bürgertum wiederum fühlte sich durch die allgemeine Aufbruchsstimmung ermutigt, den gesellschaftlichen Wandel nach seinen Vorstellungen mitzugestalten – nicht nur hin zu individueller Freiheit, sondern auch zu einer geistig-kulturellen Anbindung an den Westen.

Als Wassily drei Jahre alt ist, nehmen ihn die Eltern auf eine Reise nach Italien mit: Rom, Florenz, Venedig. Die Kinderfrau, schreibt er, habe sich gefragt, wozu man eine so lange und beschwerliche Fahrt unternehme, nur um »zerbrochene Gebäude und alte Steine« zu betrachten, davon habe man schließlich in Moskau mehr als genug.[3] Aber für die Eltern, die sich beide für Kunst und Kultur begeistern, sind diese Steine mit Geschichte aufgeladen, außerdem gehören Reisen ins Ausland in ihren Kreisen zum guten Ton. In Florenz und Venedig macht der Junge zwei traumatische Erfahrungen, die ihn bis ins Erwachsenenalter und als Maler begleiten sollten: »Und dann färbt sich ganz Italien in zwei schwarze Eindrücke. Ich fahre mit meiner Mutter in einer schwarzen Kutsche über eine Brücke (…): ich wurde in Florenz in einen Kindergarten gebracht. Und noch einmal Schwarz – Stufen ins schwarze Wasser, darauf ein schreckliches, schwarzes, langes Boot mit einem schwarzen Kasten in der Mitte: wir steigen nachts in eine Gondel (…) und [ich] heule aus Leibeskräften.«[4]

Die düstere Kutsche, das schwankende Boot, die Dunkelheit des nächtlichen Himmels und die tiefe Schwärze des Wassers vereinen sich für ihn im Nachhinein zu düsteren Vorboten der späteren Trennung der Eltern, dem Verlust der Mutter. Wasser wird zum Sinnbild von Gefahr, Schwarz zu einem »Nichts ohne Möglichkeit (…) wie ein ewiges Schweigen ohne Zukunft und Hoffnung. (…) Schwarz ist etwas Erloschenes (…), es ist wie das Schweigen des Körpers nach dem Tode.«[5]

Die Italienreise mochte neben dem kulturellen Aspekt tatsächlich ein Versuch gewesen sein, die zunehmenden Differenzen zwischen dem Ehepaar zu überbrücken, in einer anderen Umgebung wieder zueinanderzufinden. Doch zu unterschiedlich seien die Temperamente gewesen, schreibt Kandinsky in seinen Erinnerungen. Der Vater, geduldig, zutiefst menschlich, eine liebevolle, künstlerische Seele. Die Mutter von auffallender, durch und durch ernster und strenger Schönheit, ausgestattet mit unerschöpflicher Energie, aber auch mit einem eigenartigen Dualismus aus starker Nervosität und majestätischer Ruhe, Selbstbeherrschung und dem Drang nach Freigeistigkeit.

Diese widersprüchlichen Eigenschaften sind für Kandinsky auch mit Moskau verbunden, dem ewigen Sehnsuchtsort und Ursprung seiner künstlerischen Bestrebungen, seiner »malerischen Stimmgabel«[6]. So schreibt er am 19. Oktober 1910 während eines Aufenthalts in Moskau in einem Brief an Ella: »Aber wie russisch und doch unrussisch ich mich fühle! Wie manches mich beinahe zum

Weinen stimmt und manches mein Herz stärker zu pochen zwingt, wie anders ist das Volk. Warm ist hier das Leben … intensiver und packender. (…) Jetzt will ich raus. Sonne. Kremlspitzen glitzern. Ich fiebere direkt. Moskau ist – Peitsche. Moskau ist – Balsam.«[7]

1871 ist für den jungen Wassily ein Jahr des zweifachen Verlusts. Gesundheitliche Probleme des Vaters führen dazu, dass die Familie nach Odessa an die Schwarzmeerküste übersiedelt, eine Stadt, in der er nicht heimisch wird. Wenig später erfolgt die Scheidung der Eltern, seine Mutter heiratet erneut, einen wohlhabenden Fabrikanten, mit dem sie vier Kinder bekommt. Dieser »Herr Kojenikow«, klagt Kandinsky noch 1905, liebe ihn »wirklich und direkt *nicht*«.[8]

Wassily bleibt beim Vater in Odessa, neben ihm wird Tante Elisabeth, Lydias unverheiratete älteste Schwester, zur wichtigsten Bezugsperson in den folgenden Jahren. Auch sie liest ihm Märchen vor, sie spielt mit ihm – und sie malt mit ihm. Für den Jungen ein Schlüsselerlebnis. Die bunten Wasser- und später Ölfarben ermöglichen ihm eine Flucht in eine andere Welt. Zeichnen und Malen versetzen Wassily in einen Zustand »außer Zeit und Raum (…) so dass ich auch mich selbst nicht mehr fühlte«. Farben können jenes »innere Beben« besänftigen und jener »unklaren Sehnsucht« Ausdruck verleihen, die ihn nachts in »Träumen voll Schrecken« verfolgt.[9] Sie nehmen dem bedrohlichen Schwarz die Macht über seine Stimmung.

Das bittere Gefühl, verlassen worden zu sein, sitzt tief, die Mutter hinterlässt eine Leerstelle, die nicht zu füllen ist: »Als ich sehr jung war, war ich oft traurig. Ich suchte was, es fehlte mir was (…) Und es schien mir, dass es unmöglich ist, das Fehlende jemals zu finden. ›Das Gefühl des verlorenen Paradieses‹ nannte ich damals diesen Seelenzustand«, schreibt er später an Ella.[10] Der Verlust der Mutter fügt dem Jungen eine narzisstische Kränkung zu, deren toxische Wucht bis in die Beziehung zu Ella hineinreichen wird. Immer wieder wird er von ihr Liebesbeteuerungen einfordern und gleichzeitig daran zweifeln, überhaupt liebenswert zu sein. Er wird sie davor warnen, dass er nur Unglück über die bringe, die er liebe, und es am besten wäre, all diese Menschen würden ihn verlassen und er bliebe allein und unschädlich. Er wird sich über ihre Kälte beklagen und darüber, dass sie ihn so viel weniger liebe als er sie. Und sich nach einem Leben mit ihr als »ein Wesen« sehnen, das zusammen fühlt, immer im seelischen Gleichklang, nur so könne er wieder »ruhig und lebensfreudig sein«[11] – und doch darauf beharren, er müsse als Künstler eine Form von Egoismus an den Tag legen, um überhaupt arbeiten zu können.

Da ist das Gefühl, andere von sich befreien zu müssen, und gleichzeitig der Wunsch, dass andere den aktiven Part des Verlassens übernehmen sollen. Auch darin klingen unausgesprochene Vorwürfe an die Mutter an, nie geäußerte Anklagen. Es seien seine Defizite, die andere in die Flucht schlagen würden, klagt er an anderer Stelle – eine Selbsteinschätzung, die zwischen den Polen Selbstmitleid und dem Wunsch nach Widerspruch schwankt. Ein Spagat für Ella, die Kandinsky wie keine andere Frau vor oder nach ihr seelisch nahekommt. Und die noch auf andere Weise mit dem langen Schatten der abwesenden Mutter zu kämpfen hat. Lydia wird für Wassily zur Ikone, zur Heiligen, zu einem fernen Ideal, das untrennbar verknüpft ist mit glücklichen Kindertagen in Moskau. Sie und die »weißsteinige, goldhäuptige Mutter-Moskau« werden eins.[12] Die Sehnsucht nach beiden ist aus der Ferne am größten. Denn dann kann idealisiert werden, dann stört nichts das in Gedanken geschaffene Bild, das einer Überprüfung in der Realität möglicherweise nicht standhalten kann.

Als er Jahre später um Ella wirbt, verklärt er sie romantisch zu seinem »Ella-Kind« und »hellem Sternchen«, zu einem zarten ätherischen Wesen, das seines Schutzes bedürfe. Selbst ihr Stolz und ihre Unzulänglichkeiten, ihre ihn oftmals verstörende Direktheit, ihr Trotz und ihr Hang, sich zurückzuziehen, wirken aus der Ferne anziehend. Ihre Seele scheint so anders zu schwingen als seine und doch will er sich vor ihr nicht verstecken, ihr sein Innerstes offenbaren. Auch wenn er eigentlich der festen Überzeugung ist, dass die Seele verschlossen sein müsse, »kein fremdes Auge gehört herein. Trauern, sich freuen, lieben, hassen, vor Glück innerlich zittern – und es sich nicht merken lassen.«[13]

Als sie sich endlich nach quälend langen Monaten auf ihn einlässt und aus dem Sehnen Nähe wird, verändert das den Blick: »Vielleicht sind diese Stunden der Unruhe, der Begeisterung, wo das Herz sich hebt und klopft, Stunden des Vorgefühls, der Ahnung viel, viel schöner als die Minute, wo man von seinem Träumen andern Menschen etwas preisgibt. Vielleicht ist doch viel, viel besser, das letzte heiligste Wort niemals zu sagen.«[14] Bei Kandinsky wirkt die Liebe zu Ella phasenweise wie eine Art Liebe in Gedanken, die immer dann am stärksten zum Ausdruck kommt, wenn beide voneinander getrennt sind.

Der geliebten »Mutter Moskau« kommt Kandinsky mit dreizehn Jahren wieder näher, als er seinen Vater während der Sommerferien und fortan regelmäßig zu Urlauben in der Stadt begleitet. Die beiden tauchen ein in das bunte Leben, besuchen die zahllosen Kirchen Moskaus, deren Ikonen und Mosaiken der Vater geduldig erklärt, und bestaunen die Türmchen und goldenen Kuppeln der Kathedralen des Kreml im Abendlicht. Der verkopfte Gymnasiast, der lateinische und altgriechische Texte im Original liest und fließend Französisch spricht, fühlt sich endlich wieder daheim.

Etwa um diese Zeit ermuntert ihn der Vater, Zeichenunterricht zu nehmen. Wassily scheint Talent für Kreatives zu besitzen, er versucht sich am Schreiben von Gedichten und erhält schon seit einigen Jahren Unterricht in Klavier und Cello. Nun kauft er sich von seinem Ersparten einen Malkasten mit Ölfarben. »Die damalige Empfindung – besser gesagt: das Erlebnis der aus der Tube kommenden Farbe – habe ich heute noch. Ein Druck der Finger und jauchzend, feierlich, nachdenklich, träumerisch (…), mit dem tiefen

Klang der Trauer (…) kamen eins nach dem anderen diese sonderbaren Wesen, die man Farbe nennt, (…), bereit, sich (…) untereinander zu mischen und unendliche Reihen von neuen Welten zu schaffen.«[15]

Obwohl der Vater keinen Einfluss auf die berufliche Laufbahn seines Sohnes nimmt, entscheidet sich Wassily trotz aller Faszination für die Welt der Farben nach dem Schulabschluss gegen eine künstlerische Laufbahn. In seinen Erinnerungen schreibt er, dass er damals seine Kräfte als zu schwach empfunden habe, um sich der Pflicht eines geordneten Berufslebens zu entziehen.[16]

Zahlen und Paragrafen vermögen zwar keine neuen Welten zu schaffen, aber doch die bestehende abzubilden. Und dadurch geben sie ihm Halt. Mit neunzehn Jahren nimmt Wassily in Moskau ein Studium der Rechtswissenschaften, Nationalökonomie und Statistik auf, das er 1893 abschließt. Die Türen für eine akademische Karriere stehen weit offen. Er hat eine Stelle als wissenschaftlicher Mitarbeiter im Fachbereich Ökonomie und Statistik angenommen, die Dissertation über die »Auslegung der Theorien des Ehernen Gesetzes und des Arbeiterfonds« ist bereits fortgeschritten, eine Stelle als Dozent im Baltikum scheint gewiss.

Aber es kommt der Tag, an dem er sich eingestehen muss, dass ihn an der Ökonomie vor allem das abstrakte Denken fasziniert, und er sich entscheidet, der Universität den Rücken zu kehren und stattdessen in einer Druckerei, spezialisiert auf hochwertige Kunstreproduktionen, zu arbeiten.

Es kommt der Tag, an dem er in einer Ausstellung französischer Impressionisten ein Bild von Claude Monet sieht: »Dass es ein Heuhaufen war, belehrte mich der Katalog. Erkennen konnte ich ihn nicht. (…) Ich fand auch, dass der Maler kein Recht hat, so undeutlich zu malen. Ich empfand dumpf, dass der Gegenstand in diesem Bild fehlt. Und merkte mit Erstaunen und Verwirrtheit, dass das Bild nicht nur packt, sondern sich unverwischbar in das

Gedächtnis prägt. (…) Die Malerei bekam eine märchenhafte Kraft und Pracht.« Es schien, als existiere ein »kleines Teilchen meines Märchen-Moskau« bereits auf der Leinwand.[17]

Es kommt der Tag, an dem er im Bolschoi-Theater zum ersten Mal Wagners »Lohengrin« hört. Wagners Musik ist für ihn Ausdruck des inneren Seelenlebens in Klängen, es war, als hörte er sein Bild von der mystischen Vorabendstunde in Moskau. Kandinsky ist Synästhetiker, er nimmt Sinnesreize nicht einzeln wahr, sondern auf mehrere Arten gleichzeitig. Töne klingen für ihn nicht nur, sie scheinen farbig auf und umgekehrt. »Ich sah alle meine Farben im Geiste, sie standen vor meinen Augen.«[18] Welche Macht von dieser Musik ausging! Auch die Malerei sollte solche Kräfte entwickeln können, alle Sinne ansprechen, nicht nur das Auge. Dass er sich bisher versagt hatte, nach diesen Kräften zu suchen, hinterlässt einen bitteren Beigeschmack.

Und es kommt der Tag im Jahr 1896, an dem die Entdeckung der Radioaktivität durch den französischen Physiker Antoine Henri Becquerel Kandinskys Vertrauen in wissenschaftliches Arbeiten erschüttert. »Das Zerfallen des Atoms war in meiner Seele dem Zerfall der ganzen Welt gleich. Plötzlich fielen die dicksten Mauern. Alles wurde unsicher, wackelig, weich, (…) Die Wissenschaft schien mir vernichtet: ihre wichtigste Basis war nur ein Wahn, ein Fehler der Gelehrten.«[19] Diese Erkenntnis hätte ihm den letzten Schub gegeben, sein eigenes Leben in neue Bahnen zu lenken. Nur die Kunst hätte die Macht, dem Zerfall der realen Welt zu trotzen, weil sie es vermochte, neue Welten zu schaffen, die keine Wissenschaft vernichten könnte, weil nur ihr Schöpfer ihren Ursprung kannte.

Während seiner Jahre als Student in Moskau hatte Kandinsky bei einer Tante väterlicherseits gewohnt und dort seine Cousine Anja Semjakina näher kennengelernt. Sechs Jahre älter als er und in ihren Gesichtszügen seiner Mutter nicht unähnlich. 1892 heiraten die beiden – und verschleiern dabei durch falsche Angaben ihre Blutsverwandtschaft. Anja trägt nur widerwillig die Entscheidung ihres Mannes mit, im fernen München ein neues Leben zu beginnen. In Russland hatte bei der Heirat noch die Aussicht auf ein Leben an der Seite eines renommierten Professors für Ökonomie gelockt, das Leben in der Fremde ist ein Sprung ins Ungewisse, auch wenn ihr Mann zunächst noch von seinen Eltern unterstützt wird und später durch die Einnahmen aus einem geerbten Mietshaus in Moskau über ein finanzielles Polster verfügt. Für ihn selbst ist klar, dass sein neuer Traum von einem Leben als Künstler nur in der Ferne verwirklicht werden kann. Die Kunst in Russland verharrt in der realistischen Darstellung, die Avantgarde, die neue kreative Impulse setzt, arbeitet im Westen.

Im Dezember 1896 besteigt Wassily Kandinsky den Zug nach München, seine Frau Anja folgt wenige Wochen später. Die Stadt an der Isar ist auf dem besten Weg, neben Paris und Wien zu einer europäischen Kunstmetropole aufzusteigen. »München leuchtete. Über den festlichen Plätzen und weißen Säulentempeln, den antikisierenden Monumenten und Barockkirchen, den springenden Brunnen, Palästen und Gartenanlagen der Residenz spannte sich strahlend ein Himmel von blauer Seide (...) Die Kunst blüht, die Kunst ist an der Herrschaft, die Kunst streckt ihr rosenumwundenes Zepter über die Stadt hin und lächelt«, schreibt Thomas Mann wenige Jahre später in seiner Novelle Gladius Dei.[20]

Unter Ludwig I. hatte der Aufschwung begonnen, mit dem Umbau der Innenstadt durch Leo von Klenze und Friedrich von Gärtner. Wegen der neuen klassizistischen Bauten in der Ludwigstraße und am Königsplatz hatten manche noch über das »Isar-Athen« gespöttelt, aber Glyptothek und Alte Pinakothek ziehen mit ihren Exponaten bald Besucher aus aller Welt an. Später folgen der Glaspalast im Norden des Alten Botanischen Gartens, in dem 1869 die erste Internationale Kunstausstellung eröffnet wird und die Neue Pinakothek. Schon seit 1808 gibt es die Akademie der Bildenden Künste, seit 1868 die Königliche Kunstgewerbeschule, dazu

Dutzende Vereine zur Kunstförderung und so viele Privatschulen, dass der *Simplicissimus* spottet: »Bei dem Bildermalen verhungert man doch. Ich gründe jetzt einfach eine Malschule.«[21]

Das Paar bezieht eine Wohnung in der Georgenstraße 62, und im Februar 1897 schreibt sich Kandinsky an der privaten Malschule von Anton Ažbe ein. Der Slowene hatte an den Kunstakademien in Wien und München studiert und 1891 in der Türkenstraße eine eigene Schule eröffnet. Als Kandinsky sich anmeldet, ist die Akademie bereits in die Georgenstraße 16 umgezogen – wegen des starken Zulaufs. Die Schule ist im Gartenhaus hinter der Villa des Architekten Friedrich von Thiersch untergebracht. Der große Atelierraum im Erdgeschoss wird im Winter von einem Kohleofen beheizt, eine schmale Hühnerleiter führt hinauf zu einer Kammer, in der Ažbe haust.

Der Meister selbst ist eine schillernd-skurrile Gestalt, die sich bestens in das Bild einfügt, das die Münchner von der Schwabinger Bohème, vor allem von den »Schlawinern« osteuropäischen Ursprungs haben. Sein Schüler Igor Grabar schreibt: »Im Garten, im Schatten der Bäume und unter einem Vordach hatte eine Gruppe von Männern und Frauen in blauen, rosa, schwarzen und weißen Kitteln und Schürzen sich verteilt, sie unterhielten sich fröhlich und lachten. Unter ihnen war ein kleines buckeliges Männchen mit einem breiten Hut und weicher Krempe von gelb-olivgrüner Farbe, in einem leichten Mantel derselben Farbe, den er sich über einen grauen Sommeranzug über die Schultern geworfen hatte. Unter seinem Hut schauten Strähnen von rotblondem Haar hervor, unter seiner markanten Nase, neben der sich zu beiden Seiten ein Kneifer eingrub, ragte ein von allen Seiten riesiger dichter Schnurrbart.«[22]

Zu den Unterrichtsstunden im Winter erscheint Ažbe in einem knöchellangen dunklen Mantel mit Pelzfutter, dazu eine hohe Pelzmütze, tief ins Gesicht gezogen, und eine »Virginia« im Mundwinkel.

Ažbes Ruf als begnadeter Pädagoge reicht weit über die Grenzen Münchens hinaus. Vor allem Russen zieht es zu ihm, neben Grabar auch dessen Freund Alexej Jawlensky. Der Lebensgefährte von Marianne von Werefkin hatte zunächst in St. Petersburg studiert. Unzufrieden über die Art, wie dort gelehrt wurde, hatten er und Werefkin 1896 beschlossen, Russland zu verlassen. Werefkin, damals 36 Jahre alt und hochtalentiert, entscheidet sich, die eigene Karriere für Jahre an den Nagel zu hängen, um den vier Jahre jüngeren Jawlensky zu fördern. In ihren *Briefen an einen Unbekannten* beschreibt sie den Lehrer ihres Partners: Ažbe sei eine »bemerkenswerte Figur, eine Persönlichkeit von einer großen Komik, ein unbeschreiblicher Possenreißer«, mit »Orden im Knopfloch, schmutzigen Hosen an den Beinen und Wein im Kopf«.[23]

Trotz seines Hangs zum Alkohol schätzen die Schüler Ažbe nicht nur für seine Verwendung moderner Maltechniken wie Nass in Nass, die Farbverläufe ermöglicht, da Farben neben- und übereinander aufgetragen werden, ohne abzuwarten, bis die einzelnen Schichten abgetrocknet sind. Ažbe, jahrelang der renommierteste Korrektor an der Münchner Akademie der Bildenden Künste, gilt auch als ausgezeichneter Lehrmeister bei Akt- und Modellstudien.

Der neue Schüler fällt auf in der Malklasse. Kandinskys Kollegen sind deutlich jünger als er, sein Faible für Farbstudien irritiert, bei Ölstudien werde offensichtlich, »dass all seine Erfindungen aus seinem Gehirn stammten und nicht aus seinem Gefühl«, stellt Grabar fest. Er sei ehrgeizig, aber offensichtlich »kein brillantes Talent«, ein wortkarger Typ, dem äußerlich ein »Hauch von Magistertum« anhafte.[24] Kandinsky, der nach den Jahren der »Zwangsarbeit« auf eine Wiedergeburt durch »Lustarbeit« hofft, auf das lang ersehnte Leben als Künstler, gelangt schnell an seine Grenzen. Die strikte Arbeit nach dem Modell, das kleinteilige Herausarbeiten von Muskelpartien mit feinsten Strichelungen, liegt ihm nicht, der stickige überfüllte Atelierraum und die Nacktheit der Modelle – »übelriechende, teilnahmslose, ausdruckslose, meist charakterlose, mit 50 bis 70 Pfennig pro Stunde bezahlte Naturerscheinungen« – sind ihm unbehaglich.[25] Wenn Ažbe dann durch die Reihen schlurft, umweht von einer Wolke aus Rauch und Cognac, wird das Gedränge noch größer. Eilig müssen die Schlitten der Staffeleien nach unten gefahren werden, damit der kleingewachsene Lehrer einen kritischen Blick auf die Werke werfen kann. Seine Korrekturen führt er schon mal mit der erloschenen Virginia aus, und bei keiner Bemerkung darf das Wörtchen nämlich fehlen, was ihm den Spitznamen »Professor Nämlich« einbringt.

Kandinsky entflieht der einengenden Atmosphäre im Atelier so oft es geht. Er streift mit seinem Malkasten in der Maxvorstadt und in Schwabing umher, im Englischen Garten oder entlang der Isar, auf der Suche nach einem Motiv, vor allem nach jener vorabendlichen Lichtstimmung, die ihn schon in Moskau so fasziniert hatte: »die kräftige, farbsatte, in den Schatten tief donnernde Skala der Münchner Lichtatmosphäre.« Diese Stunde auf Leinwand zu bannen, scheint ihm das unmöglichste und höchste Glück eines Künstlers.[26]

Von diesem höchsten Glück des Künstlers ist er in dieser Phase allerdings weit entfernt. Kandinsky ist ein Suchender und quält sich mit Selbstzweifeln. Die anderen würden ihn für faul und unbegabt halten, einen Schwänzer, er fühlt sich isoliert und gefangen zwischen unbedingtem Wollen, Großes zu schaffen und der Unfähigkeit, das auszudrücken, was er ausdrücken wollte. »Ich strich [im Freien] mit dem Spachtel farbige Streifen und Flecken auf die Leinwand und ließ sie so stark singen, wie ich nur konnte. (…) Nachher, besonders zu Hause, immer eine tiefe Enttäuschung. Meine Farben schienen mir schwach, flach, die ganze Studie eine erfolglose Anstrengung, die Kraft der Natur zu fangen.« Die Farben auf der Palette schienen ihn zu foppen, würden trüber und trüber und erinnerten ihn an einen toten Vogel, der sich der Verwesung nähert.[27]

Nach zwei Jahren kehrt er der Malklasse von Anton Ažbe den Rücken, und bewirbt sich bei Franz Stuck, damals noch ohne

»von«. Stuck, der Malerfürst des Jugendstils, war 1892 neben Lovis Corinth, Max Liebermann und anderen einer der Mitbegründer des »Vereins bildender Künstler Münchens Secession e. V.« gewesen, der die Macht des staatlichen Kulturbetriebs aufs Korn nahm, ein neues Kunstverständnis forderte, mehr Mitsprache der Künstler bei Ausstellungen und vor allem die Öffnung hin zu neuen Kunstrichtungen. Damit war die Münchner Secession ein wichtiger Wegbereiter für den Schritt in die Moderne.

Kandinsky, der um seine Defizite im Zeichnerischen weiß und Stuck in diesem Bereich für den besten des Landes hält, spricht bei ihm vor – und wird abgelehnt. Gleiches widerfährt ihm in der Zeichenklasse an der Königlichen Akademie, deren Besuch ihm Stuck nahegelegt hatte. Ein Jahr lang arbeitet er allein, strampelt hilflos mit der Zeichenfrage herum, wie er in einer handschriftlichen Notiz vermerkt. In der gedruckten Fassung seines *Rückblicks*, in der er seine Etappen auf dem Weg zur Abstraktion eher verklärt, in der das Ringen, die Selbstzweifel nur hier und da durchscheinen, tauchen diese Zeilen nicht auf.

Gabriele Münter, die Meisterin der klaren Linie, schreibt später, sie habe das Malen und den Umgang mit Farben erst lernen müssen. Und noch immer könne man in ihren Gemälden die Zeichnerin entdecken. Für Wassily Kandinsky bleibt das Zeichnen ein »drohendes Übel«, dem er wenig entgegenzusetzen hat, und sich lieber in die Welt der Farben flüchtet. Als er Stuck schließlich einige neuere Entwürfe für Gemälde vorlegt, nimmt dieser ihn jetzt zwar in seine Malklasse auf, mahnt aber, sich weniger mit farblichen »Extravaganzen« zu befassen, sondern in Schwarz-Weiß zu arbeiten, um die Form zu studieren. Außerdem müsse er unbedingt seine Nervosität und Hochspannung ablegen, und in Ruhe versuchen, ein Bild zu Ende zu bringen. Genau das fällt ihm schwer. An Ella wird er später schreiben: »Wenn ich mich selbst charakterisieren wollte, hätte ich gesagt: immer, fortwährend unruhig, kein Moment Ruhe. (…) Mein Herz fühlt immer verschiedenes zu gleicher Zeit.«[28]

Im Frühjahr 1901 klagt er in einem Brief an Dmitry Kardowsky, ein russischer Kollege aus der Malschule von Ažbe: »Alles, was ich mache, ist irgendwie ›vorläufig‹. Ich komme einfach nicht zu dem, was ich wirklich will; es bestürmen mich alle möglichen Einfälle, aber ich finde nicht einmal die Zeit, sie zu skizzieren. (…) Wäre ich doch erst zwanzig Jahre alt! Aber ständig scheint mir, als ob es für alles zu spät ist, und mir wird ganz fiebrig.«[29]

Nach gerade einmal einem Jahr bei Stuck wirft er das Handtuch. Er hat das Gefühl, der akademische Betrieb trenne ihn wie eine Mauer von all den Idealen, mit denen er nach München gekommen war. Das Handwerkszeug, das man ihm vermittelt hatte, erschöpfte sich in technischen Fertigkeiten und galt allein dem Zweck, die Wirklichkeit möglichst naturgetreu abzubilden. Ein Baum musste immer mit dem Boden verwurzelt sein. Solchen akademischen Theorien über Wahrheit und Wirklichkeit und Gesetzmäßigkeiten in der Kunst konnte er seit Becquerels Entdeckung nicht mehr viel abgewinnen. Für ihn ist klar, dass jede Form von vermeintlicher Realität hinterfragt werden muss, auch in der Kunst. »Die Wahrheit« in der Kunst ist für ihn keine feststehende Größe, sondern etwas, das in ständiger Bewegung ist. Nur so ist Entwicklung möglich. Wenn es nach ihm geht, soll Kunst den Blick nicht nur nach außen richten und abbilden, was das Auge sieht, sondern auch nach innen. Sie soll sich mit dem Mystischen, Metaphysischen und Spirituellen beschäftigen. Monets Bilder aus der Serie *Les Meules* hätten nicht die gleiche Wirkung erzielt, hätte der Maler die Heuhaufen klar, detailliert und auf den ersten Blick sofort erkennbar dargestellt. Stattdessen Farben, Auflösung von Konturen, dazu Atmosphäre und flirrendes Licht – für Kandinsky nicht nur ein Augen-, sondern vor allem ein Seelenerlebnis.

Wie anders waren die Werke gewesen, die er in der letzten Ausstellung der Secession gesehen hatte: »So schwül, billig, selbstgefällig und routiniert, dass es einen ekelt. Diese breitspurige ›geniale‹ Manier riecht nach Sumpf (…) nirgends ein neuer Gedanke, nirgends ein frisches Gefühl.«[30] Der frische Wind, der anfangs mit der Abspaltung der Secessionisten durch die Kunstszene geweht war, ist inzwischen nur noch ein laues Lüftchen. Ausgestellt wird Etabliertes, kaum Progressives, schon gar keine unbekannten Künstler aus dem Ausland.

Auch aus dieser Frustration heraus entschließt sich Kandinsky im Mai 1901, die Künstlervereinigung Phalanx ins Leben zu rufen. Zu den Gründungsmitgliedern gehören neben Hermann Obrist, einem der Begründer des deutschen Jugendstils, auch Waldemar Hecker und Wilhelm Hüsgen, die gemeinsam eine Bildhauerschule betreiben und beim bekanntesten politischen Kabarett des Landes, den »Elf Scharfrichtern«, auftreten. Auch der Grafiker Ernst Stern, Gründungsmitglied der Scharfrichter und später Bühnenbildner unter Max Reinhardt am Deutschen Theater in Berlin, tritt der Phalanx bei.

Zunächst geht es nur um die Organisation eigener Ausstellungen in Galerieräumen, die die Phalanx in der Finkenstraße 1 und 2 angemietet hat. Kandinsky entwirft das Plakat für die erste Ausstellung, die am 15. August 1901 eröffnet wird. Die Farblithografie zeigt in dunklen Tönen zwei Kämpfer mit Helm, Schild und Speer, die auf eine Bergfestung vorrücken – so, wie die Vertreter der Avantgarde sich auf den Weg machen wollen, das Bollwerk des etablierten Kunstbetriebs zu stürmen. Für 50 Pfennige Eintritt erwarten die Besucher bis Ende November Werke der Malerei, Plastik, Architektur und Grafik. Kandinsky steuert »6 kleine Bilder, ein Porträt und 10 Studien« bei. Er habe »gute Kritiken bekommen und 1 Bild und eine Studie verkauft«, schreibt er am 16. September an Dmitry Kardowsky.[31]

Noch im Herbst folgt die Gründung einer Schule für Malerei und Aktzeichnen in Räumen in der Hohenzollernstraße 6a, deren Leitung Kandinsky übernimmt. Hüsgen bietet dort Kurse im Bildhauen an. Als im Januar 1902 die zweite Phalanx-Ausstellung stattfindet, ist unter den Besuchern auch die Neu-Münchnerin Gabriele Münter.

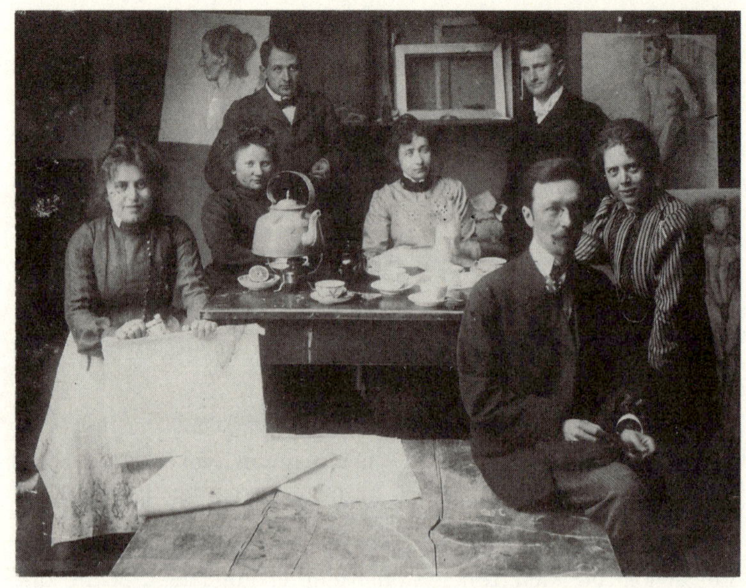

Teepause vor Beginn des Aktmalkurses in Kandinskys Phalanx-Schule.
Von links nach rechts: Olga Meerson, Emmy Dresler, Wilhelm Hüsgen,
Gabriele Münter, Robert Kothe, Maria Giesler und Wassily Kandinsky.

MÜNCHEN LEUCHTET

Mein eigentliches Kunststudium begann ich erst mit 24 Jahren in München, Ostern 1901.

GABRIELE MÜNTER

Auslöser für Ellas Umzug nach München war eine Postkarte von Margarete Susmann gewesen. Die beiden Frauen hatten sich 1897 in Düsseldorf kennengelernt, im Haus des norwegischen Malers Morten Müller, der Zimmer an Pensionsgäste vermietete. Während Ella sich mit dem drögen Unterricht bei Ernst Bosch herumplagte, wurde »Susala« ihrer Meinung nach deutlich ernsthafter von Arthur Kampf geschult, einem Professor, der an der Kunstakademie lehrte. Gemeinsam mit dem Ehepaar Müller hatten sie Radausflüge unternommen und sich abends oft in deren Wohnzimmer zu Spielrunden getroffen. »Liebenswürdig« und »bezaubernd« sei die neue Freundin, hatte Ella an ihre Mutter geschrieben.

Während sie mit Emmy noch durch Amerika reiste, hatte Susala Düsseldorf bereits den Rücken gekehrt und der Freundin am 21. März 1901 auf einer Postkarte berichtet, dass sie inzwischen in München lebe.

München leuchtete, vor allem für Frauen. Die Stadt gilt als Fahrradhochburg, Damen im Sattel gehören ganz selbstverständlich zum Straßenbild. Sie ist ein Zentrum der noch jungen Frauenbewegung, die unter anderem den Zugang zu den Universitäten fordert, was in Bayern für Frauen schließlich von 1903 an möglich sein wird.

Künstlerinnen dagegen sollten noch lange vergeblich um den Zugang zur Königlichen Akademie der Bildenden Künste kämpfen, der ihnen erst im Wintersemester 1920/21 gewährt wird. Immerhin gibt es seit November 1882 den Künstlerinnen-Verein in der Türkenstraße 89, gegründet mit dem Ziel, »den kunst- und kunstgewerbetreibenden Damen Gelegenheit zu gegenseitiger Anregung in ihrem Schaffen und gegenseitiger Unterstützung in ihren Bestrebungen zu geben, Sinn und Geschmack für das Schöne zu heben und das künstlerische Verständnis in Frauenkreisen immer mehr zu entwickeln.«[1]

Zwei Jahre später wird die Damen-Akademie ins Leben gerufen, die 1899, dem Jahr des Ersten Bayerischen Frauentags, in ein eigenes Haus in der Barer Straße 21 umzieht. Hier arbeiten die Künstlerinnen in hellen Atelierräumen, es gibt einen Garten mit Pavillon, und in der Nachbarschaft stehen Wohn- und Geschäftshäuser anstatt stinkender Ställe und Fabriklager. Die Damen richten eine Bibliothek ein, und in einem großen Saal werden Weihnachtsfeiern und Faschingsbälle abgehalten, es gibt Musikabende, Vorträge und Lesungen. Wer sich an der Akademie einschreibt, wird automatisch Mitglied im *Künstlerinnen-Verein.*

Es ist ein Projekt, aus der Not geboren. Die private Akademie ist Hilfe zur Selbsthilfe, auch wenn die Gebühren recht hoch sind, sie ist ein wichtiges Netzwerk für Frauen, die von einer künstlerischen Tätigkeit leben wollen und als »Malweiber« diffamiert werden. Selbst im von Ella sehr geschätzten Simplicissimus ätzt Bruno Paul 1901 unter einer Karikatur, es gebe zwei Arten von Malerinnen: »Die einen wollen heiraten, und die anderen besitzen auch kein Talent.«[2] Und noch Jahre später führt der Kunstkritiker Karl Scheffler in seiner Studie *Die Frau und die Kunst* gar »wissenschaftliche« Gründe gegen eine künstlerische Betätigung von Frauen an. Wenn eine Frau dies anstrebe, müsse das mit einer krankhaften psychischen Deformierung verbunden sein, da sie selbst kein schöpferisches Verhältnis zur Kunst habe. »Versucht sie es doch (…), so vergewaltigt sie ihre innere Natur. Zwingt sie sich zur Kunstarbeit, so wird sie gleich männisch. Das heißt: sie verrenkt ihr Geschlecht, opfert ihre Harmonie und gibt damit jede Möglichkeit aus der Hand, original zu sein.« Den Entschluss, sich künstlerisch betätigen zu wollen, bezahle sie »fast immer mit Verkümmerung, Krankhaftigkeit oder Hypertrophie des Geschlechtsgefühls, mit Perversion oder Impotenz«[3].

Vor allem die Vorstellung, Frauen könnten beim Aktzeichnen ihre von der Natur gegebene »Keuschheit« verlieren und »wollüstiges Begehren« entwickeln, treibt die damaligen Gegner der »Malweiber« besonders um und offenbart letztlich doch nur einen tiefen Blick in deren eigene Gedankenwelt. Wenn wir heute solche Sätze lesen, wird uns bewusst, was für ein enormer emanzipatorischer Schritt es damals war, als Frau zum Pinsel zu greifen und ein Leben als freie Künstlerin zu führen. Dieser Schritt brach nicht nur mit der vorgesehenen passiven und gesitteten Rolle im patriarchalen System, sondern sprach Künstlerinnen gleichzeitig die Fähigkeit ab, eine Frau bleiben zu können. Hinzu kam, dass Künstler als Bohèmiens galten, die die Nächte durchzechten, die Tage im Müßiggang verlebten und keinem geordneten Leben nachgingen.

Dass Ella dennoch diesen Weg gewählt hat, löst heute noch Bewunderung aus. Umso bitterer die spätere Erfahrung, dass selbst enge Weggefährten des *Blauen Reiters* ihr künstlerische Eigenständigkeit absprechen: »Ich denke mir ja Kandinsky so sehr als den Anreger auch ihrer Malerei, dass ich mit ihrer Ansicht, dass sie ganz persönlich arbeitet, [nicht] übereinstimme«, wird August Macke 1911 urteilen.[4] Und Ella selbst wird noch Jahrzehnte später sagen, für viele sei sie doch nur eine malende Dame von Dutzend gewesen, eine unnötige Beigabe zu Kandinsky. Dass eine Frau ein ursprüngliches, echtes Talent haben und ein schöpferischer Mensch sein könne, werde gerne vergessen.

Wie Susala mietet sie ein Zimmer in der Pension »Bellevue« in der Theresienstraße 30 in der Maxvorstadt, wo ein Großteil jener Bohème wohnt, die man gemeinhin dem nördlichen Nachbarviertel Schwabing zuschlägt. Bei der Umgestaltung des Stadtteils hatte Ludwig I. verfügt, dass in jedem Neubau unter dem Dach ein Atelier eingerichtet werden müsse, um den vielen Künstlern und Literaten, die nach München geströmt waren, ein gutes Arbeitsumfeld zu bieten, ähnlich wie im Quartier Latin in Paris. Alle hier schienen zu malen, zu dichten, zu musizieren, zu tanzen, exzentrisch und selbstbewusst sei das Viertel gewesen, in dem man auffiel, wenn man nicht wenigstens eine Palette, eine Leinwand oder eine Mappe mit Texten unter dem Arm gehabt habe, beschreibt Wassily Kandinsky seine Eindrücke.5 Vor allem aber ist das Wohnen hier noch bezahlbar.

Die dörflichen Wiesen hinter dem Siegestor waren während des Baubooms der Gründerzeit um 1900 Stück für Stück Wohnblocks mit Vorder- und Hinterhäusern gewichen, die neuen Viertel auf dem Reißbrett entworfen, genau wie die Straßen dazwischen, die wie mit dem Lineal gezogen wirken. Paul Klee, der spätere Freund und Nachbar von Kandinsky und Ella, schreibt an seinen Vater, dass sich seine neue Wohnung in der Ainmillerstraße leider nicht in bester Lage befinde, sondern »nur« in Schwabing. Aber die Alternativen auf dem Mietmarkt seien entweder zu teuer oder »wahre Hundelöcher«. Und was einem so alles als Atelier angeboten werde, sei einfach »schandbar – dunkel und kalt«.6 Die Nähe zu den Akademien, Malschulen und Galerien, das ganze Umfeld aus vielen Gleichgesinnten machten Schwabing und die Maxvorstadt allerdings zu einem kreativen Biotop, in dem Neues entstehen konnte.

Wassily Kandinsky lebt seit einiger Zeit mit seiner Frau Anja in der Giselastraße 28, nur ein paar Schritte entfernt von Marianne von Werefkin und Alexej Jawlensky. In der Hausnummer 23 hat das Paar zwei herrschaftliche Wohnungen mit Atelier im selben Stockwerk angemietet. »Die Baronin« unterhält in ihrer Wohnung einen Salon, in dem Intellektuelle, Künstler, Literaten, Schauspieler und Tänzer wie Alexander Sacharoff ein- und ausgehen. »Es war ein seltsames Milieu, ein Durcheinander von altmodischen Möbeln, künstlerischen Dingen, orientalischen Teppichen, Stickereien und Fotografien von Ahnen. (…) Sie war eine ungemein temperamentvolle, starke Persönlichkeit, voll revolutionären Geistes gegen alles Laue und Ängstliche. (…) Eine schmale, hochgewachsene Gestalt mit knallroter Bluse, einem dunklen Rock und schwarzem Lackgürtel, im Haar eine breite Taftschleife. Man glaubte, ein junges Mädchen stünde da. Als sie sich umdrehte, sah man das vom Leben geprägte, ausdrucksstarke Gesicht einer alternden Frau, die, wenn sie in Begeisterung geriet, mit ihrer rechten Hand, an der [seit einem Jagdunfall] der Mittelfinger fehlte, drohend in der Luft herum gestikulierte«, erinnert sich Elisabeth Macke an ihren ersten Abend im Rosa Salon von Werefkin.7 Und der Kunsthistoriker Gustav Pauli schreibt: »Neben der bekannten Münchner Kunstwelt, die sich in ihren Erfolgen sonnte, blühte in ihrem Schatten die Opposition der Jugend (…) eine Verschwörung inmitten einer bürgerlichen Gesellschaft. (…) In dieser Welt bildete der Salon der Baronin Werefkin einen Mittelpunkt. (…) Um ihren Teetisch das Grüpplein ihrer Getreuen, zumeist russische Künstler, u. a. der Tänzer Sacharoff, und ihre Münchner Freunde, eine ziemlich bunte Gesellschaft, in der sich die bayerische Aristokratie mit dem fahrenden Volk der internationalen Bohème begegnete. (…) Nie wieder habe ich eine Gesellschaft kennengelernt, die mit solchen Spannungen geladen war. Das Zentrum (…) der fast physisch spürbaren Kräftewellen war die Baronin.«8

Der Kreis der »Giselisten«, von denen viele heute als maßgebliche Wegbereiter der Moderne gelten, wird später zu einer Keimzelle der Neuen Künstlervereinigung München, aus der sich schließlich der Blaue Reiter entwickelte. Und für Kandinsky selbst wurde

Werefkin zu einer sehr geschätzten Gesprächspartnerin, mit der er stundenlang über das Geistige in der Kunst reden konnte, über Farben, Formen und deren Auflösung.

Ella ist entsetzt, als sie hört, dass sich ihre Freundin Susala an der Königlichen Kunstgewerbeschule eingeschrieben hat. Sie habe sich abdrängen lassen auf den typischen Frauenpfad mit etwas Handarbeiten, Buchbinden oder der Ausbildung zur Zeichenlehrerin, die es schon seit dreißig Jahren an der Gewerbeschule gibt. Ein Weg, den sie selbst auf keinen Fall beschreiten will. Ein Kurs bei Maximilian Dasio in Kopfzeichnen an der Damen-Akademie in der Barer Straße soll es sein, bei einem Lehrer, der wie sie klare Linien und Umrisse bevorzugt. Als er die Akademie verlässt, wechselt sie zu Angelo Jank, der sie bald in die Aktklasse vorrücken lässt, für die Kritiker der »Malweiber« der Gipfel der Unsittlichkeit. Parallel dazu belegt sie im folgenden Frühjahr noch einen Kurs im Holzschneiden bei Ernst Neumann und Heinrich Wolff – sie will alles aufsaugen, was möglich ist, nicht nur in der Kunst. Und manchmal ist das eine eng mit dem anderen verwoben. So ist sie mit Susala und anderen Pensionsgästen regelmäßig Gast im Rückgebäude des »Gasthofs Hirschen« in der Türkenstraße 28, einem verrauchten Hinterhoflokal mit rund hundert Plätzen, in dem die »Elf Scharfrichter« mit beißendem Spott, Musik und Theatereinlagen den biederen Mief der Kaiserzeit anprangern. Lieder, Texte, Kostüme, alles entsteht in Eigenregie, obwohl die Mitglieder das »Künstlerbrettl« nur nebenbei bespielen. Neumann alias »Kaspar Beil«, dessen Grafiken sie bereits aus dem *Simplicissimus* und der Zeitschrift *Die Jugend* kennt, ist für Plakate und Titelblätter zuständig. Eben die hatte Ella so bemerkenswert gefunden, dass sie unbedingt die Technik des Holzschnitts erlernen wollte, bei der mit scharfen Werkzeugen eine Holzplatte so bearbeitet wird, dass erhabene Konturen stehen bleiben, die beim anschließenden Drucken das Bild formen. Die Linie dominiert, das kommt ihr sehr entgegen.

Ella geht ins neu eröffnete Prinzregentheater und ins Müllersche Volksbad, fährt mit dem Rad zum Biergarten am Chinesischen Turm, saust mit Schlittschuhen über den zugefrorenen Nymphenburger Kanal und skizziert bei Kaffee und Zigarette die Gäste im »Café Luitpold« oder im »Café Stephanie«, das alle nur »Café Größenwahn« nennen.

Zwei der Scharfrichter – Wilhelm Hüsgen alias »Till Blut« und der Henkersknecht Waldemar Hecker – sind auch in der zweiten Ausstellung der Phalanx vertreten. Eine Mitbewohnerin aus ihrer Pension hatte sie darauf aufmerksam gemacht. »Ich erinnere mich an das sonnige klare Bild Kandinskys *Die alte Stadt* u. 2 Bildhauer Hecker und Hüsgen. Die Masken der 11 Scharfrichter von Hüsgen gefielen mir sehr. Es zuckte mir in den Fingern – bildhauern wollte ich. Bald ging ich zur Phalanxschule u. meldete mich [im Frühjahr 1902] in der Bildhauerklasse Hüsgen.«[9] Der Unterricht findet am Nachmittag statt, in einem großzügigen Haus in der Hohenzollernstraße 6a, mit sechs hellen Ateliers, die allerdings im Winter mangels Ofens empfindlich kalt sind. Am Abend wird hier die Malklasse von Wassily Kandinsky abgehalten, in die Ella einmal kurz hineinschnuppert, als der Kurs bei Hüsgen ausfällt. Es ist ein Schlüsselerlebnis.

»Ich ließ den Abendakt, den ich vorher [bei Jank] besucht hatte, u. nahm die Gelegenheit mit. Da war dann ein neues künstlerisches Erlebnis, wie K. – ganz anders, wie die anderen Lehrer – eingehend, gründlich erklärte u. mich ansah wie einen bewusst strebenden Menschen, der sich Aufgaben u. Zielen stellen kann. Das war mir neu u. machte Eindruck.«[10] Sie ist fasziniert von seiner charismatischen Ausstrahlung – einen Menschenfänger nennt sie ihn später –, von seinem pädagogischen Geschick und der Art, wie er die Kursteilnehmer ermutigt, neue Wege zu beschreiten.

Der Lehrer ist gleichermaßen beeindruckt. Seine neue Schülerin ist zierlich, mit auffallend schönen schmalen Händen, trägt bequeme Reformkleider und kommt mit dem Fahrrad zum Unterricht.

Sie wirkt geradlinig und weltoffen, lebenshungrig und unbekümmert, hat einen eigenwilligen Sinn für Humor und strahlt gleichzeitig eine große Ernsthaftigkeit und Ruhe aus. Dass sie über eine außergewöhnliche Begabung verfügt, bemerkt Wassily Kandinsky gleich am ersten Abend in seiner Malklasse. Die Schüler sollen ein buntes Stillleben malen, das er auf einem Tisch arrangiert hat. Gabriele, die bis dahin kaum mit Pinsel und Palette gearbeitet hatte, macht sich beherzt ans Werk. Das Ergebnis verblüfft Kandinsky. Da ist kein unnötiges Ausschmücken, dafür ein unglaubliches Gespür für Farben und eine energische Direktheit in der Herangehensweise an die gestellte Aufgabe, die er so noch bei keinem seiner Schüler gesehen hatte. Wie in ihren Zeichnungen ist sie auch mit dem ungewohnten Pinsel fähig, mit wenigen Strichen das Wesentliche eines Motivs herauszuarbeiten. »Was an der Wirklichkeit ausdrucksvoll ist, hole ich heraus, stelle ich einfach dar, ohne Umschweife, ohne Drum und Dran. So bleibt die Vollständigkeit der Naturerscheinung außer Acht, die Formen sammeln sich in Umrissen, die Farben zu Flächen, es entstehen Abrisse der Welt«, schreibt sie später.[11]

Dieses »Malen ohne Umschweife«, das Ella scheinbar mühelos gelingt, muss für Kandinsky besonders faszinierend gewesen sein. Denn damit ist sie bereits einen Schritt weiter als er. Wassily Kandinsky wird im Laufe der kommenden Jahre in der Vereinfachung und Abstraktion, im Herausfiltern der Essenz eines Motivs einen neuen Weg in der Kunst erkennen, selbst aber noch lange mit dem Gefühl ringen, mit seinen eigenen künstlerischen Bemühungen hilflos wie ein Käfer auf dem Rücken zu verharren. Nur »irgendwelche Fetzen« brächte er zustande, trotz fiebriger Arbeitswut, und immer wieder versinke er deswegen in Düsternis und Verzweiflung, klagte er etwa in einem Brief an seinen Freund Dmitry Kardowsky.

Für Wassily Kandinsky ist Kunst oft qualvolles Ringen, das Weiß der Leinwand Anklage und Aufforderung zum Kampf zugleich, die Farben seine Mittel, um diesen Kampf aufzunehmen. Malen ist wie

»ein donnernder Zusammenstoß verschiedener Welten«, erst aus diesem Kampf heraus entsteht eine neue Welt, ein künstlerisches Werk. Werkschöpfung ist für ihn Weltschöpfung. Viele ihrer Bilder, so Gabriele Münter, seien dagegen aus »unbeschwerter Augenlust« entstanden, das Geschenk einer glücklichen Stunde. Ihre Sache sei das Sehen, das Malen und Zeichnen, nicht das Reden. Für ihn ist die oberste Pflicht eines Künstlers, die eigene Begabung »durch und durch« zu kennen. Kein Teilchen dürfe ungebraucht und vergessen liegen bleiben, jedes müsse bis zur letzten Möglichkeit ausgebildet und genutzt werden. Damit sich Talent entfalten könne, brauche es das »Element des Bewussten« in der künstlerischen Arbeit, die Steuerung durch den Verstand.[12]

Als Lehrer erkennt Kandinsky sofort, wo die Begabung von Gabriele Münter liegt, und was ihr noch fehlt, um ihr Talent wirklich auszuschöpfen. Für ihn ist es irritierend, wie wenig bewusst sie sich anfangs ihrer Fähigkeiten ist, wie intuitiv sie arbeitet und wie wenig Aufhebens sie um die eigene Leistung macht. Uneitel und in dieser Hinsicht eben alles andere als selbst-bewusst – wo hätte sie die Selbstgewissheit als malende Frau zu dieser Zeit auch hernehmen sollen? Kandinsky, hinter dem ein ähnlich frustrierender Weg durch die Institutionen liegt, der aber sowohl seinen eigenen Ansprüchen als auch denen seiner akademischen Lehrer wegen seines schwach ausgeprägten Zeichentalents bisher nicht gerecht geworden war, fühlte sich nicht nur berufen, selbst eine Kunstschule zu eröffnen, sondern vermittelte bei aller inneren Zerrissenheit nach außen den Eindruck von großer Souveränität und eine Form der Überlegenheit, die späteren Weggefährten noch sauer aufstoßen wird.

Als Künstler wird ihn das Bemühen, seine Ideen als Visionär und Schöpfer neuer Welten auf der Leinwand umzusetzen, immer wieder in tiefe Verzweiflung stürzen. Wo es in ihm brodelt, wo alles mit Emotion und Bedeutung aufgeladen ist, setzt Ella nüchtern und mit traumwandlerischer Sicherheit einen klaren Strich. Im Jahr 1902, als sie seine Schülerin wird, hat er das Gefühl, »dass meine

Träume sich verwirrt haben für alle Zeiten, dass der Künstler in mir gestorben ist. Nein, nicht gestorben! Aber so tief eingeschlafen, dass der Schlaf dem Tode ähnlich geworden, dass der Schlaf in den Tod übergehen kann.«[13] Und ein Jahr später wird er an Ella schreiben, wie groß der Graben immer noch sei zwischen den Kunstfragen, die er in seinem Kopf hin und her wälze, und dem Bemühen, sie in einem Bild umzusetzen. »[Für die] Sachen, die theoretisch fertig sind, muss man ja noch eine passende Form finden oder erfinden. Und es muss von selbst gehen. Gewaltsam lässt sich die Sache nicht gut machen. Weh der Kunst, die ›nach Schweiß riecht‹!«[14]

Ihre Kunst roch nicht nach Schweiß, alles fügte sich wie von selbst, als habe sie Zauberhände. Als Schülerin sei sie für ihn ein hoffnungsloser Fall, erklärt er ihr: »Du hast alles von Natur. Alles, was ich für Dich tun kann, ist, Dein Talent zu hüten u. zu pflegen als guter Gärtner, dass nichts Falsches dazukommt.«[15]

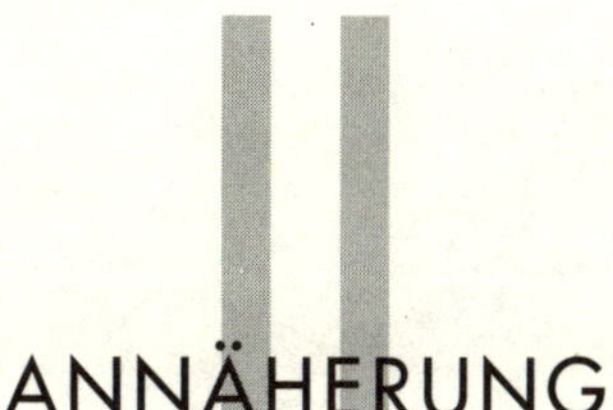

II
ANNÄHERUNG

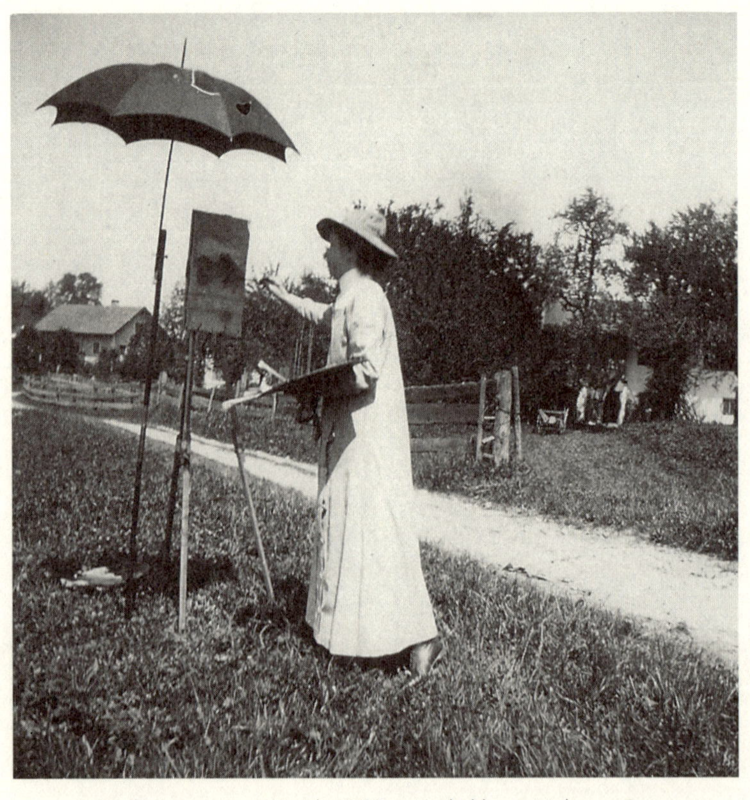

Gabriele Münter am 18. Juli 1902 in Kochel beim Malen im Freien.

»MEINE IDEE VON GLÜCK«

Habe ich Dir nicht schon in Kochel gesagt,
dass ich jeden,
der zu mir näher steht, unglücklich mache?
Das ist mein Schicksal.

WASSILY KANDINSKY

Am 13. Mai 1903 erhält Ella, die sich in Herford bei ihren Verwandten aufhält, einen Brief von Kandinsky, in dem er ihr mitteilt, dass der diesjährige Sommermalkurs in Kallmünz stattfinden würde – ein feiner, vielseitiger und sympathischer Ort, bei dem es eine Vielzahl von Motiven unter freiem Himmel zu entdecken gebe. Sie werde doch kommen? Aber Ella zögert, zu lebhaft steht ihr die Erinnerung an den Kurs im Vorjahr noch in Erinnerung. Bei jenem ersten Freiluftmalkurs waren sie und Wassily sich nähergekommen, seitdem befindet sie sich in einem steten Wechselbad der Gefühle. Die Zeit während und vor allem nach dem Aufenthalt in Kochel hatte alles verändert, sie emotional aus dem Gleichgewicht gebracht und zutiefst verunsichert. Auf den Rand eines Briefes hatte sie vor einigen Monaten notiert: »Ich Schneegans – da bin ich in Kochel mit ihm per Arm spazieren gegangen u. habe nicht geahnt, wie es kommen würde – aber wer konnte es auch denken?!«[1] Naiv, vertrauensselig, zu wenig Abstand zu sich selbst und anderen, um eine Situation einordnen zu können, unberührt. »Fräulein Münter ist wie frisch gefallener Schnee«, hatte eine Dame während des letzten Faschingsballs beim Anblick ihres verdutzten Gesichtes ausgerufen, nachdem zu vorgerückter Stunde die ersten Schranken von Sittlichkeit und Anstand zwischen wildfremden Menschen gefallen waren. Während des Sommermalkurses in Kochel hatte sie mehr zugelassen als nur einen flüchtigen Kuss in den Nacken durch einen beschwipsten Verehrer. Seitdem war sie unsicher, wo ihre Gefühle sie noch hinführen würden.

Eine Seelenverwandte hatte Wassily sie bei einem Ausflug an den See genannt, die eine, nach der er sein Leben lang gesucht, nach der er sich gesehnt und auf die er gewartet hätte, wird er ihr später schreiben. Dieser emotionale Ausbruch in Kochel hatte sie überrascht und schien ihr in Anbetracht der kurzen Zeit, die sie sich kannten, ein wenig zu dick aufgetragen. Bis dahin hatte sie ihren Lehrer als sehr kontrolliert empfunden, ein Mann, der es verstand, seine Gefühlsregungen hinter der Fassade der Selbstbeherrschung vor den Augen anderer zu verbergen.

Für Kandinsky sind solche Ausflüge in die Natur ein wichtiges Element, das zeigte, wie sehr sich seine Phalanx-Schule vom akademischen Lehrbetrieb mit der aus seiner Sicht sklavischen Arbeit in den Ateliers unterschied. Die Impressionisten, unter deren Einfluss er künstlerisch damals noch steht, waren die ersten gewesen, die es hinaus aus den Akademieräumen in die Natur gedrängt hatte, weg vom Abzeichnen eines statischen Aktmodells, der Wiedergabe eines sorgfältig arrangierten Stilllebens oder dem Malen eines Landschaftsbildes, das im Atelier »aus dem Kopf« heraus entstand, ohne unmittelbares Erleben.

Kandinsky selbst hatte während seiner Zeit bei Ažbe und Stuck die Erfahrung gemacht, wie viel besser es sich für ihn anfühlte, mit dem Malkasten durch München zu streifen, frei atmen, alle Eindrücke unmittelbar in sich aufnehmen und festhalten zu können.

»Plein-Air«, also unter freiem Himmel, sollten auch die Schüler des Sommermalkurses den Charakter eines Stücks Natur einfangen, die immer in Bewegung ist. Licht- und Schattenverhältnisse, die sich ständig wandelten und damit die Farbwirkung eines Motivs veränderten, Wolken, die sich in einem See spiegelten, der eben noch eine starre dunkle Fläche gewesen war, der Wind, der kleine Wellen darauf entstehen ließ oder die Blumen auf der Wiese zum Tanzen brachte.

Als sie jetzt, im Mai 1903, die Einladung für den Kurs in Kallmünz erhält, gehen ihre Gedanken zurück zu den Ereignissen in Kochel. Ende Juni 1902 waren sie mit dem Zug ins Zwei-Seen-Land aufgebrochen, der Herr Professor und seine Phalanx-Schüler, um sich in »Landschaftsmalerei im Freien« zu üben. Kandinsky hatte ein Zimmer im Hotel »Grauer Bär« direkt am See bezogen, Emmy Dresler, Carl Palme, Maria Giesler, Olga Meerson, Hedwig Fröhner und die übrigen Kursteilnehmer waren verstreut im Ort in Privatunterkünften untergebracht. Ella hatte sich in einem Zimmer im zweiten Stock bei einem Bauunternehmer namens Puntel eingemietet, mit weitem Blick über die Ebene zwischen Kochel- und Walchensee.

Jeden Morgen waren sie ausgeschwärmt, die Rucksäcke bepackt mit Kittel, Tubenfarben, Palette, Pinseln, Spachteln und Malpappen, hatten ihre Klappstaffeleien irgendwo am Wegesrand oder mitten in einer Wiese aufgebaut, einen Sonnenschirm darübergespannt, und versucht, sich auf das, was sie sahen, einzulassen. Kandinsky fuhr mit Trillerpfeife um den Hals, um sein Kommen anzukündigen, mit dem Rad von einem Malschüler zum anderen, um die Fortschritte zu begutachten und hier und da etwas zu korrigieren. Anders als Ažbe wäre es ihm nie eingefallen, direkt in ein Bild einzugreifen und dabei »so nämlich!« zu brummen. Er gab technische Hilfestellung bei der Art des Farbauftrages, ließ aber Freiräume bei der Gestaltung. Bei ihm hörte man keine Kritik, dass sich jemand »verzeichnet« habe. Ein möglichst naturgetreues Abpausen eines Motivs hieße, dass der Künstler exakte Berechnungen anstellen müsste, und das könnte seiner Meinung nach den malerischen Impuls hemmen. Die entscheidende Frage sei, warum jemand malte, nicht was.

Kandinsky hatte seine Schüler aufgefordert, mit Ölfarben zu arbeiten und diese so mit dem Spachtel aufzutragen, dass sie nicht nur deckten, sondern auch reliefartig hervortraten. In dieser ungewohnten Technik des sogenannten pastosen Farbauftrags entstand in Kochel das erste datierte Gemälde von Gabriele Münter, *Bayrische Landschaft*. Ein angeschnittener Baum und ein Zaun im Vordergrund, hinter dem sich eine hügelige Landschaft in verschiedenen Blau- und Grüntönen abzeichnet. Es erinnert in seiner Komposition an ein Foto, das sie in Moorefield, Arkansas aufgenommen hatte.

Nicht immer kündigte der Lehrer sein Kommen mit der Trillerpfeife an. »Einmal malte ich am See u. K. kam zur Korrektur. Er sah meinen Malkasten an u. fand darin schlechte Farben, z. B. Schweinfurter Grün u. andere. Die feuerte er alle ins Gras als verboten. Und ich brauchte [von da an] nur noch gute Farben, die er erlaubte.«[2] Die Strahlkraft dieses Grüns hatte nicht nur Maler seit Beginn des 19. Jahrhunderts in ihren Bann gezogen. Tapeten, Wandfarben, der Schnitt von Buchseiten – überall Schweinfurter Grün. Und noch die Impressionisten wie Claude Monet, Édouard Manet oder Vincent van Gogh hatten die arsenhaltigen Pigmente auf ihren Paletten zu immer neuen Variationen von Grün vermischt. Inzwischen war der Giftgehalt bekannt, das ursprüngliche Pigment verboten, aber auf den Tubenfarben, die das »Freiluftmalen« überhaupt erst ermöglicht hatten, prangten nun eben Namen wie »Pariser Grün«. Für Kandinsky waren vorgemischte Farben wie dieses Grün, aber auch bestimmte Brauntöne »akademische Farben«, da sie im konservativen, akademischen Kunstbetrieb verwendet wurden, von dem er sich absetzen wollte. Mit solchen Farben ließe sich kein vernünftiges Bild gestalten, schlechte Farben ergäben schlechte Bilder. Ella sollte ausschließlich reine Farben verwenden, keine vorab zusammengerührten.

Kandinsky maßregelte in Kochel seine begabteste Schülerin nicht nur, sondern er porträtierte sie auch zum ersten Mal in zwei Ölstudien: Auf dem einen Bild sitzt sie mit heller Bluse, dunklem Rock und einem Hut mit Blumen auf einem Klapphocker in einer Wiese, dahinter erhebt sich die Bergkulisse. Das zweite zeigt sie stehend mit rosa Bluse, weißem Rock und Schultertuch vor einer offenen Scheune, mit einem grünlichen Hut, der farblich in die Wiesenlandschaft übergeht. Auf die Rückseite hatte er handschriftlich notiert: »Kochel 1902, erstes Studienjahr nach Modell G. Münter«.[3] Für dieses Bild Modell zu stehen muss ein besonderes Erlebnis gewesen sein, denn ein Brief, in dem Kandinsky die rosa Bluse erwähnt, würde noch von Bedeutung sein. Abgesehen von den Ölbildern fotografierte er seine Schülerin beim Arbeiten an der Staffelei. Auch sie hatte ihre Kamera dabei und hielt Szenerien fest wie etwa eine gerade Straße mit schlanken Bäumen, ein Motiv, das sie Jahre später wieder aufgreifen wird. Und sie machte Bilder von Kandinsky: im Kreis der Gruppe und mit dem Fahrrad auf einem Feldweg.

Ella war froh, dass sie ebenfalls ihr Fahrrad mitgenommen hatte, ein Modell aus den Nürnberger Sirius-Werken, bekannt und beliebt »in der ganzen Welt als elegant, leichtlaufend und absolut zuverlässig«, so eine Werbeanzeige aus dem Jahr 1897. Am 14. Juni jenes Jahres war ihr das neue Sirius-Rad per Bahn von Koblenz nach Düsseldorf nachgeschickt worden. Es hatte ein kleines Vermögen gekostet, 300 Mark, das war damals fast die Hälfte des durchschnittlichen Jahreseinkommens. Doch es war jeden Pfennig wert gewesen und seitdem für sie zum Inbegriff von Freiheit und Unabhängigkeit geworden. Was hatte sie sich mit Emmy schon für halsbrecherische Rennen geliefert, beide in knielangen Pumphosen und Blusen, weil man mit knöchellangem Kleid und Unterröcken und eingezwängt in das lästige Schnürkorsett nicht vom Fleck kam. Als gesundheitsschädigende »Knochenschüttelei« hatten Mediziner das Radeln für

Frauen verunglimpft, gar vor Unfruchtbarkeit gewarnt, und davor, dass Frauen dieses Vehikel nutzen könnten, um im Wortsinn vor ihrer gesellschaftlich vorgesehenen Rolle am heimischen Herd davonzubrausen.

In Kochel war das Rad für Ella anfangs nur eine Möglichkeit gewesen, weiter entfernt von der Gruppe des Sommermalkurses auf Motivsuche zu gehen. Und nebenbei ein willkommenes Hilfsmittel, um die ganzen Utensilien zu transportieren, die sie zum Malen benötigte. Auf ein Foto, das sie in jenem Sommer ohne Rad, aber mit ihrer ganzen Ausrüstung zeigt, hatte sie mit Tinte notiert: »Münter, das Lasttier«. Aufgenommen hatte es Kandinsky. Bald hatte sie bemerkt, dass das Fahrrad auch eine neue Verbindung zwischen ihr und ihm schuf. Sie waren die Einzigen aus der Gruppe, die mit Begeisterung in die Pedale traten.

Schon nach ein paar Tagen waren sie gemeinsam auf Motivsuche gegangen, hatten in ihrer freien Zeit mit dem Rad die Gegend erkundet, und manchmal hatte er sie auch zum Schwimmen begleitet. Ella genoss das Ziehen der täglichen Bahnen im Kochelsee, während er gedankenverloren am Ufer stand oder mit hochgekrempelten Hosen auf dem Steg saß und vorsichtig die Füße ins Wasser hielt. Die alte Furcht vor dem Dunklen, den schwarzen Untiefen. Wie unbeschwert und frei sie dagegen wirkte, wenn sie prustend weit entfernt vom Ufer auftauchte und ihm zuwinkte. Ein richtiges Schwimmfüchslein. Wie leicht es ihr fiel, sich nach einem Sturz vom Rad lachend im Gras zu kugeln, oder auf dem Rückweg von einem Ausflug an den Walchensee plötzlich singend und tanzend über die Landstraße zu hüpfen, völlig selbstvergessen. In Augenblicken wie diesen ging eine Lebensfreude von ihr aus, die ihn vor allem deshalb so berührte, weil sie zugleich etwas Innerliches und Ruhiges ausstrahlte. Ganz anders als an den Abenden, wenn die ganze Gruppe zusammenkam, Lieder sang oder irgendetwas spielte. Oberflächlicher Zeitvertreib, laut, grell, aufdringlich. So etwas machte ihn nervös, dass ihm der Kopf schwirrte. »Es ist selten, dass ich lustig sein kann«[4], hatte er ihr wenige Wochen nach dem Sommerkurs geschrieben, er verspüre eher eine innere, stille Freude im Herzen, das ihm vor allem aufgehe, wenn er draußen in der Natur sei. In Momenten also, wenn die äußere Stille das innere Lärmen und die Unruhe besänftigte.

Ella dagegen hatte Spaß an solchen Dingen. Schlittenpartien im Winter, Tanzen, sich unbeschwert amüsieren, ins Kabarett gehen oder ins Café. Während er die Phalanx-Faschingsveranstaltungen nur mit Mühe über sich ergehen ließ, hatte sie eine kindliche Freude am Verkleiden, Fotos, aufgenommen im Treppenhaus der Phalanx-Schule, zeigen sie mal als »Zigeunerin« mit Laute, mal mit Zylinder, Zigarette und einem hellen Dreiteiler von Kandinsky, daneben ein Mitstudent als Frau verkleidet. »Und da stehe ich machtlos und schwach vor dieser Freude, die mich kalt lässt.« Dass er so empfinde, tue ihm gleichzeitig weh, denn natürlich sei es ihr gutes Recht, diesen Vergnügungen, bei denen er wirklich spüre, wie sehr sie ihr Spaß bereiteten, nachzugehen.

Aber es ist auch etwas Trennendes, eine Facette in Ellas Leben, von der er sich ausgeschlossen fühlt, weil er nicht über seinen Schatten springen kann oder mag. In der Faschingszeit 1903, aus der die oben erwähnten Fotos stammen, hatte er ihr geschrieben: »Jetzt springen und hüpfen Sie wieder und treiben Unsinn. Vielleicht beneide ich Sie, vielleicht.«[5] Wenn sie mit anderen um die Häuser zog, mit den Frauen vom Künstlerinnen-Verein auf Atelierfeste ging, quälten ihn Eifersucht und Zweifel, wenn sie ihm mit leuchtenden Augen von einem solchen berauschenden Abend erzählte. Was könnte sie überhaupt von ihm haben, was würde sie überhaupt in ihm sehen, jenseits seiner Rolle als Mentor in der Kunst?

In Kochel waren solche Überlegungen noch Zukunftsmusik. Allerdings hatte Kandinsky dort schon erlebt, dass der spontane Überschwang und die Unbedarftheit, wenn es um ihre Wirkung auf

Männer ging, seine Schülerin in missliche Situationen bringen konnte. Robert Kothe, der bei den Elf Scharfrichtern als »Frigidius Strang« auftrat, war überraschend in Kochel vorbeigekommen, und hatte Ella, die gerade eine Tasse Tee mit Kandinsky trank, zu einer Wanderung auf den Herzogstand mit Übernachtung animiert. »K. entschloss sich [die Tour mitzugehen], weil er Kothe nicht traute. Wir machten den Ausflug zu dritt, u. Kothe war etwas enttäuscht. Ich verstand die Sache nicht u. dass die Rollenverteilung nicht harmlos war. (…) K. hatte mich beschützt, ohne dass ich es wusste. Ich war zu naiv.«

Fotografien der Tour zeigen Ella, die lachend an einem Bach kniet, um daraus zu trinken, und die beiden Herren am gedeckten Tisch auf einer rustikalen Berghütte, mit leicht angespanntem Gesichtsausdruck. Bei der Gipfelbesteigung am nächsten Tag hätte Kandinsky »blasiert« reagiert, weil es dort oben für ihn nichts zu malen gegeben hätte.[6] Seine Stimmung hatte sich jedenfalls deutlich aufgehellt, als Kothe den Rückweg allein antrat. Beim Abstieg vom Herzogstand hatte sie sich auf Kandinskys Schulter gestützt und sich unten im Tal bei ihm eingehängt. Er gefiel sich in der Rolle des edlen und galanten Ritters, sie passte zu seiner Vorliebe für mittelalterliche und altrussische Motive, die er in den folgenden Jahren in zahlreichen historisierenden Tempera-Bildern auf dunklem Tonpapier festhält.

Dass irgendwann in diesen Tagen der Moment gekommen war, als aus dem Lehrer-Schüler-Verhältnis mehr geworden war, belegt ein Brief Kandinskys vom November 1902. »Ich weiß nicht, warum ich so sicher bin, dass ich doch in deinem Leben nicht die letzte Rolle spiele (…) Ich habe doch immer das Gefühl: sie hätte sich nicht auch Küssen gelassen, wenn das Ganze für sie nur ein Spaß wäre. Das ist dir auch nicht ähnlich, du gutes Herzchen. Du bist zu rein, zu ehrlich im Grunde deiner edlen Natur. In der Sache irre ich mich für gewöhnlich nicht.«[7]

Nur zögernd hatte sie sich auf ihn eingelassen. Sie fürchtete, er würde nur mit ihr spielen, ein kleiner romantischer Zeitvertreib mit einer Studentin, eine von vielen, die ihn sicher alle anschmachteten, womöglich nicht nur aus der Ferne. Zwei Jahre später wird er genau diesen Verdacht in einem Brief bestätigen: Er habe andere Lieben neben der Ehe gehabt, jedoch nie den Mut gehabt oder die Notwendigkeit gesehen, das alte Leben aufzugeben. Sie aber glaubte nicht so leicht daran, dass sich jemand wirklich etwas aus ihr machte. Und dann, Mitte August, hatte er sie mit der Nachricht überrascht, dass seine Frau nach Kochel kommen würde. Sie hatte bis dahin keine Ahnung, dass er überhaupt verheiratet war. Seine Ehe existiere nur auf dem Papier, sie sei für ihn nie von Liebe, aber immer von einem tiefen Pflichtgefühl bestimmt gewesen, hatte er ihr versichert.

Das Ehepaar bezog mit dem Dienstmädchen Fanny eine gemeinsame Wohnung, ausgerechnet bei Puntel, im Stockwerk unter Ellas Zimmer. »Er lud mich ein, ihr [Anja] einen Besuch zu machen. Danach erzählte er, dass ich gut gefallen habe u. dass die Damen besonders von meinen schönen Händen gesprochen haben, was er selbst noch gar nicht bemerkt hätte. Bei der nächsten Correktur sagte er mir, es sei ihm peinlich, dass wir immer Ausflüge machen u. seine Frau könne nicht mitmachen, da sie selbst nicht radelt und schlecht gehen kann. Ich möchte doch lieber abreisen.«[8]

Gabriele Münter hat diese Zeilen knapp 55 Jahre nach dem Sommer in Kochel verfasst. Sie klingen sachlich und nüchtern, auch wenn die Gründe, die Kandinsky für ihre Abreise am 22. August 1902 anführt, etwas fadenscheinig klingen. Wie viel tiefer die beiden da schon miteinander verstrickt waren, zeigt eine seitenlange Notiz, die als Brief an den »Lieben K.« beginnt und tagebuchartig endet. Daraus wird eher deutlich, dass Kandinsky fürchtete, seine Gefühle vor Anja nicht verbergen zu können und ihre sensible Seele zu verletzen. Es wird ebenfalls deutlich, dass Gabriele Münter versucht hat, Grenzen zu ziehen. Ein Ausflug nach Seeshaupt an der

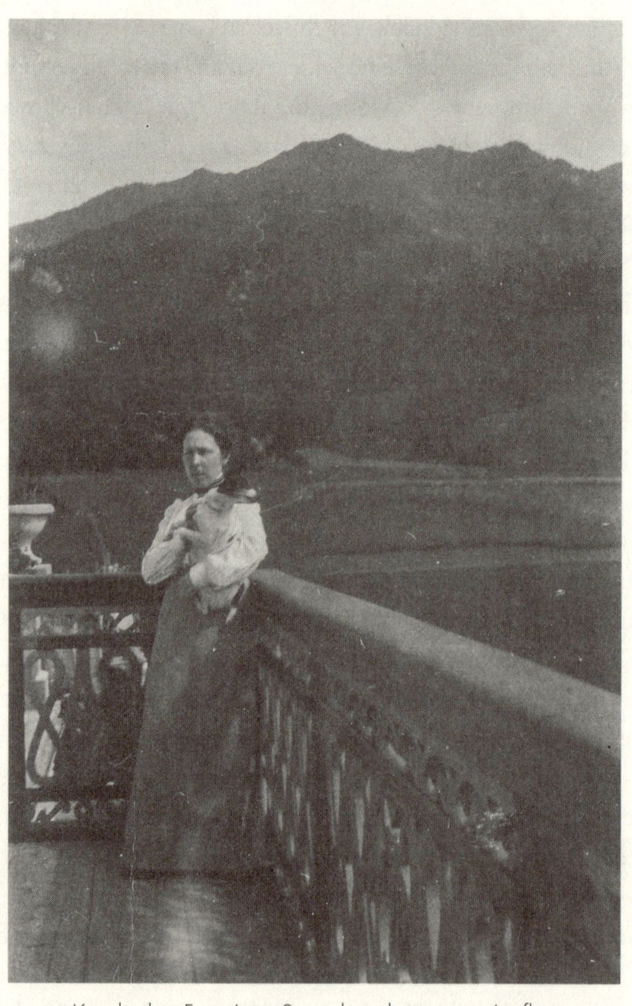

Kandinskys Frau Anja Semjakina bei einem Ausflug mit Hund Daisy im Umland von Kochel.

Südspitze des Würmsees, der heutige Starnberger See, hätte schon in diesem Moment alles beenden können.

»Meine Idee von Glück ist eine Häuslichkeit so gemütlich u. harmonisch, wie ich sie eben machen könnte u. ein Mensch, der ganz u. immer mir gehörte – aber (…) wenn es nicht ist u. wenn ich den

Passenden nicht finde – ich bin so auch sehr zufrieden u. glücklich. (…) Wenn Du mir dabei weiter helfen willst [Freude an der Arbeit zu finden], würde ich mich sehr freuen – wir nehmen dann das hübsche Lehrer-Freundschafts-Kameradschaftsverhältnis wieder auf u. lesen's zwischen den Zeilen, dass wir uns gern haben u. behalten – das ist es, was ich Dir alles in Seeshaupt verständlich machen wollte – aber ich weiß nicht, ob ich's deutlich genug gemacht habe. Jedenfalls ist mir von jeher jedes Lügen u. Heimlichkeiten so zuwider u. verhasst gewesen, dass ich mich um nichts dazu verstehen könnte. Wenn wir nicht vor aller Welt Freunde sein können, muss ich ganz drauf verzichten (…) ich will verantworten können, was ich thue – sonst bin ich unglücklich.«[9]

Ein Verhältnis mit einem verheirateten Mann, Versteckspielen, Lügen und Heimlichkeiten, dazu war sie nicht bereit. Lieber würde sie ihre Gefühle hinunterschlucken und versuchen, vernünftig zu sein und nicht in Sentimentalität zu verfallen, ein Zustand, für den sie sich schämte, den sie regelrecht hasste. Möglich, dass es ihr in Seeshaupt tatsächlich nicht gelungen war, ihm deutlich zu machen, unter welchen Bedingungen sie bereit dazu wäre, die gerade aufgekeimten Gefühle zu vertiefen – oder einen klaren Schnitt zu machen, bevor alles noch schmerzhafter werden würde. Naheliegender scheint, dass Kandinsky ihre Bedenken nicht hören wollte. Alles werde sich mit der Zeit fügen, sie müsse nur Vertrauen zu ihm und Verständnis für ihn haben, denn auch er habe seine Ruhe und sein Gleichgewicht verloren, durch ihren Eintritt in sein Leben sei alles in Aufruhr geraten. Je mehr sie seitdem versucht hatte, sich ihm zu entziehen, umso stärker war sein Drang geworden, sie an sich zu binden.

Dass er damals Ellas Versuche, Ordnung in ihr aus den Fugen geratenes Gefühlsleben zu bringen und wieder zurückzukehren zum Lehrer-Schüler-Verhältnis, so hartnäckig torpedierte, sollte einen der vielen giftigen Keime in diese Beziehung legen.

Einige Tage nach ihrer Abreise aus Kochel war sie in Bonn eingetroffen, wo sie nach dem unfreiwilligen Ende des Sommerkurses die folgenden Wochen bei ihren Geschwistern verbringen wollte. Kandinsky hatte Briefe an das »Liebe Fräulein Münter« geschickt, in denen er sich nach ihren Fortschritten mit dem Spachtel erkundigte – »Ich habe ja immer gemeint, dass die faule M. mal was Gutes macht. Sie muss nur so a bissl Geduld haben« – und freundliche Grüße seiner Frau überbringen ließ.[10] Parallel zu diesen offiziellen Briefen, in denen er sie siezte und in die Rolle des Lehrers schlüpfte, waren andere gekommen. Vor allem, seitdem sie im Oktober wieder ihr Zimmer in der Münchner Pension Bellevue bezogen hatte. Manchmal waren die Botschaften verschlüsselt, manchmal unverblümt offen. Sogar in ein und demselben Briefumschlag konnte eine Einladung für einen gemeinsamen Ausflug mit seiner Frau und einigen Freunden stecken und ein Zettel mit einer Liebesbotschaft an sie.

Allein 35 Briefe hatte er ihr in den wenigen Wochen bis zum Jahresende 1902 geschrieben. Wie selig er im Juli mit ihr in Kochel gewesen war – »Ja liubili Tiebja«, ich liebe dich, »weißt du's noch?« –, wie zärtlich ihre Stimme. Wie er aus ihren viel zu seltenen Antworten dennoch zwischen den Zeilen herauslese, wie sehr sie ihn liebe und wie dieses Gefühl in ihm alles zum Klingen bringe.

Er hatte sie zu »zufälligen« Begegnungen im Englischen Garten oder in der Maximilianstraße gedrängt, wenn er mit seiner Frau Anja und dem gemeinsamen Hund Daisy spazieren ging, und zu heimlichen Treffen am Abend im Hofgarten. »Vielleicht wieder Donnerstag? Gegen ½ 7. Ich kann es aber nicht bestimmt versprechen und wenn ich nicht komme, so ist ja mir meine liebe Ella wieder böse. Sie ist ja mir immer böse! Oder kommt sie doch? Warte auf mich unter den Arkaden von ½ bis ¾ 7. Ja? Oh ja! Bitte, bitte, bitte!«[11]

Dazwischen unzählige weitere sehnsuchtsvolle Briefe, aber auch solche, die zeigen, wie sehr Ella mit sich kämpfte und wie wenig bereit er war, gesetzte Grenzen zu akzeptieren. »Vielleicht hast du dich wieder geschimpft, vielleicht sagtest du dir wieder: ›Das war zum letzten Mal.‹« Wenn sie solche Sätze sagte, reagierte er mit Vorwürfen, wie sehr ihn ihre Versuche, sich ihm zu entziehen, verletzten. Ernst nahm er ihr Ringen nicht, im Gegenteil. Ihre Bemühungen, ihm mit kühler Distanz zu begegnen oder ihn mit schroffen Worten zurückzuweisen, würden ihr nichts nützen. »Alles vergebens! So leicht bringst du mich nicht los.«[12]

Während er sich seiner Sache sicher war und alle Register gezogen hatte, um sie weich zu kochen, schwankte sie zwischen nüchterner Analyse, Ratlosigkeit und dem Hadern mit der eigenen Inkonsequenz. Vielleicht würde sie ihm die Zeilen eines Tages einmal zeigen, hatte sie in dem bereits erwähnten mehrseitigen tagebuchartigen Brief geschrieben, vorerst würden ihr solche Einträge dabei helfen, ihre Gedanken zu sortieren, wenn sie etwas auf dem Herzen hatte. Ja, sie habe ihn als Lehrer immer verehrungswürdiger und famoser gefunden, sich dann auch persönlich für ihn interessiert, und auf eine Weise zu lieben begonnen, »wie Dich sicher die meisten der Menschen lieben, die Dich so kennen lernen, wie ich es tat«.

Dass sie sich in Kochel nicht gegen seine körperliche Nähe gewehrt habe, »liegt an Dir und an meinem etwas schwächlichen Charakter und vielleicht auch dem für mich überraschenden u. unvorhergesehenen – ich wusste mir nicht zu helfen u. weiß es auch jetzt noch nicht recht. (…) Ich fühle mich ja manchmal sehr einsam weil ich so gar keinen Menschen habe dem ich etwas bin (…) der Kandinsky [ist] ein schauerhaft lieber, Kerl – ich bin doch hoffentlich nicht so verrückt, mir einzubilden, dass das Liebe ist? (…) Wenn ich nur wüsste, was ich tun soll! (…) Verflucht! Der Teufel soll's holen. (…) Zu dem, was er will, gehört eine Größere – Stärkere – ich würde das nicht können, auch wenn ichs wollte. (…) Entweder alles oder nichts – nichts ist weit besser als etwas halbes – das kann ich nicht – Kandinsky lass mir meine Ruh!« In einem Nachtrag hatte sie ergänzt: »Ich bin doch ein Kamel – wie ich hungrig bin auf einen Brief von ihm – verflucht.«[13]

In einem dieser so sehnsüchtig erwarteten Briefe heißt es: »Ich liebe dich sehr und noch mal und hundert mal sehr. Daran musst du glauben und das musst du nicht vergessen. Und dann öffentlich (…) sind wir Freunde. Und dann kommt die Zeit und zeigt uns wo wir recht gehabt haben und wo wir uns geirrt haben. (…) Nicht gleich sich fragen: ist das Liebe? (…) Ich möchte dich so gerne ein halbes Stündchen sehen!« Und in einem anderen, nachdem sie wieder einmal versucht hatte, auf Distanz zu gehen: »Gedanken [werden] schwarz, und wie ich leiden muss. Es scheint mir, dass du mich viel, viel zu wenig und vielleicht gar nicht liebst.« Gleich zweimal schreibt er in leichter Abwandlung, wie sehr sie ihn mit ihrer Nähe glücklich machen und wie sehr sie ihm wehtun, ihn quälen könne, wenn sie ihn zurückwies.[14]

Zu Beginn des Wintersemesters hatte sie sich so mit dem Rücken zur Wand gefühlt, dass sie sogar bereit gewesen war, Fortschritte in der Kunst dranzugeben und sich nicht wieder bei Kandinsky einzuschreiben, sondern erneut bei Angelo Jank an der Schule des Künstlerinnen-Vereins, dessen Kurs zum Kopfzeichnen sie im Oktober 1901 als so zermürbend und ohne jeden Esprit empfunden hatte. Aber schon nach wenigen Stunden bei ihrem alten Lehrer waren Frust und das Gefühl der Stagnation so groß geworden, dass sie noch im Dezember in Kandinskys Malklasse zurückgekehrt war. Ein Drahtseilakt für beide, vor den anderen Schülern professionelle Distanz zu wahren.

Welche Mühe das vor allem Wassily bereitet hatte, zeigt sein Angebot an Ella, das Rad ein wenig zurückzudrehen und eine Zeit lang nur noch wie gute Freunde miteinander zu verkehren, nichts Geheimes mehr, nichts Verbotenes mehr in ihrem Pensionszimmer, kein Wort von Liebe. Verknüpft ist es mit dem Zusatz, dass er ihrem Wunsch nur aus Liebe zu ihr nachkomme. Auch das ist ein

Muster, das später immer wieder aufscheinen wird. Ein Opfer, das er bringt, ein Leiden aus Liebe, das er auf sich nimmt, für das letztendlich aber sie verantwortlich ist.

Und jetzt also, im Mai 1903, die Einladung zum Sommermalkurs in Kallmünz. Die Zeit der Freundschaft war nur kurz gewesen, der Versuch, die emotionale Verstrickung seit Kochel wenigstens ein Stückchen wieder aufzutrennen, gescheitert. Briefchen in Manteltaschen, beleidigtes Schweigen, Klagen und reumütige Wiederannäherung. Mitte April hatte er ihr nach Herford geschrieben, »wo du auch hingehst, ich werde dich finden«[15]. Es klang wie eine Drohung.

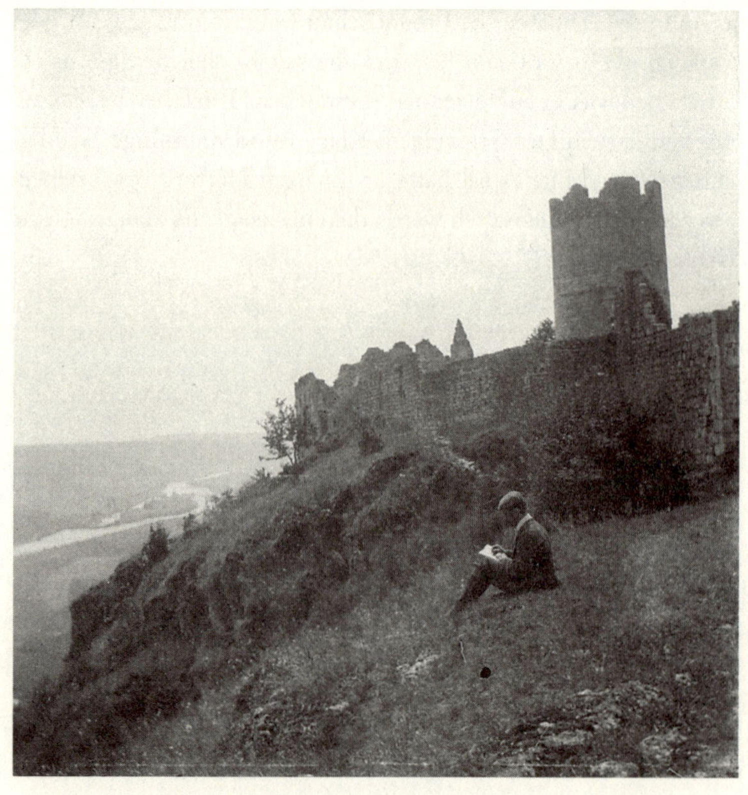

Wassily Kandinsky mit Skizzenblock auf dem Burghügel in Kallmünz – nach diesem Foto fertigt Gabriele Münter ein kleinformatiges Bild an.

»GEWISSENSEHE«

… dass Du es bist, die mir ewig gefallen wird
und immer mich an sich binden wird.

WASSILY KANDINSKY

Der kleine Marktflecken im Norden von Regensburg liegt am Zusammenfluss von Vils und Naab. Eine steinerne Brücke aus dem Spätmittelalter verbindet den äußeren und den inneren Markt mit der Pfarrkirche St. Michael, hoch über dem Ort thront die Ruine einer Burg. Verwinkelte Gassen, alte Wandgemälde an den Häusern, Überreste alter Stadttore, der Zweiklang aus Fluss und Kalksteinfelsen verspricht unzählige Motive. Eines davon hat Wassily Kandinsky bereits im Kopf. »Ich nehme große Rahmen mit und hoffe sehr, dass mir jemand Modell steht, der eine rosa Bluse besitzt«, schreibt er am 1. Juni 1903 an Ella.[1] Doch erst am 19. Juli wird das Boot aus Regensburg mit ihr an Bord am Fähranleger etwas außerhalb des Ortes festmachen, da sind die anderen bereits da. Wassily erwartet sie ungeduldig mit dem Fahrrad am Fähranleger.

Die Gruppe logiert – mit Ausnahme von Carl Palme, der beim Töpfer Glötzl wohnt – in der »Roten Amsel«, einem spitzgiebeligen Haus mit Fensterläden, einem schmiedeeisernen Wappen mit dem namensgebenden Vogel über der Tür und Wandgemälden verschiedener Künstler an der Fassade, darunter der Heilige Willibrodus in Öl von Charles Palmié. Das frisch renovierte Gasthaus wirbt mit modern eingerichteten Fremdenzimmern, Bad am Haus, einem prachtvollen Saal mit Reproduktionen älterer und moderner Meister, vorzüglicher Küche, aufmerksamsten Bedienungen und einem schattigen Garten, in dem unter alten Kastanien Bier aus der örtlichen Brauerei serviert wird.[2]

Seit Februar 1901 ist die »Rote Amsel« unter Künstlern die beliebteste Herberge des Ortes. Damals hatte der Landschaftsmaler Charles Palmié, Professor an der Münchner Kunstakademie, die »Perle des Naabtales« auf einer Reise mit Lovis Corinth und anderen Malern entdeckt und war gleich im Sommer wiedergekommen. Was die Künstler an dem Örtchen so faszinierte, berichtete ein »Frl. Else Boyens« aus Palmiés Gruppe dem *Regensburger Anzeiger*: »Die Künstler können sich nichts Schöneres denken. Da fehlen nicht die bunten malerischen Häuschen mit den Terrassen und Treppchen, die sich im Flusse spiegeln und einen fast italienischen Eindruck machen – nicht die seltsamen Felsformationen, die steil zum Wasser abfallen, so dass der Beschauer sich manchmal beinahe nach Norwegen versetzt glaubt – nicht die grünen Matten, die ihn wie Schweizer Almen anmuten – und auch nicht die schattigen Laubwälder, die ihn doch nicht vergessen lassen, dass er in Deutschland ist.«[3]

Zurück in München hatte Palmié schon im Dezember 1901 sechzig Ölgemälde und zwanzig Zeichnungen mit Motiven aus Kallmünz ausgestellt. Und Postkarten mit verschiedenen Ortsansichten drucken lassen, die auch in den Salons der Stadt herumgereicht werden. Palmié ist gern gesehener Gast im Salon der »Baronin« – ob er und Kandinsky sich dort bereits persönlich trafen oder erst im Sommer 1903 in Kallmünz, lässt sich nicht mit Sicherheit sagen. Es ist aber davon auszugehen, dass Palmiés Schilderungen über das einfache Landleben in pittoresker Kulisse auch Kandinsky zu Ohren gekommen sein und die Entscheidung für einen Malkurs in der Oberpfalz beeinflusst haben dürften. Jahre später wird Palmié, der sich nach einem Paris-Aufenthalt stärker modernen Einflüssen öffnet, auf einer handschriftlichen Liste stehen, die Ella über die potenziellen Mitglieder der Neuen Künstlervereinigung München anlegt.

Die Wochen im »Künstlerheim«, wie die Kallmünzer den Gasthof nennen, sind arbeitsintensiv. Ella fertigt zum ersten Mal ein Bild von Wassily an, wie er, mit einer hellen Mütze auf dem Kopf, malend auf dem Burgberg im Gras sitzt. Und sie hält ein und dasselbe Motiv mit verschiedenen Mitteln fest: mit dem Fotoapparat, mit Bleistift in ihrem Skizzenbuch, in Öl, in farbigen Lithografien. Seit dem Kurs bei Ernst Neumann hatte sie sich damit nicht mehr beschäftigt. In Kallmünz fertigt sie nun Druckstöcke aus Holz an und experimentiert zurück in München mit Farbzusammenstellungen und der möglichst besten Einfärbung der hölzernen Druckplatten. Berühmt ist ihre Serie der *Vilsgasse in Kallmünz*, festgehalten in allen oben erwähnten Techniken und natürlich die Serie von Kandinsky mit Pfeife.

Auch Kandinsky verbringt den Sommer nicht nur mit Malen, er fotografiert, zeichnet, lernt den Umgang mit Ton in der Töpferei Glötzl und wagt sich an traditionelle kunstgewerbliche Tätigkeiten wie das Sticken – der Sommer 1903 nimmt das vorweg, was der *Almanach* des *Blauen Reiters* Jahre später propagieren wird: dass Kunst alle Bereiche des Lebens zu durchdringen vermag. In Kallmünz versucht er sich ebenfalls am Holzschnitt: »Er schnitt gleich 70 Platten hintereinander, man sagte, Tag und Nacht, bis er Holzschneiden konnte. Beim Drucken halfen wir manchmal. Dieses Drucken mit verschiedenen Farbplatten übereinander erforderte ein großes Können, viel Zeit und Geschicklichkeit. Von zehn Drucken geriet meist nur einer«, erinnert sich Maria Giesler.[4] Die romantischen Gässchen des Ortes inspirieren Kandinsky auch zu »farbigen Zeichnungen«, wie er seine Temperabilder auf dunklem Grund nennt, mit altdeutschen, mittelalterlichen Straßen- und Kostümszenen, in deren Zentrum oftmals eine Braut steht.

Er fotografiert Ella mit Rucksack, Staffelei und Bild unter dem Arm auf der hölzernen Vils-Brücke und hält sie zweimal in Öl beim Arbeiten fest: am Flussufer mit aufgespanntem Schirm über der Staffelei und im Garten der »Roten Amsel«, wo sie die windschiefen Häuserfronten malt. Beide Male trägt sie einen langen Malkittel, den er in leuchtendes Blau taucht und unter dem es rosa am Hals hervorblitzt. Vor allem aber überrascht er sein geliebtes Ellchen im August mit einer Schatulle, in der zwei Ringe liegen.

Kandinsky war für ein paar Tage in München gewesen, um die nächste Phalanx-Ausstellung vorzubereiten und hatte noch während der Zugfahrt seine Gedanken niedergeschrieben: »Auf dem Weg sah heute alles anders aus: die Farben waren unglaublich ernst, tief, alles tiefe Töne, Cellotöne. Ich fuhr gegen den Wind und dachte und dachte, an dich, mein Herz, an die vergangenen Zeiten, an die Gefühle, die ich auf dem Weg verloren habe.« Sie sei diejenige, die ihn immer an sich binden werde.[5] In diesen Sätzen schwingt unterschwellig eine Schuldumkehr mit, eine Verschiebung der Verantwortung. Ella, die ihn von seiner Frau wegzieht, die ihn an sich bindet, die Klarheit und ein Bekenntnis fordert, das Anja und damit ihn selbst in Verzweiflung stürzen wird. Und noch etwas anderes klingt darin an: Dass es von ihrem Verhalten abhängt, wie stark er sich an sie gebunden fühlen würde.

Diese Ringe, erklärt er ihr nun, würden ihre »Gewissensehe« besiegeln, solange er noch verheiratet sei. Eine Bindung, für die es keine kirchliche Zeremonie, kein amtliches Dokument gibt, die nirgends verkündet wird, mit der aber die moralische Verpflichtung verbunden ist, sich gegenseitig als Ehepaar zu betrachten, mit allen Verpflichtungen. Entweder alles oder nichts – war es das? Sind die Ringe ein Zeichen, dass er sie endlich respektiert und Rücksicht auf ihre Empfindungen nimmt? Genau das hatte sie im Vorfeld der Reise in die Oberpfalz von ihm gefordert.

Vorangegangen war ein heftiger schriftlicher Schlagabtausch, den sie sich im Juni geliefert hatten. Als Gabriele noch in Herford bei ihren Verwandten gewesen und Brief um Brief eingetroffen war, war die Idee aufgekommen, sich im Vorfeld des Kurses für einige Tage privat zu treffen. Ein Blick auf die Landkarte hatte gezeigt, dass sich in Treuchtlingen ihr Weg von Herford nach München mit seinem von München nach Kallmünz kreuzen würde, wo er vorab das empfohlene Quartier testen wollte. Ein Wiedersehen, das Klarheit schaffen sollte darüber, ob es einen gemeinsamen Weg geben und wie dieser aussehen könnte. Doch verspätet zugestellte Briefe mit den Reiseterminen hatten dann eine ganze Kaskade von emotionalen Reaktionen ausgelöst, die offenbarten, wie tief bei beiden Verlustängste saßen und wie unterschiedlich sie diese formulierten. Es ist ein manipulatives Tauziehen in Worten, beide wissen um die Bedürfnisse und Ängste des anderen, beide wissen, dass es ohne den anderen längst nicht mehr geht, und beide wissen auch, womit sie sich verletzen können.

Während sie in Herford noch auf die Nachricht gewartet hatte, wann das »Rendezvous« stattfinden würde, harrte er bereits seit zwei Tagen in Treuchtlingen aus. Zug um Zug war eingefahren, aber »du kommst nicht, du bist einfach nicht da«. Das Warten machte ihn fiebrig, die Nerven lagen blank, die Knie zitterten, »eine Minute war ich ganz sicher, dass [der Zug] entgleist ist, dass du tot bist. (...) Mein Herz schlägt so, dass es rot vor den Augen wird.« Von Stunde zu Stunde hatte er sich mehr in die wahnhafte Vorstellung hineingesteigert, dass sie krank sei, sich gar verlobt habe, ihn nicht länger wolle, schließlich war sie wegen der Hochzeit ihrer Lieblingscousine Julie in Herford gewesen, was wusste er schon, welche früheren Verehrer möglicherweise ebenfalls dort gewesen waren. Das vermeintliche Aus war für ihn so konkret geworden, dass die Fotografie, die er am Bahnhof aus der Tasche gezogen und lange angeblickt hatte, mit einem Mal genau jene Kälte ausstrahlte, die er so fürchtete: »So fremd ist mir dein Gesicht vorgekommen. Ist denn alles aus?«

In Herford schäumte Ella derweil über seine Missachtung und setzte kleine Spitzen, von denen sie wusste, dass sie ihre Wirkung nicht verfehlen würden: »Zum Donnerwetter, ist denn gar kein Verlass auf Dich? (…) Du weißt ja, es ist mir ziemlich gleichgültig, ob wir uns treffen, oder nicht.« Am nächsten Tag war der Ton noch schärfer geworden: »Ich verliere wirklich bald die Lust an einem solchen Verkehr. (…) Ich denke daran, ein Ende zu machen, ein für alle Mal, jetzt ist die beste Gelegenheit, (…) ich habe gar nichts davon als Ärger und Unangenehmes. Wenn Du das Rendezvous und weitere Freundschaft mit mir noch wünschst, so mache ich zur Bedingung, dass Du mir das Versprechen gibst, mich mit der Rücksicht zu behandeln, die ich verlange. Wenn Du das nicht willst (…), bin ich jetzt fertig mit Dir, das heißt also: ändere Dich!« Und am gleichen Tag, an dem er seinen Panikbrief abgeschickt hatte, ein verbaler Gewaltausbruch, der in seiner Heftigkeit erschreckt: »Du verdienst totgeschlagen zu werden. (…) Warum räche ich mich nicht an Dir?«[6]

Auch wenn es in diesem Fall letztlich nur um ein Missverständnis gegangen war – ein Telegramm mit den genauen Daten des »Rendezvous« war zu spät zugestellt worden –, zeigt dieser Briefwechsel das ganze Konfliktpotenzial, das von Anfang an in dieser Beziehung steckt. Sie, die sich zu Lügen und Heimlichkeiten genötigt, sich zurückgesetzt, vernachlässigt, nicht wahrgenommen fühlt und inzwischen genau weiß, wie wenig er ihren derben Tonfall mit dem Bild seines idealisierten zarten Ellchens in Einklang bringen kann. Gleichzeitig sind es berechtigte Forderungen, die sie von Anfang gestellt und immer wieder erneuert hatte. Dass es eben nur etwas Ganzes sein könne, alles Halbe sie unglücklich machen würde. Und halb würde es bleiben, solange er seiner Frau nicht reinen Wein einschenkte und auch öffentlich zu ihr stehen würde.

Nachdem die Sache endlich aufgeklärt war, hatte er reumütig eingeräumt, dass er ihr die Tiefe seiner Liebe von Neuem beweisen müsse, und gleichzeitig darüber geklagt, dass ihn die alten Gespenster wieder heimsuchen würden. Das Leiden daran, dass sie ihn so wenig liebe. Einsam müsse er bleiben bis zum Tod, gefangen in seinen widerstreitenden Gefühlen und feierlichen und unendlich trüben Gedanken, ja, selbst wenn er innerlich zittere vor Glück, müsse er einsam bleiben, ohne sich jemandem mitzuteilen. Dumm, kindisch, aber seinem Schicksal könne er nicht entgehen, für sie aber gelte: »Liebe mich nicht mehr wie jetzt. Es ist besser. Für *dich* besser.«

Sie hätte die Stärke, sich von ihm abzuwenden, hatte er ihr schon im April geschrieben, wohingegen er sich längst seine eigene Schwäche habe eingestehen müssen. Wie oft habe er sich gesagt: »Lauf doch vom guten Herzchen weg, bringst ihm nur Unzufriedenheit, nimmst ihm nur die Ruhe weg. *Dem* Herzchen kannst du doch nichts geben, Ja, und ich wollte auch dieser gescheiten inneren Stimme folgen. Ich wollte es wirklich. War aber wie immer zu schwach, zu egoistisch.«

Auch hier delegiert Wassily die Verantwortung an das »gute Herzchen« Ella. Schließlich hatte er sie ja wiederholt davor gewarnt, dass von ihm nur Unheil ausgehe, dass er wie ein Unkraut am Wegesrand wuchern und unschädlich gemacht gehöre, dass es besser sei, wenn sie sich von ihm abwende. Es sind schwere Bürden, die er ihr damit auferlegt.

Für diesen komplizierten Mann brauche es eine Stärkere, hatte sie schon in ihrem Brief-Tagebucheintrag nach dem Sommermalkurs in Kochel erkannt. Und doch war sie nach Kallmünz gekommen. Weil er ihr kurz nach der Eskalation rund um Treuchtlingen, geschrieben hatte: »Vor dir will ich mich nicht mehr verstecken.«[7] Sie wusste, wie sehr er es hasste, wenn andere sahen, was er wirklich fühlte. Zudem hatte er angedeutet, dass Anja ihn bald in Freundschaft freigeben könnte.

Doch jetzt erklärt er ihr, kaum dass er den Ring über ihren Finger gestreift hat, dass sie dieses Zeichen ihrer Liebe, ihrer Verlobung nur tragen dürften, wenn sie allein seien. Nach außen dürfe es kein sichtbares Zeichen geben, dass sie sich in Kallmünz verlobt hatten. Keine Zärtlichkeit in der Öffentlichkeit, kein liebevoller Blick in der Gegenwart der anderen Kursteilnehmer, die nicht merken dürften, dass das professionelle Verhältnis zwischen dem Lehrer und seiner Schülerin in Kallmünz zu einem intimen geworden war.

Rückblickend wird Gabriele Münter in ihrem Tagebuch Jahre später in einer Phase größter Verzweiflung und Wut ernüchtert Bilanz ziehen: »Der erste Tag unserer Ehe in Kallmünz war Symbol für unser ganzes Leben. Du bekanntest Dich nicht zu Deinem Willen und zu Deiner Tat. (…) Du maultest und spieltest den Beleidigten, anstatt mir Freund zu sein.«[8]

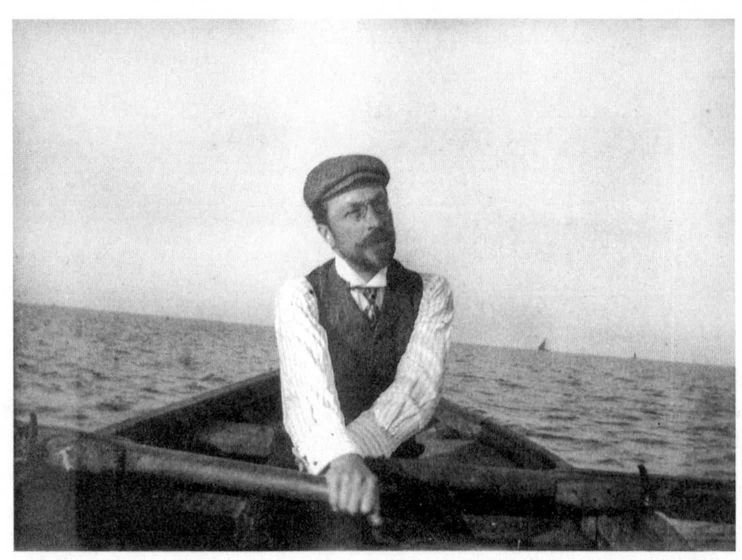

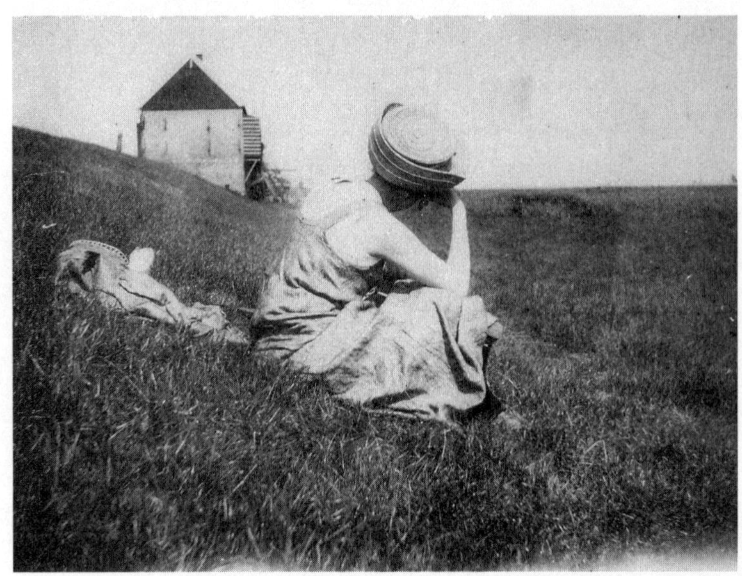

Auf ihren Reisen machen Gabriele Münter und Wassily Kandinsky unter anderem in Rapallo (oben, Frühjahr 1905/06) und Sachsen Station (unten, Sommer 1905).

WANDERJAHRE

Ob es wohl immer so sein wird, dass Du mich nirgends so lange bleiben lässt, wie ich möchte?

GABRIELE MÜNTER

»Eine große Macht hat uns vereinigt, und ich bin dieser Macht (…) von ganzem Herzen dankbar dafür. Es kommt die goldene Zeit, wo wir Hand in Hand durchs Leben gehen. Es kommt, Ella, es kommt«, schreibt Wassily im Frühjahr 1904 an die Geliebte.[1]

Die goldene Zeit, die nun endlich anbrechen soll, hat lange auf sich warten lassen. Denn seit ihrer Verlobung in Kallmünz, seit dem Eingehen ihrer »Gewissensehe«, hatte sich wenig verändert. Im November hatte er in einem Brief beteuert, dass sie seinem Gefühl nach längst seine Frau sei. Auch ein Bild hatte er ihr geschenkt – »meine Liebe für dich darstellend« –, das er mit Kreidefarben in Pastelltönen auf einen quadratischen braunen Karton gemalt hatte: *Die Nacht (Spazierende Dame)* zeigt eine junge Frau mit einem langen, rosafarbenen mittelalterlichen Schleppenrock, die gebauschte Bluse nur durch ein Muster aus hellen Tupfen und dunkelroten Pinselstrichen angedeutet. Am auffälligsten ist die weiße Schmetterlingshaube, ein Doppelhennin, an deren Spitzen lange Schleier angebracht sind, lilafarbene Flinder. Eine dieser Stoffbahnen hält die Frau in ihrer Linken, die Rechte mit auffallend schlanken Fingern ruht auf dem Dekolleté. Im Hintergrund nähern sich bunte Reiter auf geschmückten Pferden Fanfaren schmetternd einer

Brücke, die zu einer Festung jenseits des Flusses führt, als wollten sie die Ankunft der Braut verkünden. Die zeigt ein weiteres Bild aus dieser Reihe, das 1904 entsteht, *Das junge Paar*, ein mittelalterlicher Brautzug aus Rittern in glänzenden Rüstungen und festlich gekleideten Frauen vor der Häuserkulisse von Kallmünz.

Während das Brautthema Eingang in Kandinskys Kunst gefunden hatte, waren die Lebens- und Arbeitsbereiche des heimlichen Paars nach wie vor fein säuberlich voneinander getrennt. Nach außen sollte das Bild des Ehepaars Semjakina-Kandinsky keine Risse bekommen, unter keinen Umständen wollte er sie dem Gerede der Leute aussetzen, zu viel hatte Anja für ihn aufgegeben.

Tatsächlich hatten Ella und er die meiste Zeit seit ihrer Rückkehr aus Kallmünz Mitte August noch nicht einmal in der gleichen Stadt verbracht, abgesehen von ein paar gemeinsamen Tagen in Würzburg und Rothenburg ob der Tauber, einer mittelalterlichen Stadt, die wie die steingewordene Verkörperung von Wassilys Deutschlandbild wirkte. Über seinen ersten Besuch dort im Jahr 1902 schreibt er rückblickend: »Ich fühlte mich so, als ob eine Zauberkraft mich allen Naturgesetzen zuwider von Jahrhundert zu Jahrhundert immer tiefer in die Vergangenheit versetzt hätte. (…) Nur ein Bild blieb von dieser Reise zurück, (…) *Die alte Stadt*, die ich aber erst nach meiner Rückkehr nach München auswendig malte. (…) Auch in diesem Bild habe ich eigentlich nach einer gewissen Stunde gejagt, die immer die schönste Stunde des Moskauer Tages war und bleibt.«[2] Genau dieses Bild hatte Ella in der Phalanx-Ausstellung gesehen.

In Rothenburg hatte sie ihn gleich mehrfach fotografiert, im dunklen Mantel und mit Bowlerhut, in den schmalen Gassen oder im Gras vor der Stadtmauer liegend. Es waren kleine romantische Fluchten gewesen, eingestreut in lange Phasen dieses Lebens im Wartestand, in denen sie wieder nur Briefe hin- und hergeschickt hatten. Manche gingen postlagernd an einen »Herrn Willy Osthoff, Postamt 6 in München«[3], bei anderen notierte Ella die Adresse mit verstellter Handschrift auf den Umschlag. Eine Scharade, die ihr zuwider war. Nur aus Rücksicht auf Anja und in dem festen Glauben, dass er endlich mit ihr sprechen würde, um einen Schlussstrich zu ziehen, hatte sie sich vorübergehend dazu bereit erklärt. Und nun war es fast schon zur Gewohnheit geworden.

Sie war bis November in Bonn gewesen, wo sie ihrer Schwester Emmy, die inzwischen mit dem Chemiker Dr. Georg Schroeter verheiratet war, von ihrer Verlobung berichtet hatte. Bis Kallmünz hatte sie Wassily Kandinsky als eine Art »Wunder« gesehen, etwas »Verrücktes«, das in ihr Leben getreten war, eine romantische Fantasie, die nun aber eine Form angenommen hatte, dass es für sie kein Zurück mehr geben konnte. »Ich komme doch nicht mehr von Dir los«, hatte sie ihm kurz nach der Verlobung geschrieben.[4] Wegen ihrer eigenen Gefühle, die immer stärker geworden waren, wegen der körperlichen Intimität in ihrem Zimmer in der »Roten Amsel« und auch wegen des gleich mehrfachen gesellschaftlichen Stigmas, das ihr anhaftete: Sie war Künstlerin und bewegte sich allein damit bereits jenseits der bürgerlichen Wertvorstellungen eines geordneten Lebens, und sie war die Geliebte eines verheirateten Mannes, eine Ehebrecherin, die sich darauf verlassen musste, dass er es ernst meinte, wenn er sagte, er habe zum ersten Mal in seinem Leben »trotz der vielen Quälereien (…), trotz des Mitleids, welches ich mit meiner Frau habe und welches wirklich eine Folter für mich ist (…), den Mut, Willen und Energie, das alte Leben aufzugeben«[5].

Die Reaktionen des Ehepaars Schroeter müssen so heftig gewesen sein, dass Ella in einem Brief darum bat, Kandinsky möge zwischen seinen ausgedehnten Reisen nach Venedig, Wien, Moskau und Odessa nach Bonn kommen, um sich ordentlich vorzustellen und die Situation zu erklären. Er hatte es versprochen und war dann doch an Bonn vorbeigefahren.

Das Einzige, was sie nach ihrer Rückkehr nach München beflügelt hatte, war die Aussicht, endlich das Leben aus dem Koffer in einem Pensionszimmer gegen eine feste Bleibe einzutauschen: in eine kleine Atelierwohnung in der Schackstraße 4 nahe dem Siegestor. Auf den Fotografien, die sie von ihrem neuen Zuhause angefertigt hatte und die beinahe wie eine Inszenierung für den fernen Geliebten wirken, ist alles zu sehen, was ihr wichtig ist. Lebensgroße Aktstudien lehnen vor einer Kommode mit Gewürzen und Ölen, links neben der Eingangstür hängen Familienfotos, ihre Bilder des Burgbergs, der Vilsgasse und von Kandinsky auf der Wiese. Sein »Brautbild« hat einen prominenten Platz über dem Bücherregal neben dem Klavier erhalten, auf dem sie kleine Tierfiguren arrangiert hat. Davor steht ein Hocker auf einem Schaffell, auf den sie die Palette gelegt hat, eingerahmt von einem Skelett ohne Kopf – der liegt im Bücherregal – und einer Staffelei mit weiteren Porträts und einem weiblichen Akt.

Alles wäre bereit gewesen, aber selbst nach seiner Rückkehr nach München hatten sie sich kaum gesehen. Während für Ella die Scheidung von Anja und Wassily der nächste logische Schritt für eine gemeinsame Zukunft gewesen wäre, hatte er ihr am Heiligen Abend geschrieben: »Zu meiner Frau mache ich dich [offiziell] erst dann, wenn ich überzeugt bin, dass du auch anders unglücklich bist. Ich liebe dich immer besser und ernster. Darum denke ich auch nicht nur an mein Glück, sondern auch an deins.«[6] Als müsse er sie nicht nur vor ihm, sondern auch vor sich selbst schützen. Dass er ihr damit ein Stück weit die eigene Urteilskraft abspricht, muss sie als kränkend empfunden haben: »Etwas vertraue ich doch auch meinem Charakter und glaube auch (…) dass es gut wird. Ich kann es mir wenigstens nicht mehr anders denken und kann mir mein Leben auch nicht mehr vorstellen ohne Dich!«[7] Für sie sollte dieses Leben auf Gemeinsamkeit gründen, nicht auf getrennten Sphären, sie wollte einen Menschen, der ganz ihr gehörte, keinen, der sich aufrieb zwischen Selbstgeißelung und Schuldgefühlen gegenüber seiner Frau. Es ist eine andere Nähe, die sie anstrebt, eine greifbarere als die seiner Idealvorstellung von der geistigen Auflösung der Grenzen zwischen Du und Ich.

Stattdessen hat er eine Zeit der Prüfung ausgerufen, sich selbst eine Zeit der Abstinenz auferlegt, die ihr schwer zu schaffen macht. »Ich wollte, Du kämst heute – möchte Dich sehen – komm doch. (…) Überall bist Du, überm Sofa Deine Photografie, (…) Deine Holzschnitte (…) meine Ölskizze von Dir und hier Dein Brief, den ich noch nicht weglegen möchte.« Es sei gut, dass sie etwas von seiner Hand habe, aber die Sehnsucht nach der realen Hand, nach etwas körperlich Greifbarem, bleibe.[8] Auch bei ihm sei der Wunsch, sie zu sehen, »zum Heulen stark«, er kämpfe aber tapfer dagegen an, wie überhaupt gegen alles, was ihn quäle.

Kandinsky leidet an der Vorstellung, seine Frau könnte leiden. Er leidet an dem Gedanken, von Ella getrennt zu sein, an dem Gedanken, nur Leid über alle zu bringen, die ihn lieben. Selbstkasteiung und Entsagung sind sein vermeintlicher Ausweg aus all dem, was letztlich vor allem in ihm selbst wurzelt. »Du bist doch so verschieden von mir. Ich verstehe Dich wohl mit dem Verstand, aber es fehlt die Liebe zum Verstehen und Dulden. (…) Oder liegt es vielleicht so, dass auch Du etwas mehr versuchen könntest, auf mich einzugehen? Mich zu verstehen und mir zu gefallen?«, hatte Ella in einem Brief geschrieben.[9] Genau das scheint ihm in München, in unmittelbarer Nähe zu seiner Frau, unmöglich zu sein. Anja ist Heimat, ist Moskau, sie versteht seine russische Seele, ihr würde er tief verbunden bleiben, auch wenn sie in Zukunft getrennte Wege gingen.

Im Frühjahr des Jahres 1904 fordert Kandinksy Ella schließlich auf, ihre erste Atelierwohnung aufzugeben, die sie so glücklich und erwartungsvoll vor wenigen Monaten bezogen hatte. Bald werde ihre glückliche Zukunft anbrechen, die Zeit, in der sie offen Hand in Hand und mit dem Ring am Finger durch die Straßen gehen könnten. Dafür sei es notwendig, sich von allem zu trennen, was sie an München binden würde. Die Phalanx-Schule hatte bereits zum Jahresende ihre Pforten schließen müssen, weil sich zu wenig neue Schüler angemeldet hatten. Für Kandinsky ein schwerer Schlag, der seinen Frust wie auch die Bereitschaft, München zu verlassen, nur vergrößerte. Nun legte er auch den Vorsitz des Vereins nieder, womit es keine Aufgaben mehr gab, die ihn in der Stadt hielten. Vor allem aber war er der Meinung, dass sich der »vorlegitime Zustand« ihrer Beziehung auf Reisen am wenigsten spüren ließe. Zwar hatte er inzwischen viele Stunden mit seiner Frau über die Situation gesprochen, die so edel und gut war, ihn tatsächlich freizugeben, ja mehr noch, die sich sehr freue, wenn er glücklich sei und wieder heirate, auch wenn sie selbst schwer daran tragen würde. Die Zeit bis zu einer Scheidung und erneuten Heirat will Kandinsky allerdings nicht in Deutschland verbringen, »wo das Gesetz und die Gesellschaft, die ›Welt‹ so wenig liberal sind. (…) Nicht zusammenleben, solange ich nicht frei bin. Warum? Wozu? Wofür? Für die ›Welt‹? 1. werden wir ja, solange wir nicht vom Staat anerkannt als Ehegatten sind, außerhalb der Welt leben. Und 2. soll man denn wirklich dieser Welt (…) ein Jahr meines Lebens opfern und schenken? Und 3. noch ein Jahr nicht mit Dir zu leben kann ich zu schwer.«[10]

Zudem waren seine Reisen im vergangenen Jahr so inspirierend gewesen, selbst Venedig mit einem Mal nicht mehr nur mit Schwarz verbunden. Euphorisch hatte er Ella von dieser »stolzen Märchenstadt« berichtet, und eine Skizze von einem Gondoliere unter der Rialto-Brücke eingefügt: »Farbe, Farbe! Noble, dunkel leuchtende, knallgrelle und tiefharmonische (…) diese Dämmerung, wo blau, lila, Gold, orange, Kupfer und grün eine tiefsinnigste Symphonie entwickeln! Ich traue mich nicht meinen Malkasten zu öffnen. Gott, wie unsere moderne Kunst arm ist, wie schwach unsere Palette.«[11] Wie wunderbar wäre es, wenn sie solche Erlebnisse in Zukunft teilen könnten? Paris vielleicht, das mit großen Museen und Künstlern lockte – bei vorangegangenen Phalanx-Ausstellungen hatten sie unter anderem Werke von Claude Monet und Henri Toulouse-Lautrec gezeigt –, vor allem aber mit ungestörter Zweisamkeit?

Keiner von beiden ahnt, wie lange die Phase des unsteten Umherreisens dauern wird. Sie beginnt im Mai 1904 und endet erst vier Jahre später. »Letzter gemeinsamer Tag mit meiner Frau nach 12 Jahren! (…) Sie will mich trösten«, schreibt Kandinsky kurz vor dem Aufbruch an Ella.[12] Sie hatte München auf seine Bitte hin bereits verlassen und harrte nunmehr seit fast sechs Wochen bei ihren Geschwistern in Bonn seiner Ankunft. Dieses Mal sollte er sich endlich vorstellen. Während sie auf ihn wartete, hatte Wassily viel Zeit mit Anja verbracht und mit ihr auch über ihr gemeinsames »verunglücktes Leben« gesprochen. »Und wenn ich sehe, wie sie leidet und wie ich ihr ganzes Leben verdorben habe und was sie alles von mir erwartete und wie ich diese Erwartungen wenig verstand und enttäuschte, wird mir schrecklich zu Mute. (…) Tragische Geschichte. Und deshalb tut ihr das Gespräch gut.«[13] Wie sehr er selbst unter dieser Situation leidet, zeigt die Tatsache, dass seine Frau ihn vor Beginn der Reise mit Ella trösten musste.

Es ist ein Rucksack voller Schuldgefühle, den er aus München mitnimmt, beladen auch mit der nagenden Frage, warum alles, was Freude macht, gleichzeitig jemand anderem wehtun muss, warum Schicksal und Leid überall hineindringt, wie Schmutz in einen zerrissenen Schuh. Diese Hypothek ist schon für die erste gemeinsame vierwöchige Reise nach Holland eine Belastung. Dass es dort zwischen Ella und ihm immer wieder zu Streitereien gekommen war, belegt ein Brief von Kandinsky: »Ich habe diese Tage bei Tolstoi gelesen, wie sich ein frischgebackenes Ehepaar, das sich sehr liebte, wegen Unsinn, Kleinigkeiten und manchmal auch ganz ohne irgendeinen Grund zu haben, oft zankte und stritt. Und da habe ich plötzlich verstanden, wie es mit uns in Amsterdam war (…) und das beruhigte mich.«[14]

Wie lange die wiederholten Konfliktsituationen in ihm nachhallten, zeigt das Datum des Briefes: September 1904. Zu dieser Zeit sind sie bereits seit einem Vierteljahr wieder zurück in Deutschland. Sie hatte ihm bereits im Juli geschrieben, er möge endlich seine Nerven in Ordnung bringen. Es war die Antwort auf einen zerknirschten Entschuldigungsbrief von Wassily: »Wenn ich denke, wie grob ich [in Holland] zu dir war, möchte ich heulen. (…) Ich will, ich will wieder mit dir sein (…) Sei böse zu mir, schimpfe, sei aber mit mir.«[15]

Es wird bis Dezember dauern, bis dieser Wunsch wieder für einen längeren Zeitraum in Erfüllung geht. Er ist zunächst in München, wo die Auflösung des gemeinsamen Haushalts mit Anja für neue seelische Qualen sorgt. In der Wohnung herrsche eine Stimmung wie auf einer Beerdigung, kein Wunder, schließlich werde nicht weniger als ihr bisheriges Leben zu Grabe getragen. Und während vor Ella und ihm eine ganze Zukunft liege, bleibe für seine Frau nur ein Trümmerhaufen. Anja, die bisher so ruhig und gefestigt auf die bevorstehende Trennung reagiert und sich über sein neues Glück und eine Hochzeit mit Ella scheinbar sogar gefreut hat, macht ihm seit seiner Rückkehr aus Holland bittere Vorhaltungen. »Wenn du mich brauchst, nimmst du mich, wenn nicht, schmeißt du mich raus, widersprich nicht. So war es immer und so ist es auch jetzt«, wirft sie ihm an den Kopf und zerschlägt sogar ein gerahmtes Foto von ihm. »Sie sagte, dass ich ihr alles genommen habe, und deswegen kein Recht auf Glück habe. Du kannst dir gar nicht denken, wie schwer es mir zu Mute ist. Ich fühle mich wie in einem Gefängnis«, schreibt Wassily am 3. September 1904 an Ella. Drei Tage später wirbt er bei ihr um Verständnis für Anjas Situation – und dafür, dass er wegen ihrer desolaten Verfassung nicht mit ihr über die Scheidung sprechen könne: »Stell dir nur vor, du wärst an ihrer Stelle (…) zerschlagen, ohne Kräfte, (…) ganz krank seelisch, und du wüsstest nicht, (…) wie du noch leben kannst.« Dass solche Ängste auch ihn quälen und er vielleicht auch manches, was zu ihm gehört, auf Anja projiziert, zeigt ein weiterer Brief vom 25. des Monats: »Ich springe wie in kaltes Wasser. Ich versuche nicht zu denken, wie ich frieren werde.«[16]

Was wird Ella, die in Bonn zunächst bei ihrem Bruder Charly, dann bei der Familie ihrer Schwester Emmy untergeschlüpft ist, beim Lesen dieser Zeilen durch den Kopf gegangen sein? Natürlich war es ein Sprung ins kalte Wasser, auch für sie. Natürlich hatte die positive Aufbruchstimmung in das neue gemeinsame Leben bereits in Holland einen Dämpfer erlitten. Aber sie hatte keine Sorge, neben ihm zu frieren, weil ihr noch niemand so nahegestanden hatte wie er, auch wenn es ihr nicht lag, dies mit dem emotionalen Überschwang zu äußern, der ihm vielleicht einen Teil seiner Ängste, dass sie ihn nicht genug liebte, dass er mehr gab als sie, hätte nehmen können. Es klingt nüchtern, wenn sie Jahre nach dem Ende der Zeit des Reisens Bilanz zieht und schreibt, dass sie sich ihm zuliebe in alles gefügt habe, weil er so litt. Über ihre eigenen Gefühle schweigt sie sich aus.

Nach Holland hätte sie sich gerne in München oder einem Dorf außerhalb eine Bleibe gesucht, um zu arbeiten, aber Kandinsky hatte sie nicht in seiner Nähe haben wollen, nach der er sich doch vermeintlich so sehnte, aus Rücksicht auf Anja. Deshalb hockte sie nun in Bonn. Ob er sich Gedanken darüber machte, wie ihr zumute war, wenn sie bei Tisch von »ihrem Mann« sprach und dafür irritierte oder mitleidige Blicke erntete, wenn sie zu erklären versuchte, warum die Scheidung auf unbestimmte Zeit verschoben war. Und warum sie sich nur so sporadisch sahen, mal für ein paar Tage in Frankfurt am Main oder Bad Kreuznach, warum er sie nicht mitnahm nach St. Petersburg und Moskau, wo seine Bilder ausgestellt wurden, nicht mit nach Odessa, wo er seine Mutter besuchte, sondern sie stattdessen bat, Briefe dorthin wieder mit verstellter Schrift zu adressieren. Und nicht einmal mit nach Paris, dem Ziel, das ganz am Anfang gestanden hatte, wo er beim alljährlichen Herbstsalon, dem Salon d'Automne, mit einer Medaille ausgezeichnet wurde.

Während seine Bekanntheit steigt, verharrt sie ohne Staffelei – ihr Hausstand ist bis auf Weiteres in München eingelagert – bei ihren Geschwistern, entwickelt ihre Hollandfotos, fertigt hin und wieder ein kleinformatiges Bild an, die Leinwand an eine Stuhllehne gestellt, und Skizzen von Emmys kleiner Tochter Friedel.

Kandinsky dagegen scheint von einer regelrechten Arbeitswut erfasst und dem euphorischen Gedanken, dass seine Vision für eine neue Entwicklung in der Malerei langsam Gestalt annimmt. Schon im August hatte er geschrieben, dass er versuche, für sein Gefühl und seine Gedanken eine Ausdrucksform zu finden, dass er sich mit Farbe, Form, Zeichnung und Klang beschäftige. So entstünden Sachen, die noch keine Kunstwerke seien, sondern nur Stationen auf dem Weg dorthin, die aber bereits ein Licht, einen Klang in sich trügen. Er schickt ihr Fotos von seinen Arbeiten, viele Holzschnitte sind darunter, auch Temperabilder mit russischen oder mittelalterlichen Motiven. Auf sie wirken diese Werke eher wie Spielereien, viel zu folkloristisch und verkünstelt, viel zu sehr in den Fußstapfen des dekorativen Jugendstils. »Du sagst: Spielerei! Jawohl! Alles was der Künstler macht ist auch nur Spielerei. (…) Wozu? Große Frage! (…) Für den Künstler hat die Frage Wozu wenig Sinn. Er weiß nur ein Warum. (…) Es [das Bild] ist in mir fertig und es muss Ausdruck finden. (…) Dass du von mir besonders viel verlangst, freut mich ja sehr, wirklich sehr, verlange aber nicht alles in jeder Arbeit.« Wenn sie erst wieder beisammen seien und sie bei besserer Stimmung, werde das Göttliche wieder »zu uns beiden sprechen. Freude! Freude! Das innere Glück. Das volle Leben. Die Poesie, die wahre Poesie.«[17]

Den ganzen Herbst über ist allerdings unklar, wo sie sich als Nächstes »außerhalb der Welt« einen Platz suchen sollen. Ägypten,

Spanien, Frankreich, im Sommer dann vielleicht Schweden? Am Ende begibt sich das Paar am 6. Dezember 1904 über Lyon und Marseille auf die 19 Tage lange Reise nach Tunis, den Baedeker im Gepäck. Ihre Zimmer im »Hôtel de Suisse« sind einfach, das nach Norden gerichtete ist zugig und kalt, Gabriele verträgt den Wind nicht und hat Zahnschmerzen, ins andere knallt die Sonne, dass man kaum arbeiten kann. »Unsere Skizzenbücher u. Studien erzählen das Nähere – ebenso seine Bilder und die Photos – über unsere tunesischen Eindrücke. Wir haben uns stellenweise gut vertragen – stellenweise schlecht verstanden – wir machten nur Spaziergänge in die Stadt (...) und haben mit keinem Menschen Connex gemacht – er will das nun mal nicht.« Gelangweilt habe sie sich mit ihrem Lieben dennoch nicht, hält Ella in ihrem Tagebuch fest.[18]

Der Baedeker wird erst sechs Wochen nach ihrer Ankunft für einen größeren Ausflug nach Karthago und im März für eine Fahrt mit der Eisenbahn in den Süden nach Susa (Sousse) und Kairouan aus dem Koffer gezogen. Ella macht allein 180 Fotos auf der Tunesienreise, die am 5. April 1905 zu Ende geht. Wie in Amerika sind es Alltagsszenen in Dörfern und Landschaften, die sie festhält. Den größten Teil nehmen jedoch Aufnahmen der Altstadt von Tunis ein, mit ihren Torbögen und den weißen kubischen Gebäuden, dem Spiel von Licht und Schatten, wenn die Sonne in die engen Gassen leuchtet, dem bunten Treiben in den Souks. Von vielen dieser Fotografien fertigt sie Aquarelle und später auch Druckgrafiken an und tüftelt lange an der richtigen Farbwahl. Es könne nicht sein, dass Himmel und Wasser und Bäume farblich verschwimmen. Sie taucht künstlerisch ein in diese neue unbekannte Welt Nordafrikas, während er – »große Begeisterung meines lieben Buben« – auch in der Fremde nach dem sucht, was ihm ein Gefühl von Heimat vermittelt. Ein buntes Reiterspektakel auf den Straßen etwa, das ihn an die Farbenpracht Russlands erinnert und das er auf dunkler Pappe mit

Temperafarben festhält, oder ein Wandbehang aus Perlenstickerei, den Ella in mühevoller Kleinarbeit nach seinem Entwurf fertigstellt. Ein Wolgaschiff ist darauf zu sehen.

Neuigkeiten seiner Familie aus Russland sind es schließlich auch, die das Ende der Zeit in Tunis einläuten. Wassily hatte die Nachricht erhalten, dass sein Halbbruder Waldemar im russisch-japanischen Krieg vermisst wird. Er musste zurück nach Europa, um besser erreichbar zu sein. Über mehrere Zwischenstationen in Italien verläuft der Rückweg gemeinsam, in Verona trennen sich dann die Wege des Paares. Kandinsky fährt über Innsbruck, Ella direkt nach München. Ein gemeinsames Eintreffen am Bahnhof will er unbedingt vermeiden.

Während der Anreise nach Tunis hatte Ella im Traum einen Sarg gesehen, und war sich sicher gewesen, dass es ihrer sei und sie in Nordafrika sterben würde. Nun fühlt es sich an, als müsse sie zumindest die Vorstellung beerdigen, dass eine Flucht in fremde Länder irgendetwas in ihrem Leben geändert hätte. Denn nun beginnen das Versteckspiel und das vorübergehende Leben in Pensionszimmern oder bei der Familie von Neuem, unterbrochen von einem rund zehnwöchigen Aufenthalt in der Schnorrstraße 44 in Dresden.

Ella hat dort ein Zimmer zum Schlafen im ersten Stock; Leben und Arbeiten finden eine Etage höher statt, wo sie eine Dreizimmerwohnung angemietet haben. Ein Teil der Aufzeichnungen aus dieser Zeit legt nahe, dass es ein vergleichsweise ruhiger und entspannter Aufenthalt war. Gemeinsame ausgedehnte Radtouren und Wanderungen in der sächsischen Schweiz, bei denen sie viel fotografieren, gemütliche Abende zu Hause und kreative Schaffensphasen. In Dresden entstehen einige der schönsten Fotografien des Paares, gegenseitig aufgenommen und teils in fast identischen Posen: beide nachdenklich auf dem Sofa sitzend etwa, den Kopf auf die rechte Hand gestützt; Ella in einem ärmellosen Sommerkleid und Hut auf einer Wiese, oder auf einer Porträtaufnahme mit weißer Kragenbluse und grüner Schleife. Sie dient Kandinsky als Vorlage für sein Ölgemälde *Bildnis Gabriele Münter* (1905), das sie mit ernstem, fast traurigem Gesichtsausdruck, durchdringend-fragendem Blick vor einem dunklen Hintergrund zeigt. Es sei schwer, wird er ihr im Herbst aus Odessa schreiben, ihre ganzen Reize zu fixieren, egal ob mit der Kamera oder dem Pinsel. Auf dem Porträt liegen sie so im Verborgenen, dass er es am 18. September 1905 selbst als eine »Saumalerei« bezeichnet.

Gegen Ende der Zeit in Dresden verdüstert sich die Stimmung. Eine »böse Laune« von Wassily trübt die letzte lange Wanderung, seine Gedanken kreisen um Anja, seine emotionale Verfassung kippt, und Ellas Geduld mit den ewigen Klagen ist endlich. Seit beinahe anderthalb Jahren hört sie sich an, dass das blasse traurige Gesicht seiner Frau ihn in seinen Träumen verfolge, dass eine Scheidung seelische Grausamkeit sei, Anja Zeit brauche, sich zu entlieben, sie nichts tun dürften, was sie verletzte. Sie hört sich an, wie dankbar er ist, dass er ihr all das sagen kann und dass sie ihn verstehen wird. Es ist die alte Mischung aus Werben und Druck, mit der er ihren Spielraum begrenzt. Wenn Ella droht, sich abzuwenden, wenn sie ihm mit Spott begegnet oder jener Kälte, die er so sehr fürchtet, die ihn zerschmettert zurücklässt, sendet er Signale, die zwischen dem Beschwören ihrer Einheit, Selbsterniedrigung, Überhöhung der Geliebten und Besitzansprüchen schwanken. »Wir müssen und wollen und werden fest zusammenhalten. (…) Keine spöttischen Bemerkungen! Spott ist das Schlimmste, was sein kann.« Nur sie könne ihn retten, ihm helfen, ihn erlösen. Nur ihre Liebe werde auch das Schrecklichste besiegen. »Und ich flehe dich an, hilf mir, hilf mir um Gottes willen, mich selbst wiederzufinden. Du kannst viel, du kannst alles, Geliebte.« Aber auch: »Ich habe deinen Besitz mit meiner Seele bezahlt, vielleicht teilweise mit meinem Leben. Und du gehörst mir«, sie könne ihm nicht den Rücken kehren, »da ich alles für dich aufgegeben habe und wegen dir (wenn auch ohne deine Schuld) so lange und so viel und so stark gelitten habe und noch leide«[19]. Es klingt wie eine Wiederholung dessen, was Anja ihm vorgeworfen hatte.

Ein Déjà-vu erlebt Ella auch am Ende der Sachsenreise: die Verbannung aus der Stadt. »Lass mir meine Zeit in München (…) Ich denke da an Anna, das in erster Linie. Und außerdem sind noch verschiedene Gründe, die dagegen sprechen. Wenn du durchaus nach M. willst, mach es dann lieber wenn ich [im Oktober] schon fort bin.« Seine neue Atelierwohnung in der Amalienstraße könne sie allerdings nicht übernehmen, bei diesem Gedanken – er weit weg in Russland auf dem alljährlichen Verwandtenbesuch – fühle er sich unwohl.[20] Sie fügt sich erneut und verbringt die Zeit bis November bei Charly und Emmy im Rheinland.

Ein wenig Bewegung immerhin scheint nach den Auseinandersetzungen in Dresden in die Scheidungsfrage zu kommen. In München hatte Kandinsky beinahe täglich mit seiner Frau gesprochen, um den Weg für eine gütliche Trennung auszuloten und während einer Zugfahrt in Russland, auf der ihn sein Vater begleitet, spricht er zum ersten Mal mit jemandem aus seiner Familie über Ella: »Ich zeigte ihm dein Bild und er kuckte lange in Schweigen und sagte schließlich: ›es ist ein gutes Gesicht, sie gefällt mir.‹« An Ella schreibt er, sein Vater habe nachgefragt, ob sie ein gutes Herz habe, ob ihre schmalen Lippen nicht vielleicht von einem strengen, harten Charakter zeugen würden. Seine Antwort: »Pfeffer hat sie schon, aber das macht nichts, da sie im Grunde sehr sehr gut ist und ein wirklich nobler und edler und ehrlicher Charakter.« Auch wenn sein Vater besorgt nachfragt, was nun aus Anja wird, in deren Situation als »Verlassene« er sich nur zu gut einfühlen kann, zaubert ihm die Aussicht auf Enkelkinder ein Lächeln aufs Gesicht.[21]

Seiner Mutter, abgemagert und in tiefer Trauer über den Tod ihres Sohnes und Wassilys Halbbruder Waldemar, der, wie sich mittlerweile herausgestellt hatte, Ende Mai auf der Krim gefallen war, sagt Wassily aus Rücksicht auf ihren fragilen Zustand nichts. Aber er spricht mit einem Anwalt über die Modalitäten einer Scheidung. Wenn er den Treuebruch gegenüber Anja einräume, könne der Antrag schon in zwei Wochen eingereicht werden, er selbst müsse nicht einmal vor Gericht erscheinen – eine enorme Erleichterung für Kandinsky. Und dann wäre Ella schon im Winter seine »allerlegitimste Frau«, anerkannt vor den Behörden und aller Welt, dann würde das Leben aus dem Koffer ein Ende haben. »Freut mich, dass die Scheidung leichter geht. Hoffentlich hast Du schon angefangen«, antwortet sie am 5. Oktober mit sarkastischem Unterton.[22]

Doch als sie sich im November in Köln anlässlich einer Ausstellung von Kandinsky wiedersehen, ist nichts in die Wege geleitet – und an seinem Finger fehlt der Kallmünzer Verlobungsring. Wo auch immer er ihn verloren, wie oft auch immer er Hotelzimmer und Reisegepäck verzweifelt durchsucht haben mochte, spielt für Ella keine Rolle. Sie reist erbost zurück nach Bonn, wo sie Briefe voller Düsternis und Demut erhält. »Warum habe ich dich fortgehen lassen? Alle schwarzen Gedanken, die fest schliefen, solange ich dich an meiner Seite hatte, sind erwacht und schütteln und foltern meine Seele.« Er wolle sich vor ihr auf die Knie werfen und ihre Füße küssen, er bete sie an wie eine Heilige und werde sofort zwei neue Ringe kaufen.[23]

Mit diesen Ringen an den Fingern beginnen sie die nächste Etappe des unsteten Wanderlebens, das sie über verschiedene Stationen in Italien im Dezember 1905 ins italienische Rapallo führt. Die Erdgeschosswohnung in der Via Montebello 24 ist der Ort, an dem beide zum ersten Mal das Gefühl haben, in einem eigenen Heim zu leben. Selbst einen provisorischen Weihnachtsbaum stellen sie auf einem Stuhl auf, ein großer Zweig mit Laubblättern statt Tannennadeln, auf dem Kerzen leuchten, behängt mit weißen Wattebauschen und Lametta. Eine Haushälterin sorgt dafür, dass die spartanischen Zeiten mit einem Stück Brot und einer Tasse Tee auf dem Zimmer der Vergangenheit angehören. Ella ist so begeistert, dass sie den reichlich gedeckten Tisch nicht nur mit der Kamera, sondern einen Ausschnitt davon auch auf dem Gemälde *Stillleben mit Blumenkohl* festhält. Das italienische Flair des Hauses, die Ausflüge mit Fotoapparat und Skizzenbuch an den Strand und zu nahe gelegenen Fischerdörfern, die pittoresken Boote, das südliche Licht und die allgegenwärtigen gespannten Wäscheleinen über den Gassen vermitteln ein Gefühl, als wären sie endlich in der so lang vertagten glücklichen Zukunft angekommen. Denn auch die Phase, in der sie mit niemandem »Connex« gemacht haben, ist hier zu Ende. Sie bekommen Besuch von den ehemaligen Phalanx-Schülern Carl Palme, Emmy Dresler und Wassilys Vater. Ihm selbst gefällt es in Rapallo so gut, dass er überlegt, ein Haus zu kaufen. Aber als er im Frühjahr bemerkt, dass Schlangen im Garten aus ihren Verstecken hervorkriechen – Ellas Mutter hätte sich kaputtgelacht –, verwirft er den Gedanken und drängt im Mai 1906 zum Aufbruch. Diesmal soll es nach Frankreich gehen.

»Hoffentlich machen wir es in Paris nicht wieder so wie in Dresden«, hatte Ella bereits einige Wochen vor der Abreise nach Rapallo an Wassily geschrieben, als die französische Hauptstadt als mögliches Reiseziel in den Fokus geraten war.[24] Tatsächlich würde die Zeit in Frankreich zu einem vorläufigen Tiefpunkt werden, der Wunsch nach Harmonie ein frommer bleiben. Nach nur vier Wochen in der trubeligen Hauptstadt in einer teuren, spartanischen Unterkunft im Quartier Latin erfolgt Ende Juni bei brütender Hitze der Rückzug in die Vorstadt Sèvres, in eine großzügige Wohnung mit Garten in der Petite Rue des Binelles 4. An einen Freund schreibt Kandinsky: »Es ist wirklich schön hier. Und ruhig. Ich brauche in letzter Zeit so viel Ruhe, dass ich gar keine Lust habe, nach Paris zu fahren.«[25] Etwas Abwechslung gibt es schließlich auch hier, Olga Meerson kommt vorbei, die Kollegin und Obmännin der Phalanx, die immer dafür gesorgt hatte, dass eine Kanne Tee auf dem Stövchen bereitstand, auch Wassilys Vater besucht die beiden und bleibt gleich für mehrere Wochen.

Was die Kunst angeht, befindet sich Paris gerade an der Schwelle zu einer neuen Epoche, in der die »alten« Meister des Post-Impressionismus wie Paul Cézanne, Vincent van Gogh oder Paul Gauguin mit großen Retrospektiven gefeiert werden und die jungen Wilden, die Fauvisten um Henri Matisse und Georges Braque sowie Künstler wie Pablo Picasso und Robert Delaunay seit dem Herbstsalon 1905 die Szene aufmischen. Die Fauves waren die Ersten, die reine leuchtende Farben verwendeten und sich dabei teils von denen ihres Motivs lösten, mit dunklen Umrandungen arbeiteten, um farbige Flächen voneinander abzugrenzen, und erste Ansätze zur Vereinfachung zeigten. Auch wenn sie mit dieser »wilden Kunst« das Publikum verstörten, schenkten ihnen Kunstmagazine wie *Tendances Nouvelles* große Aufmerksamkeit.

Während in der Malerei Aufbruchsstimmung herrscht, hat Kandinsky seit Längerem das Gefühl, seine »alten Sachen« aus der Anfangszeit mit Ella seien »glühender und temperamentvoller«, technisch zwar noch nicht ausgefeilt, aber weniger »blass« und »traurig«. Seine neueren Bilder hätten jede Kraft verloren: »Alles ist futsch, hilf mir, durch Liebe es wiederfinden.«[26]

Es ist denkbar, dass auch die unmittelbare Konfrontation mit der neuen Avantgarde, die Ausstellungen, die beide in Paris besuchen, den Rückzug nach Sèvres einläuten: Die Erkenntnis, dass die zurückliegenden Wanderjahre nicht nur die Liebe, sondern auch die eigene Kunst nicht hatten entfesseln können. Seinem Biografen Will Grohmann gesteht Kandinsky Jahre später über diese Zeit: »Ich habe damals innerlich sehr schwere Jahre gehabt, vielleicht besonders in Sèvres, viele schlimme Zweifel künstlerisch und auch rein persönliche Sachen.«[27] Eine Ausstellung einiger seiner Werke im Herbstsalon 1906, bei dem gezeigt wird, was national und international als auf der Höhe der Zeit gilt, führt ihm schmerzlich vor Augen, dass seine Arbeiten auch bei den Kritikern kaum gewürdigt werden. Es liegt sowohl an den Motiven als auch am Malstil.

Kandinsky verharrt nach wie vor bei seiner post-impressionistischen Spachteltechnik und bei dekorativen Tupfenbildern, er fertigt Gouachen mit altrussischen Szenen wie *Lied (Wolgalied)* und beschäftigt sich mit Vorstudien zu ähnlichen Werken und theoretischen Schriften: »Ich arbeite an der Entwicklung für das stille Paar auf dem Ross [*Reitendes Paar*] und habe Freude an der Sache. (…) Auch in der Theorie habe ich manches weiter verstanden. Reicht mir aber das Leben u. Kräfte, um diese Theorie zur Praxis zu machen? Morgen werde ich 40«, schreibt er im Dezember 1906 an Ella.[28]

Sie hat die gemeinsame Wohnung in der Vorstadt bereits Mitte November verlassen und sich ein Zimmer in der Pariser Rue Madame 58 im Künstlerviertel Montmartre genommen. Ein Brief Kandinskys aus dem Jahr 1910 belegt, dass die Initiative dazu von ihm ausgegangen war. »Damals hatte ich an Dir keine Stütze. (…) Es war in Sèvres, und da bat ich dich, nach Paris zu gehen, um mich nicht fortwährend beherrschen zu müssen. Den Abend, als ich dich zur Bahn gebracht hatte und heimkam, verlor ich die Macht über mich, fiel auf den Boden, riss mir die Haare und weinte so verrückt, dass ich Angst bekam, dass die Pelerts [Nachbarn] kommen.«

Seine Stimmungslage war seit Monaten düster gewesen. Zu den peinigenden Zweifeln wegen seiner künstlerischen Entwicklung waren einmal mehr Selbstanklagen gekommen. Wegen Anja, wegen Ella, wegen seinen Ängsten, die immer wieder hervorbrachen, deren Ursachen auf den Grund zu gehen er aber scheute oder es nicht vermochte.

Im März 1907 schreibt er Ella nach Paris: »Ich kann [mich] nicht [überwinden], Ellchen. Ich sage dir, früher ging es. (…) Jetzt aber lenke ich nicht mehr mein Leben. Eine Kraft außer mir hat die Zügel aus meiner Hand gerissen und ich muss (…) mitfahren.«[29]

Sein Leiden hatte in Sèvres eine zerstörerische Kraft entfaltet wie nie zuvor. Die Vorwürfe, dass sie ihn emotional nicht genügend auffangen würde, wenn er nächtelang bei Kerzenschein vor sich hinstarrte oder zu seinen Selbstanklagen ansetzte. Dass sie ihm die Luft zum Atmen nähme, wenn sie sich um ihn kümmerte. Dass er sich ihr öffnen wolle, aber das Gefühl habe, sich zusammenreißen zu müssen, um sie nicht zu verletzen. Selbstvorwürfe, dass er sie weggeschickt hatte – und Vorwürfe an sie, warum sie in Paris war. Sie würde ihn bestrafen mit ihrer Abwesenheit, weil er sie unglücklich mache und würde jeden Schmerz auf sich nehmen, wenn er nur wisse, dass sie mit einem anderen glücklicher wäre. Er geißelte sich dafür, dass er ihr Leben, ihre Träume ruiniert hätte und beschwor gleichzeitig, dass sie verschmelzen müssten wie in einer Haut. Dass er allein bleiben müsse – und sie ihn nicht allein lassen dürfe in dieser Phase, wo alles wieder nur in Schwarz und Düsternis versinke, die Wände näher kämen und ihn zerdrückten.

Ella weiß inzwischen, dass sie ihm in diesen Phasen nicht helfen kann. Dass er sich nur selbst daraus befreien kann, vor allem wenn er arbeitet. Dann vermag er für einen Moment alles Quälende und Traurige aus seinen Gedanken zu verbannen, seinen Gefühlen zu entfliehen. Ihre Anwesenheit hingegen würde sein Leiden nur verstärken. Weil sie wie die fleischgewordene Anklage wirkt, dass er jedem Menschen, den er liebt, nur Unglück bringe. Dennoch reagiert sie immer wieder, wenn er schreibt, er wolle am liebsten sterben, so qualvoll sei das Leben, und eilt ungeplant nach Sèvres.

Eigentlich hatte sie vorgehabt, bis Mitte März 1907, abgesehen von einer längeren Pause über Weihnachten, nur die Wochenenden dort zu verbringen. Denn sie nutzt die Zeit in Paris, um sich an der Académie Grande Chaumière in Montparnasse für einen Kurs im Pinselzeichnen einzuschreiben, einer Mischform aus Grafik und Malerei. Dort kommt hin und wieder der Maler und

Grafiker Théophile-Alexandre Steinlen vorbei, um Anregungen zu geben. Er ist berühmt für seine Plakat-Entwürfe, unter anderem für das Kabarett »Le Chat Noir« am Montmartre – und fasziniert von Ellas Arbeiten. Bei der Durchsicht ihres Skizzenbuches prophezeit er ihr, dass sie noch viel erreichen werde.

Daneben beschäftigt sie sich intensiv mit farbigen Holz- und Linolschnitten nach Motiven aus Tunis *(Marabout)*, Italien *(Wäsche am Strand)* und dem Park Saint-Cloud in Sèvres, den sie auch mit anderen Techniken festhält. Auch ein Linolschnitt von Wassily am Harmonium während der geliebten blauen Stunde entsteht in dieser Zeit. Im Herbst 1907 und während der darauffolgenden Frühjahrsschau des Salon d'Automne werden erstmals einige dieser Farbdrucke gezeigt, darunter ihr wohl bekanntester: ein Porträt Kandinskys mit Pfeife. Die Zeitschrift *Les Tendances Nouvelles* lobt, Münter entfalte »in ihren Schnitten – unverwechselbar in ihrer Art, die Dinge zu sehen, eine weibliche Sensibilität, vermischt mit einer eigenwilligen Herbheit«[30]. Sie fühlt sich zum ersten Mal wie eine richtige Künstlerin.

Als Ella im März nach dem Ende ihres Kurses an der Académie Grande Chaumière nach Sèvres zurückkommt, scheint Kandinsky das tiefste Tal durchschritten zu haben – er arbeitet immerhin wieder. Schon in einem seiner letzten Briefe an sie hatte er erwähnt, dass er langsam Hoffnung schöpfe, künstlerisch noch nicht ganz verstummt zu sein. Bei einem Wochenendbesuch im Februar hatte sie auf seine Bitte hin Rahmen und zwei Leinwände aus Paris mitgebracht, eine davon in den Maßen 130 x 165 Zentimeter. Noch nie hatte er sich an ein so großes Format herangewagt.

Bei ihrer Rückkehr nach Sèvres ist die Leinwand in tiefes Schwarz getaucht. Nach und nach setzt Wassily bunte Farbtupfer auf den dunklen Hintergrund, ein flirrendes mosaikartiges Durcheinander, ein märchenhafter Farbteppich, aus dem sich langsam Motive herausbilden. Eine Kirche mit Kuppelkreuz, ein Reiter, ein liebendes Paar, eine Burg, eine Wiese mit Menschen in farbigen Trachten, die ein Fest feiern. In der unteren Bildhälfte ist eine Katze zu entdecken, die an den Hauskater »Waske« erinnert, der ihnen in Sèvres so viel Freude bereitet hat. Der Titel des Bildes klingt wie die Verheißung für einen Neuanfang nach diesem langen dunklen Tal: *Das bunte Leben*.

III

DIE WELT HINTER DEN DINGEN

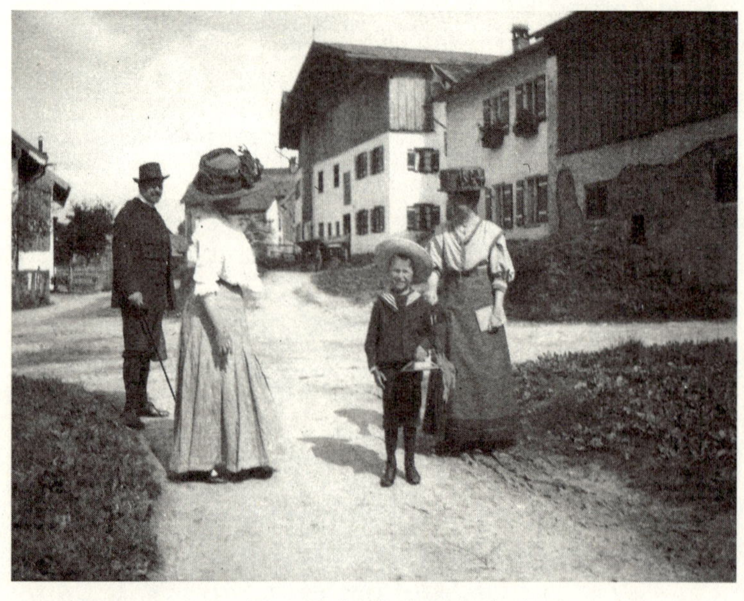

Herausgeputzte Städter im Dorfidyll: Alexej Jawlensky, Marianne von Werefkin, Jawlenskys Sohn Andreas und Gabriele Münter in Murnau.

DIE MURNAUER VIER

Wer einen sichtbaren Eindruck in einen Gesang von Farben verwandeln kann, ist Meister der Vision.

MARIANNE VON WEREFKIN

»Je tiefer das Blau wird, desto tiefer ruft es den Menschen in das Unendliche, weckt in ihm die Sehnsucht nach Reinem und schließlich Übersinnlichem. Es ist die Farbe des Himmels«, heißt es in Wassily Kandinskys 1913 veröffentlichter ersten theoretischen Abhandlung *Über das Geistige in der Kunst.*[1]

Diese »Farbe des Himmels« in all ihren Schattierungen und Lichtstimmungen lässt sich auf besondere Weise in der Gegend zwischen Murnau am Staffelsee und Kochel erleben. Kleine Weiler, hingetupft auf grüne Wiesen, auf denen im Herbst nach der Mahd Heuhocken an Monets Bildserie erinnern, dunkle Seen in einer weitläufigen, mit Riedgräsern bewachsenen Moorlandschaft, dahinter ragen die Grate der Ammergauer Alpen, des Wettersteingebirges und des Estergebirges empor. Vor allem in der Morgen- und Abenddämmerung sind die schroffen Felsgipfel in sanfte Blautöne getaucht, jede Bergkette in einen anderen. Je weiter entfernt vom Betrachter, desto dunkler wirken sie. Und bei Föhnwinden treten die Konturen so scharf hervor, dass man meint, die Berge seien zum Greifen nahe. Die Natur präsentiert sich hier wie ein begehbares Kunstwerk, mit wechselnden Lichtstimmungen, die das gleiche Motiv in immer neuen Farben erstrahlen lässt.

Die Seenregion im Alpenvorland ist nicht ohne Grund seit dem frühen 19. Jahrhundert Anziehungspunkt für Literaten und Maler, auch wenn es hier nie eine klassische Künstlerkolonie wie etwa in Worpswede oder Ahrenshoop gab. Carl Spitzweg verbrachte 1854 hier mehrere Monate, ebenso zahlreiche Münchner Landschaftsmaler. Und für den Schriftsteller Ödön von Horváth ist Murnau, wo er von 1924 an fast zehn Jahre lebt und arbeitet, schlicht der schönste Platz am nördlichen Rand der Alpen.

Seit 1879 ist der Marktflecken Murnau an das Eisenbahnnetz angeschlossen, seitdem strömen auch immer mehr Erholungssuchende in den kleinen »Bade-, Höhen- und Luftkurort«, vor allem aus dem nahe gelegenen München. Die Fahrt mit der Bahn dauert etwas mehr als zwei Stunden. Zu den damals rund 2500 Einwohnern gesellen sich in den Sommermonaten bis zu 1700 Gäste, über die der *Staffelsee-Bote* regelmäßig informiert. Wer ist hier, wie lange bleiben die Sommerfrischler, wo logieren sie, reisen sie mit oder ohne Personal? Die örtlichen Bauern verdienen sich mit »Fremdenzimmern« etwas dazu, betuchtere Gäste lassen sich gleich eigene Sommerresidenzen errichten. Alleen und Spazierwege werden angelegt, Plakate werben für bunte Abende mit »Schuhplattl-Tanz, Gesangs- und Zithervorträgen« oder Bauerntheater um die »werthen Gäste«[2], am Seeufer werden zahlreiche hölzerne Badehäuschen errichtet, schließlich auch ein mondänes Kurhaus mit Heilbetrieb, das Murnauer »Stahlbad«. Dass das Ortsbild selbst längst zu einer Attraktion geworden ist, verdankt Murnau Emanuel von Seidl, Architekt und Professor an der Münchner Kunstakademie. 1902 bezieht er seine neu gebaute Villa am Kapferberg mit Blick auf das Murnauer Moos und die Berge und legt einen Park nach englischem Vorbild an, in dem rauschende Feste stattfinden. Max Reinhardt inszeniert hier Shakespeares *Sommernachtstraum*, ein Ereignis, das so viele Gäste anzieht, dass die Bahn außerplanmäßig am Seidlpark hält.[3] In den Jahren von 1906 bis 1913 werden nach Seidls Entwürfen

Dutzende Fassaden im Ortskern umgestaltet. Weiß und Grau verschwinden, Haus um Haus am Ober- und Untermarkt wird mit Ornamenten verziert oder bunt angemalt: himbeerfarben, hellblau, ocker, grün – die lange Marktstraße wandelt sich zu einer farbenfrohen Flaniermeile. Und der Ort selbst wird zum Ausgangspunkt einer Revolution in der Kunst. Hier und im nahe gelegenen Sindelsdorf werden in den Jahren ab 1908 Farbe und Form neu erfunden, hier wagen Kandinsky und Ella privat und künstlerisch einen Neuanfang. Für Kandinsky waren Motive aus vergangenen Zeiten, aus einer Welt, die nicht mehr existierte und die er frei und ohne reales Vorbild gestalten konnte, in den zurückliegenden Jahren ein Schwerpunkt seines Schaffens gewesen, mit dem Bild *Reitendes Paar* und dem großformatigen Werk *Das bunte Leben* als Höhepunkt und Abschluss zugleich. In Murnau wendet er sich der realen Welt zu – auf eine Weise, bei der die Farben über den Gegenstand triumphieren.

Kandinsky war im Juli 1904 zum ersten Mal nach Murnau gekommen und begeistert, wie berauscht von der schönen Gegend, die er einen Monat später auf einer ausgedehnten Fahrradtour genauer erkundet hatte. Er logierte im »Bahnhof-Hotel« in Murnau, einem dreigeschossigen Haus mit Krüppelwalmdach und Wintergarten oberhalb des Staffelsees und schrieb am 25. August an Ella: »Im Schmutz u. Regen, der manchmal im Spagathe goss, habe ich gestern von 3 bis 8 Uhr 43 Kilometer von Murnau nach Kohlgrub, Unter- u. Oberammergau, Ettal und Oberau bis hierher geleistet. Zum Schluss war der Schmutz so groß u. klebrig geworden, dass ich nur mit großer Mühe fahren konnte. Niemals bis jetzt war ich vom Radeln so kaputt! Mein Gummikragen war durchnässt (…) Und doch war es schön! Unglaublich schöne Sachen habe ich im Gebirge gesehen: diese ganz tief liegenden und sich langsam bewegenden Wolken, der düstere dunkelviolette Wald, die blendendweißen Gebäude, sammettiefen Dächer der Kirchen, das sattgrüne

Laub habe ich noch immer vor den Augen. Habe sogar von den Sachen geträumt.«

Ein Jahr später hatte er ihr eine Postkarte aus Seeshaupt geschickt, »abgestiegen im Hotel am See, wo wir damals gegessen haben«[4]. Damals, das war kurz vor Ellas unfreiwilliger Abreise aus Kochel gewesen, jenes Treffen am Würmsee, bei dem sie Kandinsky klarzumachen versucht hatte, unter welchen Bedingungen sie sich auf ihn einlassen würde.

Fünf ereignisreiche Jahre waren seitdem vergangen, nur eine Zukunft als Ehepaar ist nach wie vor auf irgendwann, das Leben in einem gemeinsamen Heim auf irgendwo verschoben.

Nach ihrer Rückkehr aus Sèvres im Frühsommer 1907 hatten sich ihre Wege wieder getrennt. Wassily hatte sich nach einer kurzen Pause in München für einige Wochen nach Bad Reichenhall zurückgezogen, um seine angegriffene Psyche und seine Gesundheit – Anlage zur Gicht, Kopfschmerz, Schwindel, Schlaflosigkeit, Herzflattern – wieder in den Griff zu bekommen. Am schlimmsten war für ihn das Gefühl der Apathie und Abstumpfung, der völligen inneren Leere. Er wolle endlich wieder etwas empfinden können, nicht länger in diesem leichenartigen Zustand verharren, in dem der Körper den Geist lähmte und umgekehrt.

Die Kur war ein Anfang, ein Zeichen guten Willens, auch an Ella gerichtet, aber die erste Zeit war quälend gewesen. Wassily fühlte sich wie durch eine Mauer von allem abgetrennt, er ertrug den Kurbetrieb kaum und wenn er doch einmal in ein Restaurant im Ort ging, achtete er darauf, dass es leer war, um allein essen zu können, weil er die Anwesenheit anderer Menschen nur mit Mühe ertrug.[5] Nach fünf Wochen schrieb er an Ella, dass seine körperlichen Kräfte zwar noch nicht ganz wiederhergestellt seien, es aber steil aufwärts gehe mit seiner Gemütsverfassung und er bereits Pläne schmiede. Ob sie sich nicht vorstellen könne, im August mit ihm in die Schweiz zu reisen, zu wandern und zu radeln? Nur mit dem

Nötigsten im Rucksack, dazu die Kamera vielleicht, aber keine Malsachen. Die Reise wäre zudem eine Gelegenheit, dass Ella seine Mutter kennenlernen könnte, die gemeinsam mit seiner Halbschwester am Ostufer des Genfer Sees weilte.

Die Aussicht, erneut die Koffer zu packen und auf Reisen zu gehen, bereitete Ella ebensolches Unbehagen wie die, noch länger in Bonn auszuharren. Hier war sie – ohne eine alternative Bleibe – einmal mehr untergekommen, diesmal bei ihrem Bruder und dessen Frau, der deutsch-amerikanischen Opernsängerin Mary Quint. Eine Künstlerin wie sie, die nach einem Engagement am Opernhaus in Köln inzwischen Gesangsunterricht gab und hin und wieder Konzertabende, aber immerhin verheiratet. An Wassily schrieb Ella frustriert nach Bad Reichenhall: »Ich fühle, dass ich hier fremd bin und nicht hier herpasse. Ich bin nervös und irritiert und traurig und etwas zu empfindlich für das, was unter der Oberfläche liegt.«[6]

Die Vorwürfe aus dem Umfeld, dass er kein Mann von Ehre sei, ihr Vagabundenleben und ihre wilde Ehe sie gesellschaftlich ins Aus befördert hätte, die Kunst ein brotloser Zeitvertreib sei – obwohl ihr der Kölner Salon Lenoble gerade eine Exklusivausstellung mit über sechzig Bildern in Aussicht gestellt hatte, vor allem den neuesten Ölstudien aus Italien und Frankreich. Am Ende wird diese Schau erst im Januar 1908 stattfinden, wegen der Schweizreise, die Kandinsky so wichtig ist und daran anschließend einem mehrmonatigen Aufenthalt in Berlin.

Dort eröffnet im September 1907 am Kurfürstendamm eine Gemeinschaftsausstellung der Secession mit dem Schwerpunkt »Zeichnende Künste«. Neben Vincent van Gogh, Gustav Klimt, Edvard Munch, Henri Matisse und vielen anderen ist auch Kandinsky mit sechs Werken vertreten, Holzschnitten und Zeichnungen mit altrussischen Motiven. Der Katalog verzeichnet dafür Verkaufspreise zwischen 20 und 200 Mark.[7]

In Berlin wird das Paar, vor allem Ella, erneut mit Vorwürfen konfrontiert, diesmal von Emmy und Georg Schroeter. Ihr Schwager hatte in der Hauptstadt einen Forschungsauftrag am Chemischen Institut der Veterinärmedizin angenommen, Emmy und Friedel waren mit ihm von Bonn nach Wilmersdorf gezogen, mitten hinein in ein großbürgerliches Idyll. Bis weit ins folgende Jahr 1908 hinein sollte das leidige Thema wilde Ehe immer wieder in persönlichen Gesprächen und Briefwechseln aufscheinen.

Während der Monate in Berlin kann Ella immerhin berichten, dass Anja eine baldige Scheidung als wichtigste Voraussetzung für eine gute Beziehung nicht nur zu Kandinsky, sondern auch zu ihr betrachtet. Selbst ihre Vorbehalte, was eine gemeinsame Wohnung in München angeht, hatte sie inzwischen fallen lassen. Gebetsmühlenartig wiederholt Ella, wie sehr sie Wassily vertraue, in welcher schwierigen Situation er sich befinde, und wie sehr sie an ihn glaube, als Mensch und als Künstler. Sie ist es leid, dass ihre Familie ihre Beziehung zu Kandinsky nur durch die moralische Brille betrachtet, dass immer wieder darauf herumgeritten wird, dass er bei seinem Antrittsbesuch das Versprechen gegeben hatte, ihr Verhältnis zu legitimieren, und dies immer noch nicht geschehen war. Aber es ist etwas anderes, wenn sie ihn daran erinnert oder wenn die Familie ihm offen den Willen abspricht, die Hindernisse für eine Ehe ernsthaft aus dem Weg räumen zu wollen. Auch wenn sie sich selbst schon bei ähnlichen Gedanken ertappt hat, kann sie so etwas nicht unkommentiert stehen lassen: Ob ihre Beziehung nun legitimiert sei oder nicht, er sei nun einmal der Mensch, der ihr am nächsten stehe und »gewiss so viel oder mehr als mancher [Ehe-]Mann seiner Frau«[8]. Nie könnte sie so ein Dasein führen wie Emmy, deren Alltag darum kreiste, welches Geschirr zum Kaffeekränzchen mit anderen Professorengattinnen aufgedeckt werden sollte und wie sie Georg ein noch schöneres Heim bereiten könnte. Auch wenn ihr eigenes Leben in dieser Hinsicht zu provisorisch war, um befriedigend zu sein, hatte sie doch die unglaubliche Freiheit, die Welt zu entdecken und sich ihren Platz in der Kunst zu erobern. Die Einzelausstellung im Salon Lenoble, wo im Frühjahr 1908 auch Farbschnitte zu sehen sind, ist dafür ein wichtiger Schritt, die Zeitungen loben die Kühnheit ihrer Bilder, die »elegante Farbenfreude, leicht hingeworfen und nirgends Übermalung oder nachträgliche Korrektur erfordernd«[9].

Die gemeinsame Zeit in Berlin steht für Ella und Wassily ganz im Zeichen von Musik und Theater. Schon aus Reichenhall hatte er ihr geschrieben, dass im Moment nur Musik sein Inneres berühren könne. Die beiden besuchen Konzerte und Opernabende und Theatervorstellungen in den Kammerspielen, wo Edvard Munch für einen Saal einen zwölfteiligen Bilderfries angefertigt hatte. Max Reinhardts Inszenierungen mit ihrem Zusammenspiel von Licht, Bühnenbild, Sprache, Musik und Tanz setzen neue Maßstäbe. Die Bühnenbilder des Münchner Weggefährten aus der Anfangszeit der Phalanx, Ernst Stern, schaffen magische Raumillusionen. Ein Theaterbesuch wird zu einem Erlebnis, das alle Sinne anspricht, das als Gesamtkunstwerk wirkt, nicht mehr nur als bloße Wiedergabe einer literarischen Vorlage durch Schauspieler. Reinhardt und Stern verstärken die Dramatik des Stücks durch Effekte. Bei Kandinsky trifft das einen Nerv. Für ihn sind alle Künste tief miteinander verbunden, sie besitzen den gleichen Kern, den gleichen »inneren Klang«.

In Berlin stellt er erste Überlegungen zu eigenen Bühnenkompositionen an, in denen Musik, Tanz, Theater und bildende Kunst zu einer Synthese verschmelzen. Zurück in München hält Ella später eine Fassung für sein erstes Stück fest, während er krank im Bett liegt. Über Wochen tauscht sich Kandinsky nicht nur intensiv mit ihr darüber aus, sondern auch mit dem Tänzer Alexander Sacharoff und dem befreundeten Komponisten und Pianisten Thomas von Hartmann. Mit ihm und seiner Frau Olga verbringen die beiden im Februar 1909 zwei Wochen im tief verschneiten Kochel, sie stapfen durch den Schnee, gehen auf Rodelpartie und arbeiten: »Hartmann entwarf (sehr interessant – sehr talentvoll) mit K. zusammen die Musik zu den ›Riesen‹. (…) Aus dieser Arbeit wurde dann nichts – obgleich sich K. sehr damit beschäftigt u. für Proben ein kl. Bühnengestell machen ließ u. alle Dekorationen (…) entworfen hatte«, hält Ella in ihren Tagebuchnotizen fest.[10]

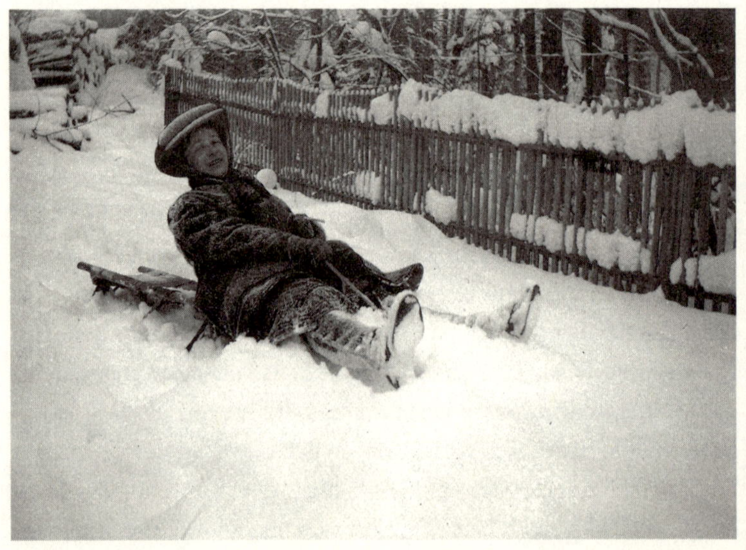

Spaß im Schnee – Gabriele Münter im Februar 1909 in Kochel.

Verloren sind die Überlegungen zu *Riesen* dennoch nicht: Sie fließen ein in *Der Gelbe Klang*, das Bühnenstück, das einige Jahre später im *Almanach* des *Blauen Reiters* veröffentlicht wird. Darin wird auch ein Beitrag des Komponisten Arnold Schönberg erscheinen und einer über Alexander Skrjabin, die sich etwa zeitgleich mit Kandinsky für die Bühne als Ort zu interessieren beginnen, auf dem die Wirkung von Musik durch Farb- und Lichtspiele verstärkt werden kann.

Zwischen Berlin und den Wochen mit den Hartmanns in Kochel im Februar 1909 liegt ein denkwürdiger Sommer in der Provinz, in dem die Wurzeln für den *Blauen Reiter* liegen, in dem neben der Dresdener Künstlervereinigung *Die Brücke* die wichtigsten Vertreter des Expressionismus zusammenfinden.

Im Mai 1908 waren Ella und Kandinsky noch einmal vier Wochen auf Reisen gewesen, diesmal in Südtirol. Fasziniert von der besonderen Lichtstimmung in den Dolomiten, war in beiden der Entschluss gereift, sich im Münchner Umland nach einem Ort umzusehen, an dem sie arbeiten und ähnliche Motive finden könnten. Denn in der Stadt war das gemeinsame Leben ein weiteres Mal vertagt worden. Ella hatte – nur vorübergehend, wie sie glaubte – wieder ein Zimmer in der Pension »Stella« bezogen, aber aus ihrem Tagebuch geht hervor, dass der Aufenthalt länger als erwartet dauern wird: »Sommer 08 wohnte ich in Pension Stella Adalbertstr. 48 – ebenso Winter 08–09 – u. hatte daneben im Winter Atelier Adalb. 19 IV. (…) K. wohnte von Herbst an bei Lechleitner – Ainmillerstr. 36 II Gartenhaus.«[11] Vier Zimmer, Küche, Bad und zwei Kammern für 1400 Mark Jahresmiete, das Atelier nicht so dunkel wie befürchtet, berichtet er seinem »lieben Ellkachen« im Herbst 1908. Dass hier auch seine Frau Anja gemeldet ist, erfährt sie zunächst nicht. Unterdessen hatten sie ihre Fühler ins bayerische Oberland ausgestreckt. Zunächst auf einer Erkundungsfahrt an den Würmsee, dann waren der Staffelsee und Murnau in ihren Blick geraten.

»Im Juni 1908 betrat ich auf einem Dreitage-Ausflug von München (…) zum ersten Mal den Ort, u. ich war entzückt. Die Jahre vorher hatte ich in Holland, Tunesien, Sachsen, Belgien, an der französischen Riviera, in Paris, der Schweiz, Berlin u. in der Gegend von Meran verbracht. Aber nirgends hatte ich eine solche Fülle von Ansichten vereint gesehen, wie hier in Murnau, zwischen See und Hochgebirge, zwischen Hügelland und Moos«, schreibt Gabriele Münter später.[12]

Zurück in der Stadt erzählen die beiden Marianne von Werefkin und Alexej »Lulu« Jawlensky bei einem Abend in der Giselastraße von ihrer vermeintlichen Neuentdeckung, die für die beiden »Giselas« gar keine war. Werefkin hatte schon in den Jahren 1906/07 Vorstudien und Skizzen angefertigt, die diese »Fülle von Ansichten« belegen: *Abend in Murnau* etwa, mit einem Fuhrwerk auf der dunklen Dorfstraße, oder *Pferdchen*, das eine Koppel am Ortsrand mit weißen, himmelblauen und ockerfarbenen Häusern im Hintergrund zeigt. Die beiden hatten sogar erwogen, ein von Emanuel Seidl erbautes schlossartiges Anwesen am Ufer des Staffelsees zu kaufen. Für den Sommer 1908, erzählen sie nun, hätten sie bereits eine Unterkunft im »Griesbräu« am Obermarkt gebucht, einem mächtigen Vierkantbau für Brauerei und Landwirtschaft, mit großem Gewölbekeller und Fremdenzimmern. Ob sie dort nicht ein paar Wochen gemeinsam mit ihnen verbringen wollten?

Während Werefkin und Jawlensky noch im Juli nach Murnau aufbrechen, erkunden Ella und Wassily zunächst noch eine Woche lang die Gegend um den Chiemsee und die Ortschaften entlang der Seen des österreichischen Salzkammerguts. Bei ihrer Rückkehr finden sie einen Brief von Werefkin vor, die zum Aufbruch mahnt. Es folgen sechs gemeinsame Wochen, die bei jedem der vier eine Schaffensperiode einleiten, in deren Zentrum eine völlig neue Bildsprache mit expressiven Farben steht.

Was das angeht, ist Jawlensky am meisten fortgeschritten. Er hatte längere Zeit in Frankreich verbracht, in Paris einige der neuen Wilden kennengelernt und bei Henri Matisse gearbeitet. Matisse setzte im Gegensatz zum (neo-)impressionistischen Ineinanderfließen und Verschwimmen von Farben auf harte Kontraste statt sanfter Übergänge und auf eine Vereinfachung des Motivs. Doch erst im Frühjahr 1908 hatte Jawlensky sich diesem Stil ernsthaft zugewandt.

Werefkin hatte schon Jahre zuvor prophezeit, in welcher Weise sich die Kunst verändern würde. »Die Kunst ist nicht mehr das abgeklärte Leben. Sie ist das Leben selbst, verletzt, leidenschaftlich (…), und das Herz gibt ihm die Antwort. Es ist das Herz, das sich des Pinsels bemächtigt. (…) Die Kunst der Zukunft ist die emotionale Kunst.«[13] Für sie selbst ist die Zeit in Murnau die erste, in der sie sich nach all den Jahren, in denen sie sich darauf beschränkt hatte, ihren Partner zu fördern, wieder intensiv mit Pinsel und Leinwand beschäftigt.

Den Pinsel statt des Spachtels einzusetzen ist für Ella und Wassily der erste ungewohnte Schritt auf dem Weg zu einem neuen Malstil. Für Ella sind die ersten Versuche – und damit auch die Verwendung unvermischter, dünnflüssiger Farben – frustrierend. »Nichts Klares, Erfreuliches« sei zunächst dabei herausgekommen. Und eines Tages »schien es plötzlich – ich stand im Griesbräu am Fenster u. war deprimiert – als wenn ›ein Knopf aufginge‹ zu einer Befreiung. (…) Die Augen waren aufgegangen – ich sah u. malte.«[14] Erst Ansichten von Murnau – den Blick aus dem Zimmerfenster hält sie gleich zweimal fest –, von den Gassen mit ihren bunten Häusern, dann wagt sie sich an Motive aus der Umgebung: das Murnauer Moos und die Alpenkette.

Tag für Tag zieht es die vier Maler zu Fuß oder mit dem Rad mit ihren Klappstaffeleien, Rucksäcken mit Malutensilien und Proviant hinaus in die Natur, bei ihrem Auszug begleitet von den neugierigen Blicken der Einheimischen. Die »Spinnerten« aus der Stadt fallen auf, vor allem Werefkin mit ihren mondänen bunten Kleidern und großen Hüten. Sie selbst mutmaßt, es müsse wohl an ihrer »russischen Gangart« liegen, dass die Leute sie so anstarrten, weniger daran, dass dieser Aufputz, über den auch Kandinsky sich immer wieder mokierte, auf den ungepflasterten Dorfstraßen, an denen neben den Bauernhöfen die Misthaufen dampften, eher deplatziert wirkte. Und auch über das, was die vier Maler auf die Leinwand bringen, herrscht ungläubiges Staunen. Das sollte Kunst sein?

Alle vier arbeiten fleißig, aber vor allem Ella ist hochproduktiv. An manchen Tagen fertigt sie vier, fünf Ölskizzen an. »[Ich war] voll von Eindrücken des Ortes und der Lage und warf sie hin auf Pappen von 41 x 33 cm. Immer mehr erfasste ich die Klarheit und Einfachheit dieser Welt. Besonders bei Föhn standen die Berge als kräftiger Abschluss im Bilde, schwarzblau. Dies war die Farbe, die ich am meisten liebte.«[15] Sie arbeitet schnell und skizziert mit Bleistift oder schwarzem Pinsel auf der Malpappe vor, bevor sie Farben einsetzt. Manchmal sind es nur kleine Tupfen, versehen mit Notizen, welcher Ton genau zum Einsatz kommen soll, wenn sie die Vorlage später in einem größeren Format umsetzt.

Kandinsky hatte ihr geraten, sich – wie sie das schon bei ihren Fotografien tat – auf kleine Ausschnitte zu konzentrieren, nicht gleich das ganze Panorama in den Blick zu nehmen. Andere wichtige Anregungen kommen von Jawlensky, mit dem sie sich auch in den folgenden Jahren intensiv austauscht und ihm ihre neuen Bilder zeigt. Kandinsky, der Hüter ihres Talents, sieht das mit gemischten Gefühlen, weshalb Ella ihm später in einem Brief versichert, dass sie bei ihm am allerliebsten lerne.

Jawlensky ist in ihren Augen vor allem ein netter Kollege, der viel lobt und erklärt, sie an seinen Frankreicherfahrungen teilhaben lässt und immer wieder von »Synthese« spricht. Dabei geht es nicht mehr um die naturgetreue Wiedergabe eines Motivs mit all seinen vielfältigen Details, sondern um Vereinfachung und Reduktion. Es ist das, was Gabriele Münter mit dem Geben eines »Extrakts« meint. Rückblickend schreibt sie über ihre Entwicklung während der ersten gemeinsamen Malwochen in Murnau: »Ich habe da nach einer kurzen Zeit der Qual einen großen Sprung gemacht – vom Naturabmalen – mehr od. weniger impressionistisch – zum Fühlen eines Inhaltes – zum Abstrahieren – zum Geben eines Extraktes.«[16]

Sie reduziert Bildmotive auf flächige Grundformen, lässt Wolken, Berge, Bäume und Wiesen auf einer räumlichen Ebene ohne

Hinter- und Vordergrund aufeinanderprallen, ebenso leuchtende und kontrastreiche Töne oder solche aus einer Farbfamilie: mehrere Rot-, Blau- oder Grüntöne nebeneinander. Von Jawlensky und dessen Erfahrungen mit den Fauvisten angeregt umspannt sie die Flächen mit dunklen Konturen, um sie voneinander abzugrenzen. Bei einem ihrer Malausflüge mit Jawlensky hat sie ein besonderes Erlebnis: »J. war auf der Kohlgruber Landstraße zurückgeblieben u. malte – ich war noch weitergegangen (…) Da sah ich von oben das Gasthaus Berggeist liegen u. wie der Weg aufsteigt u. dahinter den blauen Berg u. rote Abendwölkchen am Himmel. Ich schrieb das Bild, das sich mir bot, schnell hin. Dann war es mir wie ein Erwachen u. ich hatte das Gefühl, als wenn ich ein Vogel wär, der sein Lied gesungen hat. Ich habe nicht von dieser Empfindung gesprochen, wie ich überhaupt nicht viel schwatze. Aber die Erinnerung behielt ich.« Die Erinnerung an dieses Gefühl und an das Motiv des »blauen Berges«, das sie bis in die 1950er Jahre mehrfach aus dem Gedächtnis malt.

Das Original selbst gilt seit dem Ersten Weltkrieg als verschollen, verloren gegangen in Herwarth Waldens »Sturm«-Galerie. Der Rechtsstreit darüber, in dessen Verlauf Münter Schadenersatz für dieses Bild zugesprochen wird, ist einer der Gründe für die Streichung der Künstlerin von Waldens Liste.

Wie schnell sie den neuen Malstil verinnerlicht hat, zeigt ein Abend im »Griesbräu«, als sie verspätet zu den anderen stößt, eine frisch angefertigte Malpappe unter dem Arm. »Als J. die Studie sah, rief er aus ›Tausend Mark!‹ (Ich hätte damals meine Studien für 50 M. verkauft, wenn sie jemand gewollt hätte – aber ich dachte nicht an Verkäufe, ich sammelte Studien u. lernte.)«

Auch für Wassily Kandinsky bringt der erste Murnauer Malsommer nach den Jahren der künstlerischen Stagnation und emotionalen Krise die Wende. Laut Gabriele Münter sind diese Wochen die Grundlage dafür, dass er seine Kunst in den folgenden Jahren zu »einer wundervollen Entwicklung« bringen würde.[17] Ein wichtiges Element dabei sind die intensiven Gespräche, vor allem mit Marianne von Werefkin, die schon 1904 in ihren *Briefen an einen Unbekannten* geschrieben hatte, dass die Farbe über die Form bestimmen, sie sich unterwerfen würde: »Je starkfarbiger der Eindruck ist, je weniger ist reale Form möglich. Die Farbe löst die bestehende Form auf. Man muss eine ihr eigene Form finden, die außerhalb der Logik liegt, da die Farbe selbst außerhalb der Logik liegt.«[18] Viele ihrer theoretischen Überlegungen haben das Tor zur abstrakten Kunst aufgestoßen, viele ihrer Gedanken wird Kandinsky in *Über das Geistige in der Kunst* aufgreifen, teils wortgleich.

In Murnau beginnt er, die Farben vom Gegenstand zu lösen und damit ihren geistigen Wert sichtbar zu machen. In seiner *Naturstudie aus Murnau I*, zu der er Skizzen anfertigt, bevor er das Werk ein Jahr später in München vollendet, sind Berge und Häuser nur noch als geometrische Formen in leuchtendem Pink, Orange und Blau zu erkennen, ein Baum wird reduziert auf Striche und Punkte. Keine überflüssige Dekoration, keine Details mehr, wie sie noch auf seiner Ansicht aus dem Fenster des »Griesbräu« zu sehen waren – Fensterläden, Ladenfronten, kleine Gärtchen –, nichts soll die Wirkung der Farbe, den inneren Klang mehr stören.

Auch wenn Ella in diesen Wochen ebenfalls eine ganz eigene künstlerische Handschrift entwickelt, wird sie sich im Gegensatz zu ihrem Gefährten nie ganz von der Natur lösen. Sie ist der Meinung, man könne schließlich nicht »mit dem lieben Gott konkurrieren«[19]. Sie verfremdet und verwandelt die Wirklichkeit, stellt dar, was ihr wesentlich erscheint und was sie berührt. Er versucht dagegen, hinter der Wirklichkeit eine Realität zu erkennen, die nichts mit der abbildenden Wirklichkeit allein zu tun hat. Im Nachlass von Kandinsky befindet sich eine handschriftliche Notiz mit einem Gedanken von Oscar Wilde: »Kunst fängt da an, wo die Natur aufhört.«

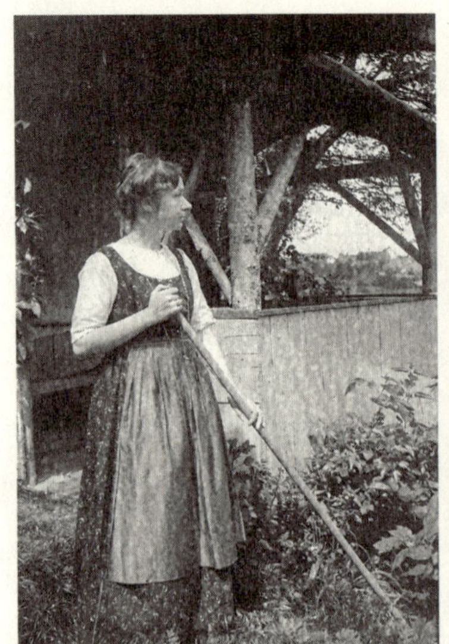
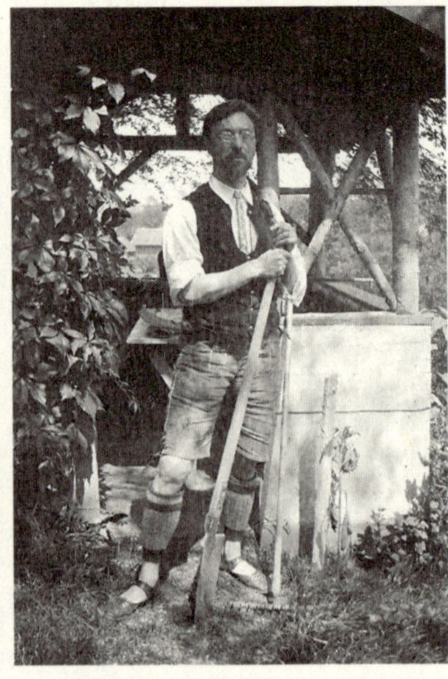

Gabriele Münter und Wassily Kandinsky 1910
bei der Arbeit im Garten ihres Hauses in Murnau.

UNSER HÄUSERL, EIN MÄRCHEN

Kandinsky hatte sich auf den ersten Blick verliebt. Dieser Liebe ist er treu geblieben.

GABRIELE MÜNTER

Inspiriert von den intensiven Arbeitswochen kehren die beiden Künstlerpaare Kandinsky/Münter und Jawlensky/ Werefkin im Mai 1909 wieder nach Murnau zurück. Diesmal wohnen sie Wand an Wand in einem Privatquartier in der heutigen Pfarrstraße 16. Hier hatte die Familie Echter kurz vor der Jahrhundertwende ihren »Volks-Bazar« eröffnet, ein Geschäft für Mode- und Kurzwaren. Im Obergeschoss werden Zimmer an Sommerfrischler vermietet.

Bei einem ihrer Streifzüge durch den Ort entdecken Ella und Wassily eine alleinstehende, neu gebaute kleine Villa. Das dreigeschossige Haus mit gelbem Sockel, Mansardenwalmdach und grünlich-blauen Fensterläden ist das erste Gebäude, das außerhalb des Ortskerns südwestlich in Hanglage jenseits der Bahnlinie errichtet worden war – der Murnauer Maurerpolier Xaver Streidel hatte die Villa im Stil eines altbayerischen Gebirgshauses mit hölzernem Gartenhaus als Sommerdomizil für Feriengäste in nur wenigen Monaten bauen lassen. Am 12. Juli tauschen Ella und Wassily ihre einfache Unterkunft bei Echters gegen die nicht minder einfache, aber deutlich größere und mieten sich ins Streidels Haus ein.

Es ist vor allem die Lage inmitten von Wiesen, die besticht: Der Blick auf Schloss und Pfarrhügel, der steile Pfad durch den Garten hinab über den Burggraben in den Ort, der Sonnenaufgang über dem Herzogstand, und auf der anderen Seite der Weg hinauf über den Dünaberg zur Kohlgruber Straße zum Staffelsee oder über eine eichengesäumte Allee zum Murnauer Moos mit dem Ramsachkircherl.

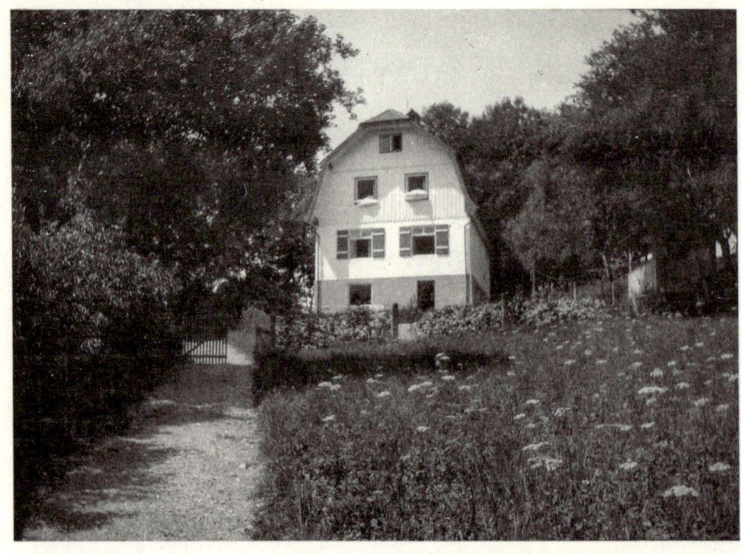

Das »Märchenhäuserl« im Jahr 1909,
von der Gartenseite aus fotografiert.

Das Haus selbst kommt ohne jeglichen Komfort aus. Im Untergeschoss befinden sich die Waschküche und zwei Kellerräume mit einer Remise, im Erdgeschoss zwei Zimmer und die Küche, über deren Herd auch ein Kachelofen im Wohnzimmer beheizt wird, die einzige Wärmequelle des Hauses, und im Obergeschoss weitere drei Zimmer. Es gibt kein Bad, kein fließendes Wasser, dafür einen Pumpbrunnen draußen neben dem Eingang, abends müssen Kerzen oder Petroleumlampen angezündet werden.

Aber die beiden neuen Mieter, ohnehin nicht verwöhnt nach den langen Jahren des Reisens, fühlen sich vom ersten Augenblick an wohl. Das einfache Leben auf abgelegenen Farmen in der Natur hatte Ella schon während der Amerikareise fasziniert. Und in Wassily werden Erinnerungen an die Holzhäuser seiner Heimat wach. »Es gab Hin- und Herüberlegen – er bearbeitete mich etwas – im Spätsommer war die Villa gekauft von Frl. G. Münter.«[1] 11 500 Mark musste das Fräulein nach der Unterschrift unter den Kaufvertrag am 21. August 1909 für das Haus aufbringen. Ein Tagelöhner in München verdient damals zwei Mark am Tag, die Maß Bier kostet zwischen 26 und 28 Pfennige, das Kilo Schweinefleisch 1,76 Mark, ein halbes Kilo Roggenbrot 17 Pfennige, vermerkt das *Statistische Jahrbuch für das Königreich Bayern*.[2] Eine nicht unerhebliche Summe also, die Ella nach Rücksprache mit ihrem Schwager Georg, der das Haus noch während der Sommerferien mit Emmy und Tochter Friedel in Augenschein genommen hatte, an Streidel zahlen muss. Zumal der Schwager sie schon 1906 in einem Brief nach Sèvres darüber informiert hatte, dass Charlys Wett- und Spielleidenschaft drohe, das Erbe der Schwestern zu gefährden. Tatsächlich geht der Kauf gerade noch rechtzeitig über die Bühne, bevor Charly mit riskanten Spekulationen einen Gutteil in den Sand setzt – er hatte das Erbe beliehen und konnte die Summe nicht zurückzahlen.

Für Ella zählt in diesem Moment nur eines: Dass sie endlich nach den langen Jahren des Reisens und der räumlichen Trennung dauerhaft ein gemeinsames Heim haben, das ihre Verbindung auch nach außen hin manifestiert, und dass Kandinsky glücklich ist. Hier wolle er seinen Lebensabend verbringen, erklärt er ihr mit leuchtenden Augen, barfuß durchs Gras stapfen, mit den Händen in der Erde wühlen und einen Garten anlegen. Es wird ein Großprojekt, über das Kandinsky zahlreiche Skizzen anfertigt, bevor die richtige Form gefunden ist. Ein großes Rondell mit vier Wegen dazwischen und Beeten für unzählige Kräuter, Gemüse, Obst und Blumen, spiegelbildlich angeordnet nach den skizzierten Entwürfen. Sie führen akribisch Buch über die Entwicklung und fotografieren sich gegenseitig, Ella in Dirndl, Wassily in Lederhosen, mit Spaten beim Umstechen oder Unkrautjäten. Wenn sie nicht gemeinsam in Murnau sind, gehen Briefe hin und her, in denen detailliert über Aussaat, Ertrag, den Kampf gegen Ungeziefer berichtet wird und lauschigen Abenden im Gartenhaus.

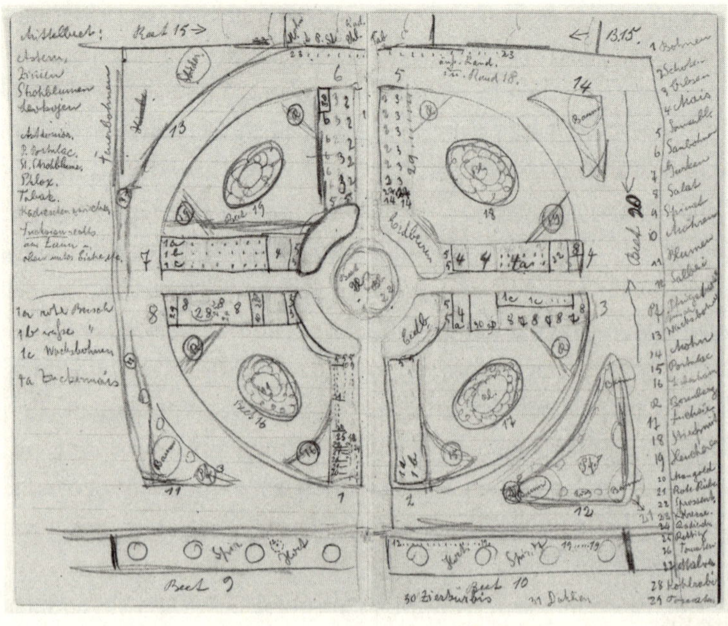

Skizze von Gabriele Münter über die Gestaltung und Bepflanzung des Gartens.

Für Ella ist »unser Häuserl« schlicht »ein Märchen«, den blühenden Garten und das Haus selbst hält sie auf mehreren Bildern fest, von außen wie von innen. Die kleinen Räume sind dank der großen Fenster hell, rötliche Terrazzofliesen, gebeizte Holzdielen und Vertäfelungen hinter der Essecke oder an der Wand im späteren Musikzimmer strahlen Gemütlichkeit aus. Die neuen Eigentümer vermessen und skizzieren, Ella ersteht im Münchner Kaufhaus Oberpollinger geblümtes Leinen für die Gardinen, und im März 1910 wird gestrichen und tapeziert. Leuchtend blaue Ölfarbe in der Küche, gestreifte Wandbespannung im Wohn- und Esszimmer, farbige Wände mit abschließenden Bordüren auch in den drei Zimmern des Obergeschosses.

Akribisch listet Ella auf, welche Gegenstände angeschafft werden müssen und was sie kosten. Ein Schreiner aus dem Ort fertigt für sie einfache Möbel aus unbehandeltem Holz an. Bänke, Schränke, Regale, Kommoden, Betten … Nichts soll repräsentieren um der bloßen Wirkung willen, alles schlicht sein, aber doch Kunst atmen. Volkskunst, wie sie in der Alpenregion daheim ist – und in Kandinskys Heimat. Für ihn soll das Haus wirken, als lebe man in einem Bild, so, wie er das 1889 auf einer Reise durch die Provinz Wologda erlebt hatte: »Die großen, mit Schnitzereien bedeckten Holzhäuser werde ich nicht vergessen. Sie lehrten mich, (…) im Bilde zu leben. Ich weiß noch, wie ich zum ersten Mal in die Stube trat und vor dem unerwarteten Bilde an der Stelle stehen blieb. Der Tisch, die Bänke, der (…) Ofen, die Schränke und jeder Gegenstand waren mit bunten, großzügigen Ornamenten bemalt. (…) Ich fühlte mich von allen Seiten umgeben von der Malerei, in die ich also hineingegangen war.«[3]

Gleich beim Betreten des Hauses soll dieser Eindruck vom Leben in einem Bild entstehen. Mithilfe von Schablonen bringt Kandinsky ein Fries aus bunten Reitern, Blumen und Ornamenten an der Treppe zum oberen Stockwerk an, die blau gestrichene Küchenkredenz wird zur Leinwand für florale Motive, in den Zimmern oben erstrahlen die Möbel in leuchtendem Rot mit gelben Tupfen und Girlanden, selbst Kopf- und Fußteil des Betts im Gästezimmer werden verziert, diesmal von Ella.

Ihr eigenes Zimmer hält sie 1910 in verschiedenen Bleistiftskizzen und in Öl fest. *Interieur in Murnau* zeigt leuchtend grüne Wände, einen bunten Fleckerlteppich auf den Holzdielen, weiß grundierte Möbel mit Ornamenten – und im Zimmer nebenan Kandinsky, im Bett liegend. »Mein Toilettenschränkchen hat K. bemalt (ebenso Spiegel drauf und Nachtkastl), zart und humorvoll. Am mittleren

Fach rennen ein ›blauer Reiter‹ und eine dunklere Reiterin. Er wendet sich um nach ihr und winkt und sie rennt, was sie kann – manchmal hat mich dieser Scherz geärgert, weil er unwahr ist.«[4]

Denn er machte sie klein neben dem Lebensgefährten und dem vorausgaloppierenden Theoretiker, der erst alles geistig durchdringen wollte, bevor er sich an die Leinwand wagte, während bei ihr »Hingehautes oft das beste ist (…) saubere Arbeit sind Gefahren für mich. Wenn ich Zeit habe – wo Denken und Rücksichten einsetzen, wird es zahm und fad.«[5]

Es sind auch solche Selbsteinschätzungen, die später bei der Rezeption von Münters Werk lange dafür sorgen, dass man ihr Etiketten wie Ursprünglichkeit, Intuition und Naivität anheftet, ein Malen aus dem Instinkt heraus, ohne nach dem Sinn und Zweck ihres Tuns zu fragen. Münter und auch Werefkin hätten sich keinen Problemen der Malerei gestellt, sondern seien einfach und naturhaft geblieben.[6] Eine Sichtweise, die klingt, als stamme sie direkt aus Karl Schefflers diffamierenden Schriften über Frauen in der Kunst, verfasst um die Jahrhundertwende. Eine Sichtweise, die abstrakte Kunst als größte Leistung des 20. Jahrhunderts feiert und dabei übersieht, dass Kandinsky selbst im *Almanach* des *Blauen Reiters* geschrieben hat, das Wichtigste in der Formfrage sei, ob die »Form aus der inneren Notwendigkeit gewachsen ist oder nicht«. Wenn dies erfüllt ist, sei alles erlaubt.[7]

Alle vier Künstler suchen in diesen Wochen in Murnau nach einer ihnen entsprechenden Form der Malerei. Es ist ein Herantasten, bei dem ganz unterschiedliche Bilder entstehen. Ella malt neben vielen Landschaftsbildern auch die Freunde: Marianne von Werefkin vor dem gelben Sockel des Hauses in der Kottmüllerallee, in einem weißen Kleid mit lila Schal und einem wagenradgroßen Hut mit bunten Blumen. Werefkin – in gleichem Kleid und mit gleichem Hut – zusammen mit Jawlensky auf einer Wiese, oder auch *Zuhören*, in dem Ellas hintergründiger Humor durchscheint: Es ist ein Porträt von Jawlensky, der pausbäckig und mit verdutztem

Gesicht den neuen Kunsttheorien lauscht, über die seine Lebensgefährtin und Kandinsky in der Essecke debattieren. Rosafarbener Kopf und Hemd, der Kopf kaum mehr als eine Kugel, zwei blaue Punkte für die Augen unter hochgezogenen Brauen, eine stilisierte Nase über nach oben gebogenem Schnäuzer und Bart, eine hingelümmelte Sitzhaltung, zwei gebogene Würste auf einem Teller auf dem Tisch – Jawlensky wirkt wie eine Comicfigur, wie ein fleischgewordenes Fragezeichen mit grüner Fliege und braunem Janker.

Im Sommer 1909 wagt sie sich auch als Erste aus der Gruppe an eine weitere ungewohnte Technik heran: die Hinterglasmalerei. Kandinsky und sie sammeln seit Längerem Schnitzereien, Votivtafeln und andere religiöse Objekte, dazu bemalte Teller und Krüge, Skulpturen und Figürchen aus der ganzen Welt, die rasch die Simse und Regale im Murnauer Haus füllen. Vor Kurzem hatte Jawlensky sie auf einen Mann aufmerksam gemacht, der in Krachlederner und Janker, einen Stopselhut mit Spielhahnfeder auf dem Kopf und einer Kraxe auf dem Rücken in den Wirtshäusern des Ortes kleine gerahmte Glasbilder an die Sommergäste verkaufte. Madonnen und Heilige, bäuerliche Landszenen, Brauchtum und Ortsansichten in kräftigen Farben, für fünfzig Pfennige das Stück.

Im 18. Jahrhundert war die Hinterglasmalerei ein wichtiges Kunstgewerbe in der Region, Händler zogen mit Karren »voll heiliger Sermone« über die Dörfer in »Tyrol, Baiern, Schwaben, Franken und Oesiereich, [um] den gemächlichen Pfarrern das Futter für ihre geistliche Herde« zu verkaufen.[8] Jetzt ist Heinrich Rambold der letzte Hinterglasmaler von Murnau.

Dass dieser Kunstzweig nicht völlig in Vergessenheit geraten ist, verdankt der Ort dem Braumeister der Pantl-Brauerei. Seit Ende der 1880er Jahre hatte Johann Kroetz an die tausend Hinterglasbilder aus der ganzen Region, dem Bayerischen Wald und dem Böhmerwald in seinem Haus am Burggraben zusammengetragen. »Schön gemalte Marterl u. sowas, alte Volkskunst« habe sie bereits

1908 in Südtirol gesehen, erinnert sich Münter, »aber Glasbilder (…) lernten wir erst hier kennen. Wir waren alle begeistert für die Sachen.« In seiner Werkstatt blickt sie dem Meister über die Schulter: »Bei Rambold sah ich, dass u. wie man es machen kann – u. ich war (…) im ganzen Kreis die erste, die Glasscheiben nahm u. auch was machte. (…) Ich war entzückt von der Technik u. wie schön das ging u. erzählte K. immer davon, um ihn auch dazu anzuregen.«[9] Rambold beherrschte auf Glas, was sie selbst so faszinierte. »Alle seine Farben lachen, und er weiß, worauf es ankommt: ein reines Rot und Blau und herzhafte Striche. In ihm lebt noch eine Ahnung des Wesentlichen und des Volkstümlichen.«[10]

Ella geht mutig, unverkrampft, experimentierfreudig und offen ans Werk. Die schwarzen Umrandungen und farbigen Flächen dazwischen, die vereinfachten Formen – all das greift auf, was sie in ihren Landschaftsbildern im Vorjahr erstmals ausprobiert hatte. Von Rambold lernt sie, wie die Welt hinter Glas spiegelverkehrt und Schicht für Schicht entsteht. Wie sich Glasplatten zuschneiden lassen, wie der Riss, die Vorzeichnung auf Papier, daruntergelegt und die Konturen mit Tusche auf die Rückseite übertragen werden, wie man schraffiert, dann erst die Motive farbig ausmalt und schließlich den Hintergrund schafft. Anfangs kopiert sie detailgetreu Vorlagen von Rambold, dann wagt sie sich an Neues. Ein Stillleben, das sie auf dem Sims über der Essecke arrangiert hat, Motive, die sie bereits in anderen Techniken umgesetzt hat. Die alte Frau, die mit einem Kleinkind auf dem Arm und einem Kind im Dirndl mit Puppe neben sich vor dem Schlossberg steht (*Murnauer Bäuerin mit Kindern*) erinnert an Fotografien, die sie von Frauen in Murnau aufgenommen hat. Von Großmutter Echter in der Pfarrstraße oder der Familie Streidel in Festtagskleidung auf der Hauptstraße. Das Mädchen an ihre Nichte Friedel, geknipst während des Sommerurlaubs mit ihren Eltern Emmy und Georg kurz vor dem Hauskauf.

An die 130 Hinterglasbilder tragen Ella und Wassily zusammen, zwanzig davon von Kroetz, andere kaufen sie auf der Auer Dult, dazu kommen die eigenen Bilder, die sie an den Wänden des Murnauer Hauses und am 1. Oktober 1909 auch in der ersten gemeinsamen Stadtwohnung in der Ainmillerstraße 36 aufhängen. Die Zimmer liegen im Stockwerk unter Kandinskys bisheriger Wohnung, zu den Nachbarn gehören Lily und Paul Klee, von dem Ella 1913 eines ihrer bekanntesten Bilder anfertigt, *Mann im Sessel*: »Als er in meinem Nachdenksessel saß und sich mit Kandinsky unterhielt, sah ich plötzlich ihn (…) und das Zimmer mit ihm ganz bildhaft. Ich nahm mein kleines Skizzenbuch (…) und machte schnell und unbemerkt eine Notiz. Die weiße Hose stand im Mittelpunkt des Bildes, und der Mann war in lauter Rechtecken mit dem Sessel und den Bildern der Wand verwachsen (…) bis in die Einzelheiten klangen alle Formen wundersam zusammen. Wahrscheinlich habe ich das Bild am nächsten Tag gemalt (…) es muss wie bei den meisten und den besten meiner Arbeiten in einem Zug geschehen sein.«[11] Es ist ein Bild gewordenes Augenerlebnis, in dem Klees weiße Hose hervorsticht in einem ansonsten dunklen Raum mit Hinterglasbildern an einer dunkelgrünen Wand und einem Tischchen mit Figuren davor.

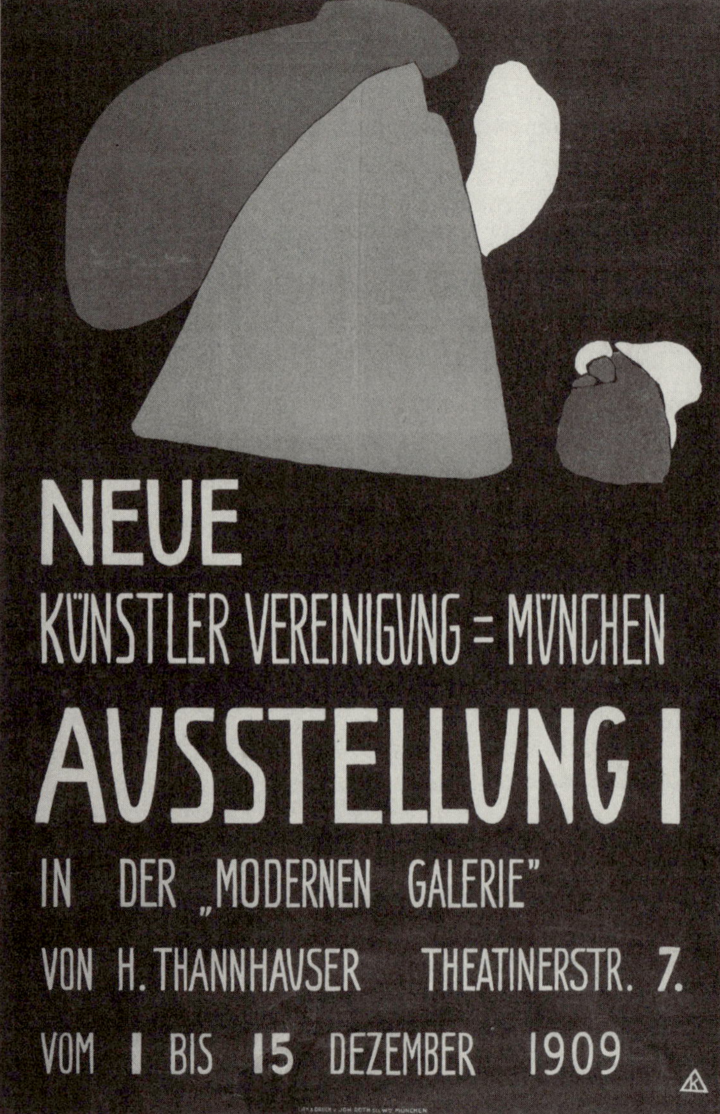

Plakat von Wassily Kandinsky für die erste Ausstellung der Neuen Künstlervereinigung München.

IRRE BEI THANNHAUSER

Die Presse ließ ihre ganze Wut gegen die Ausstellung los, das Publikum schimpfte, drohte, spuckte – auf die Bilder.

WASSILY KANDINSKY

Während sich die Murnauer Vier künstlerisch auf neues Terrain vorwagen, stagniert das Leben in der »Kunststadt« München. Kandinsky hatte schon im Frühjahr 1904 darüber geklagt, dass die Stadt zwar an allen Ecken wachse, die Kunst aber falle und falle. Ein Künstler nach dem anderen kehre der Stadt den Rücken. Und wer noch bleibe, der könne nicht ohne die Secession, die sich zwar redlich bemühe, aber zunehmend in Depression verfalle.[1]

Vier Jahre später, im Oktober 1908, strömen an die drei Millionen Besucher anlässlich des 750. Stadtjubiläums auf die Theresienhöhe, um in den riesigen Hallen des neuen Messegeländes die Ausstellung »München 1908« zu besuchen – hier werden angewandte Kunst, Handwerk und Gewerbe präsentiert, es gibt aber auch, ähnlich den damals so beliebten Völkerschauen, ein Beduinendorf nebst Bewohnern und einen riesigen Vergnügungspark mit allerlei Buden und Karussells, die eher an das Oktoberfest erinnern als an eine künstlerische Standortbestimmung. Ambitioniertes Ziel der Ausstellungsmacher ist nicht weniger, als mit den Exponaten den Geschmack der Besucher zu schulen und ihn in die richtigen Bahnen zu lenken. Die Stadtväter klopfen sich auf die Schulter ob des Geleisteten, das den Ruf Münchens als Kulturstadt ganz sicher weit über die Landesgrenzen hinaustragen werde: »Es wäre merkwürdig, wenn nicht bald da und dort der Versuch gemacht würde, etwas Ähnliches zu schaffen, und (…) den bisher vereinzelten Vorkämpfern des Guten nach und nach eine reichere Gefolgschaft entstünde«, heißt es in der Denkschrift zur Ausstellung.[2]

Wassily Kandinsky und Gabriele Münter haben sich immer auch für angewandte Kunst interessiert. Münter war bei Veranstaltungen im Künstlerinnen-Haus früh mit den Arbeiten der Vereinigten Werkstätten für Kunst und Handwerk in Berührung gekommen, deren Werke wiederum in der zweiten Phalanx-Ausstellung zu sehen waren.

In Kallmünz arbeiteten sie begeistert mit Ton, auf der Frankreichreise entstanden Stickmuster und Wandbehänge aus Perlen, Wassily entwarf Muster für Teppiche, fertigte Entwürfe für Handtaschen und Reformkleider, von denen einige für Ella maßgeschneidert wurden. Und schließlich sollte ja der spätere *Almanach* des *Blauen Reiters* die Synthese zwischen den Künsten feiern, und dabei nicht nur einen Bogen spannen von der Malerei zur Musik, sondern auch von der Volkskunst aus unterschiedlichen Zeiten und Weltregionen über Kinderzeichnungen bis hin zu progressiven Werken der Moderne. Mochten die Münchner auch in Scharen mit Kind und Kegel im Sonntagsstaat auf die Theresienhöhe gepilgert sein, um an dem Event rund um das Kunsthandwerk teilzuhaben – für Kandinsky lag bei aller Wertschätzung für handwerkliche Fähigkeiten die Betonung immer noch auf *Kunst*. Und einem solchen Spektakel konnte er mit seiner vergeistigten Auffassung von wahrer Kunst zweifelsohne wenig abgewinnen. Der Kritiker eines Kunstmagazins wird diese vermeintliche Arroganz der Avantgarde-Künstler um Kandinsky wenige Jahre später genüsslich aufgreifen: »Ein farbiges Tohuwabohu von Kandinsky nennt sich bezeichnenderweise ›Komposition Nr. 2‹; dem Maler fiel wohl selbst kein Titel für diese wahllose Farbanhäufung ein. (…) ich ließe mir eingehen, wenn darunter stünde ›Farbskizze für einen modernen Teppich‹. Aber weit gefehlt! Die Leute, die hier ausstellen, sind sich zu gut, sich mit ›Kunstgewerblern‹ auf eine Stufe stellen zu lassen. Sie schaffen freie, reine, hohe Kunst – meinen sie. Mich indes gemahnt all ihr Pusten und Keuchen an das Gackern einer lahmen Henne, die nicht mit den Flügeln schlagen kann, aber partout ein Ei legen muss.«[3]

Tatsächlich gibt es aber auch kritische Stimmen in der Stadt, die die Saturiertheit Münchens beklagen, die ewig gleiche Glaspalastluft, die Marktreife des Gebotenen, die bürgerlich-konservative Behäbigkeit des Publikums, das sich dann und wann dazu herablasse, den Blick auf eine vermeintliche Sensation aus Paris zu richten, Progressives aus Schwabinger Ateliers jedoch hartnäckig ignoriere. Und die Secessionisten selbst, die einst angetreten waren, um für ein neues Kunstverständnis zu werben und den Kunstmarkt umzuwälzen, die hätten »Fett angesetzt«[4].

Über deren Ausstellung im April 1908 hatte Kandinsky an Ella geschrieben: »Secession: So fand ich schon im 1. Raum dieselben Ochsen, denselben Stuck, alles auf alten Plätzen. (…) Die anderen sind technisch weiter gegangen u. sehr artig, nur nicht zu ihren Gunsten.«[5] Unbedeutend und leer habe all das auf ihn gewirkt. Nur Verkrustung und Stagnation, die Revolutionäre von Gestern seien die Etablierten von heute.

Er selbst hatte das Gefühl, dass ihm nach Jahren der quälenden Suche nach einer eigenen künstlerischen Ausdrucksform im Sommer 1908 endlich ein Befreiungsschlag gelungen war. Allen Murnauer vieren war Revolutionäres gelungen. Doch angesichts der von Publikum und Presse wohlwollend aufgenommenen Secessions-Ausstellung oder des Rummels auf dem Messegelände der Theresienhöhe hätte Kandinsky ahnen können, wie weit sich Geschmack und Kunstverständnis der Münchner von seinem eigenen und dem seiner Mitstreiter entfernt hatten.

Wenige Wochen nach dem Umzug von Ella und Wassily in die gemeinsame Wohnung in der Ainmillerstraße findet im Dezember 1909 für zwei Wochen in der »Galerie Thannhauser« in der dritten Etage des Arco-Palais in der Theatinerstraße 7 die erste Ausstellung der »Neuen Künstlervereinigung München«, kurz NKVM, statt. Gezeigt werden 128 Werke von 16 Künstlern, neben den Murnauer vieren sind unter anderem Erma Bossi, die bei Ažbe und an der Phalanx-Schule studiert hatte, Alfred Kubin und die beiden Jawlensky-Schüler Adolf Erbslöh und Alexander Kanoldt vertreten.

Die Idee zu dieser Vereinigung war schon Ende 1908 in Werefkins Salon entstanden, bei einem Treffen, an dem weder Ella noch Kandinsky zugegen waren. Als die NKVM im darauffolgenden Frühjahr ins Vereinsregister der Stadt eingetragen wird, hat Ella nicht nur das Mitgliederverzeichnis handschriftlich angefertigt, sondern auch die Gründungsurkunde, unter der neben Werefkin, Jawlensky, Kandinsky, Kubin, Kanoldt und Erbslöh auch ihre Unterschrift steht. Sie selbst fühlt sich in ihrer Rolle als Gründungsmitglied unwohl. Sie sei ohne ihr Zutun in den Kreis der Avantgarde geraten, die den Umbruch in der Kunst einläutete, erklärte sie 1948. Und auf einer handschriftlichen undatierten Notiz hielt sie fest, sie habe sich anfangs aus Bescheidenheit gesträubt, die Gründungsurkunde zu unterzeichnen. Erbslöh und Kanoldt, beide jünger als sie, seien kaum länger in der Kunst dabei als sie, würden aber ungleich fertiger und selbstbewusster wirken. »Ich empfand mich selbst nur als kleinen Anfänger. (…) Ich hielt mich auch für viel zu wenig, eine Künstlervereinigung zu gründen. (…) Diese Haltung scheint für mich typisch zu sein. Ich komme mir leicht ›wenig‹ vor – und die anderen scheinen mir immer mehr.«[6]

Dem Kreis der bedeutenden Maler, die sich in der NKVM zusammenfinden, fühlt sie sich selbst noch nicht zugehörig.

Kandinsky, der sie am Ende genötigt habe, zu unterschreiben, wird erster Vorsitzender der Neuen Künstlervereinigung, er entwirft die Mitgliedskarte, das Signet und das Plakat zur ersten Ausstellung. Ziel der neuen Vereinigung ist es, wie einst bei der Phalanx, ein Gegengewicht zur konventionellen Münchner Kunstszene aufzubauen, Vorträge und Publikationen zu unterstützen, Ausstellungen im In- und Ausland zu organisieren und damit eine eigene Plattform für neue avantgardistische Kunst zu schaffen. Jedes ordentliche Mitglied hat das Recht, zwei Bilder ohne das Plazet einer Jury zu den Ausstellungen zu schicken, sofern sie die Größe von vier Quadratmetern nicht übersteigen. Charles Palmié, der in Werefkins Salon so sehr von Kallmünz geschwärmt hatte, lässt sich nach Bekanntgabe dieser Klausel gleich wieder von der Liste streichen. Über die Hängung weiterer Werke entscheiden die anwesenden Vereinsmitglieder.

Zentrales Merkmal der Künstler, die sich hier zusammenfinden, formuliert in der Satzung und im Vorwort des Ausstellungskatalogs, sei das »Streben nach künstlerischer Synthese«. Der Künstler empfange nicht nur Eindrücke von der äußeren Welt, sondern sammle fortwährend in seiner inneren Welt Erlebnisse. Diesen Seelenempfindungen wolle man künstlerisch Ausdruck verleihen und sich dabei auf das Wesentliche konzentrieren, die Formen von allem Nebensächlichen befreien. Es ist genau jener Schritt, den Ella in Murnau vollzogen hatte, vom Naturabmalen zum »Fühlen eines Inhalts, zum Geben eines Extraktes«. Weil dieses Fühlen rein subjektiv sei, wäre es falsch, ein solches Werk mit den Maßstäben der äußeren Schönheit zu messen – wer vermochte schon zu beurteilen, wie es im Inneren des Künstlers aussah? Das erkläre letztlich auch die Bandbreite der bei Thannhauser ausgestellten Werke, über die es im Katalog heißt: »Manche stellen sich direkt vor die Natur und ändern sie, dem seelischen Bedürfnis folgend (Jawlensky, Münter, Kanoldt, Erbslöh). Andere haben [die Natur im Moment der Arbeit] gar nicht vor Augen (Werefkin, Bossi). Wieder andere machen Sachen, die sie größtenteils in realer Form nie gesehen haben (Kubin, Dresler, Kandinsky).«[7]

Die Versuche, dem Publikum auf acht Seiten Bilder und Hintergrundideen zu erklären, sollten jedoch weitgehend ins Leere laufen. Allein schon das Vorhaben, die Ausstellung auf die Beine zu stellen, war schwierig gewesen. Der Galerist Heinrich Thannhauser hatte seine Räume nämlich erst nach massivem Einwirken von Hugo von Tschudi, dem frisch berufenen Generaldirektor der Staatlichen Gemäldesammlungen, zur Verfügung gestellt. Tschudi, zuvor über zehn Jahre lang Direktor der Berliner Nationalgalerie, hatte sich durch sein Faible für französische Impressionisten den Ruf als Förderer zeitgenössischer Kunst erworben. Für Thannhauser war die Ausstellung nicht ohne Risiko. Er hatte sich gerade erst von seinem früheren Kompagnon Franz Josef Brakel getrennt, dessen Räume Tschudi zunächst ins Auge gefasst hatte, und seine eigene Galerie im neu gebauten Palais bezogen – ein großer Oberlichtsaal im Erdgeschoss des Hauses, dazu neun Galerieräume im dritten Obergeschoss, in denen Werke der nationalen und internationalen Moderne präsentiert und verkauft werden sollten, in intimer Atmosphäre, als befänden sich die Besucher in den privaten Gemächern eines Kunstfreundes. Bei der Eröffnungsschau im November hatte Thannhauser Werke von Degas, Manet, Monet, Renoir und anderen französischen Impressionisten gezeigt. Längst Klassiker, wenngleich deren neue Bildsprache und Maltechnik bei der ersten großen Ausstellung 1874 in Paris harsche Reaktionen hervorgerufen hatte. Manche Kritiker fühlten sich an Pistazien-, Vanille- und Johannisbeercrème auf Leinwand erinnert, sie vermissten die Perspektive, beurteilten die Bilder als »Schmiererei« oder »Barbarei« und verunglimpften den Impressionismus als Ausdruck von Wahnsinn.

Und nun also die »neuen Wilden«. Kandinsky ist mit dreizehn Ölbildern und Linolschnitten vertreten, Ella mit sechzehn, darunter *Grabkreuze in Kochel*, dessen Entstehung Kandinsky 1909 mit dem Fotoapparat festgehalten hat: Ella mit dickem Mantel und Handschuhen hinter der Staffelei auf dem tief verschneiten Friedhof des

Ortes. Das Ölgemälde soll 200 Mark kosten. Für Kandinskys *Reifröcke* schlagen 3000 Mark zu Buche – es ist neben der *Amazonenschlacht* von Wladimir von Bechtejeff das teuerste der Ausstellung. Ein Schnäppchen hätten potenzielle Käufer machen können, hätten sie sich für Ellas Farblinolschnitt *Brücke in Chartres* (1907) entschieden: ganze 25 Mark. Es hängt heute im Lenbachhaus.

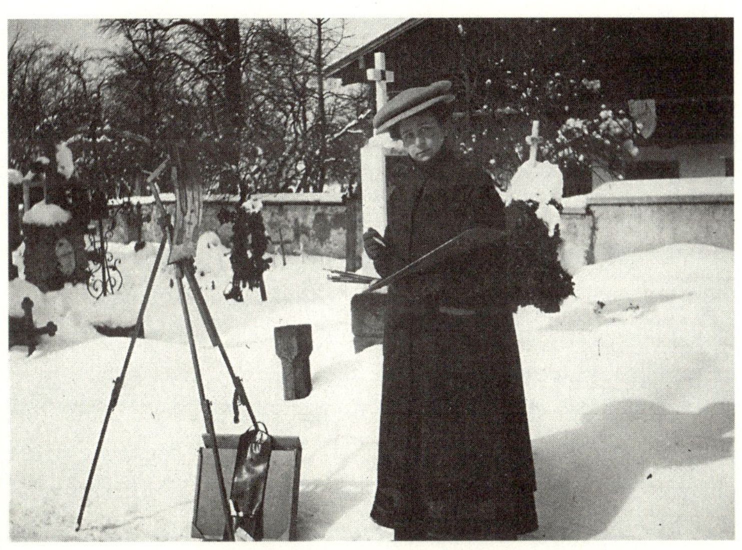

Gabriele Münter im Februar 1909 beim Malen auf dem tief verschneiten Friedhof von Kochel.

Besonders glücklich über den Verlauf der ersten Ausstellung mit zeitgenössischer Kunst in seiner neuen Galerie dürfte Heinrich Thannhauser nicht gewesen sein. Denn Besucher und Kritiker der lokalen Presse, allen voran Fritz von Ostini in den *Münchner Neuesten Nachrichten*, waren schnell bei der Hand mit ihren Urteilen: Man pralle gleich beim Betreten der Ausstellung schaudernd zurück, die Werke seien wilde Parodien, koloristische Orgien, das Streben nach künstlerischer Synthese nichts als eine hohle Phrase, um vom eigenen Nichtskönnertum abzulenken.[8] Hermann

Eßwein, der Kollege von der *Münchener Post*, fühlt sich an ein verfrühtes Faschingsvergnügen erinnert. Ellas Werke immerhin rufen gemischte Reaktionen bei ihm hervor: einige Kabinettstückchen, etwa die farbigen Holz- und Linolschnitte, ganz »allerliebste naive Märchendichtungen voll echten lyrischen Zaubers«, aber auch unfassbares Herumfuhrwerken mit närrischen Farben und wüsten Linien.[9]

Es ist Tschudi zu verdanken, dass Thannhauser das schallende Gelächter und die aggressiven Unmutsbezeugungen mancher Besucher nicht zum Anlass nahm, die Bilder gleich wieder abzuhängen und dass er seine Galerie als Schaufenster der Moderne auch für die zweite Ausstellung im September 1910 zur Verfügung stellt. Wieder lässt die NKVM einen Begleitkatalog anfertigen, mit einer Einführung von Kandinsky, die in Teilen wie eine Steilvorlage für die Rezensenten wirkt. Der Schaffensdrang moderner Künstler – leidende, suchende, gequälte Seelen – entstehe durch den Zusammenprall des Geistigen mit dem Materiellen. Und: Es sei schade um den, der die Macht habe, die nötigen Worte in den Mund der Kunst zu legen, und es nicht täte. Schade um den, der sein Seelenohr vom Munde der Kunst abwende. Denn der Mensch spreche zum Menschen vom Übermenschlichen – die *Sprache* der Kunst, heißt es auf Seite sieben.[10]

Die Presse höhnt, hier würden Fieberkranke, Morphium- oder Haschischtrunkene Stift und Pinsel schwingen. Die Künstler seien von einem Genie-Furor gepackt, malten unausdeutbare Mysterien und schrieben geheimnisvolle Dinge in ihrem Katalogvorwort. Von diesen »westöstlichen Aposteln einer neuen Kunst« werde ganz sicher »kein Heil ausgehen«.[11] Man könne nur hoffen, dass die Ausstellung, die auch in anderen Städten zu sehen sein wird, in denen man über weniger Kunstverstand verfüge als in München, beim Publikum keinen bleibenden Schaden anrichte. Alles in allem seien die Exponate konzentrierter Unsinn – von kannibalistischsten Naturvölkern bis hin zu den Neupariser Decadents.[12]

Diesmal sind unter den 31 ausstellenden Künstlern nämlich auch internationale wie die Kubisten Georges Braque, Pablo Picasso und Henri Le Fauconnier vertreten, ebenso die russischen Avantgardisten David und Wladimir Burljuk. München reagiert kleinlich. Damit nicht genug, dass das Ausland so stark vertreten sei, auch die vermeintlichen »Einheimischen« seien ja eigentlich gar keine. Die Ausstellung zeuge von einer russisch-französischen Umklammerung, die Künstler seien zugereiste Unruhestifter und schamlose Bluffer, unheilbar Irrsinnige und jedenfalls keiner darunter, der münchnerisch schaffe oder empfinde. Gift, Spott und Unverständnis triefen aus den Gazetten, von den *Münchner Neuesten Nachrichten* bis hin zu *Kunst für Alle*, damals eine der auflagenstärksten Kunstzeitschriften. »Für uns Aussteller war die Empörung unverständlich. Wir standen bereits mit beiden Füßen im Geist der erwachten Kunst und lebten in diesem Geist (...). Wir wunderten uns nur, dass in der ›Kunststadt‹ München mit Ausnahme von Tschudi aus keiner Stelle ein Sympathiewort an uns gerichtet wurde«, so Kandinsky, der immerhin einräumt, ihre Bilder hätten im Vergleich mit anderen wie eine Bombe gewirkt.[13]

Das Sympathiewort kommt ausgerechnet von einem Urmünchner, selbst Sohn eines Malers, der schon die erste Ausstellung besucht hatte und sich die zweite gleich mehrfach ansieht. Er verfasst eine Gegendarstellung zu den vernichtenden Kritiken in den Feuilletons. »Und eines Tages (...) zeigte uns Thannhauser einen Brief von einem uns noch unbekannten Münchner Maler, der uns zur Ausstellung beglückwünschte und seine Begeisterung in ausdrucksvollen Worten kundgab. Dieser Maler war (...) Franz Marc.«[14]

Marc kritisiert die Kurzsichtigkeit und Beschränktheit der Ausstellungsbesucher, ihr »Pfui Deibel« und den Hang, ihre Verachtung auf so unflätige Weise zu demonstrieren, dass Thannhauser die Bilder abends von der Wand nehmen und trocken tupfen muss. Die Art, wie das Münchner Publikum die Ausstellung abtue, habe fast etwas Erheiterndes. Man benehme sich, als handele es sich um die Auswüchse kranker Gehirne, während es doch Anfänge auf einem »noch unbebauten Lande« seien, künstlerische Tendenzen, die man überall in Europa feststellen könne. Nur in München habe man offenbar Probleme damit, wenn Erwartungen unterlaufen würden. Kunst solle gefallen, sie solle jene unterhalten, die aus »schönem Bildungsdrange« heraus eine Ausstellung besuchten, wie Rohe in den *Münchner Neuesten Nachrichten* meinte, keinesfalls verstören.

Franz Marc sei der Erste gewesen, der ihm die Hand gereicht habe, schreibt Kandinsky später. Dass Kritiker und Publikum die neuen Wege, die er beschreiten will, nicht verstehen, ist eine Sache. Aber zunehmend gerät er auch innerhalb der Vereinigung unter Druck. Die schrittweise Verabschiedung von der Wirklichkeit, sein langer Weg in die Abstraktion, lässt selbst manche Mitstreiter überfordert zurück. Die aufflammenden Konflikte zwischen gemäßigteren und radikal modernen Kräften, die sich auch an Kandinsky entzünden, sollten schließlich zur Zerreißprobe werden.

Kandinsky befindet sich seit Anfang Oktober 1910 in Russland. In den Wochen davor war seine Stimmung, gerade noch im Höhenflug ob der Internationalität der zweiten Ausstellung, kontinuierlich gesunken. Er fühlt sich künstlerisch unverstanden, nur von Hass und Spott umgeben, alles ist düster, München viel zu eng für seine großen Ideen, seinen schöpferischen Geist. Ella erlebt ihn als schroff und kalt, unberechenbar in seinen emotionalen Schwankungen, die sie selbst wie in einem Strudel nach unten zu ziehen drohen. In einem Traum scheinen Elemente ihres Gemäldes *Die Kahnfahrt* (1910) mit Kandinskys Angst vor dem Dunklen, vor dem Wasser zu verschmelzen. Er selbst *ist* das Dunkle. Auf dem Bild leuchtet der Himmel über dem Staffelsee violett-orange, die Berge als blaues Zackenband darunter, vorne im Boot steht Kandinsky, davor sitzen Werefkin und Jawlenskys Sohn Andreas, den er mit dem blutjungen Hausmädchen gezeugt hat, eine Frau mit großem Hut, die man nur von hinten sieht – mutmaßlich Ella – rudert. Über ihren Traum notiert sie: »Erst rudern wir vergnügt in einem reichen Kahn; dann, plötzlich selbst im Wasser, schwamm ich zum nahen Ufer, aber das Wasser zog mich rückwärts. Ich schwamm aus allen Kräften, aber das Wasser zog mich den anderen Weg.«[15] Drückt sich darin ihre Angst aus, Wassja, ihr rettendes Ufer, nicht länger erreichen zu können? Die Furcht, er könne ihr entgleiten, ganz egal, wie sehr sie sich nach ihm streckte?

Es war ihr Vorschlag gewesen, dass Kandinsky nach der turbulenten Zeit für ein paar Wochen nach Russland fahren sollte, zumal er seit sieben Jahren nicht mehr dort gewesen war. Als er endlich im Zug saß, dürfte sie im ersten Moment Erleichterung empfunden haben. Denn das Gefühl der Zurückweisung, das ihm in München als Künstler entgegengebracht worden war, hatte auch einen Schatten auf ihre Beziehung geworfen. Russland würde ihm guttun, seine Seelenstadt Moskau, der Kontakt zur Familie, und natürlich hoffte sie auch darauf, dass die Scheidungsformalitäten endlich geklärt würden.

Beinahe täglich schreiben sich Wassja und Ella, sie nummerieren ihre Briefe, aber die Post dauert, und immer wieder kommt einer verspätet an oder geht an die falsche Adresse. Denn Ella pendelt in diesen Wochen zwischen Murnau und München, er reist nach Moskau, Odessa und St. Petersburg. In den Briefen immer wieder gegenseitige Beteuerungen, wie sehr der andere fehle, wie groß die Sehnsucht sei, aber auch – vor allem bei Ella – Klagen über Trübsal, Langeweile, fehlende Inspiration. Wie immer küsst Wassja vielfach und innig die geliebten Hände, er baut sie auf und lobt die Skizzen, die sie ihren Nachrichten beilegt, ermutigt sie zu Zerstreuung, wenn die Einsamkeit alles zu lähmen droht. Und wie immer schildert sie Details ihres Alltags, ermahnt zu ausreichend Schlaf und gutem Essen, ist für immer sein, ihren Einzigen.

Und doch schleichen sich in die Briefe aus dieser ersten längeren Trennungsphase seit fünf Jahren neue Töne. Missverständnisse,

Anklagen, Beschwichtigungen, neue Anklagen, aus denen vor allem die Angst beider vor dem Verlust des anderen spricht: »Mein liebes Ellchen, noch immer keine Silbe von dir! (…) Es scheint mir, hundert Jahre habe ich nichts mehr von dir gehört. Was soll das nur heißen? Ich wollte schon telegraphieren, zwang mich aber, vernünftig zu bleiben«, beschwert sich Kandinsky am 16. Oktober.[16]

Eine Woche später klagt Ella: »Ist dazwischen ein Brief von dir verloren gegangen? (…) Es ist doch schade, dass du keine Viertelstunde Zeit behältst, so dass ich etwas über dich weiß. Fast in derselben Zeit, wo du mir einen Wisch schickst, aus dem ich nicht klug werde, könntest du mir ordentlich Nachricht geben, wenn du daran dächtest.«

Die Replik folgt drei Tage später, datiert mit 26. Oktober: »Teures Tierchen, liebes Füchschen (…) eben deinen Schimpfbrief v. 23. bekommen. Es tut mir leid, dass du schlechter Laune bist, die du auf mich ausschüttest. (…) Ich schreibe ausführlich u. viel und keine ›Wische‹. Du schreibst mir viel weniger u. tatsächlich ›wischiger‹. Voilá, Ma'me.«

Zwei Tage später das Eingeständnis der eigenen üblen Laune: »Ich weiß nicht, woher meine Laune stammt. Nervenspiel, Notwendigkeit Entschluss zu fassen, ob ich nach Petersburg soll [wegen der Scheidung] (…) u. endlich lange Weile nach dir, meine Ella! (…) Meine Seele kann nie lange im Gleichgewicht bleiben u. nicht nur große Gewichte ziehen die Waage mal gehörig 'runter, so dass dadurch die andere Schale zum Himmel fliegt. Du hast recht, meine Ella, ich bin unzurechnungsfähig u. so oft gemein, scharf, hart u. abwesend. Ich sehne mich ja selbst nach Gleichgewicht, nach ruhig duftendem Leben mit dir mit einem ständigen inneren Akkord unserer Seelen, unserer Körper. Aber da kommt immer ›was‹ oder ›wer‹ und legt leise (…) die Spitze des Fingers auf die Schale u. fort ist des Gleichgewichts Klang.«

Ella findet die fehlenden Briefe in München vor und schreibt: »Bin ganz aufgeregt u. sehr betrübt (…) dass ich di ßo vui ge schimpft habe. (…) So *sehr* haben diese 2 Briefe in der Reihe gefehlt! Und so anders wäre es mir zu Mut gewesen. Ich war gar nicht lustig u. hatte zu nichts Lust. Ich sehe, dass ich sehr brauche nette Behandlung. (…) Ich bekam Lust zum Malen u. sah wieder was plötzlich. (…) Mein einziges ganz Liebes, deine Ella. Also nicht bös sein, gell?«

Trotzdem legt sie schon einen Tag später nach: »Weißt Du, wenn Du nicht schon ziemlich das ganze Jahr kalt u. oft unnett gegen mich gewesen wärst, so hätte mir das auch sicher viel weniger anhaben können – aber so schien es schließlich, dass du dich verändert hast zu mir.«

In den Briefen aus jenen Tagen wird auch deutlich, wie sehr bei Ella die Fähigkeit zu malen von der eigenen Gefühlswelt abhängt, die wiederum maßgeblich von der emotionalen Nähe zu Kandinsky – oder deren Fehlen bestimmt ist. Für ihn dagegen ist das Abwesende Quell der Inspiration, das Sehnen nach dem Unerfüllten, das Leiden, der Verlust und die Ferne von Glück. Zu große Nähe, nach der er sich doch immer wieder sehnt, jenes viel beschworene Leben als »ein Wesen« mündet für ihn, zumindest jenseits des beinahe blinden gegenseitigen Verstehens in der Kunst, letztlich in Abstumpfung und Empfindungslosigkeit.

»Ich bin nichts ohne dich, Du gehörst zu mir und Du bereicherst mich, und ohne Dich ist dieser Platz leer«, schreibt Ella am 20. November 1910.[17] Sie fühlt sich abgeschnitten, ohne einen Funken Kreativität. Sie braucht eine bestimmte Stimmung, um malen zu können. Und die Briefe, die sie aus Russland erhält, tragen nicht gerade dazu bei. Kandinsky betont ihr gegenüber immer wieder, wie offen man ihn in seiner Heimat empfangen würde. Wie viel Liebe er – so unendlich unverdient – von *allen* Menschen erfahre, wie intensiv und packend Moskau sei, das Leben so warm. Und wie wohltuend der Erfolg, der ihm hier zuteilwerde. Galeristen reagierten euphorisch, seine Bilder würden in Schauen der Avantgardisten-Vereinigung »Karo Bube« und in anderen renommierten Salons im

Land gezeigt, die Brüder Burljuk würden ihn beknien, dauerhaft nach Russland heimzukehren. Er fühle ein altes Band, schreibt er, das sich von alten Zeiten bis heute ziehe, ein stilles Verständnis für seine Andersartigkeit, seine russische Seele. Er halte Vorträge vor erlesenem Publikum, fühle sich umarmt und gestreichelt und verschlungen von all den Eindrücken, was für sie klingen musste, als würde sie ihm die Liebe verweigern, die er so sehr verdiente. Als sei das Leben mit ihr fad und kalt. Als könne sie etwas dafür, dass die Kritiker in Deutschland ihm auch mit nationalistisch eingefärbten Ressentiments begegneten und die Universalität von Kunst nicht erkannten.

Dennoch ermuntert sie ihn in ihren Briefen immer wieder, die Zeit in Russland mit allen Sinnen auszukosten, neue Verbindungen zu knüpfen und alte zu festigen. Sie habe ja gewusst, dass er auf Heimatboden ein besseres Feld vorfinde als in München. Gleichzeitig zählt sie die Tage und Stunden. Er möge mit dem Heimkommen nicht eilen, sich aber doch nicht zu viel Zeit lassen. Und am Ende die bange Frage: »Bleibt's bei Dezember?«

Es wird Weihnachten werden, bis Wassily nach München zurückkommt, und bis dahin fühlt sich Ella klein – und macht sich in ihren Briefen noch kleiner. Sie wecke in anderen Antipathien, Einfachheit werde nun einmal schwer vertragen, sie wirke unsympathisch und schroff, finde in Gesellschaft nicht die richtigen Worte, sei nie »Herr einer Situation«, was wohl auch daran läge, dass ihr von zu Hause die nötige Schulung im Umgang mit anderen, in gepflegter Konversation nicht mitgegeben worden sei. Wie anders Emmy, die als Kind das Leben im Haus des Hofzahnarztes in Berlin miterlebt hatte, die nun in Bonn ein großes Haus führte, die es verstand, poliertes Silber, Kristallgläser und feines Porzellan auf gestärktem Damast zu präsentieren, ihren Gästen erlesene Speisen servieren ließ oder sie mit Klavierspiel und Gesang unterhielt, während es bei ihr für Alfred Kubin nur eine Tasse Tee und Schinkenschnittchen gab. Über Gabrieles Qualitäten in dieser Hinsicht wird sich Elisabeth Macke bei einem Besuch im Haus des Künstlerpaares Münter-Kandinsky in Murnau später mokieren: »Kandinsky war ein äußerst gastlicher Mensch, der nach russischer Art sich eine Freude daraus machte, seinen Besuch selbst zu bedienen, während Ella gerne dabeisaß und alles geschehen ließ.«[18]

Es lag ihr nicht, vorsichtig auszutarieren, was gesagt werden konnte und was nicht, aber war es nicht auch genau diese Direktheit gewesen, diese erfrischende unverstellte Offenheit, die Kandinsky an seiner neuen Schülerin so anziehend gefunden hatte? Tatsächlich macht er ihr auch in seinen Briefen aus Russland Mut, wenn sie glaubt, ihr sei mal wieder eine »Ungeschicklichkeit« herausgerutscht. Zu den Spannungen innerhalb der NKVM darüber, was zeigenswerte Kunst sei und was nicht, kommen in dieser Zeit persönliche Verwerfungen zwischen Ella und Marianne von Werefkin, ein diffuses Gefühl, dass die Giselas – namentlich die Baronin – etwas gegen sie haben könnten: »Um noch einmal auf das etwas komische Benehmen der Giselisten zurückzukommen – sollte Marianne plötzlich unter die Dummen gegangen sein? (…) Ich habe ein paar ganz unbedeutende Ungeschicklichkeiten ihr gegenüber gemacht, aber es war jedenfalls nicht bös zu verstehen und ich kann sie nicht für so kleinlich halten, dass sie so was übelnimmt – unmöglich.« Sie wolle der Sache aktiv aber nicht auf den Grund gehen, lieber sollten sie ihr »den Puckel runterrutschen. (…) Du vertraust meinem Urteil ja, gelt?«, fragt sie am 17. November in einem Brief an Kandinsky. Er tut es und antwortet fünf Tage später: »Lass sie ruhig ihre Launen haben.«

Zwei gemeinsame Konzertbesuche scheinen zu den Unstimmigkeiten beigetragen zu haben. Bei einem hatte sich Ella von Marianne gekränkt gefühlt, sich beim anderen möglicherweise abfällig über deren Kleid geäußert. Denn am 8. Dezember antwortet Kandinsky: »Ich habe überhaupt Angst, dass ich gegen die Giselas und andere jetzt unnett sein würde. Es schaudert mich, wenn ich ans Rückenloch von Marianne denke. Pfui Teufel! Mit 50 Jahren könnte man solche Geschmacklosigkeiten lassen.«[19]

Dieser Brief ist einer der interessantesten und bedrückendsten der ganzen Korrespondenz dieser Phase. Denn er zeigt, wie leicht die Stimmung zwischen dem Paar kippen, wie eine vermeintliche Lappalie einen lang angestauten Damm zum Bersten bringen konnte, wie tief Verletzungen saßen und die Ahnung, dass sich daran auch nichts ändern würde, selbst wenn man diese Verletzungen ansprach.

Auslöser für die heftige Reaktion Kandinskys waren zwei Bemerkungen gewesen. Die hatten sich auf seine Rückreisepläne bezogen – falls er nicht bis Weihnachten da wäre, würde Ella vielleicht verreisen –, die andere auf ihre Fortschritte beim Russischunterricht. Bislang hatte er sich eher darüber amüsiert, dass sie und Alexander Skrjabin, der russische Pianist und Komponist, sich gegenseitig Sprachunterricht gaben, und sie milde zurechtgewiesen, dass sie doch bitte seine Muttersprache bei ihm lernen solle, damit sie – eines Tages – schön gemeinsam seine Heimat bereisen könnten. In ihrem Brief hatte sie nun erwähnt, dass ihr seine vermeintlich falsche Aussprache eines bestimmten Buchstaben Mühe bereite, Lulus Version nicht nur einfacher sei, sondern in ihren Ohren richtiger klinge. Schon wieder Jawlensky! Bereits in Murnau hatte Wassja verstimmt reagiert, als sie mit Alexej über neue Entwicklungen im Umgang mit Linien und Farbflächen diskutiert und ihm zuerst ihre neuen Bilder gezeigt hatte. Viel schlimmer aber war ihre Acht- und Lieblosigkeit. Ella wusste schließlich, dass der Verleger Reinhard Piper im Februar den Entwurf seiner ersten programmatischen Schrift *Über das Geistige in der Kunst* wegen des etwas ungelenken Deutschs abgelehnt und selbst Kubin eine ordentliche Überarbeitung durch einen Muttersprachler angeregt hatte. Er fasse seine Gedanken im ersten Schritt wohl zu sehr in der Sprache seiner Heimat, um sie dann in einem zweiten ins Deutsche zu übertragen – und nun erklärte ihm ausgerechnet sein »Deutsch-Ellchen«, dass er selbst auf ureigenstem Terrain, seiner Muttersprache, unzulänglich sei. »Wenn du an mir lauter Sachen findest, die falsch sind,

u. immer was auszusetzen hast, so möchte ich wissen, warum du mich überhaupt gernhast. Jetzt muss ich lernen, das l auszusprechen, wie es Lulu tut. Dafür besten Dank.« Was die Aussicht auf eine leere Wohnung über Weihnachten und Silvester angeht, schreibt er: »Du weißt, dass ich schon lange Sehnsucht nach dir habe u. sehr lange Weile. Dir wurde nun die letzten Tage die Zeit zu lange u. da drohst du mir. Ich muss mich überhaupt oft stark wundern, was ich mir alles von dir gefallen lasse! Alle Leute, die mich wirklich gernhaben, zeigen mir stets so viel Liebe, Aufmerksamkeit, Zärtlichkeit (…), dass deine Art besonders die erste Zeit (…) wie Hiebe und Schläge auf mich wirkte.« In seiner Heimat hätten ihn alle, die ihn liebten, von Kindesbeinen an verwöhnt und vergöttert – genau wie jetzt wieder. Sie wisse genau, wie abweisend München ihm gegenüber sei. Es sei ihre Mission, das zu ändern. Seine sei es fürs Erste, seinen Stolz herunterzuschlucken und sich damit zufriedenzugeben, »dass du mich viel weniger, als ich dich liebe, liebst. (…) Die Nacht macht mich bange. Sie erschreckt mich wie diese früheren Nächte, wo du schliefst u. ich lange Stunden mich im Bett rumwälzte u. von dir zurückgestoßen wurde als ich zu dir kam aus Verzweiflung. – Eben dachte ich, ich zerreiße lieber diesen Brief, da er dir wehtun wird u. doch nichts helfen kann. Es wäre aber unaufrichtig dir gegenüber u. der Brief soll geschickt werden. (…) Alle können mir den Buckel runterrutschen. Ich möchte einsam leben.«

Ella setzt in ihren Antworten vom 12./13. Dezember darauf, dass sich alles wieder fügen werde, sobald das Leben wieder ein gemeinsames sei. Er müsse nicht so empfindlich reagieren, er wisse ja schließlich, dass sie den Fehler hätte, sich »oft so auszudrücken, dass es unliebenswürdig aussieht u. es ist doch gar nicht so gemeint. Es fehlt mir entschieden an der Form. Ziemlich in jeder Beziehung. (…) Das ganze Leben u. gerade vielleicht die Hauptsache ist nicht so, wie es sein sollte od. wie wenigstens wir wünschen. (…) Es scheint, wenn ich allein bin, wirkt das Trübe noch viel nachhaltiger u. zum Freuen hab' ich dann vielleicht noch weniger Talent wie je. Wenn Du wieder da bist, wird das Leben ein ganz andres Tempo gehen u. wir werden einander helfen.«[20]

Wie sehr sie selbst unter der zermürbenden Situation leidet und wie sehr sie zwischen Zuversicht und Mutlosigkeit schwankt, zeigt ein Selbstporträt aus den Jahren 1910/1911. Das Bildnis einer Person zu malen, ist nach Auffassung von Gabriele Münter die kühnste und schwerste, die äußerste Aufgabe für einen Künstler überhaupt. Während sie im Laufe ihres Lebens an die 250 Porträts von anderen zeichnet und malt, gibt es von ihr selbst nur wenige. Es passt zu ihrem Selbstverständnis, sich nicht in den Mittelpunkt zu rücken, außerdem hält sie sich für ein »scheußliches Modell«.

Drei ihrer Selbstbildnisse, die zwischen 1908 und 1911 entstehen, zeigen sie an der Staffelei, zunächst mit einem großen Hut und hellem Kleid, den unsicher fragenden Blick auf den Betrachter gerichtet. Auf den beiden späteren Werken ist sie im Kittel beim Malen in ihrem Arbeitszimmer in Murnau zu sehen, ganz versunken in ihre Arbeit. Die Gesichtszüge sind nur angedeutet, in dem Bild aus dem Jahr 1911 dominieren dunkle Blau- und Grüntöne, nur auf der Palette leuchtet ein roter Klecks hervor. Auf diesen Selbstbildnissen sieht man nicht nur die Entwicklung, die sie als Malerin durchlaufen hat, sondern auch ein neues Selbstverständnis als Künstlerin, die jetzt das Werk im Blick hat und als Frau ganz selbstverständlich ihren Platz an der Staffelei einnimmt.

Sehr viel düsterer wirkt dagegen ein Selbstbildnis, bei dem sie sich frontal dem Betrachter zuwendet. Es ist nicht die Malerin, sondern die Frau Gabriele Münter, die abgeschlagen und desillusioniert in die Zukunft blickt. Schwarz und Braun dominieren, um Nase und Mundwinkel zeichnen sich harte Falten ab, unter den Augen Ringe, über der rechten Gesichtshälfte liegt ein dunkler Schatten, der den traurigen Eindruck noch verstärkt. Sie ist mittlerweile 34, Kandinsky 45. Er ist noch immer nicht geschieden, eine

Heirat oder gar die Gründung einer Familie, die Wassilys Vater so freuen würde, nicht in Sicht. Ihre Unbeschwertheit und ihr Elan sind einem Gefühl der Ernüchterung gewichen, dass ihre besten Jahre bereits hinter ihr liegen, es für eine Familie längst zu spät sein würde. Dazu kommt die Erfahrung, dass die Euphorie, die Kandinsky vor allem in den Tagen in Moskau erfasst hatte, nicht lange angehalten hatte, und sein Hang, sich selbst zu verdammen und in die Einsamkeit zu verwünschen, um ihr das Leben schöner zu machen, zurückkehren würde. Tatsächlich wird sie ihm nur ein halbes Jahr nach seiner Rückkehr schreiben: »Du weißt doch, dass mein Leben ohne Dich leer wäre. Natürlich wäre es mir lieber und angenehmer, wenn Du alles etwas einfacher nehmen könntest. (…) Dein Dich Abschließen und Deine Trauer zu sehen, ist mir nur schwer. Trauern kann auch nichts helfen – aber es verdirbt so vieles, was sonst gut wäre, und das ist, was ich nicht verstehe – wogegen ich mich sträube.«[21]

Im gleichen Jahr malt sie ein Bild, dem sie den Titel *Kleines Grab* gibt. Ein schwarzes Kreuz, das bedrohlich von links ins Bild hineinragt, daneben eine Gladiole, in der Mitte ein roter Blumenkranz mit vier blauen Tulpen.

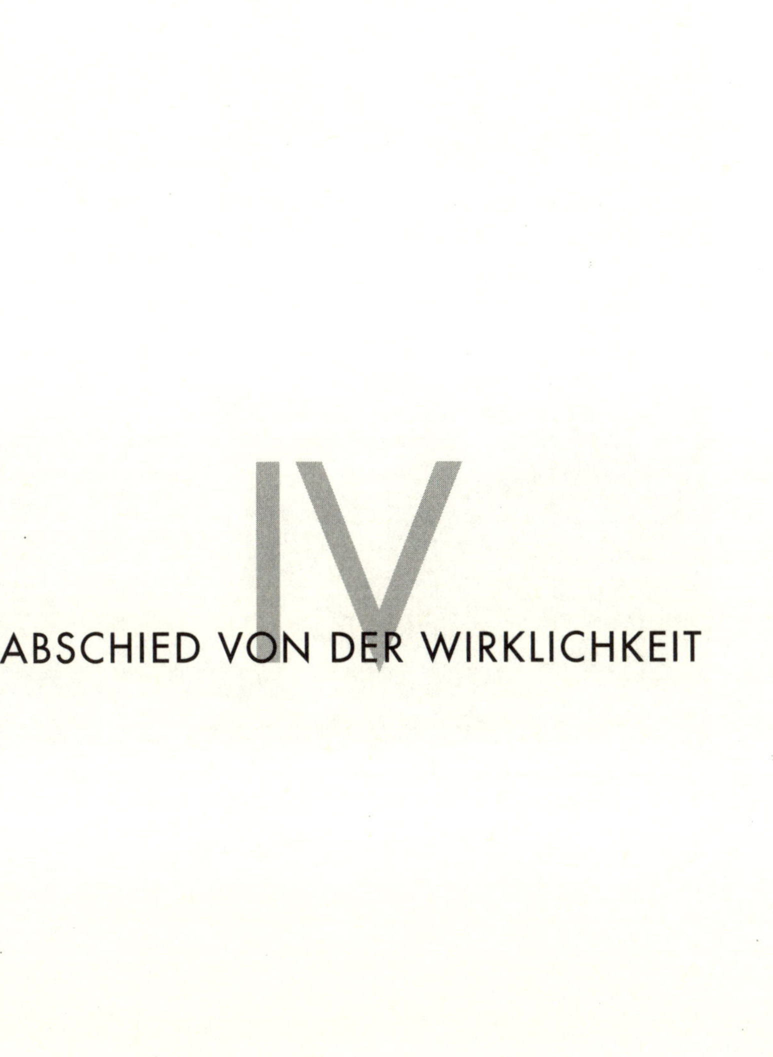

IV
ABSCHIED VON DER WIRKLICHKEIT

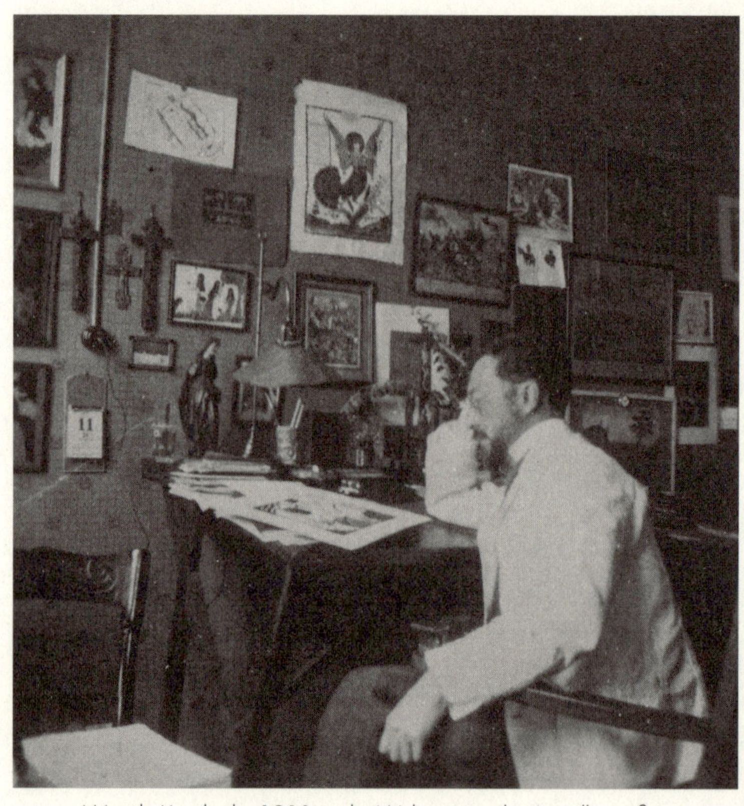

Wassily Kandinsky 1911 in der Wohnung in der Ainmillerstraße,
auf dem Schreibtisch der Aquarellentwurf für den Holzschnitt
Drei Reiter in Rot, Blau und Schwarz.

DER RIESE UND DIE ZWERGE

Und dann freut mich auch dein Lob für meine Arbeiten.
Ich finde auch, ich habe etwas verstanden
in den Linien (u. auch in Farbe).

GABRIELE MÜNTER

Franz Marc, der sich so für den Ruf der Neuen Künstlervereinigung München ins Zeug gelegt hatte, ist zum Jahreswechsel 1910/1911 zu einer Silvesterfeier bei Marianne von Werefkin und Alexej Jawlensky in der Giselastraße eingeladen. Dort trifft er zum ersten Mal persönlich auf Gabriele Münter und Wassily Kandinsky, der kurz vor Weihnachten wieder in München eingetroffen war. Die gemeinsamen Tage, die er und Ella so herbeigesehnt hatten, waren allerdings anders verlaufen als geplant. Ella hatte über die Feiertage mit einer heftigen Erkältung im Bett gelegen.

Die Einladung bei den »Giselas« ist ihre erste Begegnung mit der Baronin seit den Vorfällen rund um die »Ungeschicklichkeiten«. Kandinsky ist auch aus anderen Gründen angespannt. Ella hatte ihm während seiner Zeit in Russland regelmäßig von den Reaktionen auf die zweite Ausstellung der NKVM berichtet, sowohl was die der Presse anging als auch die innerhalb der Gruppe. Einige fürchteten, Kandinskys *Komposition II* könnte die Verkäuflichkeit ihrer eigenen Werke beeinträchtigen, und hatten nahegelegt, er solle das Bild für die Tour der Ausstellung durch andere Städte zurückziehen, was er verweigerte. Ob nun deswegen oder generell wegen der heftigen Presseschelte hatten tatsächlich einige Galerien ihre Zusagen im Vorfeld zurückgezogen oder nach nur wenigen Tagen die Ausstellung geschlossen. Idioten aus Kandinskys Sicht, die sich im Vorfeld offenbar nicht damit auseinandergesetzt hatten, was sie sich da ins Haus holten. Für den Verein, der auch in München bis Juli 1911 nicht über eigene Räume verfügen wird und auf den guten Willen von Thannhauser und anderen angewiesen ist, eine empfindliche finanzielle Einbuße.

Ella hatte ihn intern verteidigt und sich darüber empört, dass man gar nicht erst versuchte, seine Beweggründe für die Loslösung vom Gegenständlichen zu verstehen. Ein Schlüsselerlebnis in seinem Atelier in München hatte Kandinsky darin bestärkt, dass der Gegenstand seinen Bildern schade: »Ich kam mit meinem Malkasten nach einer Studie heim (…), als ich plötzlich ein unbeschreiblich schönes, von einem inneren Glühen durchtränktes Bild sah. Ich stutzte erst, dann ging ich schnell auf dieses rätselhafte Bild zu, auf dem ich nichts als Formen und Farben sah und das inhaltlich unverständlich war. (…) Es war ein von mir gemaltes Bild, das an die Wand angelehnt auf der Seite stand.«[1] Formen und Farben, die ein ähnlich intensives Erleben ausgelöst hatten wie Jahre zuvor der *Heuhaufen* von Monet. An diesem Abend im Atelier war ihm klar geworden, dass ein gegenständliches Motiv für ein gutes Bild nicht zwingend nötig war. Es war ein Ausgangspunkt dafür, den Blick nach innen zu richten. Während der Wochen in Russland hatte Kandinsky sich intensiv mit Ella über die Frage ausgetauscht, auf welche Weise das Zusammenspiel von Farben und Formen dieses Innere ausdrücken könnten: »Die Form ist viel, aber nur als Mittel, und so ist sie zur selben Zeit nichts. Die Form kann tadellos, brillant sein und doch genau einen halben Pfennig werth, da sie leer ist. (…) Du persönlich brauchst nicht bange sein. (…) Lege nur dein Ohr an dein Herz und horche! (…) Die Welt klingt und nichts ist stumm. (…) Deswegen giebt's keine eine Schönheit und keine eine Wahrheit. Sondern so viele, wie es viele Seelen giebt.«[2]

Ella hatte in diesen Wochen damit gerungen, dass sie so viele verschiedene Werke anfertigte und sich gefragt, ob nicht gerade eine eindeutige Handschrift das wichtigste Merkmal eines Künstlers sei. Kandinsky hatte sie darin bestärkt, das umzusetzen, was sie fühlte, dann würde sich die Form wie von selbst ergeben, jedes Mal auf andere Weise.

Die Vielfalt des Ausdrucks war auch ein zentraler Aspekt bei der Gründung der Neuen Künstlervereinigung gewesen. Und jetzt schien es, als wollten einige genau diesen Ansatz torpedieren, weil sich die Kritik vor allem an Kandinskys »unverständlichen« Werken abarbeitete.

In einem Märchen über den Riesen Waske, das Ella nicht ohne Ironie über den Weg ihres Geliebten zu einer neuen Form der Kunst verfasst hatte, nimmt sie vorweg, dass nicht alle Gefährten aus der NKVM diesen steinigen Pfad mitgehen würden: Waske wollte mit einem Karren von einem hohen Berg einen Wunderschatz herunterholen, um die Menschen reich zu machen. Am Fuß des Berges traf er ein Häuflein Menschen, die mit ihm gehen wollten, in seinen Karren stiegen und von ihm nach oben gezogen wurden. Aber Kurve um Kurve stiegen die Ersten wieder aus, sodass er am Ende den Weg in die Höhe allein antreten musste. Als Letzter war der arme, treue Lulu ausgestiegen. »Er blieb am Scheideweg stehen und weinte, weil er nicht wusste, soll er nach oben oder zu Tal. Der eine Weg war ihm zu flach, und den steilen konnte er nicht gehen, weil er zu dick war.«[3]

Auch in einem Brief an Kandinsky hatte Ella angedeutet, es sei wohl nur eine Frage der Zeit, bevor sich die Gruppe aufspalten würde. Sie hatte Alfred Kubin, der in Kandinsky den Wegbereiter einer neuen Epoche sah, bei Schinken und Tee in der Ainmillerstraße zu Gast gehabt, wo er über das Nichtkönnen von Werefkin gelästert und auch Erbslöh, Kanoldt und Bossi mit Spott überzogen hatte. Solche Mitglieder seien eine Schande und würden der gemeinsamen Sache schaden. Ella schreibt in einem Brief an Kandinsky, sie habe Werefkin in Schutz genommen: »Ich sagte, ich fände, dass sie sich selbst ausdrückt – er [Kubin] fand, das genügt nicht.« Es sei eine »Schande u. ein Hammer, dass du/wir nicht allein geblieben sind«[4].

In seiner Antwort hatte Kandinsky zunächst noch die geistige Kraft einer Vereinigung wie der NKVM beschworen. Durch sie würden sich alle ernsthafter mit ihren Aufgaben als Künstler beschäftigen, die Werke dadurch automatisch besser werden. Auch wenn sie beide und Kubin intern eine andere Auffassung verträten, sei der Verein als solches doch eine gute Sache für alle.[5]

Aber nur einen Monat später hatte auch er seinem Unmut über die »Vereinsleute« Luft gemacht, auch wenn er nicht gegen Einzelne hetzen wolle. Mitte Dezember war es dann doch persönlich geworden: »Mit Erbslöh glaube ich auch nicht, dass wir noch richtige Beziehungen haben werden: dazu sind wir zu verschieden u. E. zu beschränkt. (…) Wirklich ist es überall besser u. interessanter, wie in unserem Münchner Kreis.«[6]

Und jetzt sollte er mit einigen aus diesem Kreis Silvester feiern.

Die Begegnung mit Franz Marc vertreibt vorübergehend seine Bitternis, beide finden sofort eine gemeinsame Ebene. An seine Freundin Maria, die über den Jahreswechsel bei ihrer Familie in Berlin ist, schreibt Franz Marc: »Gestern Abend war ich mit Helmut [Macke, einem Vetter von August Macke] bei Jawlensky und hab mich den ganzen Abend mit Kandinsky und Münter unterhalten – fabelhafte Menschen. Kandinsky übertrifft alle, auch Jawlensky, an persönlichem Reiz; ich war völlig gefangen von diesem feinen innerlich vornehmen Menschen, und äußerlich patent bis in die Fingerspitzen. Dass *den* die kleine Münter, die mir *sehr* gefiel, ›glühend‹ liebt, das kann ich ganz begreifen. (…) Ach, wie freue ich mich, später mit Dir mit diesem Menschen zu verkehren, du wirst Dich sofort wohlfühlen, auch mit Münter, glaube ich.«[7]

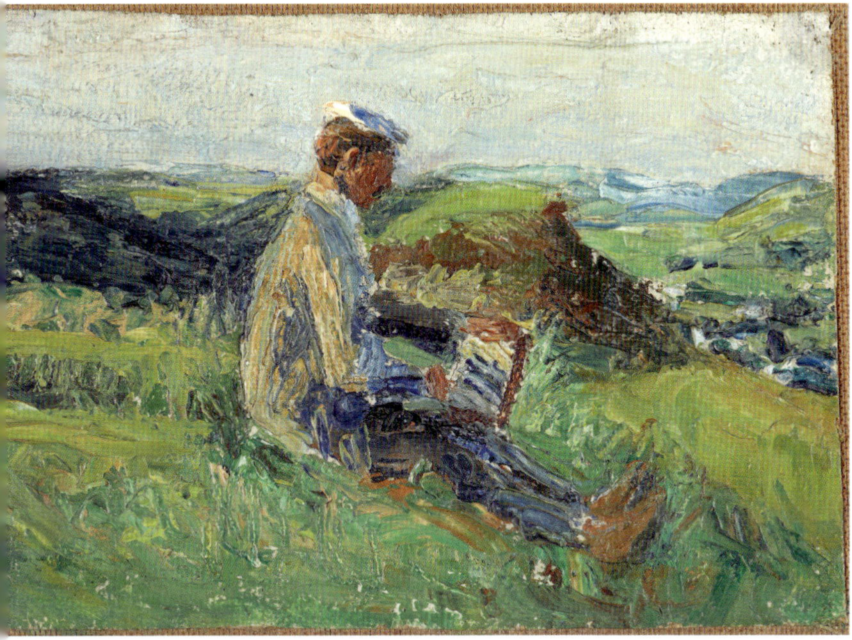

Gabriele Münter, Kandinsky beim Landschaftsmalen, 1903

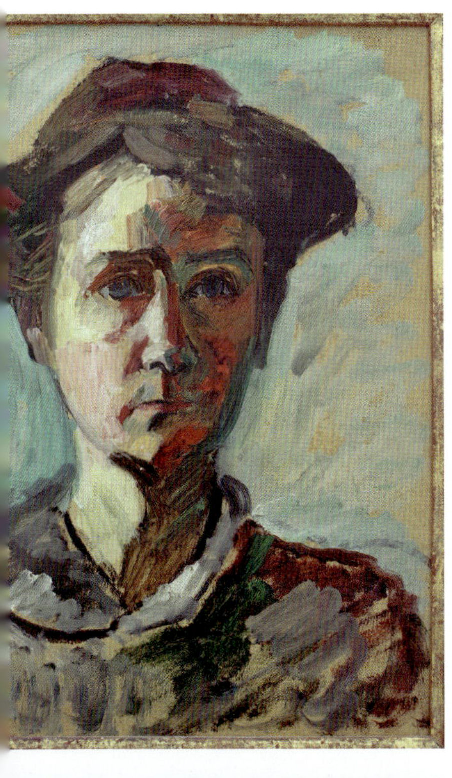

Gabriele Münter,
Selbstporträt, 1908

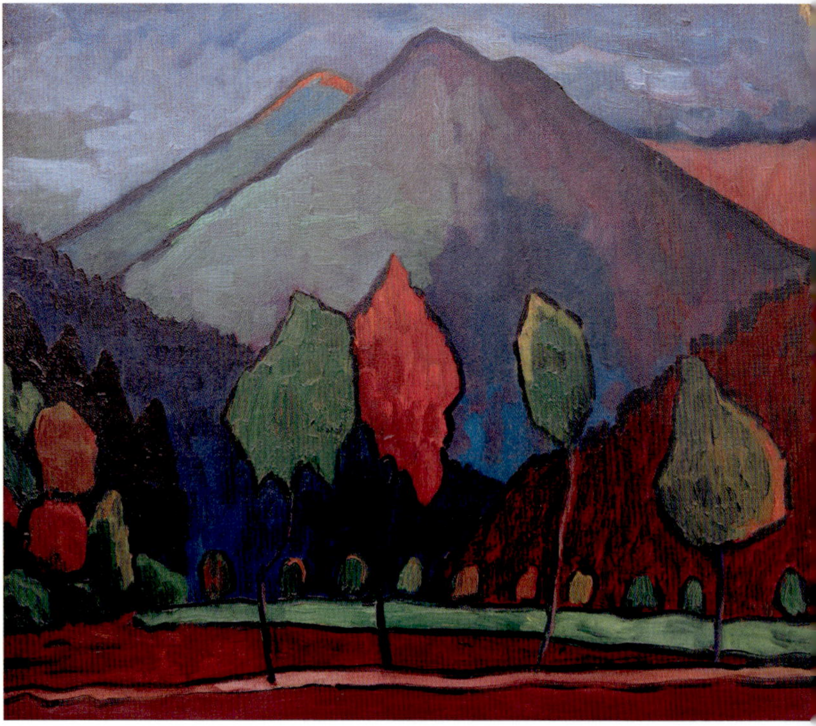

Gabriele Münter, Allee vor Berg, 1909

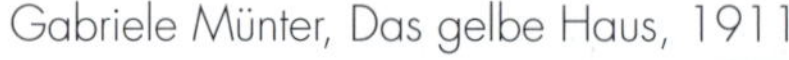

Gabriele Münter, Das gelbe Haus, 1911

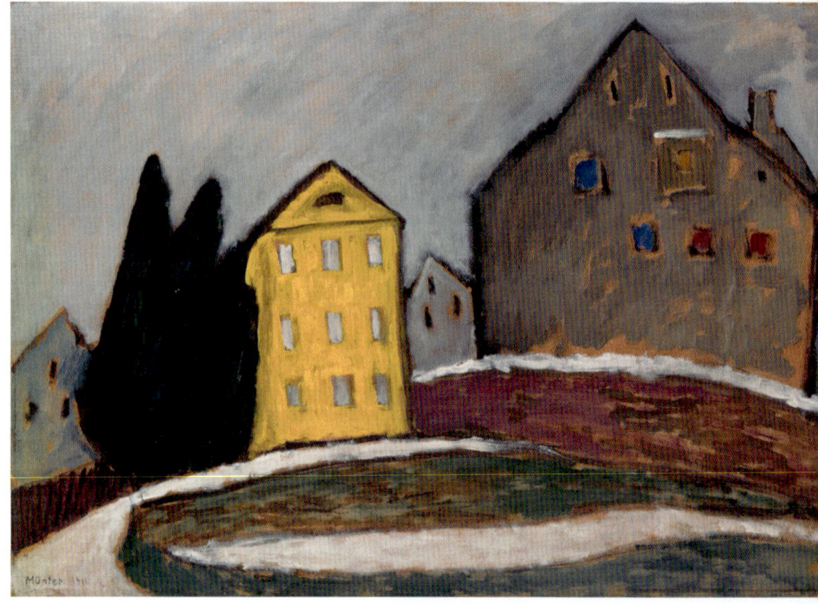

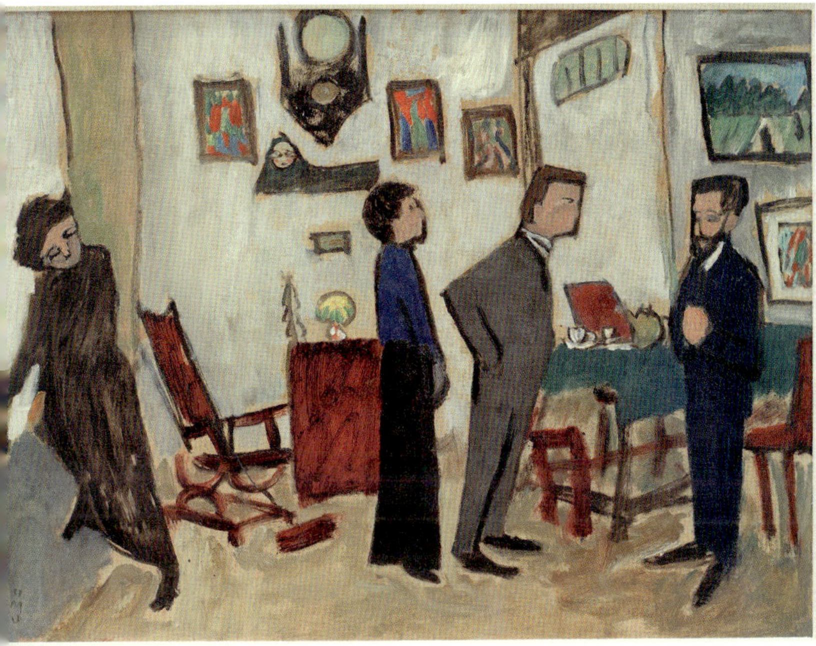

Gabriele Münter, Nach dem Tee II, 1912

Gabriele Münter, Kandinsky und Erma Bossi am Tisch, 1912

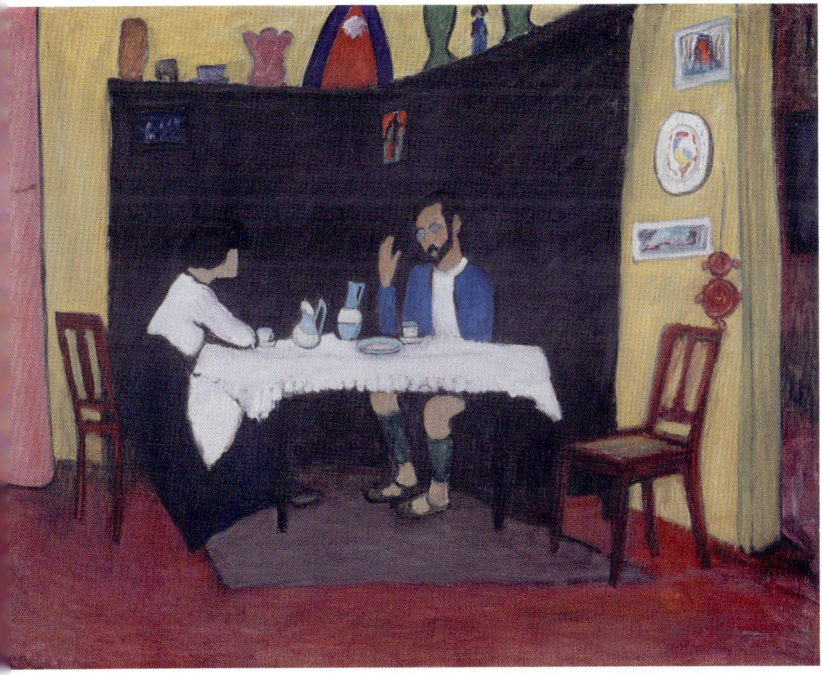

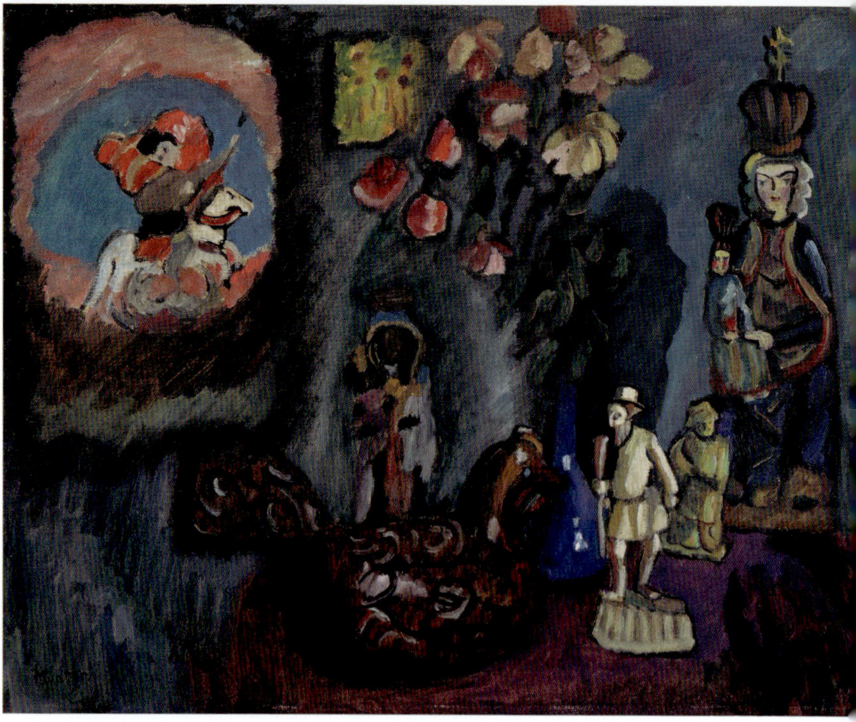

Gabriele Münter, Stillleben mit Hl. Georg, 1911

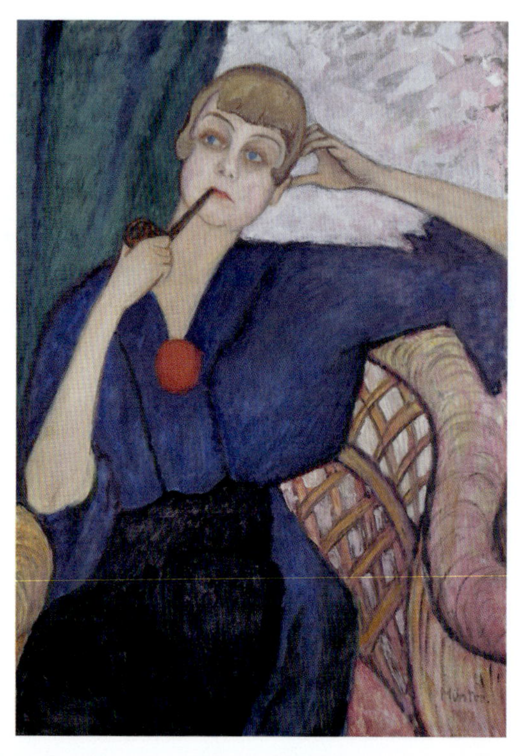

Gabriele Münter,
Anna Roslund, 1917

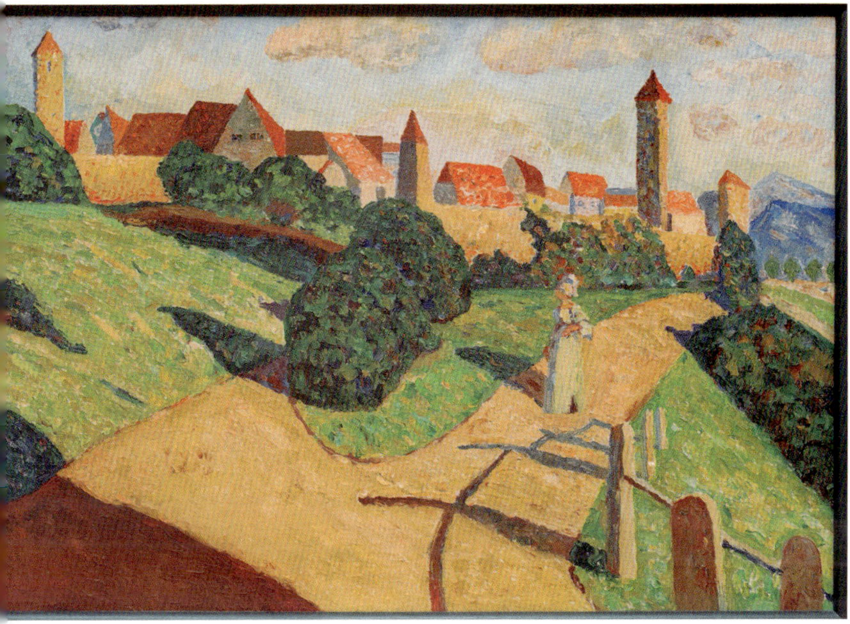

Wassily Kandinsky, Alte Stadt II (Rothenburg ob der Tauber), 1902

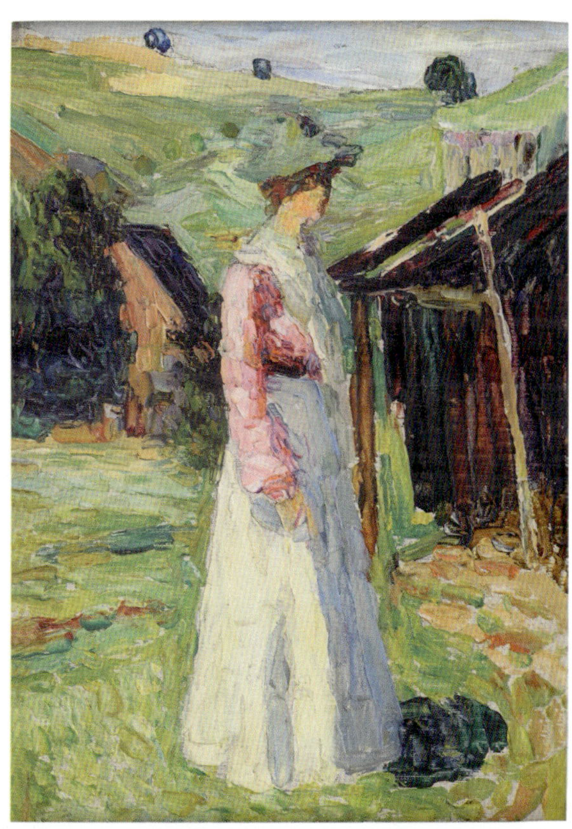

Wassily Kandinsky, Kochel – Gabriele Münter, 1902

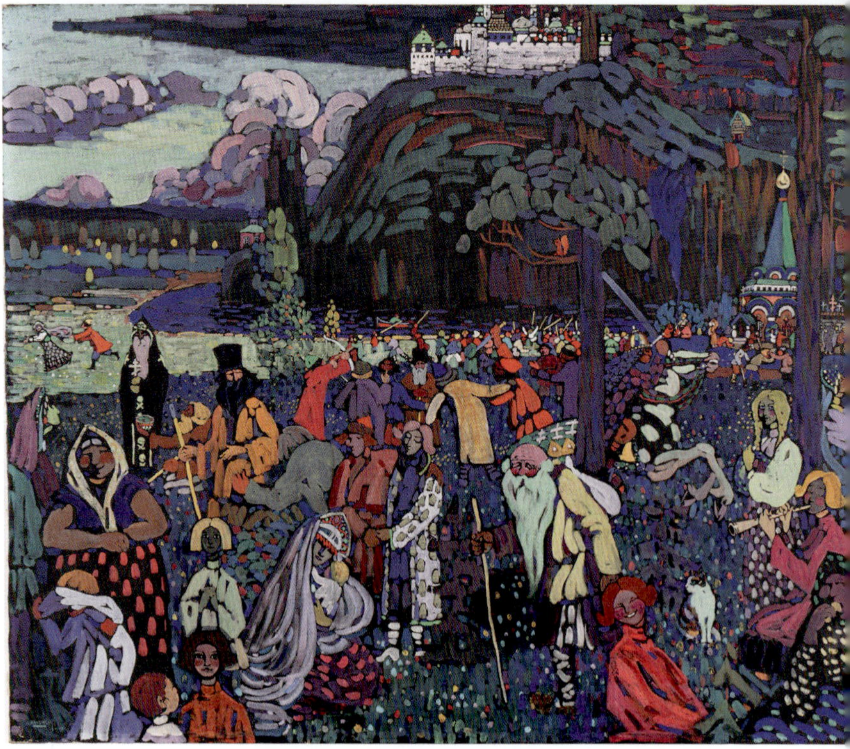

Wassily Kandinsky, Das bunte Leben, 1907

Wassily Kandinsky, Naturstudie aus Murnau I (Kochel – Gerade Straße), 1909

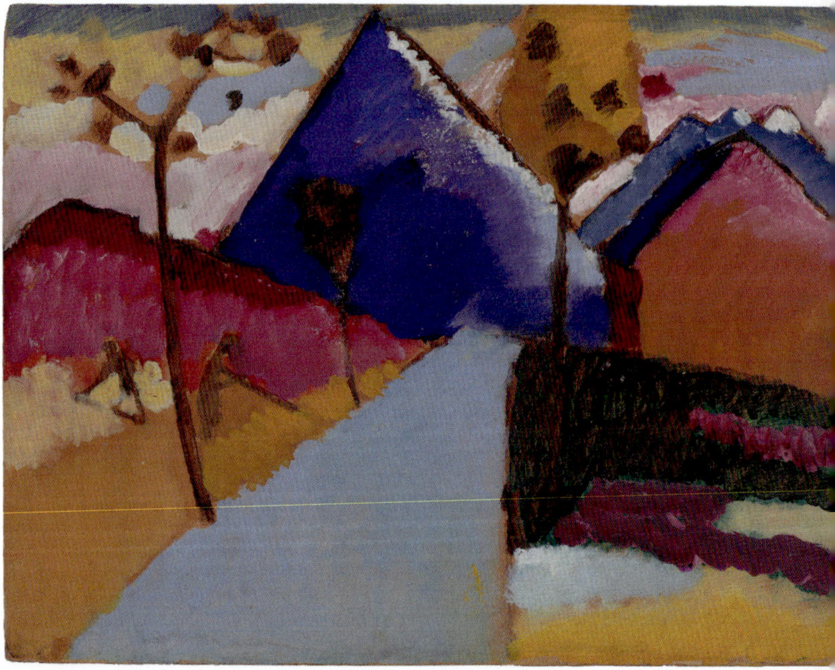

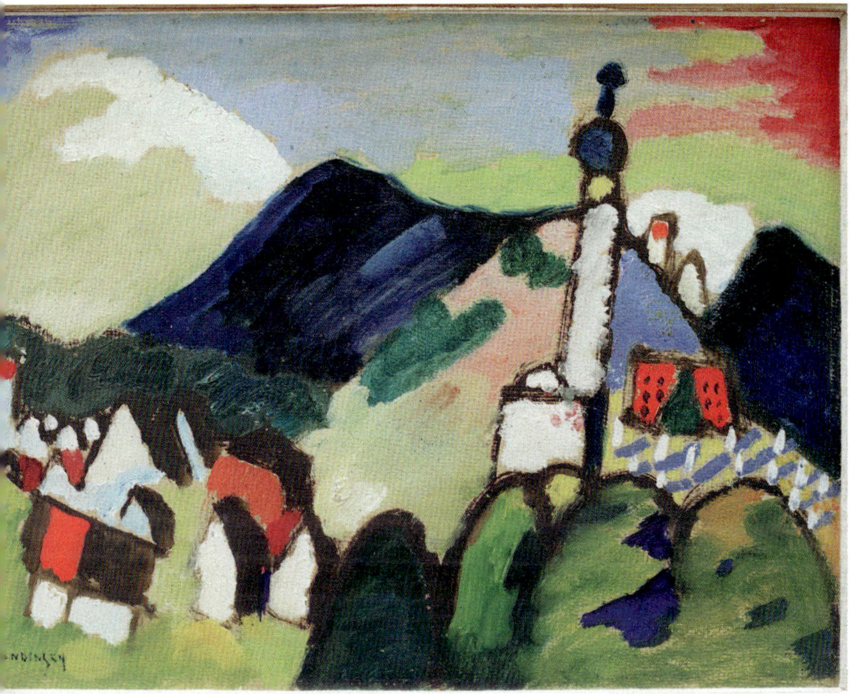

Wassily Kandinsky, Studie für Murnau mit Kirche II, 1910

Wassily Kandinsky, Impressionen III (Konzert), 1911

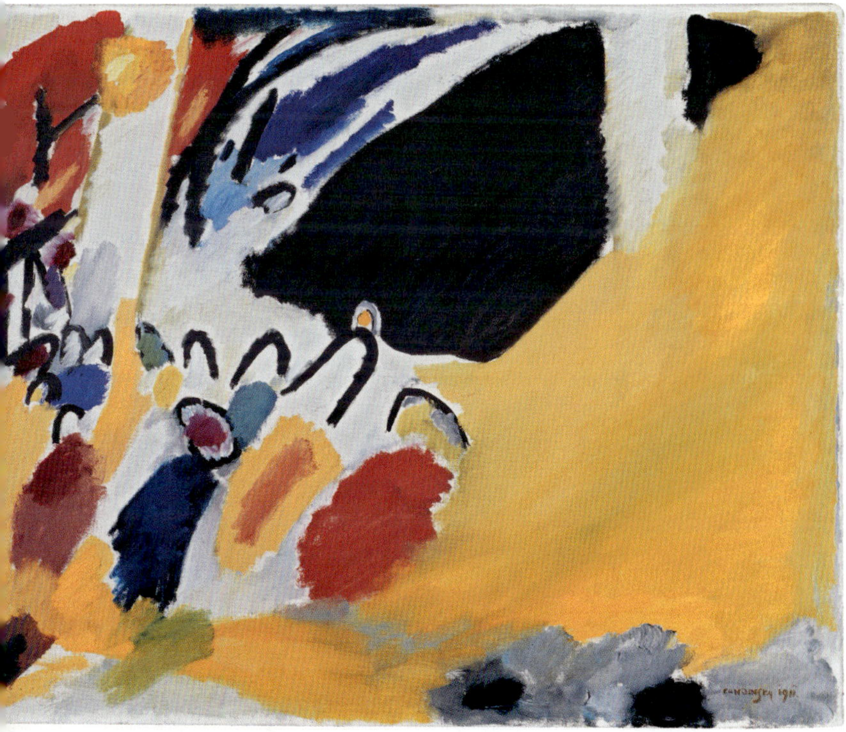

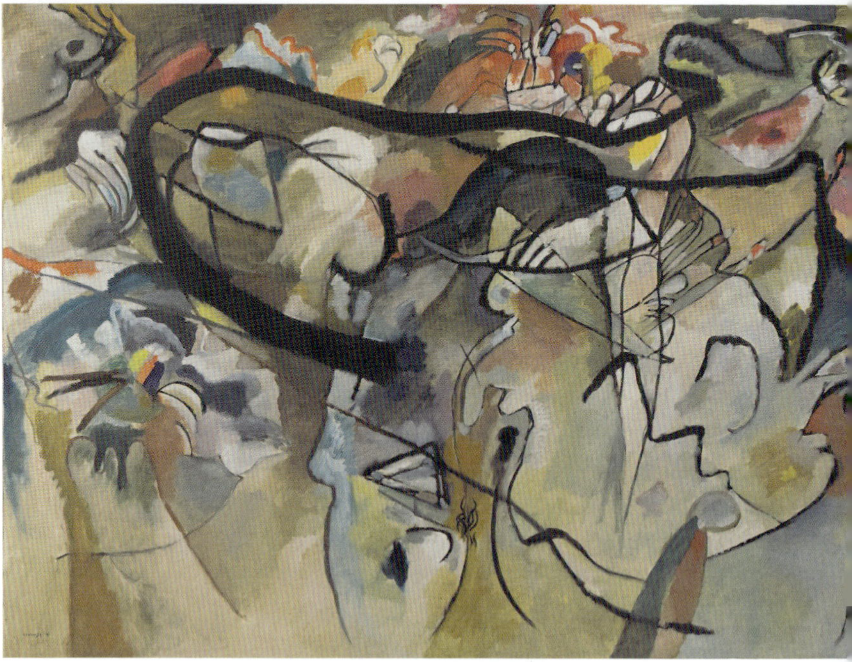

Wassily Kandinsky, Komposition V, 1911

Wassily Kandinsky, Landschaft mit roten Flecken II, 1913

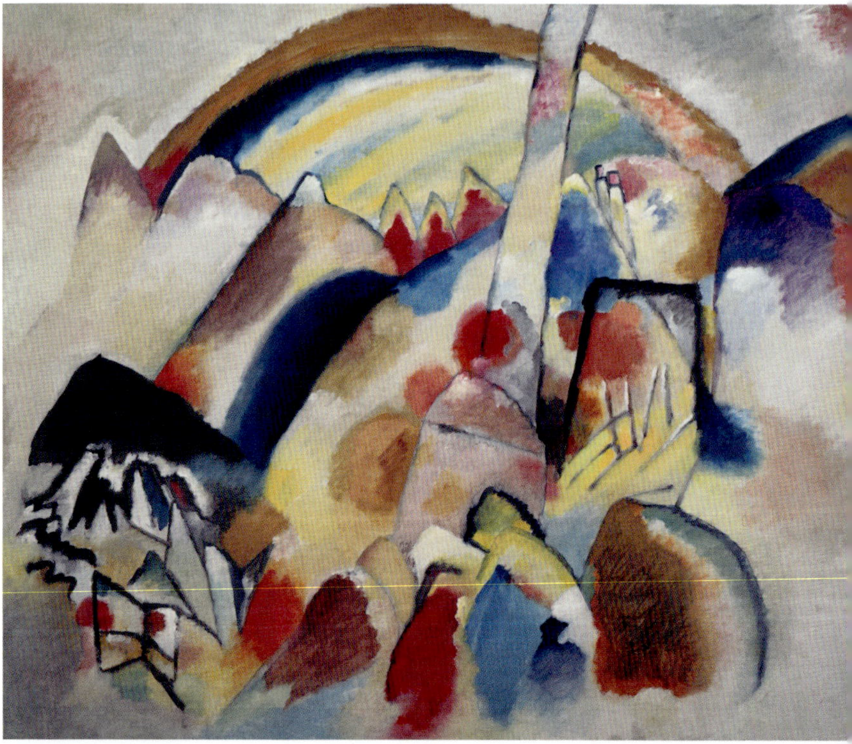

Die beiden Frauen, die äußerlich nicht unterschiedlicher hätten sein können, haben eines gemeinsam. Beide warten seit Jahren auf die versprochene Ehe mit dem geliebten Mann. Maria Franck ist Studentin an der Damenakademie des Münchner Künstlerinnenvereins, als sie den vier Jahre jüngeren Franz Marc 1905 zur Faschingszeit in Schwabing kennenlernt. Sie ist hingerissen von seinem Aussehen und seinem Charme, empfindet sich selbst aber als reizlos, dick und unbedeutend. Marc, der damals bereits eine skandalträchtige Liaison mit einer deutlich älteren Professorengattin hat, der mondänen Annette von Eckardt, verheiratete Simon, tanzt dennoch den ganzen Abend mit Maria. Wenig später beginnt ein kompliziertes Vierecksverhältnis, denn Marc heiratet überraschend seine Kollegin Marie Schnür, Lehrerin an der Damenakademie und unehelich schwanger. Die kurze Ehe mit Marc gibt Schnür die Chance, das Kind zu sich zu nehmen und dem heldenhaft-selbstlosen Marc die Möglichkeit, dank der rührseligen Geschichte die anderen Damen der Menage zu beruhigen. Doch Maria Franck leidet, versucht zu malen, »bis mich plötzlich wieder eine Verzweiflung und Sehnsucht packt, in der ich an nichts denken kann als an dich und das Traurige, was diese Tage über mich brachten«.

Diese traurigen Tage halten an, bis Marc sich eingestehen muss, dass die Heirat mit Schnür ein Fehler gewesen war. Die Ehe wird 1908 geschieden, es sollte aber weitere sechs Jahre dauern, bis Marc ein zweites Mal vor den Traualtar treten kann. »Ich weiß, ich hab dich viel gequält; und ich hab dich durch mein ganzes Elend geschleift, bis ich dich auch lieben und *sehr* lieben lernte«, schreibt er seiner Geliebten.[8] Ähnlich wie Kandinsky will er dem Gerede in der Stadt entgehen – und quartiert Maria kurzerhand bei einem Freund in Lenggries ein, bis sie bei einem Bauern in Sindelsdorf unters Dach ziehen und später in ein gemeinsames Haus in Ried.

Solche Demütigungen kennt auch Werefkin. »Ich habe die Hölle in meiner Seele. Ich habe mir selbst nicht vertraut, und deshalb ist mein Leben zum Teufel gegangen. Ich habe eine schöpferische Seele und bin dem Nichtstun verfallen… Ich bin zur Hure geworden und zur Küchenmagd, zur Krankenpflegerin und Gouvernante, nur um der großen Kunst (J) zu dienen, einem Talent, das ich für auserwählt hielt, das neue Werk zu verwirklichen. Was habe ich aus mir gemacht?«[9]

Franck und Werefkin geben ihre eigenen Ambitionen zeitweise auf, um sich ganz in den Dienst ihrer malenden Partner zu stellen. Das ist der große Unterschied zu Ella, die 1926 mit bissigem Unterton an ihre Schwester schreiben wird: »Ich will mich meines Daseins nicht schämen, weil ich keinen Trauschein aufzuweisen habe, denn es sollte auch dir bekannt sein, dass ich als Künstler in Deutschland und im Ausland bekannt und anerkannt bin als eine von den ganz wenigen.«[10]

Kandinsky hat ihre Kunst immer gefördert, ihre Fähigkeiten hochgeachtet und sie ermutigt, neue Wege zu beschreiten, sich selbst dabei aber treu zu bleiben. Mit Franz Marc kommt nun eine weitere Person in ihren Kreis, die eine von Kandinskys größten Leidenschaften teilt: das Nachdenken und Philosophieren, das Entwickeln neuer Kunsttheorien. An Jawlensky wird Marc später schreiben: »Meine Gedanken kreisen ohne Unterlass um das unheimliche Problem, dem Kandinsky sein Leben geweiht hat. (…) über was für unheimliche Kräfte verfügt dieser Maler, der mit (…) Farben, Linien und Flecken Dinge auszudrücken vermag, an denen die Malerei bisher stets Schiffbruch erlitten hat.«[11] Dass Ella, die ihren Partner in all seinen Ideen unterstützt und sich selbst kontinuierlich weiterentwickelt hatte, sich dabei nicht in die Rolle der stillen Zuhörerin fügen will, wird noch für reichlich Konfliktpotenzial sorgen.

Am 2. Januar findet sich ein Teil der Silvestergesellschaft und der NKVM um 19.30 Uhr im Festsaal des Hotels »Vier Jahreszeiten« ein. Auf dem Programm steht ein Konzert von Arnold Schönberg: das zweite Streichquartett op. 10 mit Gesangseinlagen nach Gedichten von Stefan George, drei Klavierstücke op. 11, fünf Lieder und das erste Streichquartett op. 7.

Während das Publikum unruhig und kichernd auf den Stühlen herumgerutscht war und die Uraufführung während des Konzerts mit vereinzelten Schmährufen quittiert hatte, diskutieren die Murnauer Vier gemeinsam mit Marc anschließend im »Ratskeller« bei einigen Flaschen Wein noch stundenlang über das Gehörte. »Kannst Du Dir eine Musik denken, in der die Tonalität (also das Einhalten irgend einer Tonart) völlig aufgehoben ist? Ich musste stets an Kandinskys große Komposition [II] denken, die auch keine Spur von Tonart zulässt«, berichtet Franz Marc seinem Freund August Macke über den denkwürdigen Abend.[12] Die beiden hatten sich ein Jahr zuvor im Januar 1910 kennengelernt, nachdem Macke in einer Münchner Galerie einige Lithografien von Marc entdeckt und den Künstler anschließend in dessen Atelier aufgesucht hatte. Seitdem standen beide in regem Briefkontakt, gegenseitige Besuche im Rheinland und in Sindelsdorf festigten die Freundschaft, die schließlich auch den Onkel von Elisabeth Macke einschloss: Bernhard Koehler, ein wohlhabender Berliner Fabrikant, der ein wichtiger Mäzen der späteren *Blauen Reiter* werden sollte.

Mit der Auflösung klassischer Harmonien vollbrachte Schönberg in seiner Musik, was Kandinsky in seiner Malerei anstrebte: nicht das darzustellen, was das Auge sah, sondern das, was man dabei empfand. In *Über das Geistige in der Kunst* wird er später schreiben: »Schönbergs Musik führt uns in ein neues Reich ein, wo die musikalischen Erlebnisse keine akustischen sind, sondern rein seelische. Hier beginnt die ›Zukunftsmusik‹.«[13]

Schon in Murnau hatte Kandinsky begonnen, sich Gedanken über eine Methode zu machen, wie er den Abstraktionsgrad seiner Bilder einordnen könnte. Dass er sich dabei Begriffen aus der Welt der Musik bediente, spiegelt sein Interesse daran, mit seiner Kunst ein Pendant zur unmittelbar expressiven, immateriellen Natur der Musik zu finden. *Impressionen* nennt er Bilder, in denen Eindrücke von der »äußeren Natur« malerisch umgesetzt werden, etwa der eines Konzertabends. *Improvisationen* dagegen bilden unbewusste spontane Eindrücke und Vorgänge der »inneren Natur« ab, wie Emotionen oder Fantasien. Seinen *Kompositionen* gehen dagegen lange, bewusste Vorarbeiten und viele Entwürfe voraus, mit denen er sich Schritt für Schritt annähert, am Ende aber doch das Gefühl darüber entscheidet, wo ein Pinselstrich gesetzt wird. Es sind letztlich planvoll durchstrukturierte Improvisationen.

Das berauschende Konzerterlebnis mit der Musik von Schönberg verarbeitet Kandinsky in *Impression III (Konzert)*: Man erkennt die Umrisse eines schwarzen Flügels auf einer gelben Farbfläche, das Publikum und die Säulen des Konzertsaals sind nur schemenhaft angedeutet, dazwischen leuchten einzelne Farbflächen in Rot, Blau und Weiß. Und ein Brief vom 18. Januar 1911 an Schönberg bildet den Auftakt für einen regen Austausch zwischen dem Komponisten, der auch malte, und dem Maler, für den Farben klingen und der nur eine Woche nach dem Konzert den Vorsitz der Neuen Künstlervereinigung niedergelegt hatte. Einen Austritt konnte er sich zu diesem Zeitpunkt noch nicht vorstellen, erst recht nicht, als der neue Freund Franz Marc der Vereinigung im Februar 1911 beitritt. Zum endgültigen Bruch sollte es erst Ende des Jahres kommen, als die Vorbereitungen für die dritte Ausstellung bereits auf Hochtouren laufen. In einer mehrtägigen Sitzung über die Auswahl der Bilder kommt es zu einem Streit über die Kriterien, in dessen Verlauf Marianne von Werefkin eine flammende Rede darüber hält, dass die Freiheit der Kunst, das Beschreiten neuer Wege über allem stehen solle. Ein Bild dürfe nicht deshalb abgelehnt werden, weil man seinen Inhalt nicht verstehe. Stein des Anstoßes ist Kandinskys *Komposition V*, an der er den Sommer über gearbeitet und mit Ella viele Details besprochen hatte, bis hin zu der Frage, wie er den Pinsel halten solle. Die *Komposition V* sollte eines der beiden Bilder sein, die er ohne Juryprüfung einreichen konnte. Allerdings überschritt es die erlaubte Bildgröße von vier Quadratmetern.

Nach einem heftigen Streit erklären Wassily Kandinsky, Franz Marc und Gabriele Münter schließlich ihren Austritt. Jawlensky und Werefkin, die sich an der Sache so abgearbeitet hatte, dass ein Mitglied nur durch die Androhung einer Ohrfeige durch Kandinsky daran gehindert worden war, ihr an die Gurgel zu springen, werden aus Solidarität mit den einstigen Schülern Erbslöh und Kanoldt, die in wirtschaftlichen Schwierigkeiten stecken, erst im November 1912 folgen.

Am Abend des 2. Dezember 1911 zieht Werefkin ernüchtert Bilanz: »So meine Herren, jetzt verlieren wir die würdigsten Mitglieder, dazu ein wundervolles Bild, und wir selbst werden bald Schlafmützen auf dem Kopf haben.«[14] Danach eilt sie in die Ainmillerstraße.

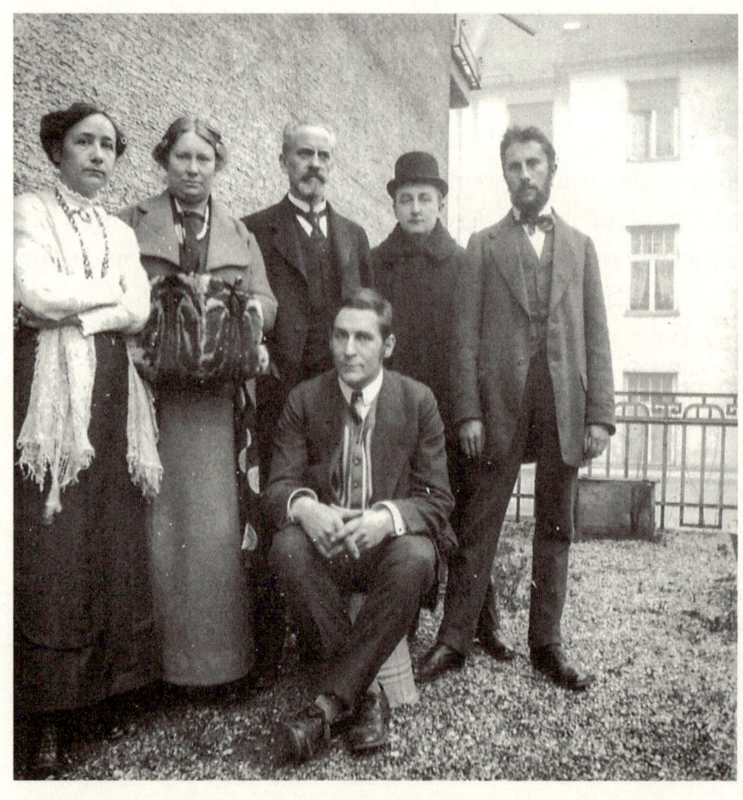

Gabriele Münter, Maria Marc, Bernhard Koehler, Thomas von Hartmann, Heinrich Campendonk und Franz Marc (vorn) auf dem Balkon in der Ainmillerstraße 36.

INS BLAUE

Dass ich mitbestimmend war, hat wohl niemand gefunden außer Kandinsky. Alle sahen in mir doch die malende Dame von Dutzend.

GABRIELE MÜNTER

Am 18. Dezember 1911 eröffnen in der Galerie Thannhauser gleich zwei Ausstellungen. Die dritte der Neuen Künstlervereinigung München – dem, was noch davon übrig ist – und die erste der *Redaktion des Blauen Reiters*. Die zeitliche Nähe zum Skandal während der Jurysitzung legt den Verdacht nahe, dass Kandinsky mit seinem zu großen Bild den Austritt provoziert haben könnte. Schließlich hatte er sich selbst bei den Sitzungen rund um die Vereinsgründungen für diese Beschränkung stark gemacht. Dass man das Werk ablehnen würde, dessen konnte er sich allerdings nicht sicher sein. Denn schon seine *Komposition II* aus dem Vorjahr hatte die zulässige Größe überschritten – ein Zeichen, dass es diesmal um eine Ablehnung des Inhalts gegangen war, ein Ausdruck von Kleingeistigkeit und mangelndem Kunstverstand aus Sicht der künftigen *Blauen Reiter*.

Dennoch gibt es eine Parallelität der Ereignisse. Die Spannungen waren bereits im Sommer so groß gewesen, dass Marc in einem vertraulichen Brief an August Macke geschrieben hatte, er sehe mit Kandinsky voraus, dass es bei der nächsten Jurysitzung schauderhafte Auseinandersetzungen geben und es im Zuge dessen zu einer Spaltung kommen könnte. Um dennoch ausstellen zu können, hatten Marc und Kandinsky bei einigen Galeristen vorsondiert. Im November konnte Marc verkünden: »Bei Thannhauser einen eigenen Saal für Dezember 2. Hälfte, neben der Vereinigung bekommen, in dem wir ausstellen dürfen, was wir wollen. Also *los* und *Ernst* damit.«[1] Keine Jury, die ihnen vorschreiben würde, was an den Wänden zu hängen hätte. Die angedachten Künstler, die Marc in seinem Brief erwähnt, ähneln verblüffend denen, die schließlich bei Thannhauser zu sehen sind.

Ella war in die Pläne eingeweiht und hatte noch am Abend des Eklats an Alfred Kubin geschrieben, mit der Bitte, ebenfalls seinen Rückzug zu erklären, um die Tragweite ihres Austritts »pompöser« zu gestalten: »*Sehr* möglich, dass wir sehr bald unsere eigene, *interessante* Ausstellung (bei Thannhauser!) arrangieren werden.«[2] Dass es ihr gelingen würde, in kürzester Zeit auch ausländische Maler wie Robert Delaunay und Henri Rousseau von einer Teilnahme zu überzeugen, deutet ebenfalls auf eine längere Planung hin. Genau an dieser Internationalität hatte sich im Frühjahr ein Streit mit den konservativen Kräften innerhalb der NKVM entzündet, die eine rein nationale Schau zeigen wollten, vorgeblich aus finanziellen Gründen.

Arnold Schönberg und August Macke sind ebenfalls mit einigen Werken vertreten, als die ersten Besucher die Bilder an den schwarz bespannten Wänden bei Thannhauser betrachten. Dass sich an einem Abend fast alle ehemaligen Kollegen der NKVM einfinden, ist eine besondere Genugtuung. Die Reaktionen des Publikums sind wie gehabt negativ, in der Presse findet die erste Ausstellung des *Blauen Reiters* nur Erwähnung in der *Augsburger Postzeitung*: »Schreiender Unsinn« und eine »farbwahnsinnige Verunreinigung von Leinwänden« ist über die Exponate zu lesen. Ella wird an einem Abend Zeuge, wie ein älterer Herr kommentiert: »Plunder! Schwindel! Da wunderts einen nicht, wenn die Zeitungen gar nichts schreiben wollen.« Es hätte viele Lacher gegeben, man müsse sich wundern, in welchen Massen der Stumpfsinn auftrete.[3] Ella, die mit sechs Bildern den größten Anteil stellt, bekommt immerhin positive Rückmeldungen von ihrem Bruder, der die Schau einige Wochen später in Köln sieht. Sie hätte in all dem wilden Durcheinander als Einzige eine klare Handschrift, während der Rest eher versuche, Kandinsky mehr recht als schlecht zu folgen. Verkauft wurden während der Ausstellung in München gerade einmal acht Bilder. Fünf davon erwarb der Mäzen Bernhard Koehler, die übrigen kauften sich die Künstler gegenseitig ab.

Die Wurzeln für die Spaltung der Neuen Künstlervereinigung und damit die Entstehung des *Blauen Reiters* reichen also tatsächlich weiter zurück, bis in den Frühsommer 1911. Die ersten Monate des Jahres waren für Ella und Wassily nicht einfach gewesen. Er litt unter der Zurückweisung durch Kritik und Publikum, sie unter dem Gefühl, in ihrem Arbeitseifer gebremst zu sein, obwohl sie sich in dieser Zeit intensiv mit Stillleben beschäftigt. Immer wieder arrangiert sie Figuren, Madonnen, Blumen und Hinterglasbilder zu neuen Szenen, aber alles geht ihr nur langsam von der Hand, und dafür fehlt ihr die Geduld. Eine Zeichnung sollte bei ihr nicht länger dauern als eine Fotografie mit ihrer Bull's Eye, ein Bild durfte ein wenig länger in Anspruch nehmen, aber nicht ewig dauern.

Auch die Tatsache, dass inzwischen Fanny Dengler als Hausmädchen bei ihnen arbeitete, trübte ihre Stimmung. Dengler war schon dem Ehepaar Kandinsky zu Diensten gewesen, sie sah in Ella den Anlass für deren Trennung, hatte ein Problem mit dem moralisch fragwürdigen Status der Beziehung und ließ sie das auch spüren. Für den »Herrn Doktor« wolle sie alles tun, seine Zufriedenheit sei oberstes Gebot, hatte sie in ihrer Zusage verkündet. Für Ella wird sie im Rückblick ein Faktor für die schleichende Entfremdung zwischen ihr und Wassily sein, weil sie mit ihrer offenen Ablehnung eine negative Stimmung ins Haus getragen hatte und selbst als Anja und Ella längst freundschaftlich miteinander verbunden waren und sich regelmäßig zum Tee oder Abendessen trafen, offen zur Schau stellte, wo ihre Sympathien lagen. Wassily selbst war Ella hier keine Hilfe, im Gegenteil. Im November 1912 wird er aus Moskau mahnen: »Sei nett zu ihr, du weißt wie ich sie schätze als besten Freund und wie ich es haben möchte, dass sie sich sehr gut bei uns fühlt.«[4]

Ein Tagebucheintrag und ein Brief zeigen, dass Wassily und Ella beide eine Pause brauchen. Ende Mai schreibt sie, dass ihr Leben so überlagert sei von organisatorischen Fragen rund um Ausstellungen und den Querelen innerhalb der NKVM, dass sie als Menschen und Künstler kaum noch zur Geltung kämen. Selbst in die wenigen privaten Momente sickern diese Themen ein, beide fühlen sich ausgelaugt und leer. Für sie scheint ein vorübergehender Abstand – auch voneinander – der einzige Weg, um neue Kräfte zu sammeln. Wassily zieht sich für einige Tage allein nach Murnau zurück, sie selbst besteigt am 26. Juni den Zug nach Berlin.

Gleich nach ihrer Ankunft erhält sie einen Brief von Kandinsky: »Ich wünsche von ganzem Herzen (die Worte sind immer so dumm und kraftlos), dass du dich gut fühlst in jedem Sinne, dass du dich von mir erholst und gute freie Laune hast und genießt. Es schmerzt mir das Herz, dass ich dir das Leben so unschön mache. Was hilft es, wenn ich dir und mir selbst sage: ich kann nicht anders? (…) Also nimm meine Wünsche tief ins Herz, saug sie ein – dann helfen sie.«[5] Es ist jener Brief, auf den sie geantwortet hatte, dass ihr Leben ohne ihn leer wäre.

Ella verbringt die Zeit von Ende Juni bis Mitte August zunächst bei ihrer Schwester und ihrem Schwager, wo sie auch mit Bernhard Koehler zusammentrifft, der sich sehr für ihr neues Bild *Das gelbe Haus* interessiert. Danach folgt ein Verwandtenbesuch in Herford, wo sie zum ersten Mal das Gefühl hat, wieder frei durchatmen und neue Inspirationen in sich aufsaugen zu können. Begeistert berichtet sie Wassily am 25. Juli von der Vielzahl der Motive, den braunroten Häusern, den duftenden Wäldern und davon, dass sie barfuß über den moosigen Boden gestapft sei. Bald sollten sie sich einige

Monate frei nehmen, ein kleines Försterhäuschen mitten in der Natur mieten und malen und gemeinsam Tannenduft schnüffeln.

Immer wieder zögert sie die Weiterreise nach Bonn um ein paar Tage heraus, denn dort wartet eine Aufgabe auf sie, vor der sie sich am liebsten gedrückt hätte. Tagestouren zu verschiedenen Museen und Galerien in Essen, Hagen, Düsseldorf und Köln, um neue Kontakte für die NKVM und auch für Einzelausstellungen zu knüpfen. In dieser Sache zu trommeln und andere mit einem »Auftritt« zu überzeugen, ihnen gar etwas aufzuschwatzen, liegt ihr nicht. Aber sie überwindet sich, auch weil Wassily nicht lockerlässt. Er hat das Gefühl, er müsse sie zum Jagen tragen. »Du musst alles kennen lernen was du nur erreichen kannst. (…) Verpass nicht diese Gelegenheit! Jemersch! Jemersch! Was ich da reden muss!!« In seinen Briefen spricht er ihr Mut zu, ihr Anliegen »nett und unbefangen« aber sicher im Auftreten vorzubringen und schlägt vor, notfalls August Macke mitzunehmen. Franz Marc hatte das angeregt, weil der »riesig fein Reklame machen« könne und »geschickt im Auftreten« sei. Am Ende bewältigt sie das Klinkenputzen allein, was Kandinsky den Ausruf »Alle Achtung!« entlockt und August Macke von großartigen Ergebnissen schwärmen lässt.[6]

Auch dass er näher an das neue Kleeblatt Münter, Marc, Kandinsky heranrückt, hat mit ihrer Zeit im Rheinland zu tun. In der Wohnung ihres Bruders ist seit einiger Zeit eine provisorische Ausstellung zu sehen, mit 31 Bildern von Kandinsky und ihr. Charly, der die Mackes kannte, lädt das Ehepaar im August zu einem Besuch in die Schlossstraße 36 ein. Macke, der zunächst eher verhalten auf die neuen Freunde von Franz Marc reagiert und Kandinskys Kunst als zu dekorativ und kunstgewerblich empfunden hatte, revidiert seine Meinung, nachdem er bei Carl Münter ein Bild erworben hat: »Es ist wie das Summen von Millionen Bienen oder das Schwirren von Geigen mit einem unendlich sanften Paukenschlag. Was ich in all dem fühle, ist Leben. (…) Das Mysteriöse bei ihm ist unendliches Leben, es ist viel Fröhlichkeit in ihm und viel, viel Ernst. Ich wünsche jetzt oft ich hätte ein schönes Bild aus seiner Jetztzeit hier.«

Von Ella ist er hingerissen: »Fräulein Münter ist ganz hervorragend. Ich bin direkt verliebt in sie. (…) Sie ist überhaupt köstlich. Ich möchte mich immer mit ihr unterhalten, aber … aber – ich trau mich nicht. Der reizende Bruder ist immer mit einer Gießkanne in ihrer Nähe. Von meinen Sachen schien sie einen ganz guten Eindruck zu haben.«[7] Sie selbst schildert in einem Brief an Kandinsky, dass Macke aus ihrer Sicht ernsthaft begabt, er mit seinen Bildern aber noch zu sehr auf äußere Wirkung bedacht sei, es an Innerlichkeit fehle.

Ella erzählt mit einer solchen Begeisterung von ihrem Münchner Kreis, dass es ihr gelingt, Mackes Interesse zu wecken. Gleichzeitig erkennt sie in der Art, wie er malt und was er damit ausdrücken will, die Vorboten eines Konflikts mit Marc und Kandinsky, die über die Kunst auch eine geistige Botschaft vermitteln wollen. Was das anging, hatte der Riese Waske auf seinem Weg zum Gipfel in Marc einen neuen Begleiter gefunden. Ella hatte ihn dabei unterstützt, eine neue Form des Ausdrucks auf der Leinwand zu finden und emotionale Blockaden zu überwinden, Marc würde ihm dabei helfen, seine theoretischen Überlegungen, an denen auch Ella großen Anteil hatte, in die Öffentlichkeit zu tragen.

Kandinsky verbringt den ungewöhnlich heißen Sommer in Murnau, er ächzt unter der Hitze und der Arbeit im Garten, von der er Ella wie immer detailliert berichtet. Wie rot es aus den Reihen mit den Erdbeeren leuchte, wie prall die Johannisbeeren seien und welch ein Vergnügen es bereite, mit frei gemachten Knien in der Lederhose durch die Beete zu laufen. Fanny würde rund um die Uhr einwecken, was er in Körben und Eimern anschleppt, im Keller füllten sich die Regale mit Kompott und Marmelade.

Die Arbeit draußen lenkt ab von der Leere, die ihn im Haus empfängt. »Dein Zimmer ist leer – wie sonderbar klingen leere

Zimmer – erstarrt, fragend, verschweigend. Sie tun so als ob nichts passiert wäre, man sieht ihnen aber an, dass sie wissen«, schreibt er ihr nur vier Tage, nachdem sie den Zug nach Berlin bestiegen hatte.[8] Es geht nicht mit ihr, aber auch nicht ohne sie.

Zum Malen kommt er kaum, nur ein paar Holzschnitte fertigt er an und Skizzen für den Stein des Anstoßes, die *Komposition V*. Aber immerhin nimmt ein anderes Projekt Gestalt an. Schon am 19. Juni hatte er Marc in einem Brief von einer Art Jahres-Almanach berichtet, mit Reproduktionen und Beiträgen nur von Künstlern, eine Veröffentlichung, in der die ganze Vielfalt von Kunst vertreten sein sollte – ein Picasso neben afrikanischer Volkskunst, ein bayerisches Hinterglasbild neben französischen Avantgardisten. Ein Bogen von der Vergangenheit in die Zukunft sollte gespannt werden, ohne Wertung, eine Synthese aller Künste, so prall und vielfältig wie das Leben selbst. Der Almanach könnte einen Namen wie »Die Kette« tragen.

In den Sommermonaten dieses Jahres intensiviert sich nach den Monaten des brieflichen Austauschs nun auch endlich der persönliche Kontakt. Franz Marc und Maria Franck waren gerade von einer inoffiziellen Hochzeitsreise nach London zurückgekehrt und traten seitdem als Ehepaar auf, auch wenn die standesamtliche Hochzeit wegen des nach wie vor fehlenden Ehedispenses erst im Juni 1913 erfolgen würde.

Das Paar und Wassily Kandinsky besuchen sich gegenseitig in Sindelsdorf und Murnau, der Sammler Bernhard Koehler kommt ebenfalls vorbei. Er wird am Ende derjenige sein, der für einen finanziellen Ausfall bürgt und eine Garantiesumme stellt, und so für den Verleger Reinhold Piper, der lange gezögert hatte, die letzte Hürde für eine Veröffentlichung aus dem Weg räumt.

Seit ihrer Rückkehr aus Bonn Anfang September arbeiten Ella, Wassily und Franz Marc gemeinsam am Konzept, versuchen Autoren für ihr Anliegen zu gewinnen, stellen das Bildmaterial zusammen und skizzieren die thematischen Schwerpunkte. Obwohl sie zusätzlich einen Teil der Korrespondenz abwickelt, sich um rund hundert Reproduktionen kümmert, Fotos von Skulpturen, Tuschzeichnungen und Volkskunst aus aller Welt sichtet und archiviert und auch Texte redaktionell betreut, wird ihr Name am Ende nicht einmal im Impressum stehen. Gerade in Kandinskys umfangreiche Beiträge investiert sie enorm viel Zeit, geht sie immer wieder bis kurz vor Druckbeginn durch, den säumigen Arnold Schönberg treibt sie an und debattiert schriftlich mit ihm darüber, ob ein Porträt Ähnlichkeit mit seinem lebenden Vorbild haben solle oder nicht. Genau das stellte er in seinem Beitrag infrage. Sie bringt sich auf allen Ebenen ein, aber noch Jahrzehnte später wird Kandinsky sich in öffentlichen Äußerungen großzügig über ihren Beitrag hinwegsetzen. Marc und er hätten für den *Almanach* und die Ausstellungen ausgewählt, was sie für richtig hielten und beschlossen, den *Blauen Reiter* »auf eine ›diktatorische‹ Art zu leiten. Die ›Diktatoren‹ waren selbstverständlich Franz Marc und ich«[9]. Da mag eine Portion Ironie drinstecken, es ist dennoch eine Missachtung ihrer Rolle vom geistigen Entstehungsprozess über die Abwicklung bis zum Druck. Der Juni-Brief an Franz Marc mag die Geburtsurkunde des *Blauen Reiters* sein, aber die Idee dazu hatte sich im gemeinsamen Austausch bereits im Laufe des Jahres 1910 herausgebildet, lange bevor Franz Marc davon erfahren hatte.

Er ist vor allem derjenige, der nun Türen öffnet, der bei Piper vorspricht und sich mit Nachdruck dafür einsetzt, dass Kandinsky als Mittelpunkt einer neuen Kunstbewegung unbedingt Gehör finden muss. Das macht er so erfolgreich, dass Wassily schließlich doch noch seine einst abgelehnte Schrift unterbringen wird. Kandinsky ist selig und schreibt an Alfred Kubin: »Ich weiß gar nicht, wie ich anfangen soll!!?? Sie sehen mich im Tore der Glückseligkeit! (…) Schicken Sie mir bald, sehr, sehr bald Ihren Beitrag: schreiben Sie worüber Sie wollen, wieviel Sie wollen. Auch mein Buch über das Geistige in der Kunst verlegt Piper. Nach 2 Jahren! Diese ganze Glückseligkeit verdanke ich dem feinen Franz Marc.«[10]

Rund um die Uhr geht es in der Kottmüllerallee um nichts anderes mehr als um den *Almanach*, der inzwischen den Namen *Der Blaue Reiter* trägt. Entstanden ist er laut Kandinsky »am Kaffeetisch in der Gartenlaube in Sindelsdorf. Beide liebten wir Blau, Marc Pferde, ich Reiter. So kam der Name von selbst. Und der märchenhafte Kaffee von Frau Maria Marc mundete uns noch besser.«[11]

Für das Titelblatt fertigte Kandinsky insgesamt elf Entwürfe mit Tusche und Aquarellfarben an. Der schließlich ausgewählte Entwurf zeigt den Heiligen Georg, Drachentöter und Schutzpatron von Moskau und Murnau. Von ihm hat er bereits ein Hinterglasbild, auch Aquarelle und große Gemälde gefertigt, blau ist seine Sehnsuchtsfarbe, die Farbe des Himmels, des Übersinnlichen. Ritter und Reiter, auch im blauen Gewand, tummeln sich seit 1904 auf unzähligen seiner Werke. »Der Reiter (…) war ein Selbstbekenntnis, (…) er war es selbst, und wenn er seinem Sammelband den Namen ›Der Blaue Reiter‹ gab, war es nichts anderes, als wenn er darauf geschrieben hätte ›Ich‹«, formuliert Johannes Eichner später kritisch in seinem Buch *Kandinsky und Gabriele Münter*.[12]

Tatsächlich gehen die Arbeiten nicht ohne Reibereien vonstatten, die anfängliche Euphorie wird von Verstimmungen, persönlichen Angriffen und Schmähungen überschattet. Im Zentrum steht dabei vor allem Ella, die vieles auf sich zieht, was eigentlich zu Kandinsky gehört. Manche der unguten Schwingungen bekommt er gar nicht erst mit, anderes lässt er scheinbar ungerührt an sich abtropfen, während sie in die Konfrontation geht, auch, um ihn zu verteidigen: Peacemaker Ella, klar und direkt, zumal, wenn sie das Gefühl hat, es würde hintenrum agiert. Außerdem ist sie die einzige der drei Frauen, die für sich den Anspruch erhebt, sich einzumischen und nicht nur brav im Hintergrund zu bleiben, während die männlichen Reiter voranstürmen. Am Ende wird man sie als Motte verunglimpfen, die das freundschaftliche Geflecht zwischen den Paaren zersetzt und mit ihrer unmöglichen Art das ganze Vorhaben gefährdet hätte.

Ausgangspunkt für die Missstimmung, die sich bis zur Veröffentlichung des *Almanachs* im Frühjahr 1912 steigern sollte, ist eine mehrtägige Redaktionssitzung in der letzten Oktoberwoche in Ellas Haus in Murnau. August und Elisabeth Macke sind aus Bonn angereist, Franz und Maria Marc aus Sindelsdorf herübergekommen. Ungeplante Gäste sind in diesen Tagen zeitweise Heinrich Campendonk und Mackes Vetter Helmuth, die ihre Zelte ebenfalls in Sindelsdorf aufgeschlagen haben. Beide sind Anfang zwanzig und damit nur unwesentlich jünger als August Macke, ausgestattet mit ähnlichem Humor und nicht wirklich daran interessiert, den kunsttheoretischen Erörterungen oder gar den musikalischen Improvisationen Kandinskys zu lauschen. »Wir waren in einer furchtbar ausgelassenen, übermütigen Stimmung. (...) An diesem Abend konnten wir uns kaum halten, um nicht vor Lachen zu bersten, während Kandinsky ganz ernsthaft am Harmonium saß und uns mit seinen Ergüssen beglücken wollte. Nachher erzählten unsere Männer krampfhaft Witze, damit wir durch ein befreiendes Lachen von unseren Qualen erlöst wurden. Ella hatte aber wohl etwas gemerkt und zog sich, sehr zum Leidwesen von Kandinsky, übelwollend in ihre Gemächer zurück, Migräne vorgebend«, erinnert sich Elisabeth Macke.

Für sie und August ist es die erste persönliche Begegnung mit Kandinsky, den sie als merkwürdig fremden mystischen Typ empfindet, durchaus inspirierend für Künstler, aber mit seltsamem Pathos und einem Hang zur Dogmatik und dem Anspruch, mit seiner Kunst eine Weltanschauung zu vermitteln. Ins gleiche Horn wird später auch ihr Mann August stoßen und Kandinsky unterstellen, er gebärde sich wie ein Papst, der sich für unfehlbar hält.[13] Diesen Hang Kandinskys zu dozieren hält Ella auf einem ihrer bekanntesten Bilder fest: *Kandinsky und Bossi am Tisch* aus dem Jahr 1912 zeigt Wassily in bayerischer Tracht mit Kneifer auf der Nase in der Essecke in Murnau, die Hand erklärend erhoben, während die befreundete Malerin Erma Bossi seinen Ausführungen lauscht.

In Murnau sind es gekränkte Eitelkeiten, die den ersten Funken an der noch monatelang glimmenden Zündschnur aufblitzen lassen.

Zunächst fühlt sich August Macke nicht genügend gewürdigt. Ella hatte bereits die Stirn besessen, einige Ideen für seinen *Almanach*-Beitrag als zu wenig ernsthaft zu kritisieren. Sie hatte in den Tagen in Bonn erlebt, dass er gerne herumalberte und andere durch den Kakao zog. Leichtfertig hatte sie ihm davon erzählt, dass sie vor Jahren einmal an einer Séance teilgenommen hatte. Eine Steilvorlage für Macke, der sich seitdem immer wieder spöttisch danach erkundigte, ob der Geist sie noch immer mit seinen Spukereien verfolge und mit am Frühstückstisch sitze. Dass er für den *Almanach* »Temperament in Töpferornamenten« als Thema in Erwägung zog, konnte sie nur mit einem Augenrollen quittieren.

In der Kottmüllerallee wird in diesen Tagen auch darüber diskutiert, wer mit wie vielen Bildern vertreten sein sollte. Macke fühlt sich mit zwei abgedruckten Bildern unterrepräsentiert. Genauso viele wie der Nicht-Maler Schönberg, dessen eingereichtes Selbstporträt für den *Almanach* – »dieses grünäugige Wasserbrötchen mit Astralblick« – ihn regelrecht in Wut versetzte. Kunst habe für ihn dann doch etwas mit Können zu tun, weniger mit Wollen oder Müssen.[14] Dass Ella ebenfalls mit zwei Bildern vertreten sein und zudem auch Maria Marc etwas beisteuern sollte, bringt das Ehepaar Macke auf die Palme, Freundschaft zu den Marcs hin oder her. Es sei geschmacklos, dass die beiden führenden Herren auch noch Werke ihrer »Amazonen« unterbringen wollten, giftet Elisabeth. Und für August haben die beiden Frauen allenfalls den Status als »Redaktionsdamen«. Damit ist der erste Ton gesetzt, vorbei der Überschwang, mit dem er noch wenige Wochen zuvor auf Ella reagiert hatte, die nette und bescheidene Künstler-Kollegin, die ihm so gutgetan und wichtige Strippen für Ausstellungen gezogen hatte.

Die eine Amazone hätte diese Überlegungen daraufhin taktvoll zurückgewiesen und sei den weiteren Sitzungen ferngeblieben, was darauf hindeutet, dass die andere aus Sicht der Mackes taktlos auf Gehör gepocht und sich weiter eingemischt hat. Während die Kunstdebatten bis tief in die Nacht geführt und selbst auf Spaziergängen nicht unterbrochen werden, jeder der Männer an seinen Manuskripten feilt, sieht Elisabeth genau wie ihr Mann die Rolle der Frauen darin, hinterher alles getreulich abzuschreiben. Für sie, die den nur ein Jahr älteren August Macke mit fünfzehn kennen und lieben gelernt und die klassische »Ausbildung« einer höheren Tochter durchlaufen hatte, mit Fremdsprachen, Klavierunterricht und Haushaltsführung, sind die Tage in Murnau ein unvergessliches Erlebnis, alles ist neu und aufregend, ein einziges Fest.

Für Ella hingegen gehört die intensive Auseinandersetzung über Kunstfragen zu ihrem Alltag mit Kandinsky und ihrer Arbeit, und Maria Marc sieht in ihr, was vielleicht auch für sie möglich gewesen wäre. Aber sie hatte sich entschieden, alles in den Erfolg ihres Mannes zu stecken, mit dem sie sich seitdem bedingungslos identifizierte. Ohne jemals bei den Zusammenkünften der NKVM dabei gewesen zu sein, wird sie am Abend nach dem Eklat ganz selbstverständlich an August Macke schreiben: »Dass Jawlensky und die Baronin nicht mit austraten, hat persönliche, menschlich vollauf begreifliche Gründe, die *wir* respektieren. Sie haben sich vollkommen solidarisch mit *unseren* Absichten erklärt.«[15]

Auch wenn Maria Marc den kommenden Sitzungen fernbleibt, wirkt sie hinter den Kulissen auf ihren Mann ein und stößt damit bei den Bonner Freunden auf offene Ohren. Franz Marc, der in Kunstfragen uneingeschränkt hinter Kandinsky steht, gerät zwischen die Stühle. Der Briefwechsel der Freunde zeigt, wie sehr sich in den nächsten Monaten die Vorbehalte von August Macke gegen den Oberlehrer Wassily Kandinsky steigern. Er, Kandinsky, würde zwar sein Herzblut in dieses Projekt stecken, sein Gerede vom großen Geistigen in der Kunst der Öffentlichkeit aber bestenfalls wie ein Klumpen Blutwurst im Magen liegen. Marc solle sich überlegen, ob sein eingeschlagener Weg der richtige sei und sie sich nicht zu viel zumuteten. Zu Kandinsky, dem »Asiaten«, mochte es passen, dass er »unanständige, sehr interessante, anderen Leuten aber gänzlich schleierhafte Bilder« malte. Er selbst solle dagegen lieber arbeiten, ohne zu viel an den *Blauen Reiter* und blaue Pferde zu denken und aufhören, seine Bilder mystisch aufzuladen. Das schade der Augenfreude.[16] Es ist jener Konflikt, den Ella in Bonn hatte heraufziehen sehen, zwischen dekorativer Wirkung und Innerlichkeit.

Sie selbst gerät im Briefwechsel zwischen Macke und Marc, in dem auch die Ehefrauen fleißig mitmischen, zunehmend zur Zielscheibe von Spott und Hohn. Sie wird von der »kleinen Münter« zum »bissigen Luder«, zur »dummen Gans« und zur »typischen alten Jungfer schlimmster Sorte«, die Kandinsky unter ihrer Fuchtel hält und ihn so zum ihr blind ergebenen Pantoffelhelden macht.

Auf dem Höhepunkt der Krise im Frühjahr 1912 – die zweite Ausstellung des *Blauen Reiters* in der Galerie Goltz ist da gerade zu Ende gegangen – schreibt Franz Marc an die Freunde in Bonn: »Jetzt ist er schon hin [der Blaue Reiter]! Viel fehlt wenigstens nimmer. Jedenfalls hat dieses Frauenziefer auf meine Freude am Blauen Reiter bös gespuckt. (…) Ich könnte dieses Frauenziefer direkt kaputt schlagen.«[17]

Vorausgegangen waren Kränkungen auf verschiedenen Seiten, die nicht offen kommuniziert wurden. August Macke konnte nicht nachvollziehen, warum sein Bild *Die Lautenspielerin* bei der Kölner Station der Ausstellung nicht berücksichtigt worden war – ein Versehen, wie sich hinterher herausstellte – und zeigte sich generell enttäuscht über deren Zusammenstellung. Anspruch und Wirklichkeit klafften aus seiner Sicht deutlich auseinander. Er konnte nicht nachvollziehen, dass sein Freund Franz so unkritisch hinter der Überfigur Kandinsky stand. Er war wütend darüber, dass Ella vorgeprescht sei und eine aus seiner Sicht banale Bitte stellvertretend für Kandinsky abgeschmettert hatte. Auf Wassilys Vermittlung sollten mehrere Werke von Macke in Moskau bei der Künstlervereinigung Caro Bube gezeigt werden. Macke hatte Heinrich Campendonk gebeten, in der Ainmillerstraße nachzufragen, ob Kandinsky als Russe nicht die Korrespondenz abwickeln, sich um die Frachtpapiere und darum kümmern könnte, dass seine Bilder in Moskau neu aufgezogen würden. Münter sei außer sich gewesen, berichtete Campendonk, wie man Kandinsky mit solchen Nebensächlichkeiten belästigen könne, bei all den wichtigen Dingen, die gerade anstanden. Und er war wütend darüber, dass sie ihm – begleitet von einem dürren, unpersönlichen Schreiben – einige seiner Bilder zurückgesandt hatte, in der Annahme, er würde sie für künftige Ausstellungen benötigen.

Ella wiederum hat mittlerweile das Gefühl, die Mackes würden sie nicht mehr mögen, besäßen aber nicht die Größe, ihr das offen zu sagen. Auch Franz Marc würde sie bei seinen Besuchen inzwischen schneiden oder ihr ins Wort fallen und ihre Anregungen nicht ernst nehmen. Manchmal habe es den Anschein, als wache Marc regelrecht eifersüchtig darüber, dass kein anderer seine Zeit mit Kandinsky störe, schon gar nicht eine Frau. Dass sie manches Mal frustriert den Rückzug angetreten hatte, weil sie sich als Störfaktor wahrnahm, wertet Franz Marc in der internen Korrespondenz mit Mackes als Zeichen ihrer Überempfindlichkeit und ihres Hangs zu hysterischer Hypochondrie. Die vorgeschobene Migräne! Kandinsky gegenüber schreibt er hingegen: »Wir Maler bleiben schließlich alle einsame Gesellen; jeder hängt seinen Gedanken sehnsüchtig nach und muss sich notwendig oft gegen andres verschließen, um sich nicht selbst zu verlieren. Ich glaube, niemand übt gerade diese Tugend stärker und manchmal auch schroffer als Frl. Münter aus; ein Zug, der mir vollkommen verständlich und würdig erscheint.«[18]

Franz Marc ist irritiert, dass Wassily Kandinsky so zurückhaltend auf seine Begeisterung für die Maler der *Brücke* reagiert hat. Er war mit Maria über Weihnachten in Berlin gewesen und hatte dort eine Ausstellung des Künstlerkreises gesehen. Marc ist begeistert von den durchweg starken Sachen von Emil Nolde, Erich Heckel, Ernst Ludwig Kirchner und den anderen und plädiert dafür, sie nicht nur in die nächste Ausstellung des *Blauen Reiters* aufzunehmen, sondern auch in den *Almanach*. Kandinsky hat Vorbehalte, die Bilder sind ihm zu äußerlich, zu gegenständlich, zu impressionistisch. Ausstellen ja, unbedingt, aber in ihrem bahnbrechenden publizistischen Werk seien sie fehl am Platz. Auch wenn Marc interveniert, dass diese Bilder mit Impressionismus nichts zu tun hätten, sondern das moderne Leben in der Großstadt abbildeten und damit voll von tiefem Sinn und Realismus steckten, bleibt Kandinsky bei seiner Meinung.

August Macke wird in diesem und im folgenden Jahr mit spitzer Feder in zwei Karikaturen festhalten, wie er das Kräfteverhältnis innerhalb des *Blauen Reiters* sah: In der späteren sitzt Marc auf dem Kutschbock, im Wagen Kandinsky mit Heiligenschein und dem *Almanach* in der Hand und Münter neben sich. An der Kutsche prangt Herwarth Walden, der künftige Impresario der Avantgarde, während Macke am Straßenrand steht und den Vorausstürmenden hinterherblickt. In der anderen Karikatur fehlen Münter und Walden – und Macke klaubt auf Knien mit einer Kehrschaufel Pferdeäpfel zusammen.

Was Wassily und Ella angeht, steht einer für den anderen ein, auf ganz unterschiedliche Weise. Er hat registriert, dass sich der Ton von Franz Marc auch ihm gegenüber verändert hat, und beide in eine Sackgasse gegenseitigen Unverständnisses geraten sind. Die möglichen Gründe dafür führt er in einem mehrseitigen Brief auf, in dem Ella nur einen winzig kleinen Teil einnimmt. Marc habe sich ihr gegenüber merkwürdig verhalten, mehr schreibt er dazu nicht. Stattdessen zieht er selbstkritisch Bilanz über seinen Hang, sich in Kunstfragen durchsetzen zu wollen: Er hatte Marc gebeten, den Einband für die Luxusausgabe des *Almanachs* zu gestalten, am Ende aber einen eigenen Entwurf herangezogen, weil er nicht den Mut gehabt hätte, ihm offen ins Gesicht zu sagen, dass er seinen Entwurf nicht gut fand. Vielleicht liege darin einer der Gründe für ihre Entfremdung?

In Marcs Schmähbrief finden solche Gedanken ebenso wenig

Eingang wie die Tatsache, dass er in seiner langen Antwort an Kandinsky geschrieben hatte, er würde weiße Mäuse sehen und Probleme wittern, wo es keine gäbe, sondern nur anregende Herausforderungen. An Macke schreibt er stattdessen: »Kandinsky leugnet vollkommen, dass Meinungsverschiedenheiten zwischen ihm und mir irgendwie in Betracht kämen: lediglich ganz persönliche gekränkte Eitelkeit von Münter, die ich, wie sie und (hinter ihr verschanzt) er sagt, wie einen Stuhl behandele. (…) wenn Kandinsky darauf dringt, bleibe ich bei der Blauen-Reiter-Sache, die wir im Grunde wirklich nicht übel in den Sattel gesetzt [haben]. Viel Lust hab ich freilich nicht dazu.«[19]

Kandinsky, der blind ergebene Pantoffelheld, der noch dazu wenige Tage zuvor kritisch nachgefragt hatte, warum Ella für eine Ausstellung des Sonderbundes in Köln, bei der Macke im Auswahlgremium saß, nicht berücksichtigt worden war. Für Kandinsky ein Ausdruck von Stumpfsinnigkeit und ein Zeichen, dass sich Männer immer wieder erlaubten, Frauen zurückzusetzen und ihre künstlerische Begabung anzuzweifeln. Möglicherweise werde er seine eigenen Bilder deswegen zurückziehen. Vorne herum bietet Marc an, sich für sie einzusetzen, hinten herum spöttelt man darüber, dass Gabriele Münter offenbar flattere.

Dass Ella nun selbst zur Feder greift, um die angespannte Lage zu beruhigen, macht die Sache nicht besser, im Gegenteil. Ihr langer Brief wird von Franz an Maria Marc weitergereicht, die postwendend an die Mackes schreibt: »Habt ihr Worte für diesen Münter Quatsch? Der arme Kandinsky! Aber so etwas dummes ist mir im Leben nicht vorgekommen. (…) Ich weiß gar nicht, wie sich ein Verkehr noch aufrecht erhalten lässt – wäre nicht die Blaue-Reiter-Sache – dann hätten wir gleich Schluss gemacht, denn sowas kann man doch nicht aushalten.«[20] Wie immer solidarisiert sich Maria uneingeschränkt mit ihrem Mann und gibt Ella, die auf Verständnis gehofft und tiefe Einblicke in ihre Seele gegeben hatte, der Schadenfreude der Bonner preis.

In ihrem Brief hatte sie die Redaktionssitzung in Murnau aufgegriffen, das heimliche Witzeln über Kandinsky, die Falschheit, mit der man ihr dort schon begegnet sei, ihre heftige Reaktion auf Campendonks Bitte. Wichtig sei doch das Motiv, das dahintergesteckt habe, weniger ihr ruppiger Ton. Und wenn Macke sich wegen ihrer wenigen Zeilen im Bilderpaket gekränkt gefühlt habe, warum hatte er dann nichts gesagt? Für sie ist diese fehlende Offenheit ebenso ein Zeichen der Respektlosigkeit, der Missachtung ihrer Person, wie das interne Getratsche. Hinterhältigkeiten, Lügen und Streit würden ihr mehr zusetzen, als man vielleicht denken könnte. Sie sei kein Rhinozeros mit dickem Fell, sondern hinter ihrer Fassade ein fühlendes Wesen.[21]

Ein Bild aus dem Frühjahr 1912, das den Titel *Nach dem Tee II* trägt, wirkt wie ein Abbild ihrer damaligen Situation. Es zeigt den Besuch des Kunsthändlers Hans Goltz und seiner Frau in der Ainmillerstraße. Während sich Kandinsky und Goltz angeregt unterhalten, steht dessen Frau steif und schweigend dahinter, eine andere, die äußerlich an Ella erinnert, kauert abseits der Gruppe mit traurigem Blick am Fenster.

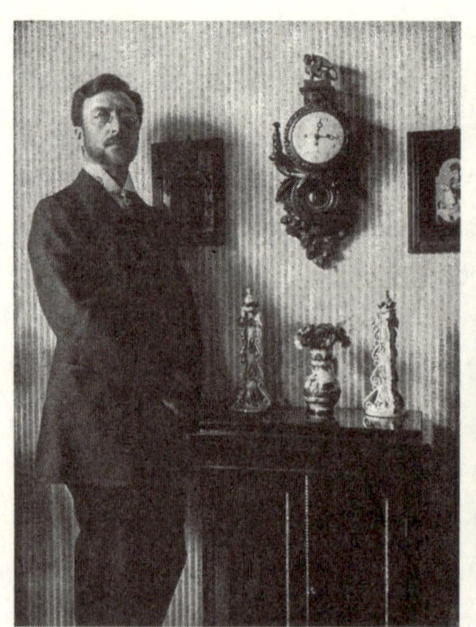

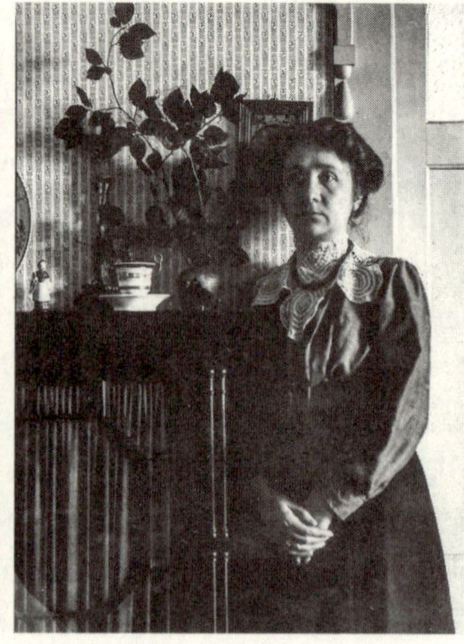

Wassily Kandinsky und Gabriele Münter 1913
in ihrer Münchner Wohnung.

ENTFREMDUNG

Die Beziehungen mit Menschen sind eine schwere,
oft eklige Last. Viel Mut muss man haben,
um nicht wieder auf den einsamen Turm zu fliehen.

WASSILY KANDINSKY

Die intensive Arbeit am *Almanach* und den beiden Ausstellungen des *Blauen Reiters* hinterlässt auch Spuren im Verhältnis zwischen Ella und Wassily. Die Liebesbeziehung der letzten Jahre wandelt sich in dieser Zeit mehr und mehr zu einer Arbeitsbeziehung. In Briefen aus dieser Phase nehmen die glühenden Liebesbeteuerungen ab, auch wenn der Ton nach wie vor innig ist, aber von Kandinskys Seite aus eher freundschaftlich. Vieles dreht sich um Organisatorisches, um Äußerlichkeiten, auch wenn Kandinsky betont, dass sich deswegen das Innere nicht verändern würde. Es ist Ella, die darüber klagt, wie geschäftsmäßig er schreibe und Wassily, der ihr antwortet: »Du fühlst dich beleidigt o. ›misshandelt‹ in Fällen u. zu Zeiten, wo keine Spur von solchen Gefühlen in dir sein sollte. (…) Bitte lass doch deine Zweifel ruhen u. denk nicht, dass (…) ich dich für einen halte«, schreibt er ihr und greift damit jenes Bild auf, das er in seinem Brief an Franz Marc verwendet hatte.[1] Auch wenn er sich damals schützend vor sie gestellt hatte, hallen die Vorwürfe der anderen über Ellas Überempfindlichkeit nach.

Die Verwerfungen mit Marc und Macke haben Kraft gekostet, auch wenn sich die Wogen bis zur Veröffentlichung des *Almanachs* in Mai zumindest mit den Marcs wieder einigermaßen glätten. Das

Verhältnis zu August Macke dagegen bleibt schwierig. Seinem legendären Ausruf »Fahr wohl Blauer Reiter! Es kam eine Motte dazwischen!« vom 21. März 1912 sollte Ende des folgenden Jahres ein endgültiger Abgesang folgen. An Franz Marc schreibt er: »Mein malerischer Zustand ist der, dass Kandinsky für mich sanft entschlafen ist.« Im Vergleich mit einem Werk von Delaunay habe er gemerkt, »was *lebendige* Farbe ist im Gegensatz zu seiner unglaublich komplizierten, aber absolut *seichten* Farb*flecken*-Composition. Man möchte darüber weinen, dass einem Hoffnungen enttäuscht wurden. (…) eine Tischplatte ist mystischer wie all seine Bilder. Sie klingen gar nicht mehr für mich.«[2]

Ein Berliner Galerist sieht das anders. Herwarth Walden – eigentlich Georg Lewin, den Künstlernamen hatte seine erste Frau Else Lasker-Schüler erfunden – hatte 1910 die Zeitschrift *Der Sturm* mitbegründet, eine der wichtigsten Publikationen des Expressionismus. Zum Erscheinen der hundertsten Ausgabe im März 1912 veranstaltete er in einer Villa in der Tiergartenstraße erstmals eine Ausstellung, zu der er auch Bilder der *Blauen Reiter* nach Berlin holt, erweitert um die beiden Giselisten Werefkin und Jawlensky.

Am 2. Oktober 1912 wird an diesem Ort die erste große Einzelausstellung mit 73 Bildern Kandinskys aus den Jahren 1902 bis 1912 eröffnet. Walden ist euphorisch. Für ihn sind Kandinskys Werke das Stärkste, was Europa derzeit zu bieten hat, vor allem die *Komposition II* ist für ihn Ausdruck von Genie, Kraft und Leben. Der umschmeichelte Künstler, der sich in Deutschland so lange unverstanden und zu wenig gewürdigt gefühlt hatte, macht auf seinem Weg zum alljährlichen Verwandtenbesuch in Russland für einige Tage Station in Berlin. Dort stellt er auch die ersten Weichen für eine Münter-Ausstellung im darauffolgenden Jahr, in dem Walden erstmals den Deutschen Herbstsalon veranstaltet, eine Schau mit den wichtigsten Künstlern der internationalen Avantgarde. Nicht nur für Kandinsky und Ella, die sich in Zukunft von Walden vertreten lassen, wird der Galerist zur zentralen Figur, der ihrer Kunst zum Durchbruch verhilft.

Die Aussicht auf eine große Ausstellung gibt Ella etwas Auftrieb, ihre Selbstzweifel waren durch die Ablehnung ihrer Bilder in Köln nicht weniger geworden. Ihr war auch nicht verborgen geblieben, dass Marc in ihren neueren Werken ein klares Ziel vermisste und an manchen ihrer malerischen Mittel zweifelte. Er hatte ausgesprochen, womit sie selbst haderte, dem Gefühl, künstlerisch in eine Sackgasse geraten zu sein.

Über das erste Vorbereitungstreffen mit Walden bei einem Abendessen im Oktober in München schreibt Ella an Wassily nach Russland: »Er ist sehr nett u. gefällt mir gut – nur ein *bisschen* süß ist er gegen mich – vielleicht denkt er es ist nötig mir gegenüber. Er lobte meine Sachen sehr – u. ehrlich – wenigstens sicher bis zu einem Grade. (…) Er sagte gelb habe er nie in solcher Vollendung gesehen, wie bei mir. Meine Persönlichkeit wäre für ihn übrigens dieses warme gelb.«[3] Lob, es sei denn, es kommt von Kandinsky, ist ihr verdächtig. Nur ihm traut sie einen unbestechlichen ehrlichen Blick zu, während sie bei anderen hinter anerkennendem Schulterklopfen oder allzu großer Begeisterung für ihre Bilder immer einen Haken vermutet. Wassily teilt Franz Marcs Bedenken nicht im Geringsten, sieht aber, dass ihr der Antrieb fehlt. Das war schon in den gemeinsamen Sommerwochen in Murnau spürbar gewesen und hatte sich während seiner Abwesenheit im Herbst verstärkt.

Er selbst war nach der Veröffentlichung des *Almanachs* in ein tiefes Loch gefallen, während Franz Marc danach vor Tatendrang nur so gesprüht hatte und gleich den zweiten Band in Angriff nehmen wollte, schließlich sollte es eine jährlich wiederkehrende Schrift werden. Kandinsky hatte um Geduld beten: »Das zweite Buch (…) Dazu mein *egoistischer* Wunsch: eine Zeit lang (jedenfalls den Sommer) ganz zum Reifen meiner weiteren Gedanken zu behalten. Ich bin sehr aus dem Geleise.«[4]

Während ihm die Wochen auf dem Land gutgetan hatten, und er an seinen großen Kompositionen und Improvisationen arbeitete, fühlt Ella sich immer noch müde und kraftlos. Es schien eine Ewigkeit her, dass ihr beim Anblick eines ihrer Bilder ein spontanes »Donnerwetter« entfahren war. Dabei lagen die beiden Stillleben *Geheimnis* und *Klage* gerade einmal ein Jahr zurück. Jetzt schreibt sie an Kandinsky in Russland, wenn überhaupt, so fabriziere sie grässlichen Kitsch nach alten Skizzen aus Rapallo und Sèvres, weil sie sich nicht aufraffen könne, auf die Suche nach neuen Motiven zu gehen. Ihre Stimmung bessert sich erst merklich, als Walden sie bittet, für seine Zeitschrift einige ältere Holzschnitte zusammenzustellen. Das löst die innere Blockade, auch der Wechsel der Technik hilft, und in kurzer Zeit entstehen fünf neue Schnitte. Wassily reagiert erleichtert auf den Umschwung und schreibt: »Es freut mich sehr, dass Walden sich so lebhaft u. heiß für deine Kunst interessiert und dass die Selektion [Ausstellung] eine abgemachte Sache ist. (…) Es freut mich sehr, dass es dir gut geht und dass du wenig Zeit zu langer Weile hast.«[5]

»Lange Weile« ist ein Problem, ein anderes reicht tiefer. Kandinsky ist seit Oktober 1911 geschieden. Der lang ersehnte Schritt war gemacht, aber die Freude darüber in den Turbulenzen rund um den *Blauen Reiter* völlig untergegangen. Freute er sich überhaupt darüber? War es ihm wichtig, wie es ihr jenseits der Kunst ging? Wenn sie ihn bat, ihr in diesen Dingen zu helfen, war er bislang immer da gewesen. Doch als sie im Januar 1913 mit ihrer ersten großen Einzelausstellung mit über achtzig Werken in Berlin einen großen Triumph feierte, steht sie allein in Waldens Sturm-Galerie. Auch im Alltag hatte sie das Gefühl, dass sie sich immer weiter voneinander entfernten. Im Oktober und November 1912 hatte sie ihm geschrieben: »Ich fühle mich ohne dich einsam und bin unruhig um dich – und weiß, dass ich mit dir ebenso einsam fühle«, und gefragt, wann er wieder so zu ihr sein werde wie früher: »Du willst ganz in Dir und für Dich leben und denkst nicht daran, was ich brauche.«[6]

Die Leere war von Mal zu Mal größer geworden, wenn er für Monate nach Russland reiste, außerdem war es ein tiefsitzender Stachel, dass er sie immer noch nicht mitgenommen, ihr nie sein Moskau gezeigt hatte. Auch nicht im Jahr 1913, als er bereits im Juli die Koffer packt, um den Neubau seines Mietshauses zu überwachen. Das geerbte Haus des Onkels hatte er abreißen lassen.

Wenig später berichtet Ella in einem Brief Wassily von einem Besuch bei seiner ersten Frau Anja: »Sie fing heute auch wieder – ebenso, wie als du voriges Mal verreist warst, selbst davon an, wir sollten doch so schnell wie möglich heiraten. (…) vielleicht hast du doch gute Gründe gegen das Heiraten – u. wenn du sie mir sagtest, wo würde ich vielleicht einverstanden sein, wie immer. Aber jetzt scheint mir wieder – im Grunde ist es nur eine Form, die durch unser Leben bedingt wird u. wenn sie auch lästig ist – es ist doch richtig da wir nun einmal in solchen Zuständen u. unter solchen Menschen leben, dass wir diese Form mitmachen – wenn auch spät.« Im August erinnert sie ihn an die Papiere zur Trauung, die er doch bitte besorgen möge, solange er in St. Petersburg sei. Als er den Aufenthalt in Russland verlängert, erkennt sie darin ein schlechtes Zeichen. Sie hat Sehnsucht nach ihm und nach besseren Tagen. Denn in diesem Moment schwappt hoch, wofür lange kein Platz gewesen war: die Erkenntnis, dass er sie aus ihrer Sicht schon seit Längerem unaufmerksam, lieblos und ungerecht behandelt hatte.[7] Einmal war sie sogar so weit gewesen, ihre Koffer zu packen und einfach zu gehen. An diese Zeit mochte sie nicht zurückdenken. Auf zwei Fotos aus dem Jahr 1913, gegenseitig aufgenommen in der Münchner Wohnung, wirken beide wie erstarrt, in den Gesichtern spiegeln sich Distanz und Enttäuschung, nicht ein Anflug von Freude, wie noch auf den Bildern aus Dresden, ist zu sehen. Es konnte nur besser werden.

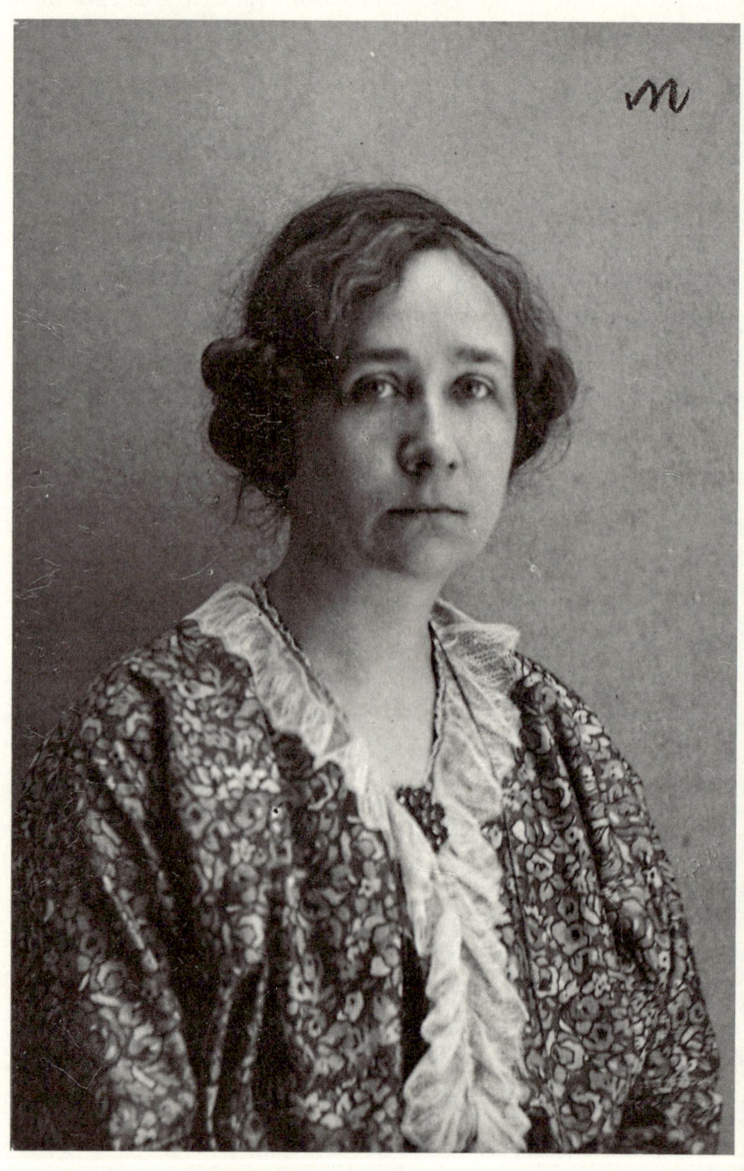

Gabriele Münter Anfang 1915 in Zürich.

AUS DEM TRAUM GERISSEN

[In Russland erwartet] man in höheren Kreisen ganz bestimmt im Frühjahr den Krieg. (…) Ich fühle so stark die Teufelshand darin, dass es mir kalt wird. Die schmutzigen Folgen werden ihre stinkende Schleppe über den ganzen Erdball ziehen. Und … die Berge von Leichen.

WASSILY KANDINSKY IN EINEM BRIEF AN FRANZ MARC

Kandinskys düstere Vorahnungen für das Jahr 1913 waren nicht unberechtigt. Im Juni war es zum zweiten Krieg auf dem Pulverfass Balkan gekommen – ein Wegbereiter für die spätere Urkatastrophe des 20. Jahrhunderts.

Am 28. Juni 1914 werden Franz Ferdinand, der habsburgische Thronfolger, und seine Frau Sophie an ihrem Hochzeitstag in Sarajevo von Gavrilo Princip, einem jungen bosnisch-serbischen Nationalisten, erschossen. Der 19-Jährige ist Teil eines Netzwerks, an dessen Aufbau die »Schwarze Hand« beteiligt war, eine Geheimorganisation, die eine Vereinigung aller Südslawen in einem von Serbien dominierten Nationalstaat anstrebt. Die führenden Köpfe der Aktivisten fürchten, ihrer Forderung nach einem »Groß-Serbien«, zu dem mit Bosnien und der Herzegowina auch Gebiete gehören sollten, die Österreich-Ungarn 1908 annektiert hatte, könnte durch die Reformpläne des Erzherzogs der Boden entzogen werden.

Das Attentat ist der Auftakt zum Ausbruch des Ersten Weltkriegs, der große Teile Europas zerstören, zu Flucht und Vertreibung führen, rund 17 Millionen Menschen das Leben kosten und den Keim für den Zweiten Weltkrieg legen wird.

In den Wochen nach dem Doppelmord drängt Wien, das die Drahtzieher in Belgrad vermutet, auf einen Vergeltungsschlag und setzt Serbien ein Ultimatum, wohl wissend, dass einige Punkte die Souveränität Belgrads untergraben und daher kaum akzeptabel sind. Noch während die diplomatischen Drähte zur Beilegung der »Juli-Krise« heiß laufen, erfolgen erste Teilmobilmachungen und schließlich die Kriegserklärung Österreich-Ungarns gegenüber Serbien am 28. Juli. Russland hatte Serbien für den Fall einer militärischen Eskalation Unterstützung zugesichert, das Deutsche Reich wiederum Österreich-Ungarn uneingeschränkte Bündnistreue gelobt.

Auch Depeschen, die in den letzten Tagen zwischen den Cousins Wilhelm II. und Zar Nikolaus II. hin- und hergehen, bleiben ohne Wirkung. Beide berufen sich darauf, dass der Mechanismus der Mobilmachungen so einfach nicht gestoppt werden könne, gehen aber davon aus, dass man schon nicht gegeneinander in den Krieg ziehen werde. Doch am 1. August sind diese Beteuerungen Makulatur. Am frühen Abend Ortszeit übergibt der Botschafter am Zarenhof, Friedrich Pourtalès, die deutsche Kriegserklärung. In den darauffolgenden Tagen marschieren deutsche Truppen in Luxemburg und Belgien ein, man erklärt Frankreich den Krieg. Am 4. August ist auch Großbritannien Kriegspartei. Es ist ein Flächenbrand.

In Bonn stehen Elisabeth und August Macke schweigend am Fenster, als in der Nacht vom ersten auf den zweiten August die Königshusaren auf ihren Pferden mit brennenden Fackeln in den Händen und »Muss i denn, muss i denn zum Städtele hinaus« schmetternd vorbeiziehen. Sechs Tage später besteigt Macke in Uniform den mit Girlanden geschmückten Zug an die Front. »Auf zum Preisschießen nach Paris!« – »Auf Wiedersehen auf dem Boulevard« – solche Sätze in weißer Farbe dürften auch auf den Waggons des 9. Rheinischen Infanterie-Regiments geprangt haben, dem Macke seit seinem Militärdienst als Reservist angehört. In ihren Erinnerungen schreibt seine Frau, jener Abend am Fenster habe sich angefühlt, als sei ein Todesurteil ausgesprochen worden, das nur noch auf seine Vollstreckung warte.[1]

In Ried bei Benediktbeuern erhält Franz Marc seinen Marschbefehl. Erst im April waren Maria und er hierhergezogen, im Tausch gegen Marcs Elternhaus in Pasing. Auf einem hinzugekauften Stück Land hatte Franz ein Gehege für seine geliebten Rehe Hanni und Schlick eingerichtet. »[Er] ging mit einem überglücklichen Gesicht herum und freute sich über alles, hing Bilder auf und stellte sich schon in Gedanken vor, wie wir mit unseren Freunden – Kandinsky, Mackes (...) in unserem Wohnzimmer zusammensitzen und reden würden.« Sie selbst hatte schon bei den Umzugsvorbereitungen von Sindelsdorf ein banges Gefühl beschlichen.[2]

Ella und Wassily erreicht die Nachricht, dass der Kaiser das »gute deutsche Schwert«, so Wilhelm II. in seiner Balkonrede vom 1. August, gegen Russland richten würde, in Murnau. Eilig kehren sie zurück nach München, wo viele enge Wegbegleiter wie Werefkin und Jawlensky über Nacht zu Staatsfeinden geworden sind. Am 2. August schreibt Kandinsky an Herwarth Walden: »Da haben wir es! Ist es nicht entsetzlich? Ich bin wie aus dem Traum gerissen. Ich habe innerlich in der Zeit der vollkommenen Unmöglichkeit solcher Sachen gelebt. Mein Wahn wurde mir genommen. Berge von Leichen, schreckliche Qualen verschiedenster Sorten. (...) Was wir alle tun sollen, wissen wir nicht. (...) Die Hoffnung, dass der Krieg nicht die erwarteten Dimensionen annimmt, verlässt mich nicht.«[3]

In seinem Brief an Walden lässt Kandinsky durchblicken, wie groß Hilflosigkeit und Verzweiflung angesichts der neuen Lage unter den Russen sind: »Was wir alle tun sollen, wissen wir nicht. Vorläufig wartet man – meine ich – die Exilisation ab. Und dann –

wohin? (…) Von den 16 Jahren, die ich in Deutschland lebe, habe ich nicht wenig vollkommen dem deutschen Kunstleben abgegeben. Wie soll ich mich jetzt hier fremd fühlen?«[4]

Die Angst geht um, dass das Deutsche Reich Russen und Angehörigen der übrigen kriegführenden feindlichen Nationen ein Ultimatum stellen könnte, binnen zwei Tagen aus dem Land, das ihnen längst zur Heimat geworden ist, auszureisen. Davon betroffen wären auch Robert Delaunay, der sich dem *Blauen Reiter* angeschlossen hatte, und Pierre Girieud, ein enger Freund von Werefkin und Jawlensky, dessen Werke ebenfalls bei Thannhauser zu sehen gewesen waren.

Tatsächlich hat es ein solches Ultimatum wohl nicht gegeben. Seit dem 31. Juli 1914 war jegliche vollziehende Gewalt allerdings auf die Militärbehörden übergegangen, was bedeutete, dass Ausländer einer Pass- und Meldepflicht unterlagen und in Schutzhaft genommen werden konnten.

In den Wirren der ersten Kriegstage verlassen Werefkin und Jawlensky wie viele ihrer Landsleute am 3. August Deutschland. Die Züge sind überfüllt, in den Gängen stapeln sich Bündel und Koffer mit dem eilig zusammengerafften Notwendigsten. Mitgenommen werden darf nur, was getragen werden kann. Staffeleien, Farben, Bilder, den ganzen Hausrat hat das Paar in München gelassen – Lily und Paul Klee haben versprochen, ein Auge darauf zu haben.

Ziel vieler Flüchtender in diesen Tagen ist Lindau, um von dort mit der Fähre in die Schweiz überzusetzen. Der Stadtarchivar von Lindau vermerkt in seiner Chronik, dass schon am ersten Kriegssonntag massenhaft Fremde heimeilend die Stadt fluten. »Verhaftungen von verdächtigen Ausländern finden statt. Der Eisenbahnverkehr für Zivilisten wird eingeschränkt. Die Landestelle der Dampfer und der Bahnhof werden militärisch bewacht.«[5] Auf dem Bahnsteig des Ortes herrscht dichtes Gedränge. Deutsche, die zurück ins Reich wollen, Russen und Franzosen, die den umgekehrten Weg nehmen. Auf dem Fußweg vom Bahnhof zum Fähranleger werden die Flüchtenden von Soldaten eskortiert, immer wieder kommt es zu Zwischenfällen, die von wüsten Beschimpfungen bis hin zu Bespucken reichen. Es ist ein Spießrutenlauf.[6]

Die Flüchtenden haben großes Glück: Nur einen Tag später, am 4. August, verfügt die Schweizer Seite, dass Grenzübertritte nur noch denjenigen möglich sein sollen, die über 500 Franken Bargeld und den Nachweis einer Arbeit verfügen. Man will verhindern, dass mittellose Flüchtlinge die Armenfürsorge zum Nachteil der eigenen Bevölkerung überstrapazieren.[7]

Während vor Werefkin und Jawlensky noch eine lange Weiterreise liegt, bis sie in Saint-Prex am Genfer See in einem spartanischen, beengten Notquartier im Dachgeschoss eines Hauses in der Rue de Motty unterkommen, haben Ella und Kandinsky mehr Glück. Auch sie nehmen gemeinsam mit dem Hausmädchen Fanny Dengler, Kandinskys geschiedener Frau Anja und der Familie Scheimann einen Zug nach Lindau. Kandinskys Schwägerin mit Mann und Kind, die zu Besuch gewesen waren, hatten ursprünglich geplant, noch am 1. August über Berlin und Dänemark nach Russland zu gelangen, den Plan aber wieder aufgeben müssen, nachdem man ihnen klargemacht hatte, dass sie über Berlin nicht hinauskommen würden.

In Lindau wird die Gruppe bereits von Carl Ludwig Philipp Rady erwartet. Der katholische Geistliche verwaltet die Liegenschaften von Jeannette von Lingg, der inzwischen nicht nur das Haus in der Ainmillerstraße 36 gehört, sondern seit 1913 auch die Villa Mariahalden (heute Villa Mignon) in Goldach im Kanton St. Gallen.[8] Hier in der Schweiz, »dem in Europa fast einzigen Lande, wo die Zukunftsatmosphäre nicht durch Hass vertrieben wurde«[9], können sie fürs Erste unterkommen.

Auf dem Bodenseedampfer treffen sie zufällig Werefkin und Jawlensky. Es war nicht nur dem überstürzten Aufbruch geschuldet, dass die Reiseziele im Verborgenen geblieben waren. Die Angst vor dem langen Arm des Staates, vor Spitzeln und der Zensur sollte für sie in den kommenden Jahren zum Alltag gehören. Kandinsky wird manche Postkarte mit Münters Namen unterschreiben, in Briefen behelfen sie sich mit Kürzeln, Korrespondenzen werden nummeriert, um nachvollziehen zu können, ob ein Schreiben auch wirklich zugestellt wurde, und im Laufe der Kriegsjahre werden die beiden sogar dazu übergehen, die Briefe an den jeweils anderen in Französisch abzufassen.

Mariahalden sei eine herrliche Besitzung mit großem Park, das Wetter fast die ganze Zeit sehr schön, schreibt Ella am 19. September an Maria Marc. Endlose Rosenrabatten, eine Fülle an Bäumen und blühenden Büschen, ein Springbrunnen und Laubengang, im Haus selbst mehrere Salons, Schlaf- und Gästezimmer. Und von der Terrasse ein Ausblick bis in die Berge. Von dem, was in der Welt vor sich geht, erfahren sie hauptsächlich aus den schweizerischen Zeitungen.[10] Es dauert, bis persönliche Nachrichten von den Freunden in Deutschland und von der Front eintreffen.

Noch am Tag der eiligen Abreise aus Murnau hatte Kandinsky kurz bei Franz und Maria Marc in Ried vorbeigeschaut und sich das neue Haus und das Gehege für die Rehe zeigen lassen. Maria Marc hatte das Gefühl, dass die beiden Männer ahnten, »dass sie sich nie mehr wiedersehen würden. Wir begleiteten ihn [Kandinsky, zum Omnibus] nach Kochel – der Abschied war schwer u. düster. Diesen Abend saßen wir allein in Ried in tief betrübter und bedrückter Stimmung. (…) Wir wussten, dass es der letzte Abend eines reichen u. beglückenden Lebensabschnitts sei – u. dass das, was kam unausdenkbar u. unvorstellbar sein würde.«[11]

Für alle ist der Krieg eine Katastrophe, aber anders als die Frauen sehen Marc und Kandinsky in ihm in gewisser Weise etwas Heilsames, das die Menschen in Europa nicht zurückwerfen, sondern reinigen würde: Europa, ein Augiasstall, der dringend ausgemistet gehöre.[12] Ansichten wie diese sind weniger Ausdruck tumber Kriegsbegeisterung, sondern der festen Überzeugung vieler Intellektueller damals, dass der Kampf wie ein reinigendes Gewitter schnell vorübergehen und den Boden bereiten würde für etwas Größeres – für die Zeit eines universalen Geistes, wie ihn die *Blauen Reiter* schon in ihrem *Almanach* und anderen theoretischen Schriften beschworen hatten. Für sie geht es vor allem um die Sprengung jeglicher Grenzen der Kunst, auch der nationalen, hin zu einer neuen Ausdrucksform der Welt. Im handschriftlich von Ella angefertigten Entwurf des Vorwortes zum *Almanach* heißt es: »Wir stehen in der Thür einer der größten Epochen (…), der Epoche des Großen Geistigen. (…) Das ganz große Werk, Kunst genannt, kennt keine Grenzen und Völker, sondern die Menschheit.«[13]

Die Realität in den Schützengräben in Frankreich, wo Marc und Macke kämpfen, ist eine andere. In den Briefen August Mackes an seine Ehefrau weichen Euphorie und Zuversicht schon nach wenigen Wochen der Angst, seiner Familie entrissen werden zu können. Vor allem beim Gedanken an seine Kinder packt ihn »eine wilde Verzweiflung, dass ich die nie wiedersehen sollte. (…) Was werden wir aber glücklich sein, wenn dieser Krieg vorüber ist und wir sind wieder zusammen.«[14]

Die Exilanten in der Schweiz wissen in den ersten Wochen nicht, wie es ihren Freunden geht. Ella schickt am 10. September 1914 eine Postkarte an Herwarth Walden: »Klee, der noch in Bern ist, wird wahrscheinlich zum Landsturm müssen. In welcher Stadt ist Marc? Macke ist in Belgien gewesen. Wo ist er jetzt?«[15] Am gleichen Tag verfasst Kandinsky einen Brief an Paul und Lily Klee: »Wo ist Marc (…)? Haben Sie Nachricht von Frau Marc? (…) Heute war großer Jubel bei uns: Wir bekamen die erste Nachricht aus Russland – 6 Wochen wussten wir nichts. Langsam entstehen wenigstens briefliche Verkehrsmöglichkeiten. – Was für ein Glück das sein wird, wenn die schreckliche Zeit vorüber ist. Was kommt nachher? Ich glaube eine große Entfesselung der inneren Kräfte, die auch für die Verbrüderung sorgen werden.«[16]

Die schreckliche Zeit wird noch lange andauern, die Verbrüderung ausbleiben. Die Entfesselung der inneren, der geistigen Kräfte, jenes schöpferische Band, das den *Blauen Reiter* – und auch Ella und Wassily selbst – verbunden hatte, wird dünner.

Wie unterschiedlich die Lebenswelten der Freunde inzwischen sind, wird deutlich, als endlich die ersten Feldpostnachrichten eintreffen. Während Werefkin und Jawlensky sich fragen, wovon sie die Farben bezahlen sollen, um weiter malen zu können, und Kandinsky im Gartenhaus in Goldach weiter an *Punkt und Linie zu Fläche*, seinem Werk über Maltheorie, brütet, schreibt ihm Marc am 24. Oktober: »Ich hab das traurige Gefühl, dass dieser Krieg wie eine große Flut zwischen uns strömt, die uns trennt; der eine sieht den anderen kaum am fernen Ufer. Alles Rufen ist vergeblich (…) Was Sie jetzt fühlen, weiß ich nicht. Ich selbst *lebe in diesem* Kriege. (…) Unsere ganze Division ist von den Vogesenkämpfen so dezimiert und auch durch Krankheit erschöpft, dass man ihr jetzt Ruhe gönnt. (…) Die Fenster klirren oft stundenlang von dem Bombardement vor Toul.«[17]

Kandinsky antwortet am 8. November: »Mir geht es ja im Vergleich mit Ihnen herrlich. Aber trotzdem konnte ich nur die ersten 6–7 Wochen arbeiten. Seitdem bin ich innerlich dazu unfähig. Nicht wenig stört mich auch die Unbestimmtheit meiner Lage. Meine Sehnsucht heimzukommen ist sehr groß. Die Möglichkeiten dazu werden immer kleiner. (…) Ella schickt Ihnen einen Schweizer Gruß – etwas Schokolade.«[18]

Während sich Kandinsky im Schweizer Exil außerstande sieht, zu malen, hält Ella ihre neue Umgebung in einigen wenigen Bildern fest: *Landhaus Mariahalde bei Rohrschach* etwa oder *Dame im Park*. Darauf sieht man eine Frau in einem weißen Kleid, allein inmitten eines Parks mit hochaufragenden Bäumen im Licht der untergehenden Sonne. Allein fühlt sich auch die Malerin selbst. Im Haus wird vornehmlich Russisch gesprochen, der geliebte Mann zieht sich von allem und allen zurück, und dazu kommt die Unsicherheit, wie es weitergehen wird. Schon im September hatte sie an Maria Marc geschrieben: »Ich bin nicht ganz sicher, ob K. nicht doch mit seinen Verwandten bald nach Hause fährt – das wird traurig sein für mich. Wenn er nicht mit fortgeht, gedenken wir in die französische Schweiz – Gegend von Vevey zu gehen. (…) Wenn doch dieser Krieg bald ein Ende nähme und ohne so viel Hass zu hinterlassen!«[19]

Nach Hause, das hieße Russland. Ella weiß, dass Moskau der Boden ist, von dem Wassily seine Kräfte saugt. »Die innere Stimme sagt mir, was ich tun muss. Jetzt wiederholt sie unausgesetzt: nach Moskau, nach Moskau, nach Moskau.«[20] In den vorangegangenen Jahren war er immer wieder wochenlang nach Russland gereist, um seine Eltern, Verwandten und Freunde zu besuchen, um Ausstellungen zu organisieren und einzutauchen in sein Lebenselixier. Immer wieder hatte er Ella von Moskau vorgeschwärmt, ihr versprochen, sie das nächste Mal ganz sicher mitzunehmen. Nun ist die Tür dafür zugeschlagen. Ohne mit Kandinsky verheiratet zu sein, ist ihr der Weg in seine Heimat versperrt, solange der Krieg andauert.

Ende September 1914 war sie zunächst für ein paar Tage zurück nach München gefahren, um einige Sachen aus der eilig verlassenen Wohnung zu holen. Von dort hatte sie an Herwarth Walden geschrieben, und ihm gegenüber auch Pläne hinsichtlich eines gemeinsamen Umzugs mit Wassily in die französische Schweiz erwähnt. Waldens Reaktion erfolgt prompt und war eindeutig: »Ich rate Ihnen dringend ab. (…) Bekannte von dort, unter anderem eine Russin, sind ganz entsetzt über die dortigen Zustände. (…) In den kleinen Städten und Dörfern sehen die Einwohner die Fremden sehr ungern, weil die Nahrungsmittel sehr knapp sind. Es soll in jeder Hinsicht dort unerfreulich sein.«[21]

Als sie aus München zurückgekommen war, spürte sie, dass die Zeit in Goldach nicht mehr lange andauern würde. Sie kannte Wassily gut genug, seine Phasen der quälenden Anspannung und Unrast. Hatte sie ihm von Waldens Warnung erzählt? War es die

Verantwortung, die er gegenüber seinen Verwandten verspürte? Die Sehnsucht nach Russland? Jedenfalls war nun keine Rede mehr von einer gemeinsamen Zukunft in der französischen Schweiz.

Am 10. November stellt Kandinsky ein Gesuch an das Königliche Staatsministerium des Äußeren. Darin schreibt er: »Ich bin (…) bald 48 Jahre alt, habe als einziger Sohn nie gedient. Mit Unterbrechungen, während denen ich auf Kunstreisen war, habe ich vom Jahre 1897 in München gelebt. (…) Mein Schwager (…) hat wegen eines starken Herzleidens nie gedient und ist als Richter vollkommen militärfrei. (…) Uns beide befreit von jedem Militärdienst in der Zukunft unser Alter (…). So erlaube ich mir darum zu bitten, (…) die Reise durch Deutschland gestatten zu wollen.«[22]

Man gestattet nicht, wohl auch, weil man mutmaßt, Kandinsky könne Spionage betreiben. Damit bleibt ihm und seinen Verwandten nur die Route über den Balkan. Am 16. November fährt er gemeinsam mit Ella nach Zürich, um alles Weitere in die Wege zu leiten. Die bevorstehende Trennung fällt ihr nicht leicht, ein Wiedersehen immerhin soll es bald geben, in Skandinavien, wenn Wassily sich davon überzeugt hat, dass Freunde und Familie in der Heimat wohlauf sind. An diese Hoffnung klammert sich Ella, als er am 25. November mit den Scheimanns in den Zug nach Brindisi steigt. Von dort soll es mit dem Schiff nach Griechenland gehen, dann über den Balkan bis nach Odessa und von dort weiter nach Moskau. Er werde schreiben oder telegrafieren, so oft es gehe, versichert Wassily. Wie hatte Maria Marc in ihrer Antwort auf Ellas Brief vom 19. September geschrieben? »Ich wünsche Ihnen von Herzen, dass Kandinsky bei Ihnen bleibt; wenn man in dieser traurigen Zeit allein ist, trägt man alles viel schwerer.«[23] Wie schwer die Last sein wird, ahnt in diesem Moment keine der Frauen der *Blauen Reiter*.

Während die Schweizer Exilanten versuchen, sich so gut es eben geht, in ihrem neuen Leben einzurichten und sich um die Freunde an der Front sorgen, fällt am 26. September 1914 August Macke.

Seine Frau Elisabeth erfährt davon aus den Zeitungen. Die widersprüchlichen Meldungen reichen von vermisst über Kriegsgefangenschaft bis hin zum »Heldentod«. Erst im Oktober sorgt ein Telegramm für die traurige Gewissheit. In seinem Nachruf auf den Freund, verfasst an der Front, schreibt Franz Marc am 25. Oktober 1914: »Das Blutopfer, das die erregte Natur den Völkern in großen Kriegen abfordert, bringen diese in tragischer, reueloser Begeisterung. (…) der Einzelne, dem der Krieg das liebste Menschengut gemordet hat, würgt in der Stille die Thränen herunter. (…) Aber die große Rechnung ist mit all dem nicht beglichen. (…) Unter tausend Braven trifft die Kugel einen Unersetzlichen. Mit seinem Tode wird der Kultur eines Volkes die Hand abgeschlagen, ein Auge blind gemacht. (…) Mit seinem Tode knickt eine der schönsten und kühnsten Kurven unserer deutschen künstlerischen Entwicklung jäh ab; keiner von uns ist imstande, sie fortzuführen. Jeder zieht seine eigene Bahn; und wo wir uns begegnen werden, wird er immer fehlen. (…) Er hat vor uns allen der Farbe den hellsten und reinsten Klang gegeben, so klar und hell, wie sein ganzes Wesen war.«[24]

Doch der Tod ist noch nicht besänftigt: Anderthalb Jahre später, am 9. März 1916, erscheint im *Berliner Tageblatt* ein Beitrag der Lyrikerin Else Lasker-Schüler, der mit den Zeilen beginnt: »Der blaue Reiter ist gefallen. (…) Über die Landschaft warf er einen blauen Schatten. Er war der, welcher die Tiere noch reden hörte; und er verklärte ihre unverstandenen Seelen. (…) Er ist gefallen. (…) Es erhebt sich eine unermessliche Blutmühle, und wir Völker alle werden bald zermahlen sein. (…) Der blaue Reiter ist angelangt; er war noch zu jung zu sterben.«[25] Am Tag seines Todes am 4. März hatte Franz Marc noch einen Brief an seine Frau geschickt. »Ja, dieses Jahr werde ich zurückkommen in mein unversehrtes liebes Heim, zu Dir und zu meiner Arbeit. Zwischen den grenzenlos schaudervollen Bildern der Zerstörung, zwischen denen ich jetzt lebe, hat dieser Heimkehrgedanke einen Glorienschein.«[26]

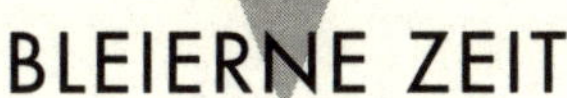

V BLEIERNE ZEIT

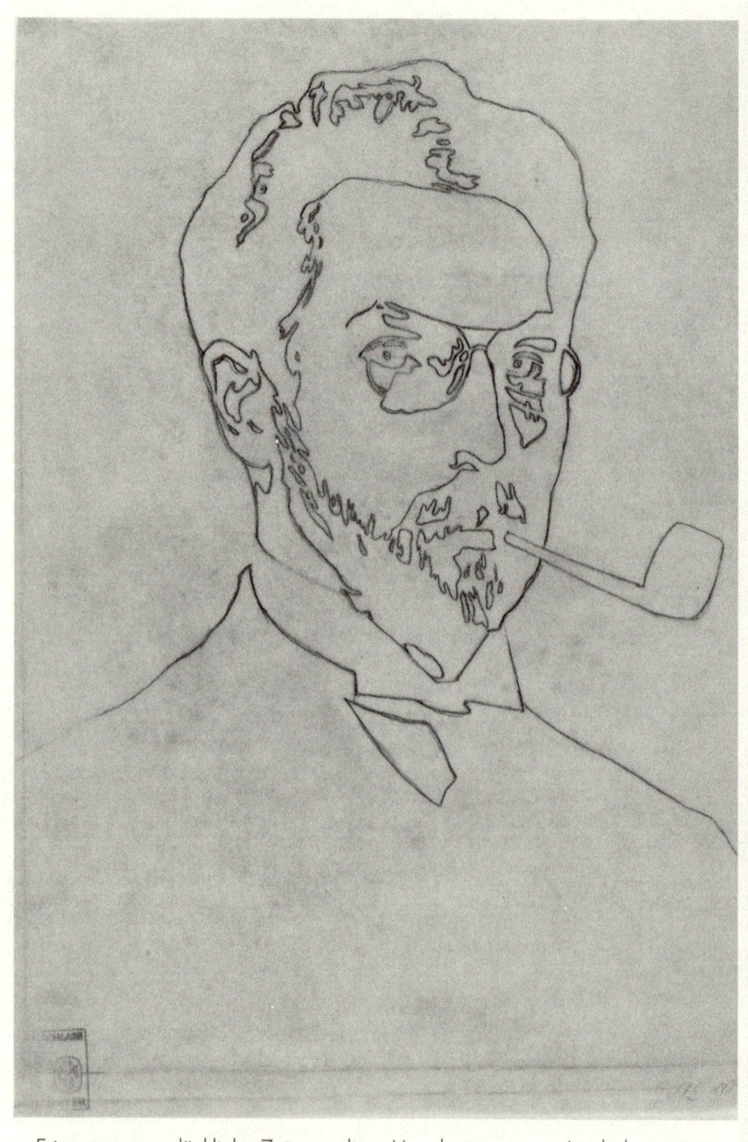

Erinnerung an glückliche Zeiten – diese Vorarbeit zu einem Linolschnittporträt von Kandinsky fertigte Münter 1906 an.

SPITZES WEISSES SCHWEIGEN

Ich glaubte an Dich, und ich lebte mit Dir
und verlangte nichts weiter für mich,
da ich dich hatte.

GABRIELE MÜNTER

Im Februar 1915, als Franz Marc noch als Soldat an der Westfront kämpfte, hatte ihn ein Brief seiner Frau Maria erreicht: »Übrigens – Münter ist in München – in *furchtbar* gedrückter Stimmung. Sie ist kaum wiederzuerkennen. Klee traf sie auf der Straße … Wir vermuten, dass sie die Wohnung und Murnau auflöst. – Ich ging einen Augenblick zu ihr – sie sprach zu mir vom Ordnen ihrer Sachen – alles aufschreiben, Listen machen, etc. Kandinsky ist in Moskau. Ob sie, wenn der Krieg Schluss ist, auch dorthin geht und was sie tun wird, mochte ich nicht fragen. … K. kommt nicht nach München zurück – diesen Eindruck haben wir alle.«[1]

Das hätte er nach neuesten Erkenntnissen sogar tun können, sich dann allerdings strikten Auflagen unterwerfen müssen, die für alle zwangsverwalteten »Feindstaatenausländer« galten. Dass er trotz seiner Verbundenheit zu Deutschland, die er Walden gegenüber bei Kriegsausbruch betont hatte, offenbar weder diese Option noch ein dauerhaftes Exil in der französischen Schweiz in Erwägung zog, legt nahe, dass für ihn die Sorge um seine Familie schwerer wog als die Gemeinschaft mit Ella.

Deren Stimmung schwankt seit ihrer Rückkehr nach Bayern Anfang des Jahres 1915 stark. Ohne Kandinsky hatte es für sie keinen

Sinn mehr gemacht, länger in der Schweiz zu bleiben. Ihr Schwager Georg hatte ihr dazu geraten, in ihrem Haus in Murnau die weitere Entwicklung des Krieges abzuwarten. Doch sie ist fest entschlossen, im Frühjahr nach Norden aufzubrechen. Dort wäre sie Kandinsky näher, dort hätten sie die Möglichkeit, sich zu sehen. Dort würde sie auf ihn warten.

Die Wochen in München sind geprägt von Aktionismus, Verzweiflung und Ablenkungsversuchen – Opernabende, Filmvorführungen im Kino, ein Ausflug nach Andechs, ein Bier mit Freunden im Bürgerbräukeller, ein Nachmittag mit Lily Klee und Maria Marc bei einer Tasse Tee … In manchen Momenten erfasst sie aber auch Euphorie. So traurig die Auflösung des gemeinsamen Hausstands sein mochte, so ist sie doch gleichzeitig die Voraussetzung für den gemeinsamen Neuanfang im Sommer in Skandinavien, an den Ella felsenfest glaubt. Auch wenn Kandinsky schon in Zürich angedeutet hatte, dass sie sich in Zukunft wohl keine gemeinsame Wohnung mehr teilen würden. Aber das würde sich schon finden, wenn sie erst einmal wiedervereint wären. Schließlich kannte sie solche Gedanken und sein ewiges Herumlavieren zwischen Nähe und Distanz seit fast zehn Jahren. »Ich denke oft daran dass ich eigentlich aus vielen Gründen allein leben sollte. Ich denke: ich heirate Dich, damit wir einander gehören, aber leben werden wir nicht zusammen«, hatte er schon im April 1905 verkündet.[2] Und dann hatten sie doch nach den Jahren des Reisens in München und Murnau zusammengelebt und gearbeitet.

Bis zum Neustart in Skandinavien ist noch jede Menge zu regeln. Die Möbel aus der Ainmillerstraße müssen eingelagert, die Bilder und ihre Volkskunst-Sammlung sorgfältig verpackt und in zwei Depots der Firma Gondrand in der Schwanthaler Straße gebracht werden, das Murnauer Haus ordentlich verschlossen, alles darin eingemottet werden. Auch dort befinden sich Gemälde und Skizzen, andere Werke von Kandinsky, die auf seiner ersten großen

Einzelausstellung gezeigt worden waren, sind noch in einem Depot Waldens in Stuttgart. Darum muss sie sich ebenfalls kümmern. Wassily hatte sie noch in Goldach bevollmächtigt, seine Angelegenheiten zu regeln. Dazu gehörten nicht nur finanzielle Dinge und Gespräche mit Galeristen über Ausstellungen, sondern auch, dass sie sich um seine erste Frau kümmern und deren Ausreise bewerkstelligen sollte. Warum Anja nicht gemeinsam mit den anderen den Zug nach Brindisi bestiegen hatte, liegt im Dunklen.

Seit ihrem Abschied in Zürich hatte Wassily Ella, wie versprochen, mit Telegrammen über den Fortgang seiner Reise nach Moskau unterrichtet: Piräus am 2. Dezember 1914, Bukarest am 10., Odessa am 13. Schon von dort hatte er ihr geschrieben, sie solle ausloten, ob Anja eventuell über Schweden auf sicherem Weg nach Russland gelangen könne.[3] Und in späteren Briefen immer wieder ungeduldig nach Neuigkeiten in dieser Angelegenheit gefragt.

Anja, immer wieder Anja. Seit Oktober 1911 waren die beiden geschieden, aber noch immer ist sie eine feste Konstante in Wassilys Leben. Für Ella war ihre bloße Existenz über die Jahre ein schmerzhafter Stachel gewesen, ein Quell der Eifersucht und des Neids. Immer hatte sie zurückstecken müssen, schon ganz zu Anfang bei der überstürzten Abreise aus Kochel, dann beim Traum von einer gemeinsamen Wohnung in München – den Skandal hatte er seiner Frau lange nicht zumuten wollen –, dem endlosen Herumkreisen um das Thema Scheidung, bei dem es natürlich auch gewisse Sachzwänge gegeben hatte, er ihrer Meinung nach aber vor allem aus Rücksicht auf Anja nur sehr zögerlich und viel zu spät gehandelt hatte. Der Druck, den sie deswegen auf ihn ausgeübt hatte, machte die ganze Sache für Wassily zu einem »Nervenspiel«, eine unsichtbare Hand würde sein seelisches Gleichgewicht wie in einer Waagschale nach unten ziehen, immer neue kleine Grammteilchen die eine Seite so hinunterdrücken, dass die andere zum Himmel fliege, hatte er geklagt. Sie mochte davon nichts mehr hören. »Wenn da wirklich eine Hand ist, die bis jetzt die Scheidung verhinderte, (…) darf es denn jetzt sein? Mir scheint, wenn du eher selbst in Pbg [St. Petersburg] gewesen wärst, so wäre es auch eher so gekommen«, hatte sie ihm im November 1910 vorgehalten.[4]

Seitdem waren sich die beiden Frauen zwar nähergekommen, es gab gegenseitige Besuche, angeregt auch durch Kandinsky, dem natürlich sehr daran gelegen war, dass Anja und Ella eine gemeinsame Ebene fanden. Vor allem 1910, während seiner langen Monate in Russland, hatte er in seinen Briefen immer wieder erwähnt, wie sehr er sich freue, dass sie Anja so oft sehe und regelmäßig Grüße an sie ausrichten lassen. Ein gutes Verhältnis zwischen den beiden Frauen machte nicht zuletzt ihm selbst das Leben leichter. Weniger Gewissensbisse, weniger Sorgen um ihr Wohlergehen, wenn er auf Reisen war. Für Ella war Anja inzwischen – bei allen Unterschieden in Persönlichkeit und Art der Beziehung zu dem geliebten Mann – eine Verbündete im Umgang mit Wassilys emotionalen Höhen und Tiefen geworden. Dennoch schmerzt es sie, wie sehr seine Gedanken und Sorgen immer noch um seine Exfrau kreisen.

Kandinsky hatte Moskau am 22. Dezember 1914 erreicht und dort eigentlich in sein neues Mietshaus an der Dolgystraße einziehen wollen, ein mehrstöckiges Gebäude mit Blick auf den Zubowski-Platz, mit einem Eckturm und 24 Wohnungen. Doch der Bruder seiner Halbschwester, den er als Verwalter eingesetzt hatte, teilt ihm mit, dass auch die für ihn reservierte Fünfzimmerwohnung im Obergeschoss vermietet ist. Er muss sich ein anderes Quartier suchen, bis diese Wohnung im Juni 1915 frei wird.

In seinen Briefen, die zunächst an die Adresse von Marie Fröhner in der Züricher Peterstraße 1 gehen, und Ella von dort nach München nachgeschickt werden, klagt er über die Situation. Ein Atelier fehle, trotz Arbeitshunger: »Wann habe ich zuletzt eine

Palette in der Hand gehabt?«[5] Aber auch, wie sehr er die gemeinsame Arbeit mit ihr vermisse, wie er sie überhaupt vermisse, seit dem Abschied in Zürich. Schon während der Reise und den ersten Wochen in Moskau hatte er ihr detailliert seine Tagesabläufe geschildert, von Gepäckverlust, Hunger und Bombenangriffen berichtet, von ersten Streifzügen durch Moskau, wieder aufgenommenen Kontakten zu anderen Künstlern, die aber deutlich zurückhaltender auf ihn reagiert hätten als noch 1910, von Ausstellungsbesuchen und Frühstücken im Café. Die Euphorie, die sich bei früheren Aufenthalten beinahe sofort eingestellt hatte, lässt diesmal auf sich warten.

Kandinsky fühlt sich bleiern, allein, gefangen in seinen Träumen. Und immer wieder die Sorge, wie es ihr gehe, ob sie genug zu essen hätte, ob sie malen könne. »Wenn du etwas von meinen Bildern verkaufst, so behalte bitte das Geld für dich. Ich bin stets bange, dass du wenig Geld hast«[6], schreibt er. Und: »Ich bedaure schmerzlich, dass du nicht viel energischer arbeitest: Gottes Funke steckt in dir, was so unendlich selten bei den Malern zu finden ist. (…) Deine wiegende Linie und der Farbensinn! Ich hoffe sehr, dass du plötzlich wieder fein anfängst.«[7]

Es quält ihn, wenn Ella ihm schreibt, wie allein sie sich fühlt; es quält ihn, wenn sie ihm vorwirft, ihre verloren gegangene schöpferische Kraft habe auch etwas mit seiner Abwesenheit zu tun. Es quält ihn, dass ihm der Austausch mit ihr fehlt, die Gespräche, die Ausflüge, das gemeinsame Arbeiten. Das tiefe, stille Verständnis darüber, was es bedeutete, ein Bild fertigzustellen.

1913 hatte er für seine monumentale *Komposition VII* über Monate hinweg an die 35 Entwürfe angefertigt – Aquarelle und Ölstudien –, bevor er das zwei mal drei Meter große Werk im November in nur vier Tagen in der gemeinsamen Wohnung in der Ainmillerstraße fertiggestellt hatte. Ella hatte die verschiedenen Entwicklungsphasen der Bildwerdung mit dem Fotoapparat festgehalten. Niemandem sonst hätte er diesen Blick über die Schulter gestattet, es war ein Zeichen von tiefgehendem Vertrauen und Liebe. Am 1. Januar 1914 war *Komposition VII* erstmals bei Thannhauser zu sehen gewesen.

Dieses geistige Band – war es nicht das wichtigste von allen, war es nicht das, was ihre Beziehung so einzigartig machte? Es quälte ihn zutiefst, wenn sie ihm vorwarf, er habe ihr Leben ruiniert und sie gesellschaftlich aufs Unangenehmste exponiert, weil er sie nicht heiratete. Ihre besten Jahre hatte sie ihm geschenkt, die Kritik ihres Schwagers Georg und ihres Bruders an dem moralisch fragwürdigen Herrn K. zurückgewiesen, Emmys wechselnde Ansichten über ihre mal sündhafte, mal faszinierend verruchte Verbindung ertragen, und auch, dass die Einheimischen dem Domizil in der Kottmüllerallee noch einen zweiten Namen gegeben hatten: das »Hurenhaus«. Die feinen Damen aus der Stadt, die spinnerten Weiber, die ihre Staffeleien durchs Dorf und über die Wiesen schleppten, und Schmierereien auf die Leinwand pinselten, die sie »Kunst« nannten – nicht eine von ihnen war mit dem verheiratet, mit dem sie zusammenlebte. Und alle gingen da droben im Haus auf dem Hang aus und ein. Immer wieder hatte Ella vom Fenster ihres Zimmers im ersten Stock aus ein paar Burschen aus dem Ort hinter Bäumen und Büschen hocken sehen, begierig, einen Blick ins Innere des Hauses zu erhaschen, in dem doch die wüstesten Dinge vor sich gehen mussten. Sie hatte das abschätzige Mustern aushalten müssen, die hinterhergezischten Bemerkungen, das Kopfschütteln, nicht er. Was bei Männern toleriert wurde, galt – bei allen Emanzipationsbestrebungen – längst nicht für Frauen, schon gar nicht auf dem Land, in dem die katholische Kirche mit ihren Moralvorstellungen viel stärker den Ton angab als in München, zumal in den liberalen Schwabinger Künstlerkreisen.

Es war mehr als nur ihr gutes Recht, ihn immer wieder an sein Versprechen zu erinnern, sie endlich zu heiraten. Wobei es Ella in dieser Phase weniger um die juristische Legalisierung ihrer wilden

Ehe und um die Beseitigung eines gesellschaftlichen Stigmas ging. Dafür dauerte dieser Zustand schon viel zu lange an. Eine Heirat war in ihren Augen ein Zeichen, dass ihre Liebe Bestand haben würde, dass er wahrnahm, in welcher Lage sie sich befand und dass er ihre Gefühle achtete.

Manchmal schienen seine Briefe genau das auszudrücken: »Wenn ich an dich denke, so schmerzt das Herz manchmal zum Zerspringen und ich möchte dir mein Blut abgeben. Du musst nie vergessen und ständig fühlen, dass ich, der dein Leben verdorben hat, wirklich bereit bin, dir das Blut abzugeben. Das sind keine übertriebenen und keine leeren Worte, du liebe, liebe, gute, herzige Ella«, schreibt er am 2. März 1915.[8]

Keine leeren Worte?

Im gleichen Brief heißt es: »Jetzt lebe ich drei Monate allein und sehe, dass diese Form für mich die richtige ist. Du fehlst mir oft. (...) Nur in der Kunst weiß ich wirklich (...) was ich will. In der Kunst bin ich unfehlbar wie der Papst und despotisch wie ein Monarch. Im Leben bin ich wie ein flauer Fluss, der nach nirgends stark fließt, weil er zu selben Zeit in alle Richtungen fließen möchte. (...) Ich beneide manchmal schrecklich die Menschen, die (...) zusammen die Nacht verbringen und mit dem Gefühl (...) erwachen: ›er ist hier, sie ist hier.‹ Ich weiß, dass (...) mich dieses Leben nur flüchtig beglücken kann. Sofort sehne ich mich nach Freiheit, Einsamkeit. (...) Die Liebe – in meinem Ideal – muss grenzenlos und in jeder Weise fruchtbar sein.«[9] Dieses Ideal der Liebe habe er bisher nur in der Kunst erfahren.

Der Rückschluss, den er daraus zieht, muss für Ella ein Schlag ins Gesicht gewesen sein. Denn dass er dieses Ideal von Liebe bisher nur in der Kunst erfahren habe, sei ein untrügliches Zeichen dafür, dass sie ihn eben nie so grenzenlos und auf in jeder Hinsicht bereichernde Weise geliebt habe. Ohne diese bedingungslose Liebe aber sei das Zusammenleben ein Kompromiss mit dem Beigeschmack von Lüge und Sünde.

Deutlicher hätte er kaum ausdrücken können, dass die Beziehung für ihn keine Zukunft hatte. Hinter jedem Wort steht eine Wahrheit, hatte ihr Vater immer gesagt. Darauf beruht die Verlässlichkeit der Welt. Aber Ella blendet die Zurückweisung aus und sieht nur, was sie sehen will: dass sie ihm fehlt, dass er sein Blut für sie geben würde, manchmal vor »lauter Kleinmut und Angst ins Wasser springen« und sich »auf die Hinterpfoten setzen und heulen [möchte], wie der Hund zum Mond heult«[10], vor lauter Schmerz über das Wissen, welche Verantwortung er für ihr Leben trägt. Außerdem war er doch schon in der Vergangenheit, eigentlich von Anfang an, immer widersprüchlich gewesen in seinen Äußerungen und seinem Verhalten. Das pathetische Sehnen und Verlangen nach ihr, das Beschwören des Gemeinsamen, des Einsseins mit ihr. Dann wieder das Gefühl zu ersticken, keine Luft zum Atmen zu haben, sich von allem und allen zurückziehen zu müssen. Einsam müsse er sein und bleiben, weit entfernt von den Menschen, hatte er ihr schon in Kallmünz erklärt. Weil er doch jedem, den er liebte, nur Qual und Elend bringe. Was hätte sie anderes tun sollen, als ihm durch ihre unverbrüchliche Treue zu bestätigen, dass es ganz anders war? Sie sah sich an seiner Seite, sie fühlte sich als seine Frau, nein, sie *war* seine Frau. Seinem Gefühl nach war sie das schon seit November 1903 gewesen. Und bald würde aus der »Gewissensehe«, wie er das damals in seinem Brief genannt hatte, eine ganz offizielle werden. Schließlich hatten ihm sogar seine Mutter und Anja Vorhaltungen gemacht, sich endlich um die Heiratspapiere zu kümmern.

Anja war inzwischen mit dem Zug über Malmö nach Stockholm gefahren – die Ankunft dort hatte sie Ella am 19. Februar auf einen Briefbogen des Grand Hotels vermeldet. Von hier aus würde sie keine Probleme haben, weiterzukommen, am Ende stünden nur wenige Kilometer mit dem Schlitten bis zu den russischen Grenzkontrollen. Am 1. März 1915 telegrafiert Kandinsky, dass Anja wohlbehalten in Moskau eingetroffen ist. In den Wochen davor hatten die beiden Frauen sich nicht nur den Kopf über eine sichere Reiseroute zerbrochen, sondern sich auch darüber ausgetauscht, wie Ella und Wassily in Zukunft über die Landesgrenzen hinweg miteinander in Kontakt bleiben könnten.

Kurz nach Anjas Ankunft in Moskau findet Ella schließlich einen geeigneten Mittelsmann: Knut Ljunggren, den Schwager von Nell Walden, der zweiten Frau von Herwarth Walden. Am 4. März bedankt er sich für die Ehre, »Ihnen und dem Herrn Kandinsky ein wenig zur Hilfe zu [sein können]. (…) Ihr letzter Brief hat für die Strecke München-Stockholm kaum drei Tage gebraucht. Ein Brief von hier bis Moskau fordert etwa fünf Tage. (…) Sie brauchen nicht jedesmal Postscheine mitsenden, meine eventuellen Ausgaben können Sie am Ende des Krieges vergüten.«[11] Bis Ella selbst in Skandinavien eintrifft, wird der Briefverkehr – jedes Schreiben sorgfältig nummeriert, jeder Ein- und Ausgangsvermerk dokumentiert – über Ljunggren abgewickelt, der die Briefe öffnet und in einen neu beschrifteten Umschlag mit schwedischer Briefmarke steckt, bevor er sie weiterleitet.

Während Kandinskys Schreiben aus den Kriegsjahren erhalten geblieben sind, sind die Originale von Ella an ihn verschollen. Wie es ihr damals tatsächlich geht, wovon sie ihm erzählt, welche Vorhaltungen sie ihm macht, vieles von dem lässt sich nur aus seinen Antworten herauslesen, aus Rohfassungen, die sie von Briefen an ihn verfasst oder aus jenen, die sie in dieser Zeit an andere schreibt.

So berichtet sie am 23. Mai 1915 Maria Marc: »Räumen, räumen, packen, packen – Ende der Woche kommen die Möbel zum Spediteur und ich fahre zuerst nach Berlin. Dann voraussichtlich Stockholm – oder zuerst Kopenhagen, wenn ich Zeit habe bis Kandinsky kommt. Bekam heute Telegramm – wenigstens dass er gesund ist weiß ich jetzt.«[12] Davon, dass er sie noch im März eindringlich darum gebeten hatte, nicht zu fahren, erwähnt sie kein Wort: »Eben habe ich telegraphiert: bitte herzlich mit Reise bis Juni warten. Wie du weißt und mir oft unter die Nase reibst, halte ich nicht immer meine Versprechen. Oft ist es meine Schuld. Diesmal nicht.«

Als sie längst bei ihrer Schwester in Berlin angekommen ist, der ersten Etappe ihrer Reise, legt er noch einmal nach: »Von Dr. Ljunggren habe ich eine Karte erhalten, dass du Ende Mai reisen willst und auf mich warten wirst. Mit der Reise solltest du tatsächlich warten. Du weißt doch, dass ich vor Juli in keinem Fall reisen kann: ich habe nur Zahlungen und kein Geld.«[13]

Ein Stempel belegt, dass dieser Brief am 6. Juni »militärischerseits unter Kriegsrecht geöffnet« wurde. Drei Tage zuvor war Ella bei den Schroeters angekommen.

Kandinsky verschiebt die Reise nach Stockholm immer wieder. Im Juni vielleicht, nicht vor Juli, nein, auch das sei leider nicht möglich, die Zeiten nicht danach, niemand könne sagen, wie sich der Krieg entwickeln würde. Was, wenn er nicht mehr nach Russland zurück dürfte? Was sollten seine Eltern dann tun? Und Anja? Tröstlich sei doch immerhin, dass ihre Briefe beinahe in Windeseile die Grenzen überwinden würden, sie zumindest im Geiste nur noch wenige Tage voneinander entfernt seien. Sie brauche ihm also nicht mehr so oft schreiben, kurze Notizen, ob sie wohlbehalten und gesund sei, würden genügen. Er selbst wolle ihr nur noch alle acht bis zehn Tage schreiben.

Anfang Juli bricht Ella dennoch wie geplant von Berlin nach Kopenhagen auf, und zwei Wochen später, am 18. des Monats, teilt sie Kandinsky mit einem »Salut« per Telegramm ihre neue Adresse in Stockholm mit: Stureplan 2. Hier, mitten in der Altstadt, bezieht sie ein helles Zimmer im vierten Stock der Pension Palm. Das Leben in der bislang unbekannten Stadt wirkt wie eine Befreiung. So etwas Schönes, Famoses und Sympathisches wie Stockholm habe sie noch nie gesehen, wie von einem besseren Stern, notiert sie in ihrem Tagebuch. Mit dem Skizzenbuch streift sie durch die Gassen der

Altstadt, besucht Museen und Schlösser in der Umgebung, erkundet mit dem Boot die Schären und ist fasziniert von der Schroffheit der Landschaft, die sie an die Bilder ihres Hausherren Morten Müller in Düsseldorf erinnert. Sie stöbert in Antiquitätenläden nach volkskundlichen Bildern und Figuren herum, die sie – wie in Murnau, wie in München – auf Regalen in ihrem Zimmer arrangiert und in Stillleben festhält. Sie beginnt Schwedisch zu lernen, später sogar Gitarre. Alles ist neu, es gibt viel zu entdecken, es muss ein Gefühl gewesen sein, wie es sie damals in Amerika erfasst hatte: Der Pioniergeist ist zurück, das Selbstbewusstsein, die Offenheit, sich ins Leben zu stürzen und alle Eindrücke in sich aufzusaugen. Wie verflogen scheinen für den Moment Bleischwere und Verunsicherung, die ihr jede Inspiration geraubt, die sich wie Mehltau auf ihre Stimmung gelegt hatten. Ihr Kalender quillt in dieser Zeit über mit Notizen zu all ihren Aktivitäten.

Dass ihr auch als Künstlerin in der Stadt alle Möglichkeiten offenstehen, hatte damit zu tun, dass sie in Skandinavien bereits über einen Namen verfügte – und zwar nicht nur als »Frau Kandinsky«, das Anhängsel. Sie war Mitbegründerin des *Blauen Reiters*, zu dem es Schauen in Oslo, Helsinki, Trondheim und Göteborg gegeben hatte. Und im Mai 1913 hatten 35 ihrer Werke in einer Einzelausstellung im Kopenhagener Kunstsalon gehangen. Ein Kritiker der Tageszeitung *Politiken* hatte ihre Arbeiten damals als »koloristisch stark und wirkungsvoll« gelobt. Das Publikum war zwar nur spärlich gekommen, aber innerhalb der Kunstszene war der Name Münter seitdem ein Begriff.

Im Stockholm des Jahres 1915 befindet sich die Kunstszene gerade im Umbruch. Lange hatten Werke der Akademiemaler dominiert, jetzt drängen jüngere Künstler in den Vordergrund, die in der Tradition der französischen Avantgarde stehen. Viele von ihnen haben in Paris an der Académie Matisse studiert, darunter Isaac Grünewald und Sigrid Hjertén sowie Carl Palme, Ellas ehemaliger Kollege aus Phalanx-Tagen, der seinerzeit in Kallmünz beim Töpfermeister Glötzl gewohnt hatte. Die Werke von Grünewald und dessen Frau Sigrid Hjertén wiederum hatte sie bereits bei ihrem Zwischenstopp in Berlin bei Herwarth Walden kennengelernt, die Bilder der beiden waren Teil der Ausstellung »Schwedische Expressionisten«. Walden, nicht zuletzt über seine Frau Nell bestens vernetzt, hatte seine Galerietätigkeit inzwischen auch nach Schweden ausgedehnt. Der Kunstmarkt in den Krieg führenden Ländern sei weitgehend tot, hatte er Ella erklärt, der internationale Handel habe sich nach Stockholm verlagert, wo er eng mit einem örtlichen Galeristen zusammenarbeite.

Sie hat also bereits bei ihrer Ankunft in Stockholm einen Überblick über die Kunstszene und verfügt über Kontakte, die sich schnell zu einem tragfähigen Netzwerk ausweiten sollten. Ihre erste Anlaufstelle ist ein großer Backsteinbau am Strandvägen 17. Im Erdgeschoss befinden sich die Galerieräume des Kunsthändlers Carl Gummeson, dem schwedischen Partner von Herwarth Walden. Sie besucht gleich die erste Ausstellung, mit der Gummeson die Herbstsaison einläutet. Gezeigt werden Werke von Franz Marc. Wehmütig fragt sie später in einem Brief bei Maria Marc an, ob sie ihr »nicht mal ein bisschen bayerische Luft schicken« könne, »mit Tinte auf Papier«. Die Bilder hätten sie an bessere Zeiten erinnert, die »guten Tage« müssten endlich wiederkommen, »sie müssen einfach! und doch, was für ein großes Fragezeichen«.[14]

Als Künstlerin immerhin blickt sie guten Tagen entgegen. Sie hat Carl Palme nach fast acht Jahren wiedergetroffen, der nach Marc bei Gummeson ausgestellt hatte. Und der Galerist selbst hat ihr inzwischen die Teilnahme an einer Gemeinschaftsausstellung in seinen Räumen vorgeschlagen. Ella hatte in weiser Voraussicht und in der sicheren Überzeugung, in Stockholm das gemeinsame Leben mit Kandinsky wieder aufnehmen zu können, bereits einige neuere Arbeiten über Walden hierherschicken lassen. Die Eröffnung ist für Oktober angesetzt, im gleichen Monat soll eine Einzelausstellung mit ihren Bildern in Waldens Berliner »Sturm«-Galerie stattfinden.

Die schwedische Presse zollt vorsichtiges Lob. Münters Stillleben und Landschaften seien zwar »chaotisch im Arrangement, jedoch malerisch von Saft und Gewicht«. Anders als »ihr Mann« würde »Frau Kandinsky« eine Anbindung an die Realität nicht versäumen, wenngleich ein märchenhafter Geist aus dem Motiv spräche, erfahren die Leser von *Svenska Dagbladet* und *Aftonbladet*.

Eine der Mitausstellenden in Stockholm ist Lilly Rydström, vierzehn Jahre jünger als Ella. Für sie hat die inzwischen 38-jährige Malerin aus Bayern eine wichtige Brückenfunktion: »[Sie] verfügte über einen außerordentlichen feinen Spürsinn für Kunst und Künstler. Sie suchte selbst die ›minores‹ auf, die Scheuen und Leisen. In ihrer Wohnung am Stureplan veranstaltete sie kleine intime Tee-Einladungen, wo die Kunstdiskussionen ruhig, aber gründlich waren.«[15]

Wie anders waren manche Abende in Werefkins Salon oder in ihrem Haus in Murnau abgelaufen. Im Zentrum Wassily und Marianne, die um die Aufmerksamkeit ihrer Zuhörer buhlten, die den geistigen Höhenflügen der beiden nicht immer folgen konnten. Oder Franz Marc, in dessen Augen sie mit der Zeit von der hochgeschätzten Kollegin zu einer alten Jungfer schlimmster Sorte, einer dummen Gans geworden war, die angeblich seine geistige Verbindung zu Kandinsky torpedierte. Diese Verbindung sei doch die eigentliche Grundlage des *Blauen Reiters* gewesen, aber mit ihrer ewigen Einmischung in den Diskurs hätte sie dieses feste Band immer weiter aufgezwirbelt. Angeeckt war sie bei ihm, wenn sie mitreden wollte. Angeeckt bei August Macke, der als Erster die Bezeichnung »Motte« für sie verwendet hatte, dem viele ihrer Diskussionen zu anstrengend gewesen waren, der Dinge ins Lächerliche gezogen und Witze hinter Wassilys Rücken gerissen hatte. Und dazu die meist artig schweigenden Damen, die im Wohnzimmer in Murnau an den Lippen ihrer Männer gehangen hatten. Maria und Elisabeth waren selbst auf gemeinsamen Spaziergängen immer ein paar Schritte zurückgeblieben, um die Gespräche der Männer nicht zu stören. Wassily war der Einzige in dieser Runde, der in ihr immer eine eigenständige Künstlerin gesehen hatte, keine unnötige Beigabe.

Hier in Stockholm ist Ella keine Null. Als solche hatte sie die frisch von Walden getrennte Else Lasker-Schüler während einer Ausstellung der Werke von Franz Marc bei Thannhauser im Januar 1913 beschimpft. Sie war in Begleitung der Marcs erschienen, in desolatem Zustand, und Ella war mit ihr von Bild zu Bild gegangen, aus Höflichkeit und auch, um ihr etwas über die Werke zu erzählen. Für die exaltierte Lasker-Schüler, die sich durch und durch für eine große Künstlerin hielt, ein Affront, dass eine so unscheinbare graue Maus ihr Vorträge halten wollte. Quer durch den Saal hatte sie gekreischt, so etwas lasse sie sich nicht bieten von solch einer Null. Maria Marc, die Kandinsky gegenüber »schmerzlich« bedauert hatte, dass Ella aus dem Nichts heraus zur Zielscheibe geworden war, hatte die ganze Szene in einem Brief an die Mackes genüsslich ausgebreitet. Else hätte einen fabelhaften Instinkt und Münter in kürzester Zeit entlarvt und ihr die Wahrheit ins Gesicht geschleudert, wenn auch ohne nachvollziehbaren Anlass. Schade, dass sie das nicht erlebt hätten, aber wenigstens könnten sie sich nun über ihre Schilderung kaputtlachen. Auch dieser Vorfall zeigt, wie sehr man sich während der Krise rund um den *Blauen Reiter* an Ella abarbeitete.

Jetzt, in Stockholm, steht sie im Zentrum, hier schätzt man ihre Einlassungen, bei ihr am Stureplan kommen die schwedischen jungen Wilden zusammen, die neue Wege jenseits der Akademien, selbst der von Matisse, beschreiten wollen. Natürlich geht es bei solchen Treffen auch um Kandinsky. Um seine Theorien, die Texte aus dem *Almanach*, seinen Weg in die Abstraktion. Aber hier ist sie mehr als nur eine Vermittlerin, sie erfährt künstlerische Anerkennung, sie verkörpert bereits den gelungenen Aufbruch in die Moderne, an deren Schwelle ihre jungen Künstlerfreunde noch stehen. Vor allem jedoch schafft das Reden über Wassily auch Nähe zu ihm. Das geistige Band hält noch, während das emotionale zum Zerreißen gespannt ist.

Kandinskys Briefe aus jenen ersten Wochen und Monaten nach ihrer Ankunft in Stockholm – und das, was sich daraus über Ellas Schreiben herauslesen lässt – belegen, wie sehr sich beide zusetzen, wie quälend das Warten und Hoffen für sie, wie quälend ihr Drängen für ihn ist. Er schafft es ein ums andere Mal, mit ein paar Zeilen über die erneute Verschiebung seiner Reisepläne ihren Lebensmut und ihre Energie wieder abzuwürgen. Und sie errichtet mit ihren Vorwürfen und Anklagen, mit ihrem steten Erinnern an sein Versprechen, Stein um Stein eine Mauer aus Schuldzuweisungen um ihn, die ihn an jenes Gefängnis erinnert haben mochte, als das er die Ehe mit Anja einst empfunden hatte: »Sie sagte, dass ich ihr alles genommen habe, und deswegen kein Recht auf Glück habe. Du kannst dir gar nicht denken, wie schwer es mir zu Mute ist. Ich fühle mich wie in einem Gefängnis«, hatte er am 3. September 1904 an Ella geschrieben.[16] Es wirkt wie ein bitteres Déjà-vu.

Hatte er anfangs noch vorsichtig formuliert, seine Planänderungen erklärt und sich darüber gefreut, dass sie offenbar Anschluss gefunden hatte und arbeitete, wird auch sein Ton mit der Zeit anklagender. Vorhaltungen und Unverständnis darüber, wie sehr sie aneinander vorbeiredeten: Ihre letzten beiden Briefe seien voller Vorwürfe gewesen, er wisse, welche Qualen er ihr zufüge, aber auch sie würde ihn quälen, indem sie ignoriere, was er ihr sage.[17] »Ich werde kommen, Dich zu sehen, ich wünsche es mir sehr, aber ich kann nicht mit Dir leben, wie einst – wie Du sehr genau weißt, wenn Du es auch nicht begreifen willst.« Und was ihre Hochzeit angehe, müsse sie ihn missverstanden haben. Er werde sich erklären, wenn sie sich wiedersähen.

Verzweiflung und bittere Gefühle auf beiden Seiten, bei Kandinsky aber immer wieder auch Werben um Verständnis für seine missliche Lage. Sorgen um ihre psychische Verfasstheit und der Wunsch, seine Ella glücklich zu sehen. Dass ihr dieses Glück ohne ihn kaum möglich ist, weiß er. Aber auch, dass er sich außerstande sieht, daran etwas zu ändern: »Du sagst, dass Du nicht leben und nicht sterben kannst. Genau das fühle ich alle Zeit. Weder leben noch sterben. (…) Denk nicht, dass ich dies alles mit einem kalten Herzen geschrieben habe. Es ist mir sehr, sehr schmerzlich, Dir wehzutun, und ich möchte Dich ruhig und glücklich wissen«, schreibt er ihr Anfang August.[18]

In diesem Brief teilt er ihr außerdem mit, dass er voraussichtlich im September nach Stockholm kommen werde. Im September selbst bestätigt er seine Reisepläne, er freue sich darauf, sie und die bei Gummesons ausgestellten Werke zu sehen. Am 21. des Monats dann erneut eine Kehrtwende. Sie hatte ihm offenbar vorgeschwärmt, wie inspirierend Stockholm sei, wie gut er hier würde arbeiten können – und ihn erneut an die Heiratspläne erinnert. In seiner Antwort betont er, dass Moskau derzeit unerlässlich für seine Arbeit sei, er sich von ihr genötigt sehe, eine Reise anzutreten, die er nicht machen wolle und eine Heirat vor Ende des Krieges ohnehin *absolut* unmöglich sei.[19] Über den Wortlaut ihrer Reaktion darauf lässt sich nur spekulieren. Am 1. Oktober schreibt Kandinsky, er habe gerade ihren letzten Brief gelesen, drei Mal hintereinander, es breche ihm das Herz.

Seine eigene Verantwortung für die Situation nimmt er sehr unterschiedlich wahr. Die Gründe für das ewige Hinauszögern der Reise nach Stockholm wirken auf Dauer vorgeschoben – die finanzielle Lage, der Gesundheitszustand der Mutter, Moskau als dringend benötigte Inspiration, ein Erholungsurlaub auf der Krim, Anja, die unbedingt Weihnachten mit ihm verbringen wolle … Und obwohl er betont, dass ihm ein Zusammenleben wie früher unmöglich sei, und sie das endlich begreifen müsse, offenbart seine Begründung den alten Widerspruch zwischen Nähe und Distanz. Einerseits die inzwischen vermeintlich gefestigte Überzeugung, nur das Alleinsein sei für ihn die richtige Lebensform. Andererseits die Klage, sie habe ihn eben nie so ausreichend geliebt, dass es seinem Ideal von Liebe nahegekommen wäre, womit er Ella die Verantwortung für seinen Entschluss, allein zu bleiben, zuschiebt.

Es ist das alte Muster. »Es wäre doch am besten, wenn mich diese Menschen [die ich liebe] verlassen würden und ich wäre allein«, hatte er ihr schon am 26. Juni 1911 geschrieben. Er habe vor einigen Jahren ernsthaft mit dem Gedanken gespielt, nach Sibirien zu gehen, um die geliebten Menschen von sich zu befreien. Ihre Antwort zwei Tage später: »Wie kannst du wünschen, dich von deinen Leuten u. mir zurück zu ziehen – wie kannst du denken – damit etwas gutes zu thun. Wie kannst Du denken, mich von dir befreien zu wollen – du weißt doch, dass mein Leben ohne dich leer wäre. (…) von Sibirien (…) zu sprechen, was sagst Du denn! (…) Wenn dich alle die die du hast jetzt verließen – so wären bald andre an ihrer Stelle – Du kannst doch nicht anders, als Herzen fangen.«[20]

Ihr Herz hatte er gefangen, und sie will es nicht zurück. Sie beharrt, fordert, klagt und entfernt sich damit immer weiter von seinem Ideal von Liebe. Während für sie die Heirat in dieser Phase wie eine Metapher für all das Verbindende zwischen ihnen erscheint, versucht er, sich aus den Fesseln zu befreien, die er doch selbst immer wieder erneuert hatte, und zwar nicht immer nur auf Ellas Druck hin. In ihrem Tagebuch wird sie später schreiben: »Ich zweifelte nicht an ihm und seinen Worten, aber er gab mir ungefragt immer wieder die Versicherung, er würde es nie auf sein Gewissen nehmen können, mich allein zu lassen. Unser Zusammenleben war [in der Zeit nach der Scheidung von Anja] noch ganz in der Entwicklung (…) doch er muss damals schon an sich gezweifelt und gekämpft haben. Doch anstatt sich und mir Klarheit und Wahrheit zu geben, versprach und versicherte er immer mehr.«[21]

In Moskau erlebt Anja einen innerlich so zerrissenen Mann, dass sie zu Stift und Briefbogen greift, und all die von ihm vorgebrachten Gründe, warum auch der Septembertermin ohne Wiedersehen verstrichen sei, bestätigt. Sie schließt ihren Brief an Ella mit den Worten: »Ich wünsche Ihnen von ganzem Herzen, dass Sie den Zustand der Unsicherheit und Qual, in dem Sie seit langem leben, endlich überwinden, um eine neue Existenz zu gründen (…) ohne betrügerische Illusionen, unabhängig, dankbar für die neuen Möglichkeiten, freier und glücklicher.«[22]

Dass nun ausgerechnet Anja, die schließlich aus eigener Erfahrung wusste, wie es war, getäuscht zu werden, sie aufforderte, Wassily frei- und sich nicht länger falschen Illusionen hinzugeben, ist zu viel. Den Entwurf ihrer Antwort notiert Ella auf den Umschlag des verletzenden Schreibens aus Moskau, nur deshalb ist sie erhalten geblieben: »Sie nennen trügerisch und Illusion, was ganz einfach nur mein Recht ist, die Konsequenz aus unserem ganzen Leben. Die Unabhängigkeit und Freiheit, die Sie mir wünschen, sind lange vorbei, und es ist mir nicht möglich, sie wiederherzustellen. Unser Leben war eben nicht auf Freiheit und Unabhängigkeit gegründet (…) und ich will nicht für das verdammt sein, was nicht mein Fehler war. Und ich dulde auch nicht, dass jemand, der mir alles schuldet, mein ganzes Leben, über mich urteilt (…) fremd und kalt. (…) Dieses ganze Jahr war sein Benehmen unglaublich; mich so lange ohne Nachricht zu lassen (…) ist mörderisch. Nein, es sind keine Illusionen, die mich so leiden lassen.«[23]

Dieser Briefwechsel zwischen den beiden Frauen gerät zum Kipppunkt. Nun geht es Ella bei der Heirat nicht mehr um ein Zeichen der Liebe, sondern um ihr Recht und seine Pflicht. »Du hast dich gedreht, Du weißt wohl, was Du 1903 versprochen hast. Es gehört sich, dass man die Konsequenzen seiner Handlungen trägt«, hatte sie schon auf den Rand des bereits erwähnten Briefes aus dem August geschrieben. Direkt neben Kandinskys Satz: »Ich habe Dich nur darum getäuscht, weil ich mich über mich selbst getäuscht habe.«[24]

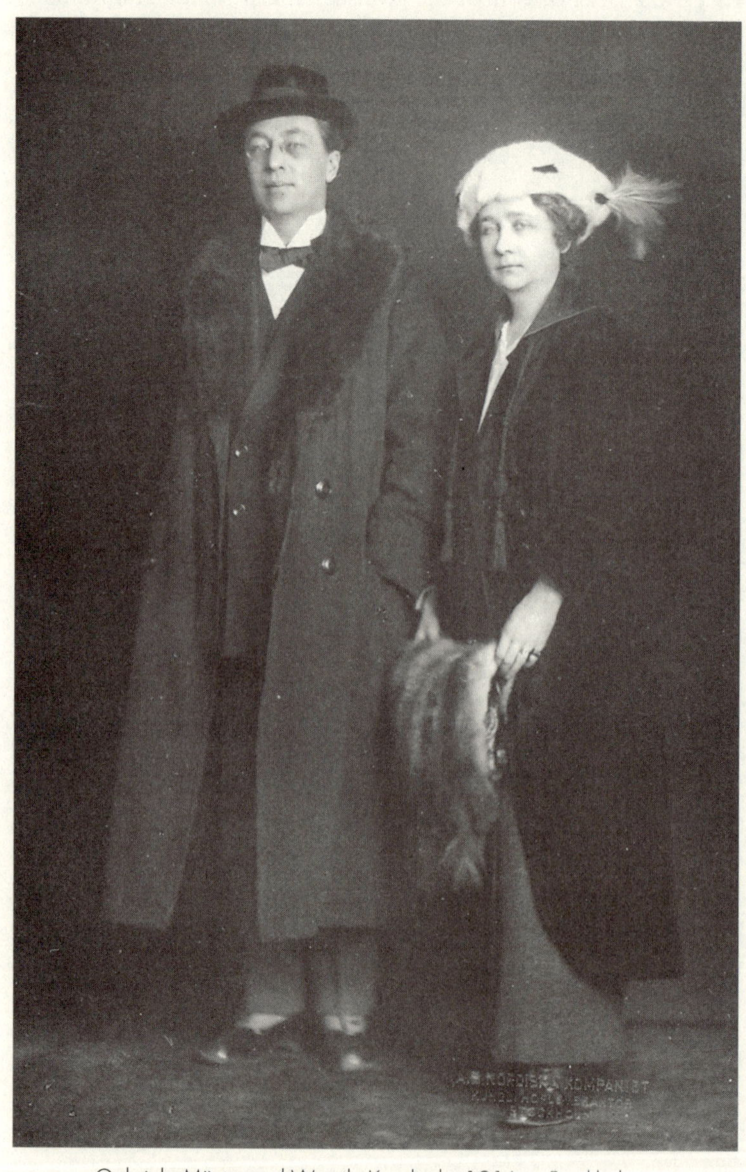

Gabriele Münter und Wassily Kandinsky 1916 in Stockholm – es ist das letzte gemeinsame Foto.

HOFFNUNGSSCHIMMER

Oft hast Du geglaubt, es wäre Dein Körper.
Aber nein, nein!
Es war vielmehr eine geistige Bindung.
Möglich, dass es die Kunst war! Ich liebte von Anfang an Dein Talent und ich werde es immer lieben.

WASSILY KANDINSKY

»Kandinsky ist zweifellos jenem Ziel der Wahrheit nah auf der Spur, darum lieb ich ihn so. Du magst ganz recht haben, dass er als Mensch nicht rein und stark ist, sodass seine Gefühle nicht allgemein gültig sind. (…) Aber sein Streben ist wundervoll und voll einsamer Größe«, hatte Franz Marc im April 1915 an seine Frau Maria geschrieben.[1] Tatsächlich sind es am Ende weniger seine Gefühle als sein künstlerisches Streben, sein Wunsch nach Erfolg und die Hoffnung auf eine Verbesserung der prekären finanziellen Lage, die Kandinsky schließlich doch noch nach Stockholm führen.

Vorausgegangen war ein cleverer Schachzug von Ella, die unmittelbar nach dem Platzen des Wiedersehens im September ihre Kontakte genutzt und für das Frühjahr 1916 nicht nur eine eigene Verkaufsausstellung bei Gummeson auf den Weg gebracht hatte, sondern auch eine für Kandinsky. Die Eröffnung sollte am 1. Februar sein. Die Zeit drängte, die Werbetrommel musste gerührt, Bilder herangeschafft werden. »Ich bringe 15–20 Aquarelle und Zeichnungen mit, die ich dieses Jahr gemacht habe. (Ölbilder habe ich keine gemalt)«, schreibt Kandinsky. Ob sie dafür sorgen könne, dass Gemälde, die sich seit seiner Ausstellung im Oktober 1914 noch in einem Depot in Malmö befänden, nach Stockholm transportiert würden? Walden solle seinen Bestand überprüfen und weitere Möglichkeiten ausloten. Er selbst habe nur vier Gemälde in Moskau, darunter das Hauptwerk *Komposition VII*, dessen Entstehung Ella in München mit der Kamera dokumentiert hatte. Er wage es aber nicht, diese Bilder über den Postweg nach Schweden zu senden. PS: Es würden ihm doch ganz sicher *keinerlei* Kosten im Zusammenhang mit der Ausstellung entstehen, oder?[2] Am Ende werden immerhin neunzehn Ölgemälde bei Gummeson zu sehen sein.

Man könnte nun denken, Kandinsky hätte sofort seine Koffer gepackt und wäre in den Zug nach Stockholm gestiegen. Doch er wartet ab. Erst am 23. Dezember 1915 wird er in Schweden ankommen und sich wenig später unter der Adresse Stureplan 2, vierter Stock in der Pension Palm registrieren lassen. Dazwischen liegen jene Wochen mit den qualvollen Briefwechseln, auch dem zwischen Gabriele und Anja, die den Graben zwischen dem Paar immer weiter vertieft haben.

In Ellas Umfeld nimmt man rege Anteil an ihrer Situation. Nell Walden fragt Ende Oktober an: »Ist K. nach Stockholm gekommen, oder warten Sie noch auf ihn!?« Im November schreibt Maria Marc: »Von Klees hörten wir, dass Sie noch allein in Stockholm sind. Es tut mir sehr leid, dass sich ihr Zusammentreffen so arg verzögert.«[3]

Wie wird es gewesen sein, als sich die beiden am Tag vor Weihnachten nach gut einem halben Jahr voller widerstreitender Gefühle und unerfüllter Erwartungen endlich wiedergesehen haben? Wie haben sie die Feiertage verbracht? Hat Louise Palm für ihre Pensionsgäste ein traditionelles Julbord aufgetischt, mit allerlei Fischvariationen, gegrilltem Schinken, Reisauflauf und Kuchen? Sind sie wie die Stockholmer Bürger an Silvester ins Freilichtmuseum Skansen gepilgert, und haben eine Stunde vor Mitternacht der Verlesung des Gedichts »Ring out, wild bells« von Alfred Lord Tennyson gelauscht?

The year is dying in the night,
ring out wild bells, and let it die. (…)
Ring out the old, ring in the new, (…)
ring out the false, ring in the true. (…)
Ring out the grief that saps the mind, (…)
ring out a slowly dying cause.

Die Zeilen beschreiben die Erwartungen Ellas treffend. Ob sie und Wassily an jenem Abend in Skansen waren, wissen wir allerdings nicht. Sehr wohl aber, dass er schon kurz nach seiner Ankunft in Ellas Atelierecke in ihrem Pensionszimmer zu arbeiten beginnt. Nach zwei Entwürfen mit Tusche auf Papier entsteht sein *Bild auf hellem Grund*, nach Vorlagen mit Wasserfarben *Bild mit zwei roten Flecken* sowie *Bild mit orange* [sic!] *Rand.* Nur das erstgenannte hängt heute in einem Museum, eines wurde im Krieg zerstört, das andere gilt als verschollen. War es der lang ersehnte Zugang zu Ölfarben und Leinwand, der diesen Arbeitsschub bewirkte? Hatte er nicht Ella gegenüber in seinen Briefen immer wieder betont, wie wichtig die Farbeindrücke und der lebendige Alltag Moskaus für seine gegenwärtigen künstlerischen Vorhaben wären? Wie sehr er um innere Ruhe ringen müsse, um überhaupt arbeiten zu können?

So zermürbend die zurückliegenden Monate auch gewesen waren, in Ellas kleiner Atelierecke scheint er schnell die nötige Ruhe und Inspiration gefunden zu haben. Die Aquarelle und Tuschzeichnungen, die er in Moskau angefertigt hatte, würden ihm dabei helfen, sich den großen Bildern wieder anzunähern, die nach und nach in seiner inneren Vorstellung Gestalt annähmen, hatte er ihr aus Moskau geschrieben.[4] Jetzt knüpft er mit den drei Ölbildern an die Formensprache und Farben an, die er zuletzt in München verwendet hatte. Schon während der Zeit des Getrenntseins hatte er in einigen der bunt aquarellierten Tuschzeichnungen Elemente aus Münchner und Murnauer Tagen abstrahiert zu Papier gebracht – die Bergkette und die Kirchen mit ihren Zwiebeltürmen etwa.

Sowohl Johannes Eichner als auch Nina Kandinsky, die späteren Lebenspartner der beiden, ignorieren diese drei Ölbilder in ihren Biografien über Münter und Kandinsky. Eichner schreibt, in den Wochen in Stockholm sei für Kandinsky nichts Großes zu schaffen gewesen, eine Reihe von Radierungen, ein paar Kleinigkeiten in Feder und Tusche, Aquarelle. Diese Blätter, von denen sechs im Februar 1916 bei Gummeson zu sehen sind, habe er nach Münters Vorschlag »Bagatellen« genannt.[5] Und Nina Kandinsky verknüpft das vermeintlich erste Ölgemälde seit Ausbruch des Krieges, entstanden 1917, im Rückblick mit der neu erwachten Liebe des Malers zu ihr. Ein Traum sei für ihn durch die Begegnung mit ihr wahr geworden, ein Bild entstanden, »dessen Sinn die Freude, das Glück des Lebens oder des Universums sein muss«[6].

Zurück ins Jahr 1916. Für die ersten Wochen des neuen Jahres verzeichnet Ellas Taschenkalender zahlreiche gesellschaftliche Events. Es gibt mehrere Treffen mit Carl Palme und dem Künstlerehepaar Grünewald-Hjertén, Ella stellt Wassily im Kreis der schwedischen Avantgarde vor, und am 4. Februar steht sogar eine Einladung auf Schloss Waldemarsudde auf der Halbinsel Djurgården bei Prinz Eugen an. Der Bruder des schwedischen Königs Gustav V. hatte selbst in Paris Landschaftsmalerei studiert, sich einen Ruf als Förderer moderner Kunst erworben und war gleich zur Eröffnung der Ausstellung gekommen. Ella macht ihn mit Poul Bjerre bekannt, einem berühmten Psychiater auf der Suche nach dem Ursprung des Schöpferischen, der zudem Skulpturen schuf und Theaterstücke schrieb. Der bis in höchste gesellschaftliche Kreise bestens vernetzte Bjerre hatte die Theorien Freuds nach Schweden gebracht, war ein Anhänger der Hypnose und des erst ein paar Jahre alten Konzepts der Psychosynthese. Er brannte darauf, Kandinsky kennenzulernen.

Bjerre lädt ihn, Ella und den Prinzen zum Abendessen ein und veranstaltet auf seinem Landgut eine Diskussionsrunde mit zahlreichen geladenen Gästen. Bei Hühnchen, Kalbfleisch und allerlei Delikatessen versucht er, den seelischen Ursachen von Kandinskys Weg in die Abstraktion auf den Grund zu gehen. Kompensiert er mit seinen Bildern? Sind sie eine Form der Selbsttherapie? Ein Versuch, die Energien des Selbst zu befreien? Wie viel Biografisches steckt in seinen Bildern? Kandinsky gibt sich zugeknöpft und wiederholt, was er in abgewandelter Form ein paar Tage zuvor in einem Zeitungsinterview gesagt hatte. Ein paar Eckdaten zu seiner Biografie, die russische Seele, das mongolische Blut in seinen Adern, kaum mehr, als er in seinem *Rückblick* offenbart hatte: Farbe als Ausdrucksmittel, wie Klänge und Rhythmen für den Musiker, und dann eben ein ganz großer Schritt vom Gegenständlichen hin zur Abstraktion. Einen Ausdruck seines Inneren, gar unverarbeitete Traumata, wollte er nicht darin sehen. Ella gegenüber hatte er schon 1911 eingeräumt, wie sehr es ihn umtreibe, wenn seine Werke von Fremden betrachtet wurden: »Es scheint mir, man öffnet meine Seele, man kratzt und schabt sie und guckt unter die verhüllende Kruste.«[7] Bjerre, der Kandinskys theoretische Schriften kannte, ist einigermaßen konsterniert. Für ihn sind die Bilder »spontane Entäußerungen eines unerforschten Seelengrundes«, die theoretischen Schriften der nachträgliche Versuch einer Rationalisierung.[8]

Ella, die wusste, wie sehr Wassily es hasste, als Person durchleuchtet zu werden, muss an jenem Abend wie auf Kohlen gesessen haben. Obwohl Wassily ja aus einer inneren Notwendigkeit heraus malte, legte er keinen Wert darauf, dass dieser Impuls in der Öffentlichkeit ausgeleuchtet und seine oft als chaotisch empfundenen Bilder als Spiegel seines Inneren verstanden wurden.

Doch auch in den ersten Presseartikeln zur Ausstellung in Gummesons Konsthandel wird es weniger um die ausgestellten Werke gehen, denn um die Person des Künstlers. Der unfehlbare Kunstpapst, wie er sich selbst bezeichnet hatte, wirke »siegesgewiss wie einer, der weiß, was er tut, wenn andere es auch nicht begreifen können«, stellt ein Kritiker des *Dagens Nyheter* fest. Im *Svenska Dagbladet* ist zu lesen, dass da »kein Barbar, kein Chaot, kein Naturgenie, sondern eine hochkultivierte Persönlichkeit mit reichem Wissen und Erfahrung« ausstelle – umso eklatanter sei die Diskrepanz zu seinen Bildern, die jede Form, jeden Bezug zur Wirklichkeit vermissen ließen. Ein Mann mit Hut, Gamaschen, Kneifer, Fliege, Weste, Anzug und Mantel mit dunklem Pelzkragen, durch und durch kontrolliert, mit kühlen grauen Augen und ruhiger Stimme. Ganz so, wie er sich auf einem Foto mit Ella präsentiert, das kurz vor seiner Abreise im März entsteht. Steif stehen beide nebeneinander, den Blick nach vorne gerichtet, Ella in einem bodenlangen dunklen Kleid, mit Mantel, Pelzmuff in den Händen, sorgfältig frisiert und mit einem weißen Hermelinhut mit dunklen Einsprengseln und einer hellen Feder auf dem Kopf. Es ist die letzte gemeinsame Fotografie des Paares.

Eine Woche nach dem Abend bei Bjerre wird Ella 39 Jahre alt. Wassilys Geschenk ist ein Gruß, der nie verwelkt, eine kolorierte Tuschzeichnung eines Blumenstocks mit roten Blüten und einer großen lilafarbenen Schleife. In wenigen Tagen wird ihre eigene Ausstellung in Gummesons Konsthandel eröffnen. Über zwanzig Gemälde – Landschaften, Stillleben und Porträts, darunter *Gerade Straße* (1910), *Kandinsky und Erma Bossi am Tisch* (1910) oder das *Stillleben mit heiligem Georg* (1911) – sowie Zeichnungen und Grafiken. Die Presse vergleicht sie mit Kandinsky, spricht von »Ruhe nach dem Sturm« und sieht im Zusammenspiel von Farben und Formen in ihren Bildern »ein kluges Wagnis einer ernsthaft suchenden Künstlerin«, gesegnet »mit einem außerordentlich saftigen

Malertemperament, geschlossen in der Form, voll von eigentümlichen Stimmungen (…) Kurz gesagt: Hier ist etwas so Ungewöhnliches wie eine Persönlichkeit kennenzulernen.«[9]

Die attestiert ihr auch Kandinsky in einem Text, den er schon 1913 für eine Vernissage in München geschrieben und den Ella seinerzeit redigiert hatte. Eigentlich hätten die Passagen einfließen sollen in ein kleines Büchlein, das bei Gummeson anlässlich der Ausstellungseröffnung am 1. März zum Kauf ausliegt. Es trägt den Titel *Om Konstnären – Über den Künstler* und ist Gabriele Münter gewidmet. Kandinsky beschäftigt sich darin mit den unterschiedlichen Arten eines Künstlers und seinen Beweggründen, Kunst zu schaffen. Vom Virtuosen, der über eine formale Begabung verfüge, aber anders als der Schöpfer nichts Originäres schaffen, sondern nur wiedergeben könne, bis hin zum »originalen Künstler«, der unbeirrbar das wiedergebe, was ihm von Natur aus gegeben sei. Münter vereint nach seinen Worten schöpferisch-originale Facetten in sich. Sie sei sie selbst geblieben, ihre Bilder unverkennbar, an eine »unschuldige Welt- und Naturauffassung gebunden«. Sie habe keine Angst vor dem Fremden, sondern »knete mit fremdem Ton eigene Figuren«. Ihre Werke sieht er in der Tradition deutscher Meister, die Harmonie der Farben finde sich in Volkskunst und Hinterglasmalerei, in ihrer Schalkhaftigkeit, ihrem melancholischen Unterton und dem Hang zur Träumerei erkennt Kandinsky »deutsche Eigenschaften«.[10]

Hatte er verfügt, dass diese Passagen in der gedruckten Fassung fehlten? War es ein nach außen hin sichtbares Zeichen seiner Distanzierung von ihr, ein »letztes Winken eines Entschwindenden«?

Oder ist es Ella selbst, die sich in der Zuschreibung des allzu Deutschen in diesen Tagen kurz vor der Ausstellung in ihren Verkaufsmöglichkeiten eingeschränkt sieht?[11] Sie wird neue Werke zeigen, nicht mehr nur die alten, die zum Großteil im vorangegangenen Oktober bei Gummeson zu sehen gewesen waren und auch in Waldens Berliner Galerie. Die Ausstellung dort war immerhin so erfolgreich gewesen, dass man ihr für September 1916 einen Meisterkurs an der neuen »Sturm«-Kunstschule anbot. Kandinsky hatte versprochen, im Spätherbst wieder nach Stockholm zu kommen – mit den Heiratspapieren im Gepäck. Wie hätte sie da für Berlin zusagen können, auch wenn er sie dazu drängte, was für eine große Chance, ein Lehrauftrag mit Kollegen wie Oskar Kokoschka und Heinrich Campendonk?

Was ihre Rezeption als Künstlerin angeht, ist Ella in Stockholm einen weiteren großen Schritt aus dem Schatten ihres Lehrers herausgetreten. Aber am 16. März, zwei Tage nach dem Ende ihrer Ausstellung, steht sie um 6.50 Uhr am Bahnhof und winkt dem geliebten Mann hinterher, der im Zug nach Moskau sitzt. Noch während der Fahrt schreibt er eine Postkarte: »Denke viel an dich. Es ist sehr leer ohne dich… Sende dir viele, viele Grüße vom Herzen. Schreib mir bald! Und gut! Willst du? Dein K.«[12]

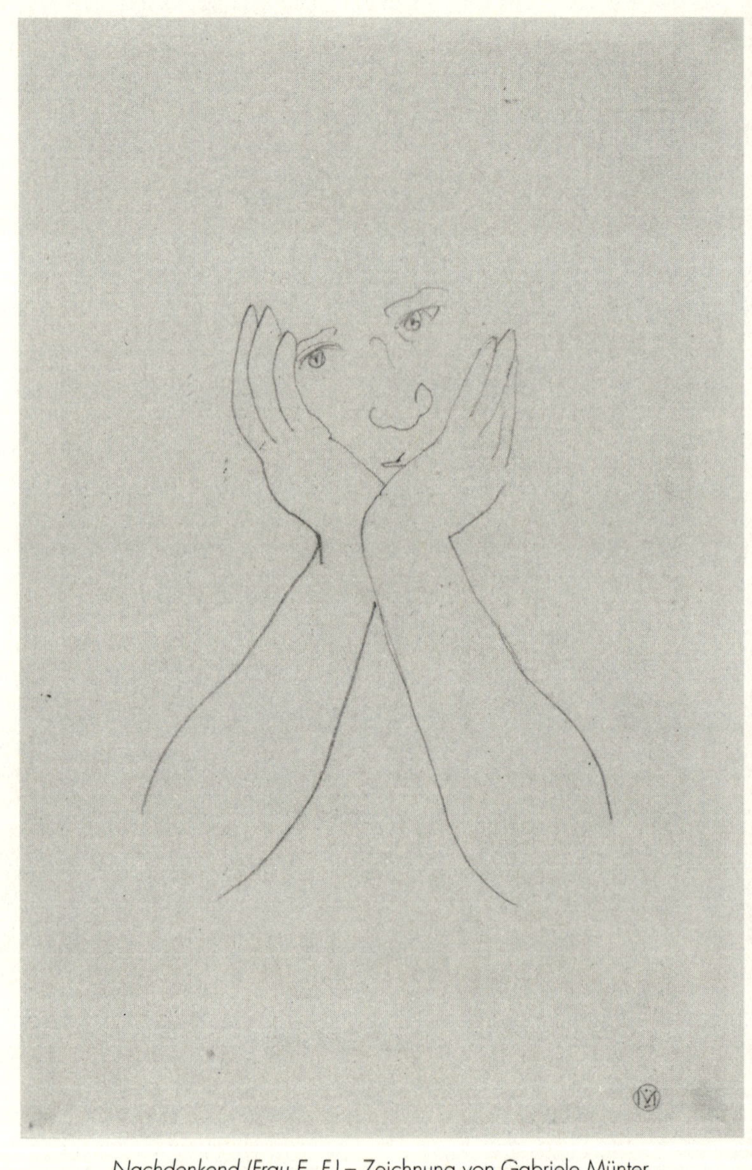

Nachdenkend (Frau E. F.) – Zeichnung von Gabriele Münter, entstanden zwischen 1920 und 1930.

SEELENQUALEN

Glaube mir nur, meine Geliebte,
dir gegenüber bleibe
ich immer offen in Reden und Tun.

WASSILY KANDINSKY

Ella schreibt ihm bald. Und viel, an die vierzig Briefe allein von März bis Juli. Aber gut ist nichts. Sie zwingt sich, aus dem Haus zu gehen, und versucht zu arbeiten. Früher hatte sie oft Motive erst mit dem Fotoapparat festgehalten und dann auf der Leinwand umgesetzt, jetzt sind es Stillleben, die sie in Stockholm angefertigt hat, die ihr als Vorlagen dienen, um neue Techniken auszuprobieren. Eine Reihe von Radierungen etwa, die zeigen, welche Objekte sie in ihrem Zimmer arrangiert hat. Keine Madonnen, Kreuze oder Hinterglasbilder mehr, wie in Murnau, dafür ein englischer Kaminhund und ein hölzernes, bunt bemaltes Pferdchen, das sie in Stockholm gekauft hatte. *Stillleben mit Palette* gewährt einen weiteren Einblick in ihr Zimmer, in ungewohnt blassen, pastelligen Tönen. Ein Tischchen mit verschiedenen Flaschen, Porzellan, dem Kaminhund und einem blauen Notizbuch, an der Wand eine Palette mit dunklen Farben und ein Handtuch mit Monogramm. Sie sucht nach einem neuen Stil, nach einer neuen Formensprache und ist auch deshalb immer wieder zu Besuch im Atelier von Sigrid Hjertén, deren schlanke Linienführung und eher sparsamen Farbauftrag sie bewundert. Die großen Fenster von Hjerténs Atelier geben den Blick frei auf die Schleuse, die Ostsee und den

Mälaren-See miteinander verbindet. Auf einer Radierung hält Ella das lebendige Treiben auf dem Wasser fest (*Bei der Schleuse Stockholm*).

Den Vergleich mit Hjerténs Bildern müsse sie nicht scheuen, ganz im Gegenteil, bestärkt Kandinsky sie Anfang Juni in einem Brief. Hjertén habe ein Talent für Komposition, die Bilder seien schön, aber künstlerisch von weniger Gewicht: »Deine Gemälde sind sehr viel ernster, tiefer, dauerhafter; es ist mehr Individualität darin, ein ganz und gar besonderer Ton, un ton à soi, was die Werke unsterblich macht.«[1] Seit seiner Rückkehr nach Moskau hatte er sie immer wieder ermutigt, zum Pinsel zu greifen: »Ich denke an Dich mit viel Gefühl und wünsche, dass Du arbeitest, dass Du glücklich bist, stark in Deiner Arbeit und stark in Deinem Leben. Ich küsse Dir die Hände hundert Mal mit einem sehr tiefen Gefühl. Dein K.«[2] Er selbst ringt um Inspiration, obwohl sein neues Atelier in seinem Mietshaus den Blick auf den Kreml freigibt, auf die glitzernden Spitzen im Abendrot, die immer Balsam für seine Seele gewesen waren. Er träumt davon, ein gewaltiges Bild von Moskau zu malen, das wie ein Orchester klingen soll, eine Hymne an die Lebensfreude. Doch davon sind beide weit entfernt.

Ella verlässt sich einmal mehr auf seine Zusage, im September nach Stockholm zurückzukehren. Aus der Aussicht auf das Wiedersehen schöpft sie in den nächsten Monaten Kraft, die sie auch dafür einsetzt, Kandinskys Finanznot zu lindern, die inzwischen so groß ist, dass er fürchtet, sein Haus verkaufen zu müssen, und sich sogar bereit erklärt, Bilder auch für den halben Preis abzugeben, damit er überhaupt zu etwas Geld kommt. Sie verhandelt erfolgreich mit Gummeson und Walden über eine geringere Provision, knüpft Kontakte mit Sammlern im Ausland und führt akribisch Buch über alles. In Telegrammen und Briefen der Jahre 1916 und 1917 finden sich immer wieder Rückfragen, ob Schecks und Geldtransfers angekommen seien. Vor allem aber setzt sich die qualvolle Serie aus Anklage und Rechtfertigung fort.

Im April 1916 schreibt er, ihr zweiter Brief seit der Abreise habe ihn so bestürzt, dass er nicht wisse, wie er darauf reagieren solle: Alles stehen und liegen lassen, und zurück nach Stockholm kommen? Wie aber hätte ihr sein Kommen helfen können? Es würde dieselbe Tortur werden, wie bei ihrer letzten Begegnung, und dafür habe er momentan keine Kraft. Auf ihren offenbar geäußerten Vorwurf, echte Gefühle würden ihr mehr helfen als leere Worte, entgegnet er: Wenn keine Gefühle mehr da wären, könne er auch einfach sagen, sie müssten sich sofort und für immer trennen. Dass sie seine Gefühle immer wieder anzweifle, setze ihm so zu, dass er sich manchmal »bäuchlings auf den Boden werfen [wolle] und heulen wie ein Hund«.[3]

Im Juni schreibt er: »Quäle mich nicht ohne Unterlass. Das Herz zerreißt mir, wenn ich diese Fragen in jedem Brief lese, und Du stößt mich in tiefste Verzweiflung.« – »Das Herz schlägt wild, das Blut steigt mir zu Kopf, die Hand zittert, Du machst mich ja so unglücklich und krank.«[4] Gleichzeitig erneuert er sein Versprechen zu kommen: im Oktober, allerspätestens am 1. November, mit den Papieren für die Hochzeit. Aber noch im September erfolgt eine erneute Verschiebung. Er werde im Dezember kommen, allerdings erst nach dem 5. des Monats. Seinen fünfzigsten Geburtstag müsse er einfach in Moskau feiern, sie werde das sicher verstehen. Seit 1902 hatten sie jeden Geburtstag gemeinsam verbracht. Dass er die Reise überhaupt auf sich nehmen wolle, läge nur an seinen Gefühlen für sie. Seine Eltern und auch Anja würden ihm dringend davon abraten. Wenn er wirklich frei wäre in seiner Entscheidung, würde er erst im Frühjahr 1917 kommen, um dann bis in den Herbst hinein gemeinsam mit ihr zu reisen und zu malen. Dass er nicht frei sei in seiner Entscheidung, liege allein an ihr. »Du übst Zwang aus, indem du mein Schuldgefühl ansprichst, das du mir gleichzeitig absprichst. (…) PS: Ich habe dir mit diesem Brief wehgetan. Verzeih mir. Es tut mir auch weh, dir wehtun zu müssen.«[5] Er hätte diesen qualvollen Zustand für beide beenden können. Er hätte aufhören können, immer wieder Hoffnungen auf ein Wiedersehen und die baldige Hochzeit zu wecken. Aber er tut es nicht.

Ella versucht im Sommer 1916, der nagenden Einsamkeit und Leere durch eine knapp dreiwöchige Reise zu entgehen. Mit dem Zug fährt sie im Juli durch Nordschweden, besucht die norwegische Stadt Narvik am Rombaksfjord und reist mit dem Schiff die Küste entlang ins heutige Oslo (damals Kristiana), wo kurz zuvor eine Ausstellung mit ihren Bildern zu sehen war. Gute Kritiken, aber kaum Verkäufe.

Auf der Reise fertigt sie zahlreiche Skizzen von der Landschaft Lapplands, ihren Bewohnern und der zerklüfteten Küstenlinie mit ihren unzähligen Fjorden an. Danach ist sie für einige Wochen Gast auf einem Landgut bei Göteborg, wo sie die nötige Ruhe findet, die Eindrücke von der Reise in einer ganzen Reihe von Gemälden festzuhalten. Porträts, darunter auch Auftragsarbeiten, und Landschaften in einem neuen Stil, die im Oktober etwas außerhalb von Stockholm erstmals in einer Galerie in Stocksund zu sehen sein werden. Hier mietet sie sich am 9. September in einer Pension ein, um die Ausstellung in Ruhe vorzubereiten. »Dann ein Bild vom Meer, ein tiefblaues Meer, umrahmt von satten grünen Ufern (…), das zeigt, dass Münter in die nordische Meeresnatur eindringen und das ihr Eigene sehen konnte«, wird ein Kritiker über *Narvik-Hafen* schreiben. Und darüber ins Schwärmen geraten, dass Ella in ihren Bildern »zu fassen vermag, was uns anderen entgeht, das, was zu still ist, um gesagt zu werden«[6].

In Stocksund wartet sie nun auf Kandinsky, der sein Kommen für den Spätherbst angekündigt hat. Keiner ihrer Freunde hat sich bislang in der Ausstellung blicken lassen; vielleicht würde seine Anwesenheit den ein oder anderen hierhin locken und überhaupt für weitere Aufmerksamkeit sorgen. Doch dann trifft erst jenes Telegramm mit den kryptischen Zeilen »Départ après cinq. Salut« ein und schließlich ein weiteres Schreiben, dass ein Wiedersehen vielleicht doch erst im Frühjahr stattfinden werde, aber dann, dann würden sie wie früher monatelang gemeinsam reisen und mit ihren Staffeleien unter freiem Himmel malen.

In einem erhalten gebliebenen Entwurf ihrer Antwort vom 11. November schreibt Ella, wie sie einerseits darum ringe, diesem Zustand – allein und vergessen – zu entfliehen, ihn andererseits aber nicht länger nötigen wolle: »Nachdem ich im Frühjahr noch einmal Dein Ehrenwort erhalten hatte, spätestens im Oktober zu kommen, war ich eigentlich sicher, nicht noch einmal von Dir getäuscht zu werden. Wenn Du keine Lust zu kommen hast, so verlange ich es nicht. Ich hätte wieder nichts davon. (...) Es ist nicht nötig, dass Du kommst, wenn Du nicht die innere Notwendigkeit verspürst. Es ist sogar besser, Du kommst nicht, wenn Deine Gefühle sich nicht seit dem letzten Treffen gewandelt haben oder wenn Dir nichts an meinem Leben gelegen ist. Hast Du die Schecks bekommen?«[7]

Ella bietet ihm mit diesem Brief die Möglichkeit, einen klaren Schnitt zu vollziehen. Aber wieder scheut er sich davor, mit offenen Karten zu spielen und geht in die Offensive. Davon, dass er sie getäuscht habe, will er nichts hören. Er keilt zurück, dass er tun und lassen könne, was er für richtig halte. Er habe das Recht, ihr zu sagen: »Ich kann reisen oder nicht, es ist meine Sache, ob ich im Frühjahr komme.« Auch Anja, »das personifizierte Gewissen«, fände es unverantwortlich, dass sie ihn zwingen würde, sich in diesen unsicheren Zeiten außer Landes zu begeben.

Seit Oktober hatte er in seinen Briefen immer wieder Anja als moralische Instanz angeführt. Diese kleine noble Frau mit dem großen Herzen, die ihr Leben so tapfer und klaglos meistere, hätte bei ihm sogar um Verständnis geworben. Und das bei all dem, was sie beide ihr angetan hätten. Während sie ihr Leben in Ordnung gebracht habe, läge dieser Schritt noch vor Ella. Deshalb müsse er Geduld und Mitleid mit ihr haben. Vielleicht, so sinniert er weiter, würde es helfen, wenn sie den Winter über bei ihrer Schwester in

Berlin verbringen würde, um auf andere Gedanken zu kommen. Anja halte das übrigens ebenfalls für eine hervorragende Idee.[8]

In einem weiteren Schreiben erwähnt er, dass er Anja ihre Briefe zeigen würde, und sie erneut ihr Unverständnis darüber geäußert habe, warum sie ihn in diesen gefährlichen Tagen immer wieder drängen würde, nach Schweden zu kommen. Und, ganz beiläufig: Es könne sein, dass er Moskau ohnehin bis auf Weiteres nicht verlassen könne, weil das Militär seine Fühler nach ihm ausstrecke, die Einberufung zum Sanitätsdienst drohe.

Die Antwort auf diesen Brief vom 26. November kommt eine knappe Woche später. »Du bist davon befreit (avec plaisir), mir zu schreiben, ich will nicht mehr an Dich denken. Vergiss nicht, Anja von *allen* Deinen Versprechungen und Parolen zu erzählen. Wie liebenswürdig, mir brieflich solches Gift zu schicken. (…) Du weißt, dass ich keine ›Besuche‹ wünsche und kein Mitleid und keine Almosen – ich warte nur auf mein Recht.«[9]

Jetzt geht es um die Legitimation ihrer beinahe 15 Jahre andauernden Existenz als Frau an seiner Seite. Um die Wiedergutmachung des Stigmas »wilde Ehe«, um die Wiederherstellung ihrer moralischen Integrität – und seiner, die man in ihrer Familie schon seit Jahren anzweifelte. Wie viel größer wäre deren Entsetzen gewesen, hätten sie gewusst, dass Kandinsky bereits Mitte September, etwa zu der Zeit, als Ella jenes kryptische Telegramm erhalten hatte, einer jungen Frau begegnet war: der zwanzigjährigen Nina Andrejewskaja, einer Generalstochter und Bekannten von Kandinskys Neffen Anatoli Scheimann. Er und seine Familie hatten im November 1914 gemeinsam mit dem Onkel den beschwerlichen Weg zurück in die Heimat angetreten.

In ihrer Biografie schreibt sie, ein Zufall habe sie mit Kandinsky zusammengebracht, die in den Raum geworfene Frage eines Galeristen auf einer Abendeinladung nach der Adresse des Malers. Sie habe sich angeboten, über Anatoli Nachforschungen anzustellen. Ein Telefonat mit Kandinsky – er fertigt danach ein Aquarell mit dem Titel *An eine Stimme* an – und ein gemeinsamer Museumsbesuch hätte die »Schicksalsfügung« besiegelt. Nach dem Museum seien sie »glücklich und verliebt« durch das abendliche Moskau gebummelt.[10]

Kein Wort darüber zu Ella. Nur, dass sein Kopf voller Ideen sei und er seinem großen Traum langsam näherkomme, ein Bild von Moskau zu malen, voller Harmonien und Farben und Formen, die aus der Welt der Freude stammten.

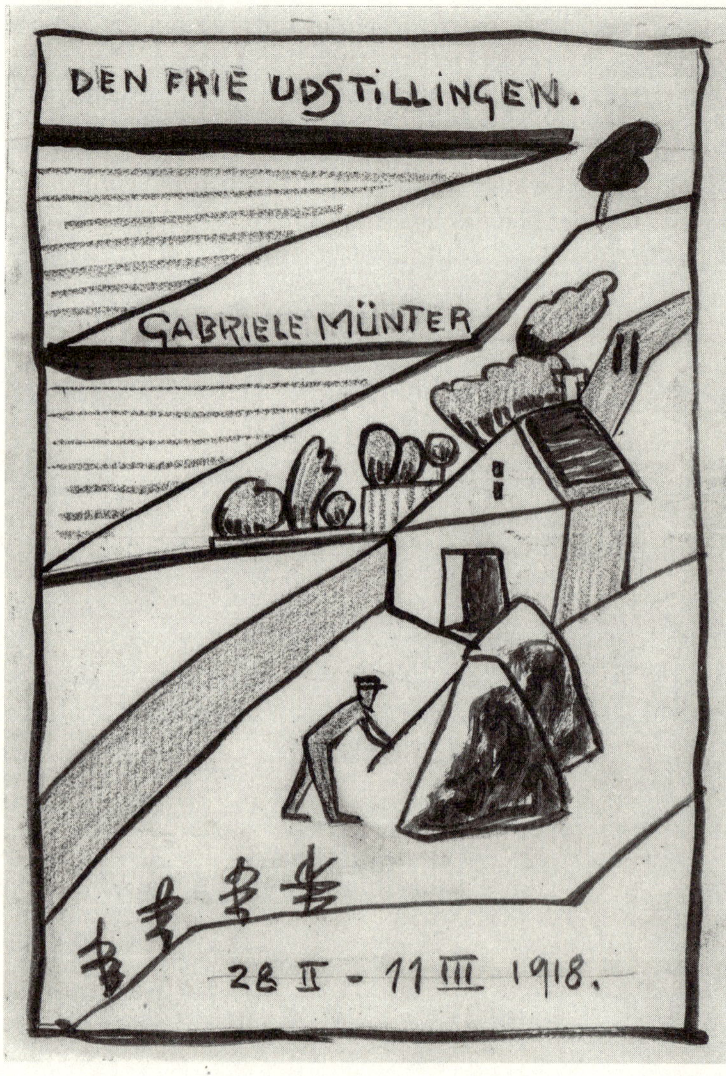

Plakatentwurf von Gabriele Münter
für ihre große Ausstellung in Kopenhagen.

WELTKIND

Ich will tot sein für Deutschland und für Gabriele Münter.

WASSILY KANDINSKY

Im Juni 1917 erhält Ella eine Postkarte, auf der Kandinsky schreibt, er arbeite hauptsächlich auf Glas und im Stil der Bagatellen: »Immer noch hoffe ich, zum großen Ölbild zu gelangen, aber ich habe keine Kräfte.« Er schließt mit den Worten: »Ich küsse Deine Hände, dein K.«[1] Danach hört sie nichts mehr von ihm.

Schon das ganze Frühjahr über waren seine Briefe immer seltener geworden, die Zeilen dürrer. Jetzt erfasst sie eine tiefe Unruhe, das Warten auf ein Lebenszeichen von ihm laugt sie aus. Die Bilder und Skizzen, die sie seit einigen Monaten anfertigt, scheinen ihre Stimmung zu spiegeln: Es sind vor allem Porträts von Frauen, die sie mal mit wenigen Strichen skizziert, in einem Café sitzend, wartend, eine Zigarette in der Hand, mal sorgfältig ausgestaltet, immer eindringlich. Häufig dient ihr Gertrude Holz als Modell, eine junge Schwedin mit jüdischen Wurzeln, die sie für einige Tage auf der Reise durch Lappland begleitet hatte. Die Porträts tragen Titel wie *Sinnende*, *Suchende*, *Zukunft* oder *Krank*. Letzteres zeigt eine Frau, im Bett liegend, den Kopf in die rechte Hand gestützt, davor ein Tischchen mit Kanne und Kaffeetassen und rechts daneben eine zweite, dunkel gekleidete gesichtslose Frau in einem Stuhl, mit einem weißen Blatt Papier in der Hand. Auch Uhren kommen immer wieder vor, deren Zeiger auf unterschiedlichen Zeiten stehen, als wäre man gefangen in einer Zwischenwelt. Wie in dem Bild *Musik.* Ein bunter Blumenstrauß in der detailliert ausgestalteten, farbenfrohen rechten Bildhälfte, in der eine Frau am Klavier sitzt, daneben ein stehender Geiger. In der anderen, eher karg-düsteren Bildhälfte sitzt eine Frau neben einer welken Topfpflanze. Auch wenn dieses Bild bereits im Sommer 1916 entstanden ist, fügt es sich ein in eine Reihe, die von Leere, Stillstand, Leiden und Hoffen erzählt. Wenn man *Krank* und das in eher dunklen Farben gehaltene *Sinnende* mit dem leuchtend-bunten *Zukunft (Dame in Stockholm)* vergleicht und die Bilder biografisch lesen will, wird die ganze Spannbreite der Emotionen sichtbar, die Ella durchlebte. Ihr späterer Lebensgefährte mutmaßt, Gertrude Holz, die für das Bild *Zukunft* Modell saß, habe in der Zeit, als das Bild entstand, ein Telegramm mit Nachrichten ihres Mannes aus Petrograd erhalten, was sie positiv in die Zukunft habe blicken lassen.[2]

Denkbar ist aber ebenso, dass für die Künstlerin Gabriele Münter, die in Skandinavien zu einer neuen Ausdrucksweise gefunden und sich damit auch von der Vergangenheit als Blaue Reiterin gelöst hat, die Phase des Sinnens und Suchens vorerst zu einem Abschluss gekommen ist. Landschaften werden ersetzt durch Menschen in Innenräumen, Gesichtszüge und Interieurs sind fein ausgestaltet, der Einfluss des dekorativen fauvistischen Expressionismus der Matisse-Schüler ist an die Stelle dessen getreten, was Kandinsky im Textentwurf zu seinem Büchlein *Über den Künstler* so beschrieben hat: »[Münter] ist (…) mit ihrem künstlerischen Verfahren (…) an die ruhende, direkte, unmittelbare, man möchte sagen unschuldige Welt- und Naturauffassung gebunden.«[3] Intuitiv, naiv, eher unreflektiert, orientiert am Primitivismus, das waren Attribute, die man der Kunst von Frauen eher zuschrieb als der von Männern. Eichner meint gar, Gabriele Münter habe die »Anmaßung des Denkens« von sich ferngehalten, anders als der verkopft-grüblerische Kandinsky. Ihre Kunst sei so »Einsicht und Absicht entzogen«.[4] In solchen Sätzen schwingt auch mit, dass eine bewusste Weiterentwicklung als Künstlerin kaum vorstellbar ist. Dabei war es oft genug

Ella gewesen, die als Erste neue Richtungen eingeschlagen, die sich neugierig gegenüber neuen Techniken gezeigt hatte, und diese in kürzester Zeit beherrschte und weitentwickelte. Dass sie in Skandinavien einen weiteren großen Schritt gemacht hatte, dessen war sie sich sehr wohl bewusst. So beschwert sie sich einmal bei Walden, dass in seiner Galerie nur altes Material gezeigt werde und falls er das nicht ändere, werde sie ganz aufs Ausstellen verzichten.[5] Es ist also möglich, dass sie nicht nur wegen der Zuschreibung des allzu Deutschtümelnden, sondern auch wegen des verengten Spielraums als Künstlerin nicht wollte, dass Kandinskys Formulierungen in *Über den Künstler* veröffentlicht wurden.

Dass es nun, im Herbst 1917, noch eine gemeinsame Zukunft mit ihm geben würde, scheint nach den langen Monaten seines Schweigens immer abwegiger. Aber Ella klammert sich an einen letzten Strohhalm: Was, wenn man ihn wirklich zum Sanitätsdienst eingezogen hatte und ihm dort etwas zugestoßen war? Die Möglichkeit eines solchen Dienstes hatte er mehrfach erwähnt, auch wenn es allein schon wegen seines Alters eher unwahrscheinlich war. Kurz vor Weihnachten gibt sie über das internationale Rote Kreuz eine Suchmeldung auf. Sie will daran glauben, dass der Grund für seine ausbleibenden Briefe darin liegt, dass er vermisst ist, irgendwo verschollen in den Weiten Russlands, verletzt in den Wirren der Oktoberrevolution. Dass er vielleicht sogar tot sein könnte, ist ein Gedanke, der ihr unerträglich ist. Ihre Bilder signiert sie nun erstmals mit »Münter-Kandinsky«.

Die Versorgungslage in Schweden ist angespannt, Missernten haben die Situation verschärft, Lebensmittel werden rationiert; hier und da kommt es im Land zu Hungeraufständen. Ellas geringe Leibrente und Erlöse aus Waldens »Sturm«-Galerie schwinden angesichts der kriegsbedingten Inflation in Deutschland, und die wenigen Verkäufe vor Ort reichen kaum zum Überleben aus. Sie versucht, neue Wege zu beschreiten: In »Pilos Bokladen« in Göteborg steht seit Oktober ein Schild mit der Aufschrift »Eine Glasmalerin« zwischen den Büchern im Schaufenster. Eine Zeitung berichtet über die vorweihnachtliche Verkaufsausstellung, von den schönen Farbkompositionen, den starken Kontrasten und klaren Flächen der Hinterglasbilder und davon, dass die Künstlerin »unlängst eine größere Ausstellung in Stockholm« gehabt habe.[6] Ein paar Schritte weiter, in »Medén Bokhandel«, hat sie Bilder von Kandinsky gehängt. Von ihren werden in knapp drei Wochen nur zwei verkauft, das bringt zusammen gerade einmal achtzig Kronen. »Ich lebte im Prophetenstand, jetzt bin ich Weltkind geworden«, wird sie als Fazit des Jahres 1917 in ihren Kalender schreiben. Die Tage, in denen sie mit Wassily, Franz und all den anderen für einen neuen Aufbruch in der Kunst gearbeitet hatte, waren vorbei. Jetzt war Malen harter Broterwerb. Der verdammte Krieg hatte alles verändert, sie getrennt, Tod, Leid und Entwurzelung gebracht.

Sie selbst hatte schon den Sommer über ein Vagabundenleben geführt und Unterschlupf bei verschiedenen Freunden auf dem Land gefunden – die neuen Hinterglasbilder mit schwedischen Motiven waren bei Lilly Rydström an der zerklüfteten Westküste entstanden, die Herbstmonate hatte sie in Göteborg zugebracht, jetzt nahte der Winter, es war bereits empfindlich kalt, und sie hatte keine Ahnung, wohin. Herwarth Walden, den sie um Rat fragte, hatte sogar beim Fredrika-Bremer-Förbundet angefragt, der ältesten Frauenrechtsorganisation des Landes, ob man für Ella einen Platz in einer schwedischen Familie finden könne. Vielleicht hat sich diese Möglichkeit nicht ergeben, weil sich ein weiterer hungriger Esser nicht durchfüttern ließ, vielleicht hat sie selbst abgelehnt. Sie liebte Kinder, und dass sie keine eigenen hatte, war ein schwärender Stachel. In ihrem Tagebuch hält sie später ein Gespräch mit einer befreundeten Künstlerin fest, die bei der Geburt ihres Sohnes über vierzig gewesen sei. »Sie meinte, ich hätte doch auch noch Zeit dazu, und meine Gefühle –! Die Jugend vertan, das

Leben verpasst – oder kommt es noch?«[7] Waldens Frau Nell schlägt ihr Mitte November 1917 vor: »Liebstes Ella-Kind, ich finde, Du kommst am besten nach Berlin, denn es wird jeden Tag schwieriger im Ausland zu sein, den Neutralen geht es selbst so schlecht, und da sehen sie ungern Fremde. (…) Was Bekanntschaften und so betrifft, wirst Du es hier weitaus besser haben. Unser Kreis ist höchst angenehm, und ich werde Dich dann sofort einführen.«[8] Sich in Murnau einzugraben, falls sie das vorhabe, sei ebenfalls keine gute Idee.

Noch im gleichen Monat verlässt Ella Stockholm, ohne sich groß aus ihrem Bekanntenkreis zu verabschieden. Sie entscheidet sich allerdings nicht für Berlin – sondern für Kopenhagen. Wenn sie etwas über Kandinskys Verbleib in Erfahrung bringen könnte, wären die Chancen im neutralen Dänemark sicher besser. Und vielleicht auch ihre Möglichkeiten, Geld zu verdienen. Im Oktober erst war eine Ausstellung zu Ende gegangen, in der unter anderem einige ihrer Bilder und Werke von Kandinsky, Klee und Marc zu sehen gewesen waren. Und auch Sigrid Hjertén hatte, wie viele andere schwedische Avantgardisten, angedeutet, nach vernichtenden Kritiken – eine Wand voller Abscheulichkeiten, verkrüppelte Ausgeburten, entweder auf dem Gebiete der Intelligenz oder der Moral[9] – den Blick verstärkt über die Landesgrenzen richten zu wollen. Andere waren gleich nach Dänemark gegangen.

Wie schon in Schweden hilft auch diesmal das Netzwerk. Ella kommt für zwei Wochen bei Nells Schwester Anna Roslund unter, bevor ruhelose Stationen in Pensionszimmern und sogar in einem christlichen Hospiz folgen. Roslund ist jung, gerade Mitte zwanzig, eine Schriftstellerin mit rotblondem Bubikopf, eine typische Garçonne, emanzipiert, modern und mit engen Kontakten zu Künstlerkreisen und zur Bohème. Ella fertigt bereits Ende November erste Skizzen für ein Porträt an. Auf dem fertigen Bild hat Roslund den Blick melancholisch in die Ferne gerichtet, eine Pfeife im Mundwinkel, und trägt einen dunkelblauen Kaftan mit schwarzer Schürze und einem knallroten Pompon im Ausschnitt.

Ella verfügt auch in Kopenhagen über einen ausgezeichneten Ruf, doch es sind vor allem Auftragsarbeiten für ein paar Hundert Kronen wie diese, mit denen sie sich über Wasser hält. An Arnold Schönberg schreibt sie: »Bin ziemlich allein auch hier, und habe die erste Zeit zu nichts Kraft gehabt. Nun aber gehe ich stark mit dem Gedanken um, hier eine ganz große Ausstellung zu machen – das ist anregend.«[10]

Tatsächlich hat sie nur wenige Wochen später, im Frühjahr 1918, eine freie Verkaufsausstellung im Pavillon der Künstlervereinigung »Den Frie Udstilling«. Gezeigt werden über 120 Werke aus dem zurückliegenden Jahrzehnt seit dem Malsommer in Murnau, Grafiken, Hinterglasbilder und Gemälde. Viele ältere Werke müssen aufwendig verpackt und von Deutschland nach Kopenhagen geschafft werden, es gibt Probleme mit dem Zoll und hartnäckige Verhandlungen mit Walden über die Freigabe der Bilder, weshalb die Ausstellung erst mit Verspätung anläuft. Das Plakat dafür gestaltet sie selbst und wendet dabei zum ersten Mal das Steindruckverfahren an. In der farbigen Lithografie greift sie den Geiger und die sitzende Frau aus dem Gemälde *Musik* auf, in der Mitte thront der englische Kaminhund auf einem Kissen, im Hintergrund eine Bergsilhouette mit Turm, davor ein Wolgaschiff. Zitate aus der Vergangenheit bilden den Hintergrund, das Jetzt den Vordergrund.

Diese Vergangenheit holt sie schlagartig ein, als ihr am 7. September 1918 ein Schreiben überstellt wird. Daraus geht hervor, dass Kandinsky mit seiner Unterschrift schon im Juni bestätigt hatte, dass er noch lebte. Seit anderthalb Jahren hatte sie nichts mehr von ihm gehört. Und seit wenigstens einem Vierteljahr wusste er, dass sie über das Rote Kreuz offiziell nach ihm suchte. Wenn ihm etwas an ihr gelegen war, was er ja immer wieder wortreich betont hatte, hätte er genügend Möglichkeiten gehabt, ihr ein Lebenszeichen zu senden. Nach Stockholm sowieso, aber auch nach Kopenhagen. In ihrem Brief an Arnold Schönberg hatte sie erwähnt, dass sie kürzlich über einen dänischen Kurier eine Nachricht nach Moskau gesandt hatte und auf Antwort wartete. Und natürlich hätte er auch über Walden oder andere gemeinsame Freunde Kontakt aufnehmen können, jeder wusste, wie verzweifelt sie auf eine Nachricht wartete.

An Walden hatte Kandinsky im Herbst 1918 tatsächlich geschrieben: »Ich will tot sein für Deutschland und für Gabriele Münter.«[11]

VI

DER LANGE SCHATTEN DES GEFÄHRTEN

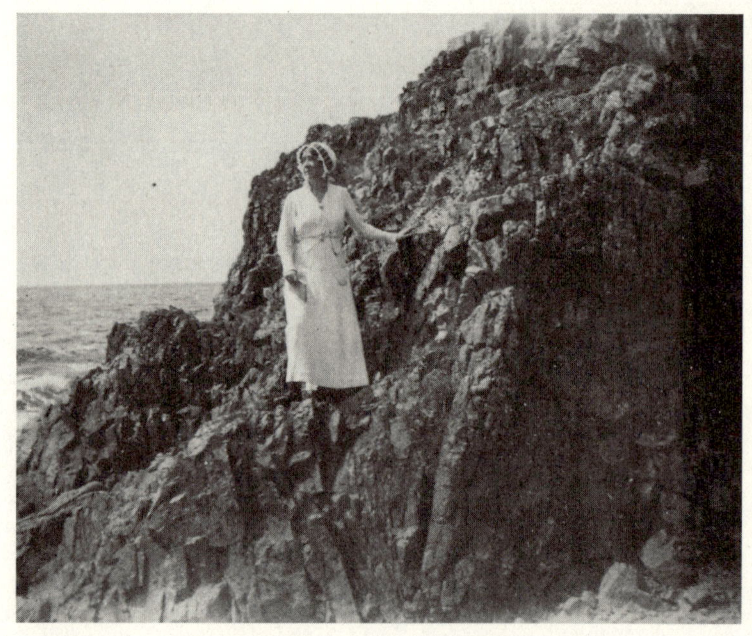

Gabriele Münter 1919 auf Bornholm.

BITTERE WAHRHEIT

Leben wird getötet. Schleier fallen,
Glaube wird geschändet, Schwüre gebrochen,
Treue gemeuchelmordet.
Das Untrennbare wird getrennt.

GABRIELE MÜNTER

Im April 1922 öffnet Ella in ihrem Haus in Murnau einen Brief, dem ein Zettel beigefügt ist. Auf ihm stehen handschriftlich aufgelistet die Gegenstände, die Kandinsky von ihr zurückfordert: verschiedene Malwerkzeuge und Paletten, sein altes Fahrrad, zwei Bilder von Henri Rousseau, ein Porträt seiner Mutter, sechs chinesische Plastiken, Kleidung und Wäsche. Es ist der vorläufige Höhepunkt einer emotionalen Achterbahnfahrt, auf der sie sich manchmal vorgekommen war wie ein blinder Passagier. Kaum eine der Wendungen in den letzten Jahren war vorauszusehen gewesen, nur bruchstückhaft waren erste Informationen zu ihr durchgesickert, die nur langsam, Puzzlestück für Puzzlestück ein Bild ergeben hatten.

Wie glücklich war sie im September 1918 gewesen, als die Nachricht des Roten Kreuzes eingetroffen war, dass Wassily noch lebte. Im November war der Krieg zu Ende gegangen, ein halbes Jahr zuvor hatte es bereits einen Teilfrieden zwischen Russland und den Mittelmächten um das Deutsche Kaiserreich und Österreich-Ungarn gegeben. Der Bürgerkrieg, der Russland seit Januar 1918 entzweite und von der umstrittenen Unterzeichnung des Friedensvertrags von Brest-Litowsk weiter befeuert worden war und die Zarenfamilie das Leben gekostet hatte, würde ebenfalls irgendwann zu Ende gehen. Dann wären sie wieder vereint, würden reisen, zusammen malen. Bis dahin hatte sie in Kopenhagen bleiben wollen.

Über Mittelsmänner hatte Ella versucht, Kontakt zu Kandinsky aufzunehmen, Erkundigungen einzuholen, bei den Klees, bei Maria Marc, aber wohin sie sich auch wandte, alles war ins Leere gelaufen. Wäre sie nicht so sang- und klanglos aus Stockholm verschwunden, hätte sie möglicherweise bei Poul Bjerre Erfolg gehabt, dem Psychiater. Ihm hatte Kandinsky schon im Mai 1918 einen Brief übermitteln lassen, und ihm seine dramatischen Lebensumstände in Moskau geschildert: »Nach einigem Überlegen entschließe ich mich doch, Ihnen diesen Brief zu schreiben. In Folge der Änderungen, die hier vorgekommen sind, bin ich in eine verzweifelte Geldlage geraten: In einigen Wochen bin ich völlig mittellos. Bei gewöhnlichen Umständen könnte ich sofort etwas von meinen Bildern verkaufen – jetzt nicht. (…) Ich würde gern, bei der ersten Gelegenheit, jedes meiner Bilder für den halben Preis abgeben. Eine Anzahlung oder eine Anleihe von 2–3 Tausend Kronen würde für einige Monate mich über Wasser halten. (…)«[1]

Schon über ein Jahr zuvor hatte er das Mietshaus in der Dolgystraße verkauft, um schuldenfrei in seine neue Ehe gehen zu können, aber ein Wohnrecht für die obere Etage ausgehandelt. Im Zuge der Oktoberrevolution und den folgenden Enteignungen hatte er dann sein gesamtes Vermögen verloren, auch das Grundstück neben dem Mietshaus, das er gekauft hatte, um für sich und seine kleine Familie darauf ein Haus mit Atelier zu bauen. Geblieben waren ihm in Moskau kaum mehr als seine neueren Bilder.

Erst drei Jahrzehnte später wird Ella wieder Kontakt zu Bjerre aufnehmen. Nach Jahren der Depression und tiefster Verzweiflung: »Wenn ich es jetzt recht bedenke, so ist doch ein großer Fehler von mir gewesen, dass ich in der letzten Zeit meines Aufenthaltes in Schweden die Fühlung mit Ihnen verlor und so still fortzog… Vielleicht wären Ihre Menschenkenntnis und Ihr Tiefblick am ehesten im Stande gewesen, die Verwicklungen unseres Lebens [ihres mit Kandinsky] zu durchschauen und klärend zu wirken. So war der Riss für mich sehr schwer – und nicht verständlich.«[2]

Möglich, dass Bjerre geschwiegen und eine Auskunft verweigert hätte. So wie Herwarth Walden, der ihr am 4. Mai 1920 schriftlich erklärt hatte, dass er sich nach reiflicher Überlegung entschlossen habe, ihr die Briefe Kandinskys nicht zu zeigen. Gewisse Gerüchte würden sich dadurch zwar beseitigen lassen, er ziehe dies aber einer Indiskretion vor.[3]

Dass Walden mehr wissen könnte, dieser Verdacht hatte sie schon seit Längerem beschlichen. Eine Andeutung im Februar 1918, er habe einen »Originalbrief von K.« erhalten, in dem es um Geldtransfers nach Bildverkäufen gegangen war, mit deren Abwicklung Ella ja immer noch zu tun hatte. Im Dezember des gleichen Jahres war sie entsetzt gewesen, dass in einem »Sturm«-Katalog alle Bilder Kandinskys aus Waldens Depot mit dem Zusatz »verkäuflich« versehen waren. Seine Bilder waren sein Vermögen. Weil nicht sichergestellt war, dass die bisherigen Erlöse ihn in Russland erreichen würden, hatte Ella Walden angewiesen, das Geld nach Dänemark zu schicken, wo sie es in einem Bankdepot für Kandinsky verwahren würde. Walden hatte sich geweigert, es sei denn, sie könnte ihm einen schriftlichen Nachweis vorlegen, dass sie berechtigt sei, für Kandinsky zu handeln. Anders als sie sei er »im Besitz direkter Anordnungen«. In ihrer Antwort hatte sie ihm klargemacht, dass sie sich nicht davon abbringen lasse, Kandinsky zu helfen, und um Aufklärung gebeten, was es mit den ominösen Anordnungen auf sich habe.[4]

Nichts hatte sich aufgeklärt, und während sie weiter mit Galeristen um reduzierte Provisionen rang und sich um Kandinskys Einkünfte sorgte, kämpfte sie selbst ums finanzielle Überleben.

Im Mai 1919 hatte sie Anzeigen in Zeitungen in Kopenhagen und etwas später auch in Stockholm geschaltet, um für eine Schule für moderne Malerei auf dem Land zu werben. Für 30 Kronen pro Person wollte sie Anfänger und Fortgeschrittene im Malen und Zeichnen unterrichten, auf Wunsch in Einzelsitzungen, dazu sollte es Diskussionsrunden über Natur und Kunstauffassung geben. Auch das ist ein Beleg dafür, dass Äußerungen über Münters vermeintliche Theorieferne und ihren fehlenden geistigen Unterbau vor allem der Sicht der Zeit auf die Rolle von Frauen nicht nur in der Kunst geschuldet waren.

Über ihren Kurs auf Bornholm, wo sie von Mitte Juni bis Ende August weilte und sich seit ihrer Lapplandreise erstmals wieder Landschafts- und Seemotiven zuwandte, ist kaum mehr bekannt, als dass sie gerade mal eine Schülerin hatte: Elfriede Nyemann.

Zurück in Kopenhagen waren noch einmal zwei Ausstellungen gefolgt, eine große im Ny Kunstsal, in der auch neue Gemälde aus Bornholm gezeigt wurden, und im November war sie mit sechs Bildern in einer Gemeinschaftsschau bei der Künstlervereinigung »Den Frie Udstilling« vertreten. Die Presse hatte geradezu hymnisch reagiert: »Es strahlt von den Wänden, oder richtiger: es glüht still und stark. [Die Farbe ist] nie laut, wird nie aufdringlich (…) und bleibt von einem sicheren und kultivierten malerischen Sinn beherrscht. (…) Wie ein fremder Vogel ist Münters Kunst bei uns, ein exotischer Gast in unserer nordischen Stadt.«[5]

Trotz der positiven Kritik hatte sie keine Zukunft mehr für sich in Kopenhagen gesehen, die Kosten drohten ihr über den Kopf zu wachsen. Zum Jahreswechsel hatte sie in ihren Kalender geschrieben: »Es war einmal«, und begonnen, die ersten Bilder zu verpacken und nach München zu schicken. 27 Goldmark monatlich zahlte sie seit 1914 für die Depots bei der Spedition Gondrand.

Am 28. Februar 1920 war sie in den Zug nach Berlin gestiegen. Die Ankunft dort war nach der Zeit der Ruhe und zehrenden Einsamkeit ein Schock. Alles hatte sich verändert. Das Kaiserreich war Geschichte, es gab erstmals eine parlamentarische Demokratie auf deutschem Boden, Frauen durften jetzt wählen, in Berlin schossen Varietés und Bars, Theater und Kabaretts aus dem Boden, neue Kinos und Galerien öffneten ihre Tore, auf den Straßen lärmten Doppeldeckerbusse, Automobile und Trambahnen, dazwischen rumpelten Pferdedroschken über das Pflaster. Ein halbes Jahr nach ihrer Ankunft wurde die Stadt an der Spree durch Eingemeindungen zur drittgrößten Metropole der Welt, nach London und New York.

Früher hätte sich Ella mit Begeisterung in das pulsierende Leben gestürzt, jetzt verstärkten der Trubel und das Tosen der Großstadt ihre innere Unruhe. So sehr sie unter dem Alleinsein gelitten hatte, so schwer fiel es ihr jetzt, sich einzufügen und länger bei den Schroeters unterzuschlüpfen. Die langen Schlangen von Menschen, die durch Krieg und Wirtschaftskrise ihre Existenzgrundlage verloren hatten und nun vor Leihhäusern und Suppenküchen anstanden, traumatisierte Kriegsversehrte und Obdachlose und abends grelle Leuchtreklamen, die das gut betuchte Publikum in die Tanzlokale lockten: eine Stadt mit zwei Gesichtern, eine andere Welt, in der sie sich fremd fühlte.

Auch die Kunstwelt hatte sich verändert, Ella und der einstige Kreis der *Blauen Reiter* gehörten inzwischen zum Establishment, Impulsgeber waren jetzt andere. Otto Dix, George Grosz, Max Ernst, Raoul Hausmann, Hanna Höch, die mit ihren Collagen und teils satirisch überhöhten Gemälden die Großstadtwelt zwischen Kriegstrauma und Industrialisierung, Orientierungslosigkeit und Rausch abbildeten. Die Dadaisten, die mit anarchistischen Performances die Zerstörung konventioneller Kunst zur Kunst erhoben und Sprache in ihren Lautgedichten dekonstruierten. Sie kannte und schätzte Hugo Ball, neben Hans Arp einer der Mitbegründer der Dada-Bewegung. Ball war einige Jahre Dramaturg an den Münchner Kammerspielen und mehrfach bei ihr und Kandinsky in Murnau und den Marcs in Sindelsdorf gewesen, um am nächsten Band des *Almanachs* zu arbeiten, in dessen Mittelpunkt das neue Künstlertheater stehen sollte. Der Kriegsausbruch und vor allem der Tod von Franz Marc hatte dieses Vorhaben endgültig zum Scheitern gebracht.

Nach nur zwei Monaten in Berlin hatte Ella ihre Koffer gepackt und war nach München gefahren, wo sie vorübergehend ein Zimmer in einer Pension bezogen hatte. In ihr Haus nach Murnau wollte sie noch nicht zurück, zumal dort inzwischen die Streidels eingezogen waren. Das Haus der Vorbesitzer wurde umgebaut, und nachdem Streidel ihr erklärt hatte, dass man ein Haus so lange Zeit nicht leer stehen lassen könnte, hatte sie dieser Übergangslösung zugestimmt. Doch der Auszug der Familie sollte sich bis 1921 hinziehen.

Noch von Berlin aus hatte Ella brieflich Kontakt zu Maria Marc aufgenommen und ihre Rückkehr nach Bayern angekündigt: »Meine liebe Münter! Welch große Freude brachte mir Ihr Brief! Doch welche Wehmut kam über mich!!! (…) Immer wenn ich zu Klees gehe, schaue ich in den Hof der Nr. 36 mit viel Wehmut. (…) Das Leben ist ganz ganz verändert – es ist erfüllt von harter innerer Arbeit, um ein Stück ›Leben‹ zu packen und nicht zu resignieren oder vegetieren. Aber alle die Freude jenes vergangenen Lebens ist dahin. (…) Sie tun wohl daran in der Familie die Wärme zu genießen, die man im einsamen Leben so schwer entbehrt. Wie gern möchte ich auch von Ihnen Näheres hören – und von Kandinsky – von dem nur Gerüchte zu mir dringen. Sie müssen mich *bald* besuchen (…) und von Ihrem Leben in diesen Jahren erzählen.«[6] Während Maria Marc schreibt, sie finde langsam wieder die Kraft, selbstständig im Leben zu stehen, eine Kraft, die ihre Wurzeln in der Erinnerung an das Zusammenleben und die Ehe mit ihrem Mann habe, erwächst für Ella aus ihrer Beziehung zu Kandinsky nur noch zerstörerische Kraft.

Auch sie hatte die Gerüchte gehört, die in München kolportiert wurden. Dass Wassily wieder mit Anja zusammenlebte, dass er nach dem Sieg der Bolschewiken ein hohes Amt im Kommissariat für Volksaufklärung übernommen hätte, andere wollten gehört haben, dass er in völliger Armut vor sich hin vegetierte. Und dann war Waldens seltsames Schreiben gekommen, dass er ihr Wassilys Briefe nicht zeigen wolle. Welche dieser Gerüchte hätte er ausräumen können?

Noch mysteriöser war es im Sommer geworden, als Ella erstmals nach sechs Jahren einige Wochen in ihrem Haus in Murnau verbracht hatte. Die Wohnsituation mit den Streidels war ungewohnt, jeder Winkel erinnerte sie an Wassily. Er war auch der Grund, weshalb im Spätsommer 1920 ein Herr namens Ludwig Baehr Kontakt zu ihr aufgenommen hatte.

Baehr, ein ausgebildeter Landschaftsmaler, war im Krieg Hauptmann der Kaiserlichen Armee gewesen und nach dem Friedensschluss von Brest-Litowsk als Diplomat nach Moskau geschickt worden, um sich für den kulturellen Austausch zwischen den beiden Ländern einzusetzen. Auf diese Weise war er in Kontakt mit Kandinsky gekommen, der ihn beauftragt hatte, sich um die Affäre Walden zu kümmern. Der Verdacht, dass der Galerist Bilder verkauft und Kandinsky um die Erlöse geprellt hatte, war offenbar zu Gewissheit geworden. Wie Baehr Ella darlegte, käme es deswegen möglicherweise zu einem Gerichtsprozess und für die Klageschrift bräuchte Kandinsky Unterlagen von ihr: Ella hatte seit Beginn der gemeinsamen Zeit akribisch ein handschriftliches Verzeichnis von dessen Werken angelegt.

Der Galerist selbst hatte die Verkäufe mit der Andeutung gerechtfertigt, dass Kandinsky als totgesagt gelte und damit das Verfügungsrecht über seine Werke verloren habe. Dass Walden aus den Zeilen »Ich will tot sein für Deutschland und Gabriele Münter« offenbar eine Todeserklärung gemacht hatte, war unerhört, und dass er – wie sich herausstellen sollte – tatsächlich rund siebzig unverkäufliche Bilder verhökert hatte ebenso. Aber wie sehr muss es Ella bestürzt haben, dass Kandinsky diese Zeilen überhaupt geschrieben hatte. Dass sie auch davon erfährt, belegt ein undatierter Briefentwurf: »Ich meine, da K. seine Pflichten u. sein früheres Leben vergessen und [im] Stich gelassen hat so soll er mir Witwenrente geben – da er ja ausgesprochen hat, er wolle tot sein für mich u. für Deutschland.«[7]

Ludwig Baehr gegenüber, der sich eigentlich nur um die unrechtmäßigen Bildverkäufe hatte kümmern sollen, schüttet Ella ihr Herz aus. Sie klagt über das lange Schweigen des Geliebten, das sie sich nicht erklären kann. Nur zögerlich liefert Baehr weitere Puzzleteile. Ella erfährt, dass Wassily erneut geheiratet hatte und Vater eines Sohnes geworden war, dass er seine neue Liebe bereits kennengelernt hatte, als sie sich gerade brieflich heftig beharkten – »Es tut mir auch weh, Dir wehtun zu müssen«, »Wie liebenswürdig, mir brieflich solches Gift zu schicken« – und dass die so dringend benötigte Erholungsreise nach Finnland, die er Ende Januar 1917 beiläufig in einem Brief erwähnt hatte, in Wirklichkeit seine Hochzeitsreise gewesen war.

Baehr berichtet auch, dass Kandinsky wahrscheinlich noch im Laufe des Sommers 1921 nach Deutschland kommen werde, um als Vizepräsident der Akademie der Kunstwissenschaften eine Ausstellung von Moskauer Künstlern in Berlin zu begleiten und Moskau über kulturelle Strömungen in Deutschland zu unterrichten. Dann werde selbstverständlich auch Gelegenheit zu einer persönlichen Aussprache sein, versichert der Mittelsmann.

Doch als Ella schließlich die handgeschriebene Liste mit den persönlichen Gegenständen aus einem Brief von Baehr fischt, ist Kandinsky bereits seit Monaten in Deutschland und steht kurz davor, seinen Lehrauftrag für Formenlehre am Bauhaus in Weimar aufzunehmen. Kein persönliches Wort an sie, keine Aussprache, nur Schweigen und dieser verdammte Zettel.

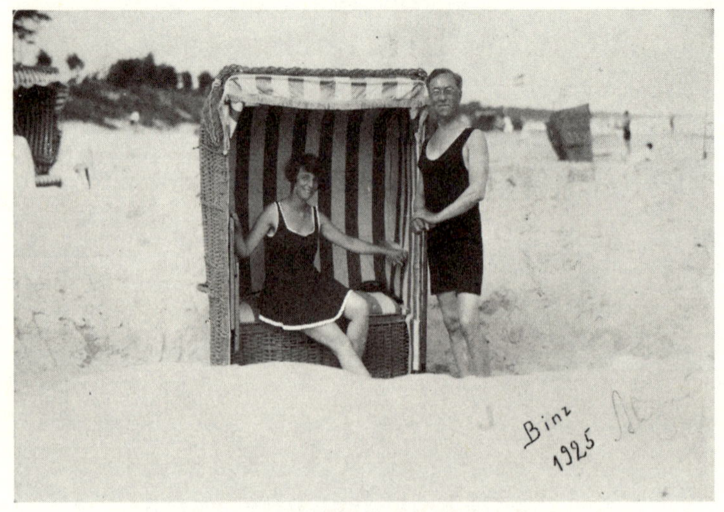

Nina und Wassily Kandinsky im August 1925 am Strand
in Binz auf der Insel Rügen.

HASS UND OHNMACHT

Alles in mir wehrt sich gegen die gehässige Übergehung meiner Person und das gehässige Schweigen Kandinskys.

GABRIELE MÜNTER

Wassily Kandinsky und seine Frau Nina waren zu Weihnachten 1921 nach einer langen Zugfahrt durch Estland, Litauen und Polen in Berlin eingetroffen. Vorangegangen waren zig Verhandlungen mit den beteiligten Botschaften wegen der Durchreisevisa und Besuche beim deutschen Botschafter in Moskau, der sich dafür eingesetzt hatte, dass Kandinsky seine Bilder, die in der Zeit in Moskau entstanden waren, mitnehmen durfte. Am Ende hatte er nur zwölf davon eingepackt und den Rest eingelagert, weil er glaubte, die Zeit in Deutschland sei nur vorübergehend. 1939 wird er an eine Galeristin schreiben, dass ihm aus seiner Moskauer Zeit nurmehr ein einziges Bild geblieben sei: *Im Grau*, entstanden 1919. Es ist »der Schlusspunkt meiner dramatischen Periode, in der ich so große Formmengen anhäufte«[1], in der sich neben völlig abstrakten Elementen noch Andeutungen von Landschaften oder Gegenständlichem finden. In den folgenden beiden Jahren hatten sich Farbtöne und Bildsprache geändert, in seinen neuen Werken dominieren geometrische Figuren, auch in den Titeln, in denen nun Begriffe wie Kreis, Oval oder Segment vorkommen.

Kandinsky hatte sich in Moskau wieder verstärkt jungen Vertretern der russischen Avantgarde zugewandt, einer ihrer wichtigsten Vertreter, der Konstruktivist Alexander Rodtschenko, wohnte zwischenzeitlich in seinem Haus. Farbflächen, geometrische Formen und Linien und das Fehlen von Figuren, Landschaften und Gegenständen sind die Grundlagen des Konstruktivismus, der wiederum einen großen Einfluss auf Walter Gropius und die Vertreter des Bauhauses hatte. Gleichzeitig hatte Lenin als neue Maxime ausgegeben, dass auch »normale Menschen« in der Lage sein müssten, Kunst zu verstehen, nur dann habe sie einen ideologisch-erzieherischen Zweck. Die abstrakten Werke Kandinskys waren deshalb in seiner Heimat von manchen als zu individualistisch und emotional kritisiert worden. »All seine Gefühle, all seine Farben sind einsam, entwurzelt und erinnern an Missbildungen. Nein, Nein! Nieder mit Kandinsky.«[2]

Möglich, dass er die Chance, nach Deutschland zu kommen, auch deswegen ergriffen hatte, um sich weiter frei entwickeln zu können. Möglich aber auch, dass es sehr viel persönlichere Gründe waren, die ihn zu diesem Schritt bewogen hatten. Der gemeinsame Sohn war 1920 mit kaum drei Jahren gestorben, an Unterernährung. Weder Nina noch Wassily sprachen darüber, in ihrer Biografie, die ein halbes Jahrhundert später erscheinen wird, erwähnt Nina Kandinsky noch nicht einmal die Existenz des Jungen, obwohl sein Kosename Lodya auf der Gruft ihrer Familie steht. Das Schweigen über die Tragödie offenbart das ganze Trauma, sich schuldig für den Tod des Kindes zu fühlen. Fünf Millionen Menschen waren in dieser Zeit in Russland an Hunger und Seuchen gestorben, auch Wassily und Nina Kandinsky sind bei ihrer Ankunft in Deutschland ausgemergelt und stark unterernährt. Angesichts der vorweihnachtlich geschmückten und vor Waren überquellenden Schaufenster kommen sich beide vor wie in einem Märchen.[3]

Ella hatte von all dem zunächst nichts erfahren, war allerdings stutzig geworden, als Anfang des Jahres 1922 zwei Männer bei der Münchner Spedition auftauchten, um die dort eingelagerten Bilder abzuholen. Zum Glück hatte man sie darüber informiert und ohne das Vorliegen einer Einwilligung von ihr, die das Depot schließlich angemietet hatte, nichts herausgegeben. Nachdem er mit seiner Heirat ihr altes gemeinsames Leben ausgelöscht hatte, wollte er sich ganz offenbar das zurückholen, was davon an materiellen Dingen noch übrig war. Er möge seine Hinterlassenschaften persönlich abholen, hatte sie ihm via Baehr mitteilen lassen. Und später hinterhergeschickt, dass sie eine Nachricht »ihres Mannes« erwarte, wie er sich von ihr »zu scheiden gedenke«. Schließlich waren ihre »Gewissensehe«, ihre Verlobung in Kallmünz nicht aufgelöst.

Wieso bekam Baehr Wassily nicht dazu, sich endlich persönlich bei ihr zu melden? Was sollten solche Nacht- und Nebelaktionen wie die bei der Spedition? Sie verlangte nichts mehr als eine Erklärung, ein Zeichen, dass er sie wahrnahm und ernst nahm, und sich dessen bewusst war, dass sie nach all den gemeinsamen Jahren Rechte hatte und er Pflichten. Das Einzige, was er zustande gebracht hatte, war dieser unsägliche Zettel. Es ist ihr unbegreiflich, wie er auf die Idee kommen kann, Forderungen zu stellen. Er hat schließlich ein neues Leben, eine neue Frau, also soll er sich auch gefälligst neue Wäsche und Kleidung kaufen.

Sie erhöht den Druck und appelliert an seine Moral, die er doch immer wie eine Monstranz vor sich hergetragen hatte. Nichts werde sie aushändigen, erst müsse er ein Schuldbekenntnis unterschreiben. Darin heißt es unter anderem: »Ich gebe zu, immer wieder erklärt zu haben, dass unsere Ehe, gerade weil sie nicht legal ist, absolut untrennbar ist. Diese Erklärung gab ich noch 1914 kurz vor meiner Abreise. In Stockholm 1916 habe ich vor meiner Abreise ungefragt beteuert, niemals eine andere Verbindung einzugehen. Ich habe die Legalisierung der Ehe seit der Verlobung angeboten und immer wieder versprochen (...) Ich gebe zu, dass Charakter- und Meinungsdifferenzen, wie wir sie nicht nur in den letzten Jahren, sondern wie wir sie immer gehabt haben, kein Scheidungsgrund sind (...) in einer unlösbaren Gewissensehe. (...) Ich muss zugeben, dass ich Gabriele Münter um alles, was ein Mann einer Frau schuldig werden kann, betrogen habe. Dieses Schreiben gelesen, geprüft und für wahr befunden, [Datum und Unterschrift].«[4]

Kandinsky reagiert noch immer nicht persönlich, lässt ihr aber über Baehr mitteilen, dass er ihr rein juristisch gar nichts schulde. Denkbar sei eine materielle Form der Entschädigung, über die man diskutieren könne. Ella schäumt, sie will keine Entschädigung, sondern Gerechtigkeit und endlich ein persönliches Wort. Baehr beschwichtigt. Sie müsse die Notlage verstehen, in der Kandinsky in Moskau gewesen wäre, nicht aus bösem Willen heraus habe er seine Versprechen gebrochen, die Umstände hätten ihn dazu gebracht. Das hätte Wassily nicht besser formulieren können. Sie solle Verständnis für seine Lage haben, erklärt er ihr wenig später, und die Schmach, unter der sie so leide, aus seiner Perspektive betrachten: »Kandinsky hat sich an Ihnen ernüchtert nach starkem Rausch. Das tun wir Männer alle (…) Sie leiden ja unnötig, gnädige Frau. Versuchen Sie doch über Treueschwüre und Sexualitätsvergehen zu lachen. Trauer wegen vergangener Liebe, ja. Aber Anklagen?«[5]

Unnötiges Leiden. Lachen über das, was er ihr angetan hatte. Keiner in ihrem Umfeld hatte eine Vorstellung davon, wie sehr sie die letzten Jahre über gelitten hatte, wie groß ihre innere Zerrissenheit gewesen war zwischen bohrender Einsamkeit und der Angst, ihn zu verlieren. »Meine Idee von Glück – ein Mensch der ganz u. immer mir gehörte.« Seit ihrer Kindheit hatte sie sich danach gesehnt, Wassily hatte ihr genau das immer wieder vermittelt und sie dann achtlos beiseitegeschoben. Sie fühlt sich hoffnungslos verloren, hilflos und haltlos, ohne Ruhe und einen Platz im Leben, ohne Namen und einen Menschen, der zu ihr gehört. Alles, worauf ihr Leben gründet, ist unter ihren Füßen weggebrochen, alles in diesem Haus aufgeladen mit Emotionen, die sie nun erdrücken.

Es ist ein Gefühl, das auch Hugo Ball erfasst, der sie im März besucht. An seinen Freund Hermann Hesse schreibt er: »Frau Kandinsky (…) hat mich in ihr Häuschen nach Murnau eingeladen. (…) Vor dem Krieg sah dieses Häuschen öfters Arnold Schönberg und

Franz Marc. Jetzt ist es ganz vereinsamt. Ein paar verstreute Veilchen blühten im Garten. Es war wie ein Sonntag auf dem Friedhof. Es schien mir so phantastisch, dass ich [nach nur einem Tag] flüchtete.«[6]

Emmy und ihre Nichte Friedel kommen, aber die gemeinsamen Spaziergänge durch den Ort und das Moos reißen neue Wunden auf. Es ist wie der Gang durch eine Gemäldegalerie, voller Motive aus glücklichen Tagen. An denen sie Kraft und Euphorie verspürt hatte, wenn sie den Pinsel in die Hand nahm. In ihren tagebuchartigen Notizen *Beichte und Anklage* hält sie später fest: »Malen ist nur möglich, wenn Freude und Mut dahinterstehen. Ich kann allenfalls pinseln, ohne Inspiration, ohne Glauben (…) Niemand braucht es, niemand freut es. Es ist so überflüssig wie ich selbst.«[7]

Sie schreibt Briefe, in denen sie Kandinsky auffordert, sich nicht länger vor ihr zu verstecken, und das unwürdige Spiel über Bande zu beenden. Aber es kommt noch schlimmer. Sie hatte inzwischen den befreundeten Anwalt Julius Siegel eingeschaltet, der auch Kandinsky kannte. Baehr hatte nichts erreichen können und sie mit seinen Äußerungen verletzt. Von ihrem Anwalt erfährt sie nun, dass Kandinsky ihm von seiner unglücklichen »Ehe« erzählt hatte, so unglücklich, dass ihm zeitweise die Kraft zum Malen gefehlt habe. Dabei hatte er Ella im September 1905 geschrieben: »Wenn du wirklich mir bist, so steigern meine Kräfte sich, da ich dich an meiner Seite fühle.«[8] Es ist nur einer von zahllosen Briefen, die belegen, dass sie bei allen Schwierigkeiten und Missstimmungen immer über die Kunst verbunden waren und das Urteil des anderen beide auf ihrem Weg vorangebracht hat. Dass sie nun auch noch für das Stagnieren seiner Kreativität verantwortlich sein sollte, ist zu viel. Er hatte jahrelang mit der Frage gerungen, wie er seine Ideen auf der Leinwand umsetzen, die richtige Form finden könnte. Und sie hatte ihn immer dabei unterstützt.

Nach dem bitteren Gespräch mit Siegel feilt sie lange an einer rund vierzig Seiten langen »Klageschrift«, die sie Kandinsky am 13. Juli 1922 zuschickt. »Ich glaube mich wohl zu erinnern, dass ich Dir manche künstlerischen Anregungen, Impulse, Initiative gegeben habe. Ich erinnere mich auch, dass Du von ewiger Dankbarkeit gesprochen hast. Deine Entwicklung hast Du an meiner Seite durchgemacht, und ich zweifle sehr, ob Du die Höhe der Werke der ›Unglücksjahre‹ von 1909 bis 1914 noch einmal erreichen kannst«, schreibt sie und schlägt auch einen großen Bogen von der Kunst zu ihrer Liebesbeziehung. Er hätte sie nie froh und glücklich gemacht, sondern Schwere und Unglück in ihre Beziehung gebracht, weil jedes Gefühl verknüpft mit seinem schlechten Gewissen gegenüber Anja gewesen sei und sie verdammt dazu, seine Lasten zu tragen. Ihre Lebensfreude sei durch seine Trauer, seine psychischen Schwankungen und seine kränkliche Natur erstickt worden: »Als ich jung war und leben wollte und mich der Gegenwart freuen, hast Du es mir nie erlaubt. (…) Ich war wie ein aufgeschlagenes Buch in Deinen Händen. Die Gegenwart verstrich ungelebt, und das Buch blieb leer!« Trotzdem habe sie immer an ihn geglaubt und nichts für sich gefordert, da sie ihn gehabt hätte.[9]

Auf diesen langen Brief reagiert Kandinsky endlich und antwortet am 27. Juli 1922 auf ihre Anklagen. »Mein liebes Herz, mein geliebtes Ellchen«, solche Anreden waren einmal. Nun siezt er die einst »hundert Mal Geliebte« und seziert nüchtern ihre Vorhaltungen. Seine Schuld bestünde keineswegs darin, dass »aus unserer Ehe nichts geworden ist, dass unser gemeinsames Leben eine ständige Qual für uns beide war«. Sie trügen beide Schuld am Scheitern, »soweit der Mensch daran schuld ist, dass sein Charakter so und nicht anders ist. (…) Ich hatte immer gehofft, dass wir uns einmal in England treffen, um uns dort trauen und sofort scheiden zu lassen. (…) Weil ich – willkürlich oder unwillkürlich – mein Wort gebrochen habe, so ist meine aufrichtige Absicht wenigstens Ihren Wünschen in materieller Hinsicht (…) gerecht zu werden. (…) Sie haben viel Schweres in mein Leben gebracht, sind aber selbst unglücklich genug, als dass ich Ihnen gegenüber schlechte Gefühle hegen könnte. Ich wünschte, Sie hassten mich auch nicht.«[10]

Hass und Ohnmacht sind Zwillinge, schreibt Gabriele Münter später in *Beichte und Anklage.* Eine tagebuchartige Selbstreflexion, die sie über mehrere Jahre führt und damit fünf eng beschriebene Notizhefte füllt. Darin steht auch, dass sie den Fehler begangen habe, sich gegen ihre Natur zu wenden, weil sie Wassily und seine Wünsche höhergestellt habe als sich selbst und ihre eigenen Bedürfnisse.[11] Doch bis sie zu dieser Einsicht gelangt, die für sie selbst letztlich am bittersten ist, vergeht viel Zeit. Noch regieren die Zwillinge Ohnmacht und Hass.

Das Angebot nach materieller Entschädigung weist sie empört zurück. Nichts hatte er verstanden. In ihrer Wut verfasst sie unzählige Briefe, die sie nicht abschickt, in denen sie auch persönliche Anklagen mit Kandinskys Wert als Künstler verknüpft. Hatte er nicht immer verkündet, dass der innere Wert eines Künstlers auch über die Qualität seines Werkes entscheide? »Welches Licht wirft dieses, Dein ganzes zu einer Lüge gestempeltes Verhalten auf Deine Kunst? (...) Wenn ein Mensch sein ganzes Leben zu einer Lüge macht, vielleicht wird er auch als Künstler noch einmal entlarvt! Die abstrakte Kunst ist Utopie oder Lackelei!« Zwei Wege würden zu zwei Höllen führen: Falschheit und Bosheit zu Würdelosigkeit, Unrecht und Lüge zu Größenwahn. Aber »so warst Du immer, ein brutaler Egoist, für den die ›innere Notwendigkeit‹ eines anderen nicht existierte«[12].

Sie hat Mühe, ihren Tag zu gestalten und sich zu irgendetwas aufzuraffen. Etwas Halt geben Listen, die sie am Abend anfertigt, um sie am nächsten Tag abzuarbeiten. Um Kunst geht es in diesen Plänen nicht, es geht um Banalitäten wie Geschirrspülen oder Blumengießen. »Es ist ein leeres, interess- und freudloses Vegetieren – ein Tag wie den anderen – ein sich Hinschleppen seit 7 Jahren«, voller seelischer Zerrissenheit, in Unfrieden und Angst vor der Einsamkeit.[13] Sie fühlt sich aus dem Leben geworfen und damit von allem abgeschnitten. Der bunte Vogel, er fliegt nicht mehr.

Anfang 1923 zieht sie die Reißleine. Sie möchte das Chaos in ihrem Inneren sortieren, sich einer Behandlung unterziehen. Ob damit ein leises Eingeständnis ihrer eigenen Verantwortung für das Scheitern der Liebe verbunden ist oder ob sie sich davon tiefere Einblicke in das janusköpfige Wesen Kandinskys erhofft, wie sie das Poul Bjerre gegenüber Jahre später andeutet, ist nicht ganz klar. Der unverständliche Riss, von dem sie in ihrem Brief an den Psychiater sprechen wird, ist jetzt noch eine klaffende Wunde, das Alleinsein in ihrem einstigen Märchenhäuserl eine einzige Qual. Sie entschließt sich, mit einigen Unterbrechungen über ein halbes Jahr in Elmau in der Nähe von Mittenwald zu verbringen. Im Winter kehrt sie erneut dorthin zurück und bleibt bis zum Frühjahr 1924.

Das heutige Luxus-Retreat war 1916 von Johannes Müller erbaut worden, einem Theologen, Philosophen und Anhänger des anthroposophischen Weltbilds von Rudolf Steiner, dessen Vorträge Ella und Wassily im Oktober 1907 in Berlin mit großem Interesse gehört hatten. Steiners Lehre folgend wollte Müller in der Stille der Berge mit seinem Sanatorium einen Fluchtpunkt und eine Begegnungsstätte für Suchende schaffen, in dem die Gäste durch Gesprächsrunden, Tanz, Atemtherapie und Reformkost den Blick wieder nach innen und auf ihr Selbst richten sollten, um ihres »göttlichen Wesens« gewahr werden zu können.[14]

In Elmau führt sie intensive Gespräche mit Müller, unternimmt lange Spaziergänge und versucht, bei den Tanznachmittagen wieder ein Gefühl für sich zu finden. Und sie porträtiert Gäste wie zu ihren Anfangszeiten im Kurbetrieb von Bad Oeynhausen, auch Tuschzeichnungen der verschneiten Landschaft entstehen, die sie mit Aquarellfarben koloriert. Es ist ein Anfang, aber als sie schließlich in ihr Haus in Murnau zurückkehrt, ist die Unsicherheit zurück. Sie lädt eine befreundete Malerin ein, um sich abzulenken, räumt das Haus um und versucht, Kandinskys Zimmer für sich in Besitz zu nehmen. »Ja, ich, *ich* schlief die Nacht in der Ecke, wo der Boshafte immer lag, schlief gut bis Sonnenaufgang. Abends aber richtete ich den Spiegel aufs Kopfkissen und betrachtete mich. Ernst, herb, aber nicht jung. Als ich den Kopf zurücklegte, bekam ich den Eindruck, wie ich aussehen mag als Leiche, Ich glaube doch eigentlich, dass ich meistens schon tot bin.«[15]

Als der Rechtsstreit mit Kandinsky im April 1926 schließlich endet, ist Ella 49 Jahre alt. Ein halbes Jahr zuvor hatte sie ihre Koffer gepackt und das Haus in Murnau verlassen. In dem Vergleich erklärt Kandinsky sich bereit, »Frau Gabriele Münter-Kandinsky volles, bedingungsloses Eigentumsrecht« an allen Arbeiten einzuräumen, die er bei ihr bzw. in den Depots zurückgelassen hat. Darunter befindet sich der Großteil seiner Hinterglasbilder, Aquarelle, Zeichnungen und Drucke, dazu an die 170 Ölgemälde und -studien. Er selbst erhält 26 Kisten mit persönlichen Gegenständen zurück, darunter sein Fahrrad und das Harmonium sowie 14 Bilder. Im Wäschekoffer liegt eine Mappe mit Aquarellen, darunter Kandinskys erstes abstraktes aus dem Jahr 1910.

Dass Ella diese materielle Entschädigung, die sie zuvor immer vehement abgelehnt hatte, nun doch angenommen hatte, lag auch an der Bezeichnung »Frau Gabriele Münter-Kandinsky« im Dokument. Wenngleich juristisch ohne Relevanz, ist der Doppelname eine späte Genugtuung. Wenige Tage vor der Einigung hatte sie ihrem Rechtsanwalt geschrieben, dass sie Kandinsky nicht einen Tag lang etwas vorenthalten hätte, wenn er die richtige Form des Umgangs mit ihr gewählt hätte. Stattdessen hatte er sie zu einem Nichts degradiert mit seiner hartnäckigen Verweigerung, ihr persönlich gegenüberzutreten.

»Ich sehe dich noch immer am Bahnhof, wie ich Dich allmählich aus den Augen verlor mit Deinem weißen Hut. Meine liebe Ella, vergiss nie, dass Du für mich immer der allerbeste Freund sein wirst und dass ich sehr unglücklich darüber bin, nicht alles tun zu können, was Du möchtest.«[16]

Als seine Augen am 16. März 1916 in Stockholm aus dem Fenster des ausfahrenden Zuges Ella suchten und fanden und sie ihm auf dem Bahnsteig stehend nachsah, war es das letzte Mal, dass sich ihre Blicke trafen.

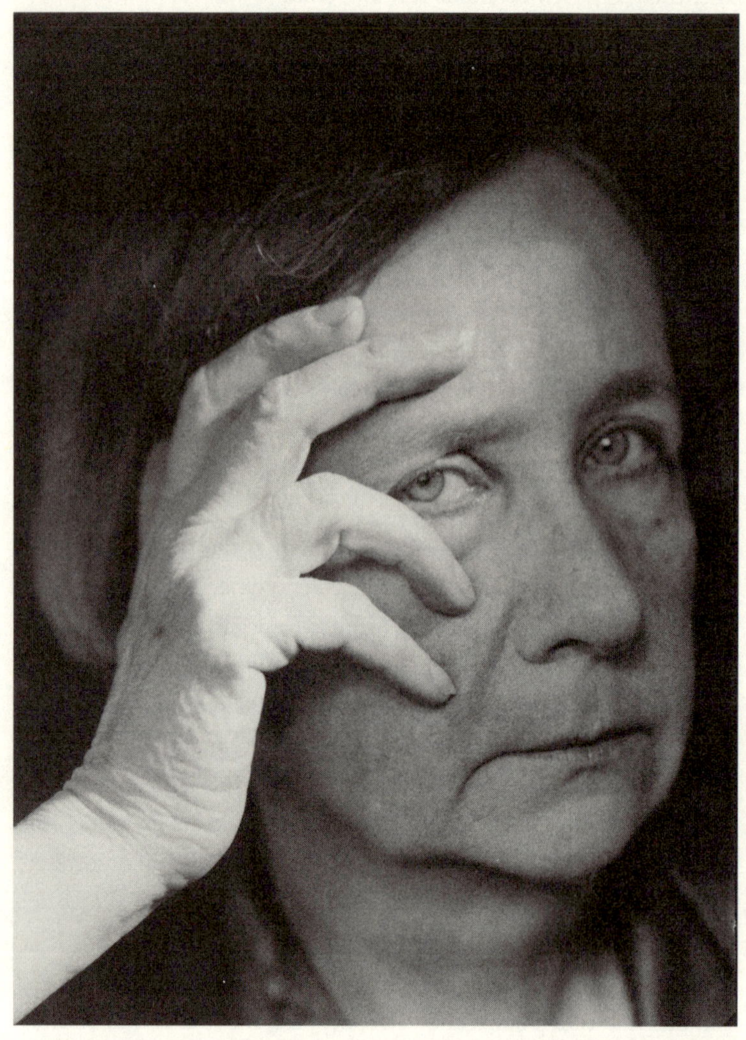

Skeptischer Blick in die Zukunft – Gabriele Münter in den 1930er Jahren.

EPILOG

Wassily Kandinsky lehrt bis 1932 am Bauhaus, erst in Weimar, später in Dessau. Als der dortige Stadtrat im August das Ende des Bauhauses zum 1. Oktober beschließt – die Nationalsozialisten sind inzwischen stärkste Kraft –, erhält Kandinsky einen Auflösungsvertrag, der später jedoch aufgehoben wird, weil er sich angeblich marxistisch betätigt hatte. Diesem Verdacht waren alle am Bauhaus Lehrenden und Arbeitenden ausgesetzt, er als gebürtiger Russe im Besonderen. Da half es auch nichts, dass er und seine Frau Nina schon im März 1928 die deutsche Staatsbürgerschaft erhalten hatten.

Nach Hitlers Machtergreifung müssen die letzten Verbliebenen im Juli 1933 das Gelände in Dessau verlassen. Wassily und Nina Kandinsky sind da bereits seit einigen Monaten in Berlin und überlegen, wie es weitergehen soll. An seinen Freund Thomas von Hartmann hatte er im Juni 1933 geschrieben: »Meine ›arische Herkunft‹ wird angezweifelt, ist offiziell nicht anerkannt. Doch das ist jetzt von großer Wichtigkeit. Noch schlimmer steht es mit meiner künstlerischen ›Radikalität‹, besonders mit der abstrakten Kunst. Ausstellungen sind überhaupt nicht mehr möglich.«[1] Ein Bild verkaufen zu können, grenze an ein Wunder.

Ohne festes Einkommen wie zu Bauhaus-Zeiten ist Kandinsky aber auf Einnahmen aus Verkäufen angewiesen. Der Kontakt zum Kunstmarkt ist die eigentliche Triebfeder dafür, dass das Paar im Dezember 1933 seine Koffer packt. Ein vorübergehender Abschied, wie Kandinsky glaubt, ein, zwei Jahre vielleicht, um neue schöpferische Impulse zu erlangen und größere finanzielle Möglichkeiten. Er versteht sich als deutscher Künstler, der in München seine Laufbahn begonnen, hier sein erstes abstraktes Bild gemalt und mit dem

Blauen Reiter ein deutsches Kunstphänomen hervorgebracht hat. Kandinsky ist entsetzt, als eine Behörde in Berlin ihn als Auswanderer abstempelt – nichts läge ihm ferner.

Ende 1933 ziehen die beiden auf Empfehlung von Marcel Duchamp nach Neuilly-sur-Seine, einen Vorort im Westen von Paris. Hier waren entlang der Seine Neubauten entstanden. Eine Dreizimmerwohnung im sechsten Stock wird zum neuen Lebensmittelpunkt, das Licht im Atelier ist gut, auch Kontakte zu anderen Künstlern wie Robert Delaunay, einem Weggefährten der *Blauen Reiter*, zu Marc Chagall, Joan Miró, Piet Mondrian, Hanns Arp oder Max Ernst sind schnell geknüpft, aber der Anfang ist dennoch schwer. Frankreich steckt in einer Wirtschaftskrise, der Kunstmarkt ist fast tot, Ausstellungen in der Stadt ziehen kaum Besucher an, vor allem gibt es in Paris einfach zu viele Künstler.

Kandinsky, der mit riesigen Erwartungen hierhergekommen war, hält den Franzosen einen gewissen Snobismus vor. Sie würden vor allem heimische Künstler schätzen, und vom Rest nur das wahrnehmen, was gerade oben schwimme, den Rahm, der sich auf dem Eimer Milch abgesetzt habe, in dem sich die übrigen Maler tummeln würden. Und oben würde gerade nicht er mit seinen abstrakten Werken schwimmen, sondern Kubisten und Surrealisten, deren teils »psycho-analytischen Motiven« er wenig abgewinnen könne.

Lohnend scheinen nur noch die Märkte in England und Amerika. Von dort kommen Angebote etwa für einen Lehrauftrag der Arts Students League in New York oder als »artist in residence« am Black Mountain College in North Carolina, auch die wichtigsten Sammler seiner Kunst leben in den Vereinigten Staaten. Einen Wechsel dorthin kann sich Kandinsky jedoch nicht vorstellen, auch nicht, als die politische Lage sich zuspitzt. Am 19. Dezember 1934 schreibt er an Maria Marc: »Die politischen Wellen steigen leider manchmal bis zu unserem 6. Stock hinauf. Die verfluchte Politik hat die Eigenschaft, durch jede kleinste Ritze hineinzuschlüpfen. So weit es mir gelingt, verstopfe ich diese Ritzen. Hier wird ziemlich bestimmt ein Krieg erwartet. Die Erinnerungen an die kaum vergangenen Kriegsjahre sind so weit verblasst, dass der Kriegsteufel manchen Menschen nicht mehr so grauenhaft erscheint. Und was würden wir dann mit unseren deutschen Pässen hier machen? Es hieße, wieder und wieder zu wandern, wovon wir beide tatsächlich mehr als genug haben.«[2]

Selbst in den Jahren 1940 und 1941, als die deutschen Besatzer und das Vichy-Regime »Säuberungsaktionen« unter Kulturschaffenden durchführen, halten die Kandinskys an Paris fest. Das Emergency Rescue Committee, von Exildeutschen wie Albert Einstein und Thomas Mann mitbegründet, hatte in Marseille ein geheimes Netzwerk aufgebaut, mit Varian Fry an der Spitze. Über 2000 verfolgten Schriftstellern und Künstlern – darunter auch neue Freunde wie Marc Chagall, Marcel Duchamp oder Max Ernst – gelang auf diesem Weg die Flucht in die Vereinigten Staaten. Auch die Kandinskys hatten auf Frys Liste gestanden, das Geld für die Schiffspassage stand bereit.

Die Sache mit den deutschen Pässen hatte sich da längst erledigt. Seit 1937 galt Kandinsky als »entarteter Künstler«, nach dem Münchner Abkommen ein Jahr später hatte die deutsche Botschaft ihn und Nina darüber informiert, dass sie neue Pässe bräuchten. Was er fünf Jahre zuvor gegenüber Hartmann angedeutet hatte, war nun zur Gewissheit geworden. Sie benötigten einen »Ariernachweis«, die vorgelegten Taufscheine der Großeltern würden nicht genügen. Im Juli 1939 hatten die Kandinskys dank persönlicher Beziehungen ins Justizministerium schließlich die französische Staatsbürgerschaft erhalten.

Nachdem die Wehrmacht Frankreich besetzt hatte, waren Wassily und Nina für einige Monate in den Pyrenäen untergetaucht. Einen Teil seiner neuen Werke hatten sie schon bei Kriegsbeginn aus Paris ausgelagert, einen weiteren im Keller ihres Hauses versteckt.

In den elf Jahren in Neuilly-sur-Seine waren vor allem kleinere Arbeiten auf Papier und Karton, Aquarelle, Tuschzeichnungen und

Gouachen entstanden, die sich nicht nur leichter verkaufen ließen, sondern gleichzeitig einen Ausweg aus der schwierigen Beschaffungslage bei Leinwänden und Ölfarben boten. Auch die Motive änderten sich. Die strengen geometrischen Formen der Bauhaus-Zeit wichen Fabelfiguren und amöbenartigen Wesen, als blicke man durch ein Mikroskop. Es ist eine andere Art des Blicks nach innen: »Dieses Erleben der ›geheimen Seele‹ der sämtlichen Dinge, die wir mit unbewaffnetem Auge, im Mikroskop oder durch das Fernrohr sehen, nenne ich den ›inneren Blick‹. Dieser Blick geht durch die harte Hülle, durch die äußere ›Form‹ zum Inneren der Dinge hindurch und lässt uns das innere ›Pulsieren‹ der Dinge mit unseren sämtlichen Sinnen aufnehmen«, hält er in einem Essay fest.[3] Auf einem seiner wenigen Ölgemälde aus der Pariser Zeit – *Himmelblau (Bleu de Ciel)* – tanzen und schweben allerlei buntgemusterte Wesen auf hellblauem Hintergrund, die wie fantasievolle Meerestiere wirken.

Am 13. Dezember 1944 stirbt Wassily Kandinsky mit 78 Jahren in seiner Wohnung an einem Hirnschlag. Seinen letzten Bildern hatte er angesichts seiner schwindenden Kräfte Titel wie *Isolation*, *Finsternis*, *Dämmerung* oder *Gedämpfter Elan* gegeben. Der Kritiker Edouard Roditi greift später auf, was Gabriele Münter ihrem langjährigen Gefährten in ihrem Furor an den Kopf geworfen hatte. »Nach Kandinskys Trennung von ihr hat sich seine Kunst immer wieder am Rande des rein dekorativen oder übermäßig schematischen gehalten. Er blieb immer ein großartiger Theoretiker, ein glänzender Lehrer. Aber die Zeit seiner größten Schöpferkraft (…) lag in den Jahren, die er mit Gabriele Münter (…) verbrachte.«[4]

Fünf Jahre nach Kandinskys Tod findet die Ausstellung »Der Blaue Reiter, München und die Kunst des 20. Jahrhunderts« statt. Ausgerechnet im Haus der Kunst, in dem 1937 Hitlers Gegenausstellung mit ideologiekonformen Werken zeitgleich mit der Schau »Entartete Kunst« eröffnet worden war. Die Stadt wollte sich auch im

Bereich Kunst vom Image der »Hauptstadt der Bewegung« befreien und an die glanzvollen Zeiten des letzten und bedeutendsten Kapitels ihrer Kunstgeschichte erinnern.

Gabriele Münter gehört zum Ehrenausschuss, für die Macher der Ausstellung ist sie die wichtigste Chronistin und Zeitzeugin dieses Aufbruchs in die Moderne. Ihre eigene Kunst wird weniger gewürdigt. Nur neun Bilder werden gezeigt, an die fünfzig sind es von Macke und Marc, 41 von Kandinsky. Aus dem Katalogtext stammt jenes Zitat, dass sich Münter und Werefkin den großen Kunstfragen nicht gestellt hätten, sondern einfach und naturhaft geblieben seien. Zwei dürre und inhaltlich fragwürdige Zeilen, mehr Erwähnung finden die beiden Frauen darin nicht.

Für Gabriele Münter ist es dennoch ein Anfang: Noch im selben Jahr steht sie im Mittelpunkt einer Wanderausstellung durch mehrere Städte, in der rund neunzig Ölgemälde, Zeichnungen und Lithografien gezeigt werden. Sie sei wieder so bekannt geworden, dass kaum die Zeit zum Malen reiche, schreibt sie an ihre Familie. Aber der Schatten Kandinskys bleibt, ihre Kunst ist in erster Linie von Interesse, weil sie seine Gefährtin war.

Sich aus diesem Schatten zu lösen, war ihr bis dahin nur in Skandinavien gelungen und später in Frankreich, wo sie von 1929 an ein Jahr verbracht hatte. Die vier Jahre davor in Berlin, wohin sie 1925 vor den Erinnerungen im Murnauer Haus geflohen war, hatte sie als qualvoll erlebt, geprägt von künstlerischen Zweifeln und dem Versuch, einen Neuanfang zu erzwingen. Sie hatte das Empfinden, als hätte sich eine dicke Schicht Asche auf ihre Gefühle und ihre Fähigkeiten gelegt, die sie selbst nicht durchbrechen könne. Es müsse jemand kommen und diese Schichten aufkratzen und wegschaufeln, sonst würden ihre Bilder Schwergeburten bleiben, die bereits tot zur Welt kämen.[5]

Gleich vier Zeichenkurse in der Malschule von Arthur Segal hatte sie in ihrer Berliner Zeit besucht, um sich auf ihre Anfänge zu besinnen. Segal hatte die erste Ascheschicht mit seiner Begeisterung über ihre Arbeiten weggekratzt, ein Jahr in Paris und Südfrankreich hatten weiteren Auftrieb gegeben. Auch, weil in Südfrankreich Johannes Eichner an ihrer Seite war, ein Kunsthistoriker und Privatgelehrter, ein eigenbrötlerischer Typ, den sie Silvester 1927 in Berlin kennengelernt hatte.

Eichner wird nach einer längeren Zeit des vorsichtigen Herantastens ihr neuer Gefährte, mit dem sie 1931 in ihr Haus in Murnau zurückkehrt. Die beiden bleiben beim »Sie«, verbringen immer wieder Phasen getrennt voneinander, es ist eher eine Freundschaft als eine Paarbeziehung, aber sie gibt Stabilität und Sicherheit. »Ohne Ei[chner] ginge es nicht. Er hat Interesse alles zu sehen und alle Arbeiten mitzuerleben«, notiert sie am 31. Juli 1935 in ihr Tagebuch. Anders als Kandinsky nimmt er aber auch Einfluss auf die Art ihrer Bilder, vor allem während der Zeit des Nationalsozialismus. Sie dürfe mit ihren Motiven nicht anecken, solle den Kopf einziehen, etwas naiver und gefälliger malen. Von solchen schulmeisterlichen Belehrungen hält sie nicht viel, sie will spontan malen, nicht nach Vorgaben, »wenn es mich packt, echte, gute impulsive Bilder und mich um kein Urteil kümmern (…) ich mach's halt und pfirti«[6].

Sie übersteht Diktatur und Krieg ohne Berufsverbot und ohne dass der Schatz im Keller entdeckt wird, kehrt wieder zurück zu ihrer flächigen farbenfrohen Malerei und den Stillleben. An ihrem achtzigsten Geburtstag macht sie der Münchner Städtischen Galerie im Lenbachhaus ein unfassbares Geschenk. In der Inventarliste sind für die Schenkung über tausend Einzelposten verzeichnet, Gemälde, Aquarelle, Zeichnungen, Hinterglas- und Temperabilder, Skizzen- und Notizbücher, sowie Druckgrafiken von ihr und Kandinsky, außerdem Werke von Franz Marc, Alfred Kubin, Marianne von Werefkin und Alexej Jawlensky. Über Nacht wird das Lenbachhaus zu einem der bedeutendsten Museen der Welt.

Am 19. Mai 1962 stirbt Ella in ihrem Haus in Murnau. Der *Münchner Merkur* schreibt in einem Bericht über die Trauerfeier, es wäre falsch, »Gabriele Münter um ihres Schicksals und ihrer großartigen Stiftung willen nur im Schatten Kandinskys zu sehen, in den sie sich niemals begeben hat«.

Sie selbst hatte schon 1949, im Jahr der großen Ausstellung in München, an ihren alten Freund Carl Palme geschrieben, dass all das Trübe, das sie in der Person Kandinskys und in ihrer Beziehung zu ihm erlebt hatte, nie ihre Erinnerung an den großen Künstler getrübt habe. Und gegenüber ihrem Lebensgefährten Johannes Eichner hatte sie wenige Jahre vor ihrem Tod die prägendste Beziehung ihres Lebens so zusammengefasst: »Er hat versagt – ich habe versagt – darum ging es schlecht aus.«[7]

DANK

Wir, Alice Brauner und Heike Gronemeier, möchten uns bei allen Unterstützer:innen bedanken, die uns bei der Ideenfindung und Realisierung des Buchprojektes zur Seite standen:

Dr. Annegret Hoberg, Kunsthistorikerin und bis 2021 als Kuratorin am Lenbachhaus u. a. für die Ausstellung »Der Blaue Reiter« verantwortlich, war von Beginn an die Ansprechpartnerin in allen kunsthistorischen Fragen (und es waren derer nicht wenige). Wir sind überaus dankbar für ihre unerschöpfliche Expertise.

Unser Dank geht auch an *Dr. Matthias Mühling,* Direktor der Städtischen Galerie im Lenbachhaus, der sich nach einigem Zögern meiner Überzeugungskraft nicht mehr entziehen konnte. Mittlerweile pflegen mein Mann und ich ein freundschaftliches Verhältnis zu ihm.

Dr. Isabelle Jansen, Geschäftsführerin der Gabriele Münter- und Johannes-Eichner-Stiftung, stand uns stets hilfreich zur Seite.

Carmen Kühnert, Mitarbeiterin der Stiftung, war jederzeit überaus entgegenkommend, u. a. bei allen Anfragen zum Archiv (selbst wenn diese noch in letzter Minute kamen).

Siegfried Häusler in der Repro- und Foto-Abteilung des Lenbachhauses war unermüdlich bei der Suche von Fotos der Gemälde in den tiefsten Tiefen des Archivs.

Dr. Sandra Uhrig, Leiterin des Schlossmuseums Murnau, hat uns mit ihrer Expertise zu Fragen der Situation ausländischer Mitbürger beim Ausbruch des Ersten Weltkriegs wertvolle Hinweise gegeben.

Gabi Rudnicki, Vorsitzende der Ödön-von-Horváth-Gesellschaft, hat uns auf die neuen Erkenntnisse von Dr. Uhrig in diesem Bereich aufmerksam gemacht und war bei der Suche nach vergriffenen Titeln behilflich.

Bettina Westhausen, die Seele der CCC-Film, war von Anfang bis Ende in alles rund um Münter & Kandinsky involviert.

Unser besonderer Dank gilt auch dem großartigen Team des Penguin Verlags: Verlegerin *Britta Egetemeier*, die gleich bei unserem ersten Gespräch von der Buchidee begeistert war. Verlagsleiterin Sachbuch *Karen Guddas* und Lektorin *Christiane Naumann,* die das Projekt intern mit großem Elan begleitet haben, bevor *Jürgen Bolz* als freier Lektor feinfühlig für den letzten Schliff gesorgt hat. *Helena Friedrich* und *Franziska Engl* danken wir für die Koordination von Veranstaltungen und die Pressearbeit, sowie *Annette Baur* für die Unterstützung bei der Bildauswahl.

• • •

Ich, Alice Brauner, danke vor allen anderen *Familie Zechbauer.* Mit der Entdeckung des wunderbaren Gabriele-Münter-Gemäldes »Blumenstrauß« (1931), das sich in ihrem Besitz befindet, begann meine lange Reise in die Welt einer besonderen Frau, eines Aufbruchs in der Kunst und einer sehr tragischen Beziehung eines ungewöhnlichen Künstler- und Liebespaars. Das Gemälde entdeckte ich beim unerlaubten Rumstöbern im Büro meines hochgeschätzten Schwiegervaters *Peter Zechbauer* hinter einem schwer zugänglichen Vorhang. Dieses Stillleben war es, das zur ersten Inspiration für den Film und das Buch wurde.

Während der Zeit der Pandemie habe ich viel Zeit im oberbayerischen Seenland verbracht. Dabei bin ich tief in Leben und Werk dieser außergewöhnlichen Frau und Künstlerin, die mich nicht mehr loslassen sollte, eingedrungen. Über mehrere Jahre habe ich mich intensiv mit dem Leben und Werk Gabriele Münters beschäftigt, die hier viele Jahre gemeinsam mit ihrer großen Liebe Wassily Kandinsky gelebt und gemalt hat.

Im oberbayerischen Seenland gibt es – neben Murnau – viele Ortschaften, die eng mit Münter, Kandinsky und ihren Werken verknüpft sind: etwa Kochel am See oder Sindelsdorf, wo Franz und Maria Marc einige Jahre lebten. Auf meinen Streifzügen habe ich die Orte, die auf unzähligen Bildern festgehalten sind, besucht, mit den Nachkommen von Zeitzeugen gesprochen und Briefe und andere Quellen studiert. Mein Interesse als Historikerin war geweckt, die Idee zu einem Kinofilm und schließlich zu diesem Buch reifte stetig und beständig.

In Unterammergau habe ich schließlich begonnen, das Drehbuch zu dem Film zu schreiben. Mithilfe von *Marcus O. Rosenmüller* ist es nicht bei einer bloßen biografischen Abhandlung geblieben, sondern formte sich zu einem drehreifen Script, auf dessen Grundlage der Film entstand.

Auf diesem langen Weg haben mich *Michael Zechbauer,* mein grundgütiger Ehemann, und meine großartigen Zwillingssöhne *Ben und David* in allen Belangen jederzeit tatkräftig unterstützt (das heißt buchstäblich Tag und Nacht) – vielen lieben und großen Dank dafür!

Für dieses Buch gab es für mich nur eine Person, die genauso leidenschaftlich an historischen Figuren interessiert ist, spannend kontextualisieren kann und die Gabe besitzt, historische Fakten in eine mitreißende Erzählung einzubetten: *Heike Gronemeier.* Ohne sie wäre dieses ganze Mammutprojekt gar nicht vorstellbar und realisierbar gewesen.

• • •

Meiner Frau *Nathalie Menne* kann ich, Heike Gronemeier, gar nicht genug dafür danken, dass sie die lange Schreibklausur und das ewige Kreisen um Münter & Kandinsky mit großer Geduld und Unterstützung ertragen hat; Hund *Lilli* hat mich in dieser Zeit daran erinnert, dass ein Spaziergang Wunder wirken kann und meine Mutter *Ingrid* freut sich darauf, mich nach Abschluss dieses Projekts endlich mal wieder persönlich zu sehen. Ohne das Vertrauen, die glühende Begeisterung und die inspirierenden Anregungen von meiner wunderbaren Co-Autorin Alice Brauner wäre es nie zustande gekommen.

ANMERKUNGEN

Vorwort

1 Alle Zuschreibungen finden sich zusammengefasst in Gisela Kleine: *Gabriele Münter und Wassily Kandinsky. Biographie eines Paares*, Insel Verlag 2020, S. 656

2 zit. n. Gisela Kleine: *Gabriele Münter und Wassily Kandinsky. Biographie eines Paares*, a. a. O., S. 176 f.

Prolog

1 www.kunstzitate.de/bildendekunst/manifeste/nationalsozialismus/ziegler_rede_entartet_1937.htm; zur Datenbank »Entartete Kunst« siehe: www.geschkult.fu-berlin.de/e/db_entart_kunst/

2 Die NS-Kunstideologin Bettina Feistel-Rohmeder in einer Protestnote zur »Deutschen Kunstausstellung München«; zit. n. Gisela Kleine: *Gabriele Münter und Wassily Kandinsky. Biographie eines Paares*, a. a. O., S. 596 f.

3 https://germanhistorydocs.org/de/deutschland-nationalsozialismus-1933-1945/fuehrer-durch-die-ausstellung-entartete-kunst-1937

4 Gabriele Münter am 12. März 1932 an Johannes Eichner; zit. n. Sandra Uhrig: *Gabriele Münter. Die Zeit nach Kandinsky in Murnau*, Ausstellungskatalog, Schlossmuseum Murnau 2012, S. 60

5 zit. n. Gisela Kleine: *Gabriele Münter und Wassily Kandinsky. Biographie eines Paares*, a. a. O., S. 642

6 Arthur Jerome Eddy: *Cubists and Post-Impressionism*, Chicago 1914, siehe: www.gutenberg.org/cache/epub/64936/pg64936-images.html

7 Vgl. Ivan Ristić, Hans-Peter Wipplinger (Hrsg.): *Gabriele Münter.* Retrospektive, Leopold Museum 2023, S. 16

8 Siehe *Gabriele Münters letzte Jahre: Retterin des »Blauen Reiter«*; Beitrag von Sandra Wiest für die BR-Reihe »Zwischen Spessart und Karwendel«, www.br.de/br-fernsehen/sendungen/zwischen-spessart-und-karwendel/blauer-reiter-muenter-gabriele-100.html

9 Gabriele Münter am 27. Oktober 1926 ihrem Tagebuch; zit. n. Ivan Ristić, Hans-Peter Wipplinger (Hrsg.): *Gabriele Münter,* a. a. O., S. 10

10 Brief von Museumsdirektor Friedrich Deneken vom 31. Januar 1908 an Wassily Kandinsky; zit. n. Isabelle Jansen: *Gabriele Münter 1877–1962. Malen ohne Umschweife*, Lenbachhaus/Prestel Verlag, 2. Aufl. 2018, S. 244

11 Gabriele Münter am 4. Oktober 1905; zit. n. Ivan Ristić, Hans-Peter Wipplinger (Hrsg.): *Gabriele Münter,* a. a. O., S. 12

12 Ebd.

13 Wassily Kandinsky am 14. Mai 1916 in einem Brief an Gabriele Münter; zit. n. Jelena Hahl-Fontaine (Hrsg.): *Kandinsky. Das Leben in Briefen 1889–1944*, Hirmer Verlag 2023, S. 150

Leinen los!

1 »Erinnerungen an Amerika«, handschriftliches Manuskript von Gabriele Münter vom 26./27. März 1959; zit. in Helmut Friedel (Hrsg.): *Gabriele Münter. Die Reise nach Amerika, Photografien 1899–1900*, Schirmer Mosel/Gabriele Münter- und Johannes-Eichner-Stiftung/Lenbachhaus 2006, S. 219

2 Typoskript von Gabriele Münter, handschriftlich gekennzeichnet als »Eichner Entwurf zu Mü Autobiogr.«; zit. n.: Helmut Friedel (Hrsg.): *Gabriele Münter. Die Reise nach Amerika. Photografien 1899–1900*, a. a. O., S. 220

3 Karl Scheffler: *Die Frau und die Kunst. Eine Studie*, Verlag Julius Bard 1908, S. 40 und 42; https://archive.org/details/diefrauunddiekun00sche/mode/2up

4 Gabriele Münter am 21. Mai 1897 in einem Brief an ihre Mutter Minna; zit. n. Gisela Kleine: *Gabriele Münter und Wassily Kandinsky. Biographie eines Paares*, a. a. O., S. 50

5 Gabriele Münter am 18. Oktober 1897 in einem Brief an ihre Mutter Minna; zit. n. ebd., S. 55

6 Zit. n. ebd.

7 Gabriele Münter in einem Brief vom 25. Juli 1898 an ihren Bruder Carl; zit. n. ebd., S. 57

8 Ebd., S. 85

9 »Erinnerung an Amerika«, handschriftliches Manuskript von Gabriele Münter vom 15. November 1956; zit. in Helmut Friedel (Hrsg.): *Gabriele Münter. Die Reise nach Amerika, Photografien 1899–1900*, a. a. O., S. 217

10 Vgl. Johannes Eichner: *Kandinsky und Münter. Von den Ursprüngen moderner Kunst*, F. Bruckmann Verlag 1957, S. 26

11 Münter im Gespräch mit dem amerikanischen Autor und Kritiker Edouard Roditi, erschienen in *Dialoge über Kunst*; zit. n. Karoline Hille: *Gabriele Münter. Die Künstlerin mit der Zauberhand*, Dumont 2012, S. 18

12 »Erinnerungen an Amerika«, handschriftliches Manuskript von Gabriele Münter vom 15. November 1956; zit. in Helmut Friedel (Hrsg.): *Gabriele Münter. Die Reise nach Amerika, Photografien 1899–1900*, a. a. O., S. 217

13 Vgl. Gisela Kleine: *Gabriele Münter und Wassily Kandinsky. Biographie eines Paares*, a. a. O., S. 34

14 August Macke am 1. September 1911 in einem Brief an Franz Marc; zit. in Michael Holzinger (Hrsg.): *Franz Marc, August Macke: Briefwechsel 1910–1914*, a. a. O., S. 83

15 Handschriftliche Notiz vom 10. August 1956; zit. in Helmut Friedel (Hrsg.): *Gabriele Münter. Die Reise nach Amerika, Photografien 1899–1900*, a. a. O., S. 15

16 Zit. n. Gisela Kleine: *Gabriele Münter und Wassily Kandinsky. Biographie eines Paares*, a. a. O., S. 64

17 Gabriele Münter: »Bekenntnisse und Erinnerungen«; zit. n.: Karoline Hille: *Gabriele Münter. Die Künstlerin mit der Zauberhand*, a. a. O., S. 21

18 Gabriele Münter: »Erinnerungen an Amerika«; handschriftliches Manuskript vom 15. April 1956; zit. in Friedel, Helmut (Hrsg.): *Gabriele Münter. Die Reise nach Amerika, Photografien 1899–1900*, a. a. O., S. 218

19 Handschriftliche Notiz vom 24. Februar 1957; zit. in ebd., S. 29

20 Zit. n.: Gisela Kleine: *Gabriele Münter und Wassily Kandinsky. Biographie eines Paares*, a. a. O., S. 68

21 Zit. n. ebd., S. 82

22 zit. n. Karoline Hille: *Gabriele Münter. Die Künstlerin mit der Zauberhand*, a. a. O., S. 26

23 Vgl. »Erinnerungen an Amerika«, handschriftliches Manuskript von Gabriele Münter vom 6. April 1956; zit. in Helmut Friedel (Hrsg.): *Gabriele Münter. Die Reise nach Amerika, Photografien 1899–1900*, a. a. O., S. 219 f.

Märchenstadt

1 Wassily Kandinsky: *Rückblick* (1913), Woldemar Klein Verlag 1955, S.10 f.
2 Ebd., S. 14
3 Vgl. ebd., S. 9 f.
4 Ebd., S. 10
5 Wassily Kandinsky: *Über das Geistige in der Kunst* (1912). Mit einer Einführung von Max Bill, Benteli Verlag 1965, S. 98
6 Vgl. Wassily Kandinsky: *Rückblick*, a. a. O., S. 33 f.
7 Kandinsky am 29. Oktober 1910 in einem Brief an Gabriele Münter; zit. n. Jelena Hahl-Fontaine (Hrsg.): *Kandinsky. Das Leben in Briefen 1889–1944*, a. a. O., S. 73
8 Kandinsky am 28. September 1905 in einem Brief an Gabriele Münter; zit. n. Gisela Kleine: *Gabriele Münter und Wassily Kandinsky. Biographie eines Paares*, a. a. O., S. 695
9 Wassily Kandinsky: *Rückblick*, a. a. O., S. 16
10 Wassily Kandinsky am 11. Oktober 1903 in einem Brief an Gabriele Münter; zit. n. Jelena Hahl-Fontaine (Hrsg.): *Kandinsky. Das Leben in Briefen 1889–1944*, a. a. O., S. 41 f.
11 Wassily Kandinsky Ende März 1904 in einem Brief an Gabriele Münter; ebd. S. 45
12 Wassily Kandinsky: *Rückblick*, a. a. O., S. 34
13 Wassily Kandinsky am 4. Mai 1904 in einem Brief an Gabriele Münter; zit. n. Gisela Kleine: *Gabriele Münter und Wassily Kandinsky. Biographie eines Paares*, a. a. O., S. 172
14 Wassily Kandinsky am 11. Dezember 1903 in einem Brief an Gabriele Münter; zit. n. Gisela Kleine: *Gabriele Münter und Wassily Kandinsky. Biographie eines Paares*, a. a. O., S. 194
15 Wassily Kandinsky: *Rückblick*, a. a. O., S. 23
16 Ebd., S. 14
17 Ebd., S. 15
18 Ebd., S. 15
19 Ebd., S. 16
20 https://archive.org/stream/gladiusdeischwer12053gut/12053.txt
21 *Simplicissimus*, 2. Jg 1897/98, Nr. 20, S. 165
22 Zit. n. Natascha Niemeyer-Wasserer: *Wassily Kandinsky und die Malerei des russischen Symbolismus in den formativen Jahren 1896–1907. Eine vergleichende Studie*. Dissertation 2006, S. 30; https://edoc.ub.uni-muenchen.de/7973/1/Niemeyer-Wasserer_Natascha.pdf

23 Marianne Werefkin: *Lettres à un Inconnu – Briefe an einen Unbekannten 1901–1905*, hrsg. von Clemens Weiler, Verlag M. DuMont 1960, S. 38
24 Igor Grabar 1897 in einem Brief an seinen Bruder; zit. n. Gisela Kleine: *Gabriele Münter und Wassily Kandinsky*, a. a. O., S. 142
25 Wassily Kandinsky: *Rückblick*, a. a. O., S. 25 f.
26 Wassily Kandinsky: *Rückblick*, a. a. O., S. 12 und 19
27 Ebd., S. 19 und 24
28 Kandinsky am 1. Februar 1903 in einem Brief an Gabriele Münter; zit. n. Gisela Kleine: *Gabriele Münter und Wassily Kandinsky*, a. a. O., S. 149
29 Kandinsky am 13. März 1901 in einem Brief an Dmitry Kardowsky; zit. n. Jelena Hahl-Fontaine (Hrsg.): *Kandinsky. Das Leben in Briefen 1889–1944*, a. a. O., S. 36
30 Ebd.
31 Kandinsky am 16. September 1901 in einem Brief an Dmitry Kardowsky; zit. n. Jelena Hahl-Fontaine (Hrsg.): *Kandinsky. Das Leben in Briefen 1889–1944*, a. a. O., S. 37

München leuchtet

1 Aus der Satzung des Vereins, zitiert nach: Yvette Deseyve: Der Künstlerinnen-Verein München e. V. und seine Damenakademie, Herbert Utz Verlag 2005, S. 50.
2 *Simplicissimus*, Nr. 15/1901, S. 117
3 Karl Scheffler: *Die Frau und die Kunst. Eine Studie*, a. a. O., S. 42, 33 und 92; https://archive.org/details/diefrauunddiekun00sche/mode/2up
4 August Macke am 1. September 1911 in einem Brief an Franz Marc; zit. n. Michael Holzinger (Hrsg.): *Franz Marc, August Macke: Briefwechsel 1910–1914*, a. a. O., S. 83
5 Vgl. Sybille Engels, Cornelia Trischberger: *Der Blaue Reiter. Die Künstler, ihr Leben, ihre Zeit*, Prestel Verlag, 3. Aufl. 2021, S. 7
6 Vgl. Dirk Heißerer: *Wo die Geister wandern. Literarische Spaziergänge in Schwabing*, C. H. Beck Verlag, 2. Aufl., 2016, S. 214
7 Elisabeth Erdmann-Macke: *Erinnerung an August Macke*, Fischer Taschenbuch Verlag 1987, S. 239 f.
8 Gustav Pauli: *Erinnerungen aus sieben Jahrzehnten*, Tübingen 1936; zit. n. Hoberg, Annegret /Helmut Friedel (Hrsg.): *Der Blaue Reiter und das neue Bild. Von der »Neuen Künstlervereinigung München«*

zum »Blauen Reiter«, Städtische Galerie im Lenbachhaus /Prestel Verlag 1999, S. 14

9 Zit. n. Annegret Hoberg: *Wassily Kandinsky und Gabriele Münter in Murnau und Kochel 1902–1904. Briefe und Erinnerungen*, Prestel Verlag 1994, S. 31

10 Ebd. S. 31

11 Undatierte Notiz, zit. n. Isabelle Jansen: *Gabriele Münter 1877–1962. Malen ohne Umschweife*, a. a. O., S. 12

12 Vgl. Wassily Kandinsky: *Rückblick*, a. a. O. S. 25 und 22; sowie Gabriele Münter in der Zeitschrift *Das Kunstwerk, Eine Monatsschrift über alle Gebiete der bildenden Kunst,* 2. Jahr, Heft 7/1948, S. 25

13 Wassily Kandinsky am 8. November 1902 in einem Brief an Gabriele Münter; zit. n. Jelena Hahl-Fontaine (Hrsg.): *Kandinsky. Das Leben in Briefen 1889–1944,* a. a. O., S. 38

14 Wassily Kandinsky am 17. November 1903 in einem Brief an Gabriele Münter; zit. n. ebd., S. 42

15 Zit. n. Johannes Eichner: *Kandinsky und Gabriele Münter. Von den Ursprüngen moderner Kunst,* a. a. O., S. 38

»Meine Idee von Glück«

1 Notiz auf einem Brief von Gabriele Münter an Wassily Kandinsky vom 12. Oktober 1902; zit. n. Annegret Hoberg: *Wassily Kandinsky und Gabriele Münter in Murnau und Kochel 1902–1904. Briefe und Erinnerungen*, a. a. O., S. 40

2 Zit. n. Annegret Hoberg: *Wassily Kandinsky und Gabriele Münter in Murnau und Kochel 1902–1904. Briefe und Erinnerungen*, a. a. O., S. 32

3 www.sothebys.com/en/buy/auction/2021/modern-day-auction/kochel-gabriele-muenter

4 Wassily Kandinsky am 8. November 1902 in einem Brief an Gabriele Münter; zit. n. Jelena Hahl-Fontaine (Hrsg.): *Kandinsky. Das Leben in Briefen 1889–1944*, a. a. O., S. 39

5 Wassily Kandinsky am 4. November 1902 sowie am 29. Januar 1903 in einem Brief an Gabriele Münter; zit. n. Gisela Kleine: *Gabriele Münter und Wassily Kandinsky. Biographie eines Paares*, a. a. O., S. 162

6 Diese und die vorangegangene Stelle zit. n. Annegret Hoberg: *Wassily Kandinsky und Gabriele Münter in Murnau und Kochel 1902–1904. Briefe und Erinnerungen*, a. a. O., S. 34

7 Wassily Kandinsky am 22. November 1902 in einem Brief an Gabriele Münter; zit. n. Annegret Hoberg: *Wassily Kandinsky und Gabriele Münter in Murnau und Kochel 1902–1904. Briefe und Erinnerungen*, a. a. O., S. 42

8 Ebd., S. 32

9 Gabriele Münter am 12. Oktober 1902 in einem langen Schreiben, das als Brief an Kandinsky beginnt und in Tagebuchform endet; zit. n. ebd., S. 37 f.

10 Wassily Kandinsky am 9. September 1902 in einem Brief an Gabriele Münter; zit. n. ebd., S. 35

11 Wassily Kandinsky am 27. Oktober 1902 in einem Brief an Gabriele Münter; zit. n. Annegret Hoberg: *Wassily Kandinsky und Gabriele Münter in Murnau und Kochel 1902–1904. Briefe und Erinnerungen*, a. a. O., S. 41 f.

12 Wassily Kandinsky am 9. und 11. Dezember 1902 in Briefen an Gabriele Münter; zit. n. ebd., S. 43

13 Gabriele Münter am 12. Oktober 1902; zit. n. Annegret Hoberg: *Wassily Kandinsky und Gabriele Münter in Murnau und Kochel 1902–1904. Briefe und Erinnerungen*, a. a. O., S. 39 f.

14 Wassily Kandinsky am 18. und 30. Oktober 1902, sowie am 21. November und 9. Dezember 1902 in Briefen an Gabriele Münter; zit. n. ebd., S. 40 ff. sowie n. Gisela Kleine: *Gabriele Münter und Wassily Kandinsky. Biographie eines Paares*, a. a. O., S. 161

15 Zit n. Gisela Kleine: *Gabriele Münter und Wassily Kandinsky. Biographie eines Paares*, a. a. O., S. 168

»Gewissensehe«

1 Zit n. Gisela Kleine: *Gabriele Münter und Wassily Kandinsky. Biographie eines Paares*, a. a. O., S. 168

2 Vgl. www.bergverein-kallmuenz.de/Maler-in-kallmuenz/Palmie-Charles/Charles-Palmie-Opf.pdf, S. 4 f.

3 www.bergverein-kallmuenz.de/Maler-in-kallmuenz/Palmie-Charles/Charles-Palmie-Opf.pdf, S. 3 f.

4 Zit n. Gisela Kleine: *Gabriele Münter und Wassily Kandinsky. Biographie eines Paares*, a. a. O., S. 705, Anm. 15

5 Wassily Kandinsky am 21. Juli 1903 in einem Brief an Gabriele Münter; zit. n. ebd., S. 178

6 Wassily Kandinsky am 8. Juni 1903 in einem Brief an Gabriele Münter; Briefe von Gabriele Münter an Wassily Kandinsky vom

4. und 8. Juni 1903; zit. n. Gisela Kleine: *Gabriele Münter und Wassily Kandinsky. Biographie eines Paares*, a. a. O., S. 170 f. sowie 169 f.

7 Wassily Kandinsky am 17. Juni 1903 in einem Brief an Gabriele Münter; zit. n. ebd., S. 157

8 Tagebucheintrag vom 7. Februar 1926; zit. n. ebd., S. 702

Wanderjahre

1 Zit. n. Gisela Kleine: *Gabriele Münter und Wassily Kandinsky. Biographie eines Paares*, S. 193

2 Wassily Kandinsky: *Rückblick*, a. a. O., S. 11

3 Vgl. Gisela Kleine: *Gabriele Münter und Wassily Kandinsky. Biographie eines Paares*, S. 180

4 Gabriele Münter am 24. Juli 1903 in einem Brief an Wassily Kandinsky; zit. n. Gisela Kleine: *Gabriele Münter und Wassily Kandinsky. Biographie eines Paares*, a. a. O., S. 180

5 zit. n. ebd., S. 179 f.

6 Wassily Kandinsky am 24. Dezember 1903 in einem Brief an Gabriele Münter; zit. n. Jelena Hahl-Fontaine (Hrsg.): *Kandinsky. Das Leben in Briefen 1889–1944*, a. a. O., S. 43

7 Gabriele Münter in einem nicht näher datierten Brief Ende 1903 an Wassily Kandinsky; zit. n. Gisela Kleine: *Gabriele Münter und Wassily Kandinsky. Biographie eines Paares*, a. a. O., S. 194

8 Gabriele Münter in einem nicht näher datierten Brief Anfang 1904 an Wassily Kandinsky; zit. n. ebd., S. 192

9 Gabriele Münter in einem Brief Weihnachten 1903 an Wassily Kandinsky; zit. n. ebd., S. 191

10 Wassily Kandinsky am 14. April 1904 in einem Brief an Gabriele Münter; zit. n. Jelena Hahl-Fontaine (Hrsg.): *Kandinsky. Das Leben in Briefen 1889–1944*, a. a. O., S. 48

11 Wassily Kandinsky am 3. September 1903 in einem Brief an Gabriele Münter; zit. n. ebd., S. 40

12 Wassily Kandinsky am 2. Mai 1904 in einem Brief an Gabriele Münter; zit. n. ebd., S. 49

13 Wassily Kandinsky am 19. April 1904 in einem Brief an Gabriele Münter; zit. n. ebd., S. 48 f.

14 Wassily Kandinsky am 8. September 1904 in einem Brief an Gabriele Münter; zit. n. Gisela Kleine: *Gabriele Münter und Wassily Kandinsky. Biographie eines Paares*, a. a. O., S. 207

15 Gabriele Münter am 1. Juli 1904 an Wassily Kandinsky; Wassily Kandinsky am 26. Juni an Gabriele Münter; zit. n. ebd. S. 206 f.

16 Zit. n.: Gisela Kleine: *Gabriele Münter und Wassily Kandinsky. Biographie eines Paares*, a. a. O., S. 264, S. 263 f., S. 265 sowie S. 207

17 Wassily Kandinsky am 10. August 1904 in einem Brief an Gabriele Münter; zit. n. Jelena Hahl-Fontaine (Hrsg.): *Kandinsky. Das Leben in Briefen 1889–1944*, a. a. O., S. 50

18 Zit. n. Helmut Friedel (Hrsg.): *Gabriele Münter. Die Jahre mit Kandinsky, Photografien 1902–1904*, Schirmer Mosel /Gabriele Münter- und Johannes-Eichner-Stiftung/Lenbachhaus 2007, S. 19

19 Wassily Kandinsky am 21. September, am 20. September, am 28. August sowie am 20. September 1905 in Briefen an Gabriele Münter; zit. n. Gisela Kleine: *Gabriele Münter und Wassily Kandinsky. Biographie eines Paares*, a. a. O., S. 228 f.

20 Wassily Kandinsky am 28. August 1905 in einem Brief an Gabriele Münter; zit. n. ebd. S. 226

21 Zit. n. Helmut Friedel (Hrsg.): *Gabriele Münter. Die Jahre mit Kandinsky, Photografien 1902–1904*, a. a. O., S. 24 und 43; sowie Jelena Hahl-Fontaine (Hrsg.): *Kandinsky. Das Leben in Briefen 1889–1944*, a. a. O., S. 55

22 zit. n. Gisela Kleine: *Gabriele Münter und Wassily Kandinsky. Biographie eines Paares*, a. a. O., S. 231

23 Zit. n. Gisela Kleine: *Gabriele Münter und Wassily Kandinsky. Biographie eines Paares*, a. a. O., S. 232 f.

24 Gabriele Münter am 8. November 1905 an Wassily Kandinsky; zit. n. Gisela Kleine: *Gabriele Münter und Wassily Kandinsky. Biographie eines Paares*, a. a. O., S. 225

25 Wassily Kandinsky am 28. Juni 1906 in einem Brief an Alexander Tschuprow; zit. n. Jelena Hahl-Fontaine (Hrsg.): *Kandinsky. Das Leben in Briefen 1889–1944*, a. a. O., S. 60

26 Wassily Kandinsky am 21. sowie am 20. September 1905 in Briefen an Gabriele Münter; zit. n. Helmut Friedel (Hrsg.): *Gabriele Münter. Die Jahre mit Kandinsky, Photografien 1902–1904*, a. a. O., S. 24; sowie Jelena Hahl-Fontaine (Hrsg.): *Kandinsky. Das Leben in Briefen 1889–1944*, a. a. O., S. 54

27 Wassily Kandinsky am 18. August 1932 an Will Grohmann; zit. n. Annegret Hoberg, Helmut Friedel (Hrsg.): *Wassily Kandinsky*, Prestel Verlag 2016, S. 57

28 Wassily Kandinsky am 4. Dezember 1906 in einem Brief an Gabriele Münter; zit. n. Jelena Hahl-Fontaine (Hrsg.): *Kandinsky. Das Leben in Briefen 1889–1944*, a. a. O., S. 61

29 Wassily Kandinsky am 8. Dezember 1910 und mutmaßlich am 5. März 1907 (Poststempel nicht gut lesbar) in Briefen an Gabriele Münter; zit. n. Gisela Kleine: *Gabriele Münter und Wassily Kandinsky. Biographie eines Paares*, a. a. O., S. 248 und S. 271

30 *Les Tendances Nouvelles, Jg. 4, Nr. 39, November 1908; zit. n. Karoline* Hille: *Gabriele Münter. Die Künstlerin mit der Zauberhand*, a. a. O., S. 67

Die Murnauer Vier

1 Wassily Kandinsky: *Über das Geistige in der Kunst*, a. a. O., S. 92

2 *Staffelsee-Bote*, Nr. 80, 26. Juli 1904

3 Vgl. Sabine Reithmaier: »Gelobtes Land des Schachfürsten«, *Süddeutsche Zeitung* vom 11. Dezember 2019

4 Wassily Kandinsky am 25. August 1904 sowie am 25. August 1905 in Briefen an Gabriele Münter; zit. n.: Salmen, Brigitte (Hrsg.): *1908–2002. Kandinsky, Münter, Jawlensky, Werefkin in Murnau*, Schlossmuseum Murnau 2008, S. 20 f.

5 Wassily Kandinsky am 29. Juni 1907 in einem Brief an Gabriele Münter; siehe Johannes Eichner: *Kandinsky und Gabriele Münter. Von den Ursprüngen moderner Kunst*, a. a. O., S. 65

6 Gabriele Münter am 30. Juli 1907 in einem Brief an Wassily Kandinsky; zit. n. Gisela Kleine: *Gabriele Münter und Wassily Kandinsky. Biographie eines Paares*, a. a. O., S. 274

7 https://archive.org/details/katalogderausste14berl/page/16/mode/2up

8 Gabriele Münter am 30. August 1908 in einem Brief an ihren Bruder Carl; zit. n. Gisela Kleine: *Gabriele Münter und Wassily Kandinsky. Biographie eines Paares*, a. a. O., S. 317

9 *Kölnisches Tageblatt* vom 9. Januar sowie *Rheinische Zeitung* vom 7. Januar 1908; zit. n. ebd., S. 285 f.

10 Eintrag über die Zeit im Winter 1908/09; zit. n. Annegret Hoberg: *Wassily Kandinsky und Gabriele Münter in Murnau und Kochel 1902–1904. Briefe und Erinnerungen*, a. a. O., S. 47

11 Annegret Hoberg: *Wassily Kandinsky und Gabriele Münter in Murnau und Kochel 1902–1914. Briefe und Erinnerungen*, a. a. O., S. 45.

12 Gabriele Münter: »Murnau und ich«, handschriftliches Manuskript, Schlossmuseum Murnau, Inv. 10462
13 Marianne Werefkin: *Lettres à un Inconnu – Briefe an einen Unbekannten 1901–1905*, a. a. O., S. 58.
14 Zit. n.: Isabelle Jansen: *Gabriele Münter. Malen ohne Umschweife*, a. a. O., S. 54
15 Zit. n. Annegret Hoberg, Helmut Friedel (Hrsg.): *Gabriele Münter 1877–1962. Retrospektive*, Städtische Galerie im Lenbachhaus/Prestel Verlag 1992, S. 31
16 Gabriele Münter, Tagebucheintrag 1911; zit. nach: Annegret Hoberg: *Wassily Kandinsky und Gabriele Münter in Murnau und Kochel 1902–1914. Briefe und Erinnerungen*, a. a. O., S. 45 f.
17 Diese sowie die beiden vorangegangenen Stellen zit. nach: Annegret Hoberg: *Wassily Kandinsky und Gabriele Münter in Murnau und Kochel 1902–1914. Briefe und Erinnerungen*, a. a. O., S. 53 f. und S. 46
18 Marianne Werefkin: *Lettres à un Inconnu – Briefe an einen Unbekannten 1901–1905*, a. a. O., S. 43 und 76
19 Ivan Ristić, Hans-Peter Wipplinger (Hrsg.): *Gabriele Münter*, a. a. O., S. 19

Unser Häuserl, ein Märchen

1 Tagebucheintrag, zit. n. Annegret Hoberg: *Wassily Kandinsky und Gabriele Münter in Murnau und Kochel 1902–1904. Briefe und Erinnerungen*, a. a. O., S. 46
2 www.statistischebibliothek.de/mir/receive/BYHeft_mods_00012879
3 Wassily Kandinsky: *Rückblick*, a. a. O., S. 19 f.
4 Tagebucheintrag vom 20. November 1910; zit. n. Jelena Hahl-Fontaine: *Kandinsky. Das Leben in Briefen 1889–1944*, a. a. O., S. 79
5 Gabriele Münter am 7. Januar 1930 und am 7. März 1932 in Briefen an Johannes Eichner; zit. n. Sandra Uhrig (Hrsg.): *Gabriele Münter. Die Zeit nach Kandinsky in Murnau*, a. a. O., S. 52 und S. 69
6 Vgl. Ivan Ristić, Hans-Peter Wipplinger (Hrsg.): *Gabriele Münter. Retrospektive*, a. a. O., S. 17
7 Wassily Kandinsky, Franz Marc (Hrsg.): *Der Blaue Reiter*. Dokumentarische Neuausgabe von Klaus Lankheit, Piper Verlag, 13. Aufl. 2016, S. 142 und S. 145
8 Johann Pezzl 1784 über einen aus Seehausen stammenden Augsburger Händler namens Rieger; https://schlossmuseum-murnau.de/de/markt-murnau-handel-und-gewerbe/?

9 Handschriftliche Notiz vom 10. Februar 1933; zit. n. Annegret Hoberg: *Wassily Kandinsky und Gabriele Münter in Murnau und Kochel 1902–1904. Briefe und Erinnerungen*, Prestel Verlag 1994, S. 51 f.

10 Der Schriftsteller Hans Kyser über Rambold und »Eine sterbende Volkskunst«, in: *Berliner Tageblatt*, 6. September 1912

11 Zit. n. Dirk Heißerer: *Wo die Geister wandern. Literarische Spaziergänge in Schwabing*, C. H. Beck Verlag, 2. Aufl., 2016, S. 220

Irre bei Thannhauser

1 Kandinsky am 8. April 1904 an Dmitry Kardowsky; zit. n. Jelena Hahl-Fontaine (Hrsg.): *Kandinsky. Das Leben in Briefen 1889–1944*, a. a. O., S. 47

2 https://ia600800.us.archive.org/32/items/dieausstellungmu00auss/dieausstellungmu00auss.pdf

3 Georg Jakob Wolf in einem Beitrag in *Kunst für Alle*, Heft 3, 1. November 1910, S. 70; https://dfg-viewer.de/show?tx_dlf%5Bdouble%5D=0&tx_dlf%5Bid%5D=https%3A%2F%2Fdigi.ub.uni-heidelberg.de%2Fdiglit%2Fkfa1910_1911%2Fmets&tx_dlf%5Bpage%5D=87&cHash=bbc24e28cf87d9f6ce85f8564603e439

4 Wilhelm Worringer in »Kunst und Künstler VIII/1909«; zit. n. Wassily Kandinsky, Franz Marc (Hrsg.): *Der Blaue Reiter*. Dokumentarische Neuausgabe von Klaus Lankheit, Piper Verlag, 13. Aufl. 2016, S. 254

5 Kandinsky am 12. April 1908 an Münter; zit. n. Jelena Hahl-Fontaine (Hrsg.): *Kandinsky. Das Leben in Briefen 1889–1944*, a. a. O., S. 64

6 Zit. n. Annegret Hoberg, Helmut Friedel (Hrsg.): *Gabriele Münter 1877–1962.* Retrospektive, a. a. O., S. 43

7 Zit. n. Annegret Hoberg, Helmut Friedel (Hrsg.): Wassily Kandinsky, a. a. O., S. 130

8 Ausgabe vom 9. Dezember 1909; vgl. Annegret Hoberg, Helmut Friedel (Hrsg.): *Der Blaue Reiter und das neue Bild.* Städtische Galerie im Lenbachhaus, Prestel Verlag 1999, S. 33

9 Ausgabe vom 10. Dezember 1909; vgl. Karoline Hille: *Gabriele Münter. Die Künstlerin mit der Zauberhand*, Dumont 2012, S. 87

10 Faksimile des Ausstellungskatalogs, abgedruckt in: Annegret Hoberg, Helmut Friedel (Hrsg.): *Der Blaue Reiter und das neue Bild*, a. a. O., S. 358

11 Georg Jakob Wolf in einem Beitrag in *Kunst für Alle*, a. a. O.

12 Maximilian Karl Rohe in einem Beitrag für die *Münchner Neuesten Nachrichten* am 10. September 1910; zit. n. Annegret Hoberg, Helmut Friedel (Hrsg.): *Der Blaue Reiter und das neue Bild*, a. a. O., S. 36

13 Zit. n. Annegret Hoberg, Helmut Friedel (Hrsg.): *Der Blaue Reiter und das neue Bild*, a. a. O., S. 33

14 Wassily Kandinsky, Franz Marc (Hrsg.): *Der Blaue Reiter.* Dokumentarische Neuausgabe von Klaus Lankheit, a. a. O., S. 255

15 Zit. n. Gisela Kleine: *Gabriele Münter und Wassily Kandinsky. Biographie eines Paares*, a. a. O., S. 350

16 Dieser wie die folgenden Auszüge aus den Briefen während Kandinskys Russlandreise finden sich – sofern nicht anders gekennzeichnet – in: Annegret Hoberg (Hrsg.): *Wassily Kandinsky und Gabriele Münter in Murnau und Kochel 1902–1904. Briefe und Erinnerungen*, a. a. O., Kapitel »Zwischen Murnau, Moskau und München«, S. 65–104

17 Münter am 20. November 1910 in einem Brief an Kandinsky; zit. n. Jelena Hahl-Fontaine (Hrsg.): *Kandinsky. Das Leben in Briefen 1889–1944*, a. a. O., S. 79

18 Erdmann-Macke, Elisabeth: *Erinnerung an August Macke*, Fischer Taschenbuch Verlag 1987, S. 235 f.

19 Zit. n. Jelena Hahl-Fontaine: *Kandinsky. Das Leben in Briefen 1889–1944*, a. a. O., S. 83

20 Kandinsky am 8. Dezember 1910 an Münter; Münter am 12. und 13. Dezember 1910 an Kandinsky; zit. n. Annegret Hoberg: *Wassily Kandinsky und Gabriele Münter in Murnau und Kochel 1902–1904. Briefe und Erinnerungen*, a. a. O., S. 97 f.

21 Gabriele Münter am 18. Juni 1911 in einem Brief an Wassily Kandinsky; zit. n. Gisela Kleine: *Gabriele Münter und Wassily Kandinsky. Biographie eines Paares*, a. a. O., S. 369

Der Riese und die Zwerge

1 Wassily Kandinsky: *Rückblick*, a. a. O., S. 21

2 Wassily Kandinsky am 3. Dezember 1910 in einem Brief an Gabriele Münter; zit. n. Jelena Hahl-Fontaine (Hrsg.): *Kandinsky. Das Leben in Briefen 1889–1944*, a. a. O., S. 82

3 Gisela Kleine geht in *Gabriele Münter und Wassily Kandinsky. Biographie eines Paares,* a. a. O., S. 360 f. davon aus, dass Gabriele Münter ihr *Vereinsmärchen* am 5. Juli 1910 verfasst hat. Andere Experten meinen, Münter könnte es erst später anlässlich der

Vorarbeiten zu Johannes Eichners Biografie niedergeschrieben haben. Uns erscheint der Sommer 1910 hier plausibler.

4 Gabriele Münter am 13. November 1910 in einem Brief an Wassily Kandinsky; zit. n. Annegret Hoberg, Helmut Friedel (Hrsg.): *Der Blaue Reiter und das neue Bild*, a. a. O., S. 38

5 Wassily Kandinsky am 18. November 1910 in einem Brief an Gabriele Münter; vgl. Annegret Hoberg, Helmut Friedel (Hrsg.): *Der Blaue Reiter und das neue Bild. Von der »Neuen Künstlervereinigung München« zum »Blauen Reiter«,* a. a. O., S. 38

6 Wassily Kandinsky am 15. Dezember 1910 in einen Brief an Gabriele Münter; zit. n. ebd., S. 267

7 Franz Marc am 2. Januar 1911 an Maria Frank; zit. n. Annegret Hoberg: *August Macke, Franz Marc. Der Krieg, ihre Schicksale, ihre Frauen*, Wienand Verlag 2015, S. 34

8 Beides zit. n. Sybille Engels, Cornelia Trischberger: *Der Blaue Reiter. Die Künstler, ihr Leben, ihre Zeit*, a. a. O., S. 108 f.

9 Marianne Werefkin: *Lettres à un Inconnu – Briefe an einen Unbekannten 1901–1905*, a. a. O., S. 24

10 Zit. n. Sybille Engels, Cornelia Trischberger: *Der Blaue Reiter. Die Künstler, ihr Leben, ihre Zeit*, a. a. O., S. 99

11 Franz Marc am 13. Februar 1911 in einem Brief an Alexej Jawlensky; zit. n. Gisela Kleine: *Gabriele Münter und Wassily Kandinsky. Biographie eines Paares,* a.a. O., S. 364

12 Franz Marc am 14. Januar 1911 in einem Brief an August Macke; zit. n. Michael Holzinger (Hrsg.): *Franz Marc, August Macke: Briefwechsel 1910–1914*, a. a. O., S. 47

13 Wassily Kandinsky: *Über das Geistige in der Kunst,* a. a. O., S. 49

14 Über die turbulenten Ereignisse berichtet Maria Marc August Macke in einem langen Brief; siehe Annegret Hoberg, Helmut Friedel (Hrsg.) *Der Blaue Reiter und das neue Bild. Von der »Neuen Künstlervereinigung München« zum »Blauen Reiter«,* a. a. O., S. 47 f.

Ins Blaue

1 Franz Marc am 4. November 1911 auf einer Postkarte an Wassily Kandinsky; zit. n. Klaus Lankheit (Hrsg.): *Wassily Kandinsky, Franz Marc. Briefwechsel*, Piper Verlag 1983, S. 74

2 Gabriele Münter am 2. Dezember 1912 in einem Brief an Alfred Kubin; zit. n. Annegret Hoberg, Helmut Friedel (Hrsg.): *Der Blaue*

Reiter und das neue Bild. Von der »Neuen Künstlervereinigung München« zum »Blauen Reiter«, a. a. O., S. 49

3 Ausgabe vom 22. Dezember 1911; vgl. Klaus Lankheit (Hrsg.): *Wassily Kandinsky, Franz Marc. Briefwechsel,* a. a. O., S. 92; sowie Gabriele Münter an Neujahr 1911/12 in einem Brief an Franz und Maria Marc, zit. n. ebd., S. 97

4 Wassily Kandinsky am 27. November 1912 in einem Brief an Gabriele Münter; zit. n. Jelena Hahl-Fontaine (Hrsg.): *Kandinsky. Das Leben in Briefen 1889–1944,* a. a. O., S. 123

5 Wassily Kandinsky am 26. Juni 1911 in einem Brief an Gabriele Münter; zit. n. Annegret Hoberg: *Wassily Kandinsky und Gabriele Münter in Murnau und Kochel 1902–1904. Briefe und Erinnerungen,* a. a. O., S. 105

6 Wassily Kandinsky am 28. und 29. Juli sowie am 10. August 1911 in Briefen an Gabriele Münter; zit. n. ebd., a. a. O., S. 118, S. 121 und S. 124

7 August Macke am 1. September 1911 und am 3. August 1911 in Briefen an Franz Marc; zit. n. Michael Holzinger (Hrsg.): *Franz Marc, August Macke: Briefwechsel 1910–1914,* S. 83 und S. 75 f.

8 Wassily Kandinsky am 1. Juli 1911 in einem Brief an Gabriele Münter; zit. n. Annegret Hoberg: *Wassily Kandinsky und Gabriele Münter in Murnau und Kochel 1902–1904,* a. a. O., S. 108

9 Wassily Kandinsky 1936 in einem Erinnerungstext über »Franz Marc im Urteil seiner Zeit«; zit. n. Wassily Kandinsky, Franz Marc (Hrsg.): *Der Blaue Reiter,* a. a. O., S. 258

10 Wassily Kandinsky am 22. September 1911 in einem Brief an Alfred Kubin; zit. n. Jelena Hahl-Fontaine: *Kandinsky. Das Leben in Briefen 1889–1944,* a. a. O., S. 94 f.

11 Wassily Kandinsky 1930 in einem Beitrag für das *Kunstblatt,* Heft XIV, S. 59; zit. n. Johannes Eichner: *Kandinsky und Gabriele Münter. Von den Ursprüngen moderner Kunst,* a. a. O., S. 148 f.

12 Johannes Eichner: *Kandinsky und Gabriele Münter. Von den Ursprüngen moderner Kunst,* a. a. O., S. 148

13 Zit. n. Elisabeth Erdmann-Macke: *Erinnerung an August Macke,* a. a. O., S. 235 f. sowie August Macke am 5. Februar 1912 in einem Brief an Franz Marc; siehe Michael Holzinger (Hrsg.): *Franz Marc, August Macke: Briefwechsel 1910–1914,* a. a. O., S. 117

14 August Macke am 23. Januar sowie am 22. Januar 1912 in Briefen an Franz Marc; zit. n. Michael Holzinger (Hrsg.): *Franz Marc, August Macke: Briefwechsel 1910–1914,* a. a. O., S. 111 und S. 108

15 Maria Marc am 3. Dezember 1911 in einem Brief an August Macke;

zit. n. Gisela Kleine: *Gabriele Münter und Wassily Kandinsky. Biographie eines Paares*, a. a. O., S. 738

16 August Macke Weihnachten 1911 und am 23. Januar 1912 in Briefen an Franz Marc; vgl. Michael Holzinger (Hrsg.): *Franz Marc, August Macke: Briefwechsel 1910–1914*, S. 100 und S. 108

17 Franz Marc am 29. März 1912 in einem Brief an August Macke; zit. n. ebd., S. 125 f.

18 Franz Marc am 22. März 1912 in einem Brief an Wassily Kandinsky; zit. n. Klaus Lankheit: *Wassily Kandinsky, Franz Marc. Briefwechsel*, a. a. O., S. 151

19 Briefwechsel zwischen Wassily Kandinsky und Franz Marc vom 20. März 1912 bzw. dem 22. März 1912, siehe Klaus Lankheit: *Wassily Kandinsky, Franz Marc. Briefwechsel*, a. a. O., S. 146 ff.; Franz Marc am 28. März 1912 in einem Brief an August Macke, zit. n. Michael Holzinger (Hrsg.): *Franz Marc, August Macke: Briefwechsel 1910–1914*, a. a. O., S. 125 f.

20 Zit. n. Gisela Kleine: *Gabriele Münter und Wassily Kandinsky. Biographie eines Paares,* a. a. O., S. 400

21 Gabriele Münter in einem Brief an Franz Marc, an dem sie vom 26. März 1912 an drei Tage arbeitet; siehe: Klaus Lankheit: *Wassily Kandinsky, Franz Marc. Briefwechsel*, a. a. O., S. 153 ff.

Entfremdung

1 Wassily Kandinsky am 16. November 1912 in einem Brief an Gabriele Münter; zit. n. Annegret Hoberg: *Wassily Kandinsky und Gabriele Münter in Murnau und Kochel 1902–1904. Briefe und Erinnerungen,* a. a. O., S. 141

2 August Macke am 11. November 1913 in einem Zusatz zu einem Brief seiner Frau Elisabeth an Maria Marc; zit. n. Michael Holzinger (Hrsg.): *Franz Marc, August Macke: Briefwechsel 1910–1914*, a. a. O., S. 125 f.

3 Gabriele Münter am 28. Oktober 1912 in einem Brief an Wassily Kandinsky; zit. n. Annegret Hoberg: *Wassily Kandinsky und Gabriele Münter in Murnau und Kochel 1902–1904. Briefe und Erinnerungen,* a. a. O., S. 136

4 Wassily Kandinsky am 14. Mai 1912 in einem Brief an Franz Marc; zit. n. Klaus Lankheit (Hrsg.): *Wassily Kandinsky, Franz Marc. Briefwechsel*, a. a. O., S. 172

5 Zit. n. Annegret Hoberg, Helmut Friedel (Hrsg.): *Gabriele Münter 1877–1962,* a. a. O., S. 41

6 Vgl. Annegret Hoberg: *Gabriele Münter*, Wienand Verlag 2017, S. 59 sowie Gisela Kleine: *Gabriele Münter und Wassily Kandinsky. Biographie eines Paares*, a. a. O., S. 422

7 Gabriele Münter am 8. Juli, am 23. August und am 25. August 1913 in Briefen an Wassily Kandinsky; zit. n. Annegret Hoberg: *Wassily Kandinsky und Gabriele Münter in Murnau und Kochel 1902–1904. Briefe und Erinnerungen*, a. a. O., S. 148 und S. 151 f.

Aus dem Traum gerissen

1 Elisabeth Erdmann-Macke: *Erinnerung an August Macke*, a. a. O., S. 321

2 Annegret Hoberg: *Maria Marc. Leben und Werk 1876–1955*, Ausstellungskatalog, städtische Galerie im Lenbachhaus 1995, S. 104

3 Karla Bilang (Hrsg.): *Kandinsky, Münter, Walden. Briefe und Schriften 1912–1914*, a. a. O., S. 166 f.

4 Ebd., S. 167

5 Lindauer Stadtchronik, S. 364; zit. in: Sandra Uhrig: »Relativ unbehelligt«, S. 115

6 Vgl. Bernd Fäthke: *Marianne Werefkin. Leben und Werk 1860–1938*, Katalog zur Ausstellung in der Villa Stuck, Prestel Verlag 1988, S. 129

7 Telegramm des St. Gallener Polizeidepartements an das Bezirksamt Altstätten vom 4. August 1914; Bestätigung der Verfügung des Kantonsparlaments St. Gallen vom 12. August 1914. Zit. in: Sandra Uhrig: »Von Wahlmünchnern zu ›Feindstaatenausländern‹«, S. 246

8 Vgl. Johannes Huber: »Herbst der Politik, Frühling der Kunst. Wassily Kandinskys Exil 1914 in Goldach«; in: Historischer Verein des Kantons St. Gallen (Hrsg.): *1914–1918/19. Die Ostschweiz und der große Krieg*. 154. Neujahrsblatt 2014, S. 74

9 Wassily Kandinsky am 15. August 1914 in einem Brief an Paul Klee; zit. n. ebd.

10 Zit. n. Klaus Lankheit (Hrsg.): *Wassily Kandinsky, Franz Marc. Briefwechsel*, a. a. O., S. 261. Zur Beschreibung des Anwesens siehe: Johnnes Huber: »Wassily Kandinsky und Goldach«, *Rohrschacher Neujahrsblatt*, Bd. 81, 1999, S. 40

11 Annegret Hoberg: *Maria Marc. Leben und Werk 1876–1955*, a. a. O., S. 104

12 Siehe dazu etwa Marc an Kandinsky am 24. Oktober und 16. November 1914; in: Jelena Hahl-Fontaine (Hrsg.): *Kandinsky. Das Leben in Briefen 1889–1944*, a. a. O., S. 144 f.

13 Annegret Hoberg, Helmut Friedel (Hrsg.): *Wassily Kandinsky*, a. a. O., S. 132

14 Elisabeth Erdmann-Macke: *Erinnerung an August Macke*, a. a. O., S. 321

15 Karla Bilang (Hrsg.): *Kandinsky, Münter, Walden. Briefe und Schriften 1912–1914*, a. a. O., S. 167

16 Zit. n. Johannes Huber: »Herbst der Politik, Frühling der Kunst. Wassily Kandinskys Exil 1914 in Goldach«; in: Historischer Verein des Kantons St. Gallen (Hrsg.): *1914–1918/19. Die Ostschweiz und der große Krieg*. 154. Neujahrsblatt 2014, S. 46

17 Zit. n. Klaus Lankheit (Hrsg.): *Wassily Kandinsky, Franz Marc. Briefwechsel*, a. a. O., S. 263 f.

18 Zit. n. Klaus Lankheit (Hrsg.): *Wassily Kandinsky, Franz Marc. Briefwechsel*, a. a. O., S. 265

19 Gabriele Münter am 19. September 1914 in einem Brief an Maria Marc; zit. n. ebd., S. 261

20 Wassily Kandinsky am 11. Juli 1914 in einem Brief an Erich Gutkind; zit. n. Jelena Hahl-Fontaine (Hrsg.): *Kandinsky. Das Leben in Briefen 1889–1944*, a. a. O., S. 141 f.

21 Walden am 24. September 1914 in einem Brief an Münter; zit. n. Karla Bilang (Hrsg.): *Kandinsky, Münter, Walden. Briefe und Schriften 1912–1914*, a. a. O., S. 169

22 Zit. n.: Sandra Uhrig: »Von Wahlmünchnern zu ›Feindstaatenausländern‹«, S. 249

23 Maria Marc am 23. September 1914 in einem Brief an Münter; zit. n. Klaus Lankheit (Hrsg.): *Wassily Kandinsky, Franz Marc. Briefwechsel*, a. a. O., S. 262

24 Zit. n. Annegret Hoberg: *August Macke, Franz Marc. Der Krieg, ihre Schicksale, ihre Frauen*, Wienand Verlag 2015, S. 87 f.

25 Ebd., S. 155

26 Zit. n. Hildegard Möller: *Malerinnen und Musen des »Blauen Reiters«*, Piper Verlag 2012, S. 210

Spitzes weißes Schweigen

1 Zit. n. Hildegard Möller: *Malerinnen und Musen des »Blauen Reiters«*, a. a. O., S. 205 f.

2 Kandinsky am 18. April 1905 in einem Brief an Münter; zit. in Johannes Eichner: *Kandinsky und Gabriele Münter. Von den Ursprüngen Moderner Kunst*, a. a. O., S. 163 f.

3 Kandinsky am 14. Dezember in einem Brief an Münter; zit. in Vivian

Endicott-Barnett: *Kandinsky and Sweden*, Malmö Konsthall Moderna Muset 1990, S. 11

4 Briefwechsel zwischen Wassily Kandinsky und Gabriele Münter vom 28. Oktober und 17. November 1910; zit. n. Annegret Hoberg: *Wassily Kandinsky und Gabriele Münter in Murnau und Kochel 1902–1904,* a. a. O., S. 73 und S. 85

5 Wassily Kandinsky am 1. Januar 1915 in einem Brief an Gabriele Münter; zit. n. Jelena Hahl-Fontaine (Hrsg.): *Kandinsky. Das Leben in Briefen 1889–1944*, a. a. O., S. 145

6 Wassily Kandinsky am 20. Februar 1915 in einem Brief an Gabriele Münter; zit. n. ebd., S. 146

7 Wassily Kandinsky am 6. Januar 1915 in einem Brief an Gabriele Münter; zit. n. ebd. S. 145 f.

8 Zit. n. ebd., S. 147

9 Zit. n. Gisela Kleine: *Gabriele Münter und Wassily Kandinsky. Biographie eines Paares*, a. a. O., S. 457 f.

10 Wassily Kandinsky am 15. März 1915 in einem Brief an Gabriele Münter; zit. n. ebd., S. 459

11 zit. in Vivian Endicott-Barnett: *Kandinsky and Sweden*, Malmö Konsthall Moderna Muset 1990, S. 12

12 Zit. n. Klaus Lankheit (Hrsg.): *Wassily Kandinsky, Franz Marc. Briefwechsel*, a. a. O., S. 275

13 Wassily Kandinsky am 11. März und am 31. Mai 1915 in Briefen an Gabriele Münter; zit. in Vivian Endicott-Barnett: *Kandinsky and Sweden*, a. a. O., S. 13

14 Gabriele Münter am 16. November 1915 in einem Brief an Maria Marc; zit. in Klaus Lankheit (Hrsg.): *Wassily Kandinsky, Franz Marc. Briefwechsel*, a. a. O., S. 279

15 Zit. n. Karolin Hille: *Gabriele Münter. Die Künstlerin mit der Zauberhand*, a. a. O., S. 140

16 Zit. n. Gisela Kleine: *Gabriele Münter und Wassily Kandinsky. Biographie eines Paares*, a. a. O., S. 263 f.

17 Im Original: »Toutes les 2 lettres sont pleines de reproches (…) Tu dis, que je te tormente. Je le sais bien. Mais penses-tu, que je suis heureux et que tu ne me tourmente pas avec ta manière de ne pas faire attention à ça ce que je dis?« Kandinsky bezieht sich in diesem Brief am 7. August auf zwei Briefe Münters vom 27. und 30. Juli 1915. Zit. in Vivian Endicott-Barnett: *Kandinsky and Sweden*, a. a. O., S. 16

18 Der Brief trägt nach russischem Kalender das Datum vom 25. Juli. Da der westliche bis 1918 dem russischen Kalender dreizehn Tage voraus

war, entspricht dies dem 7. August. Zit. n. Gisela Kleine: *Gabriele Münter und Wassily Kandinsky. Biographie eines Paares*, a. a. O., S. 462

19 Kandinsky in einem Brief vom 21. September 1915 an Münter; im Original: »Quant au mariage je dois te prevenier, qu'il est *tout à fait* impossible avant la fin de la guerre… Ne parles pas de mon travail à Stockholm, parce que les tableaux que je voudrai faire demandent l'entourage de Moscou.« Zit. in Vivian Endicott-Barnett: *Kandinsky and Sweden*, a. a. O., S. 19

20 Münter am 28. Juni 1911 in einem Brief an Kandinsky; zit. n. Annegret Hoberg: *Wassily Kandinsky und Gabriele Münter in Murnau und Kochel 1902–1904. Briefe und Erinnerungen*, a. a. O., S. 106

21 Eintrag vom 6. November 1926; zit. n. Gisela Kleine: *Gabriele Münter und Wassily Kandinsky. Biographie eines Paares*, a. a. O., S. 419

22 Anja Kandinsky am 12. November 1915 in einem Brief an Münter; zit. n. Gisela Kleine: *Gabriele Münter und Wassily Kandinsky. Biographie eines Paares*, a. a. O., S. 463

23 Gabriele Münter an Anja Kandinsky, undatierter Entwurf einer Antwort auf deren Brief vom 12. November 1915; zit. n. ebd., S. 463 f.

24 Ebd., S. 462

Hoffnungsschimmer

1 Zit. n. Annegret Hoberg: *August Macke, Franz Marc. Der Krieg, ihre Schicksale, ihre Frauen*, a. a. O., S. 129

2 Kandinsky am 8. Oktober 1915 in einem Brief an Münter; zit. n. Vivian Endicott-Barnett: *Kandinsky and Sweden*, a. a. O., S. 20 f.

3 Nell Walden am 25. Oktober 1915, Maria Marc am 11. November; zit. n. ebd., S. 24 f.

4 Kandinsky am 16. November 1915 in einem Brief an Münter; zit. in Vivian Endicott-Barnett: *Kandinsky and Sweden*, a. a. O., S. 31

5 Johannes Eichner: *Kandinsky und Gabriele Münter. Von den Ursprüngen moderner Kunst*, a. a. O., S. 175 f.

6 Nina Kandinsky: *Kandinsky und ich*, Bastei Lübbe 1978, S. 83

7 Wassily Kandinsky am 20. August 1911 gegenüber Gabriele Münter; zit. n. Gisela Kleine: *Gabriele Münter und Wassily Kandinsky. Biographie eines Paares*, a. a. O., S. 14

8 Vgl. ebd., S. 474 f. sowie Vivian Endicott-Barnett: *Kandinsky and Sweden*, a. a. O., S. 40 f.

9 Kritiken in *Stockholm Dagblad* vom 13. März, *Dagens Nyheter* vom 10. März und *Svenska Dagbladet* vom 6. März 1916

10 Vgl. Vivian Endicott-Barnett: *Kandinsky and Sweden*, a. a. O., S. 58 ff.

11 Vgl. Johannes Eichner: *Kandinsky und Gabriele Münter. Von den Ursprüngen moderner Kunst, a. a. O.,* S. 172; Gisela Kleine: *Gabriele Münter und Wassily Kandinsky. Biographie eines Paares, a. a. O.,* S. 479 f.

12 Kandinsky am 18. März 1916 an Münter; zit. n. Vivian Endicott-Barnett: *Kandinsky and Sweden*, a. a. O., S. 69. Gisela Kleine spricht an dieser Stelle von einem Telegramm, das er aus Petrograd schickt; a. a. O., S. 480

Seelenqualen

1 Frz. Original zit. in Vivian Endicott-Barnett: *Kandinsky and Sweden*, a. a. O., S. 76 f.; zit. n. Johannes Eichner: *Kandinsky und Gabriele Münter. Von den Ursprüngen moderner Kunst*, a. a. O., S. 146

2 Wassily Kandinsky am 3. April 1916 in einem Brief an Gabriele Münter; zit. n. Gisela Kleine: *Gabriele Münter und Wassily Kandinsky. Biographie eines Paares*, a. a. O., S. 481

3 Kandinsky am 12. April 1916 in einem Brief an Münter; frz. Original zit. in Vivian Endicott-Barnett: *Kandinsky and Sweden*, a. a. O., S. 71; siehe auch Jelena Hahl-Fontaine (Hrsg.): *Kandinsky. Das Leben in Briefen 1889–1944*, a. a. O., S. 149 f.

4 Kandinsky am 8. und 21. Juni 1916 in Briefen an Münter; zit. n. Jelena Hahl-Fontaine (Hrsg.): *Kandinsky. Das Leben in Briefen 1889–1944*, a. a. O., S. 151 sowie n. Gisela Kleine: *Gabriele Münter und Wassily Kandinsky. Biographie eines Paares*, a. a. O., S.482 f.

5 Kandinsky am 16. Oktober 1916 in einem Brief an Münter; frz. Original zit. in Vivian Endicott-Barnett: *Kandinsky and Sweden*, a. a. O., S. 81 f.; siehe auch: Jelena Hahl-Fontaine (Hrsg.): *Kandinsky. Das Leben in Briefen 1889–1944*, a. a. O., S. 151, hier datiert mit 3. Oktober gem. russ. Zeitrechnung

6 *Stockholm Dagblad* vom 20. Oktober 1916; zit. in Karoline Hille: *Gabriele Münter. Die Künstlerin mit der Zauberhand*, a. a. O., S. 148, sowie Gisela Kleine: *Gabriele Münter und Wassily Kandinsky. Biographie eines Paares*, a. a. O., S. 754

7 Zit. n. Gisela Kleine: *Gabriele Münter und Wassily Kandinsky. Biographie eines Paares*, a. a. O., S.484 f.; ein Auszug des frz. Originals, hier datiert auf den 10. November, findet sich in: Vivian Endicott-Barnett: *Kandinsky and Sweden*, a. a. O., S. 83

8 Frz. Original vom 16. Oktober in ebd., S. 81 f.
9 Münter am 2. Dezember 1916 in einem Brief an Kandinsky; zit. n. Gisela Kleine: *Gabriele Münter und Wassily Kandinsky. Biographie eines Paares*, a. a. O., S. 488
10 Vgl. Nina Kandinsky: *Kandinsky und ich*, Bastei Lübbe 1978, S. 12 ff.

Weltkind

1 Wassily Kandinsky am 12. Juni 1917 in einem Brief an Gabriele Münter; zit. n. Jelena Hahl-Fontaine (Hrsg.): *Kandinsky. Das Leben in Briefen 1889–1944*, a. a. O., S. 153
2 Vgl. Johannes Eichner: *Kandinsky und Gabriele Münter. Von den Ursprüngen moderner Kunst*, a. a. O., S. 177
3 Zit. n. Vivian Endicott-Barnett: *Kandinsky and Sweden*, a. a. O., S. 63
4 Johannes Eichner: *Kandinsky und Gabriele Münter. Von den Ursprüngen moderner Kunst*, a. a. O., S. 22
5 Anlass war eine Gemeinschaftsschau in der Berliner »Sturm«-Galerie im Dezember 1917; der Brief von Münter an Walden ist datiert mit 2. Januar 1918; zit. in Gisela Kleine: *Gabriele Münter und Wassily Kandinsky. Biographie eines Paares*, a. a. O., S. 480
6 *Göteborg Skjöfarts- och Handelstidning* vom 18. November 1917; siehe dazu: Annegret Hoberg, Helmut Friedel (Hrsg.): *Gabriele Münter 1877–1962*, a. a. O., S. 77 und 84
7 *Beichte und Anklage*, 1925; zit. n. Gisela Kleine: *Gabriele Münter und Wassily Kandinsky. Biographie eines Paares*, a. a. O., S. 495 f.
8 Nell Walden am 14. November 1914 in einem auf Schwedisch verfassten Brief an Münter; zit. n. Annegret Hoberg, Helmut Friedel (Hrsg.): Gabriele Münter 1877–1962, a. a. O., S. 77
9 Der Kritiker Knut Barr am 22. Januar 1917 in der Morgenzeitung *Stockholms-Tidningen*
10 Brief vom 8. Februar 1918; zit. n. Gisela Kleine: *Gabriele Münter und Wassily Kandinsky. Biographie eines Paares*, a. a. O., S. 498
11 zit. n. Ivan Ristić, Hans-Peter Wipplinger (Hrsg.): *Gabriele Münter*, a. a. O., S. 20

Bittere Wahrheit

1 Kandinsky am 6. Mai 1918 in einem Brief an Poul Bjerre, der mit Bitte um Weiterleitung an die Galerie Gummeson gegangen war; zit. n. Vivian Endicott-Barnett: *Kandinsky and Sweden*, a. a. O., S. 91

2 Münter am 7. April 1949 in einem Brief an Poul Bjerre; zit. n. Gisela Kleine: *Gabriele Münter und Wassily Kandinsky. Biographie eines Paares*, a. a. O., S. 498

3 Zit. in Vivian Endicott-Barnett: *Kandinsky and Sweden*, a. a. O., S. 89

4 Vgl. Vivian Endicott-Barnett: *Kandinsky and Sweden*, a. a. O., S. 90 f., sowie Gisela Kleine: *Gabriele Münter und Wassily Kandinsky. Biographie eines Paares*, a. a. O., S. 501 f.

5 *Politiken* vom 5. Oktober 1919; zit. n. Ivan Ristić, Hans-Peter Wipplinger (Hrsg.): *Gabriele Münter*, a. a. O., S. 14

6 Maria Marc am 24. März 1920 an Gabriele Münter; zit. n. Klaus Lankheit (Hrsg.): *Wassily Kandinsky, Franz Marc. Briefwechsel*, Piper Verlag 1983

7 zit. n. Helmut Friedel, Annegret Hoberg (Hrsg.): *Der Blaue Reiter im Lenbachhaus München,* Prestel Verlag 2013, S. 13

Hass und Ohnmacht

1 Kandinsky 1939 und 1936 in Briefen an die deutsch-amerikanische Malerin und Kunstsammlerin Hilla von Rebay; zit. in Annegret Hoberg, Helmut Friedel (Hrsg.): *Wassily Kandinsky*, a. a. O., S. 198 und S. 188

2 Der Kunstkritiker Nikolaj Punin 1918 anlässlich der Veröffentlichung von Kandinskys *Rückblick* in russischer Sprache; zit. n. Gisela Kleine: *Gabriele Münter und Wassily Kandinsky. Biographie eines Paares*, a.a.O, S. 508

3 Vgl. Nina Kandinsky: *Kandinsky und ich*, a. a. O., S. 94 f.

4 Zit. n. Gisela Kleine: *Gabriele Münter und Wassily Kandinsky. Biographie eines Paares*, a. a. O., S. 513 f.

5 Ludwig Baehr am 20. Juli und am 24. August 1921 in Briefen an Münter; zit. n. ebd., S.506

6 Hugo Ball am 29. März 1922 in einem Brief an Hermann Hesse; zit. n. Boris von Brauchitsch: *Gabriele Münter. Eine Biografie*, Insel Verlag, 3. Aufl. 2018, S. 133

7 *Beichte und Anklage*, zit. n. Ivan Ristić, Hans-Peter Wipplinger (Hrsg.): *Gabriele Münter,* a. a. O., S. 19

8 Wassily Kandinsky am 29. September 1905 in einem Brief an Gabriele Münter; zit. n. Gisela Kleine: *Gabriele Münter und Wassily Kandinsky. Biographie eines Paares*, a. a. O., S. 229

9 Zit. n. Gisela Kleine: *Gabriele Münter und Wassily Kandinsky. Biographie eines Paares*, a. a. O., S. 521 f.

10 Zit. n. ebd., S. 523 f., sowie n. Jelena Hahl-Fontaine (Hrsg.): *Kandinsky. Das Leben in Briefen 1889–1944,* a. a. O. S. 160

11 Gabriele Münter am 16. April 1925 in ihrem Tagebuch; vgl. Gisela Kleine: *Gabriele Münter und Wassily Kandinsky. Biographie eines Paares*, a. a. O., S. 525

12 Undatierte Aufzeichnung aus dem Jahr 1922, sowie Einträge aus dem Juni 1922 und vom 25. Dezember 1925; zit. n. ebd., S. 519 und S. 517

13 Tagebucheintrag von 1922; zit. n. Annegret Hoberg: *Gabriele Münter*, Wienand Verlag 2017, S. 77

14 Dietmar Mueller-Elmau: *Schloss Elmau – Eine deutsche Geschichte, Kösel 2015, S. 9*

15 Gabriele Münter am 3. Juli 1925 in ihrem Tagebuch; zit. n. Gisela Kleine: *Gabriele Münter und Wassily Kandinsky. Biographie eines Paares*, a. a. O., S. 529

16 Wassily Kandinsky am 26. März 1916 in einem Brief an Gabriele Münter; zit. n. ebd., S. 480 f.

Epilog

1 Wassily Kandinsky am 13. Juni 1933 in einem Brief an Thomas von Hartmann; zit. n. Jelena Hahl-Fontaine (Hrsg.): *Kandinsky. Das Leben in Briefen 1889–1944*, a.a. O., S. 190

2 Zit. n. Klaus Lankheit (Hrsg.): *Wassily Kandinsky, Franz Marc. Briefwechsel*, a. a. O., S. 295

3 Wassily Kandinsky: *Essays über Kunst und Künstler,* hrsg. von Max Bill, Benteli Verlag 1963, S. 193

4 Edouard Roditi: *Dialoge über Kunst* (1960); zit. n. Ivan Ristić, Hans-Peter Wipplinger (Hrsg.): *Gabriele Münter,* a. a. O., S. 24

5 Gabriele Münter am 7. Januar 1927 in ihrem Tagebuch; zit. n. ebd., S. 22

6 Zit. n. Annegret Hoberg: *Gabriele Münter,* a. a. O., S. 86 und S. 84

7 Zit. n. Annegret Hoberg: *Wassily Kandinsky und Gabriele Münter in Murnau und Kochel*, a. a. O., S. 28

LITERATURVERZEICHNIS

Bilang, Karla (Hrsg.): *Kandinsky, Münter, Walden. Briefe und Schriften 1912–1914*, Benteli Verlag 2012

Von Brauchitsch, Boris: *Gabriele Münter. Eine Biografie*, Insel Verlag, 3. Aufl. 2018

Deseyve Yvette: *Der Künstlerinnen-Verein München e. V. und seine Damenakademie*, Herbert Utz Verlag 2005

Eichner, Johannes: *Kandinsky und Gabriele Münter. Von den Ursprüngen moderner Kunst*, Bruckmann Verlag 1957

Endicott-Barnett, Vivian: *Kandinsky and Sweden*, Malmö Konsthall Moderna Muset 1990

Engels, Sybille/Trischberger, Cornelia: *Der Blaue Reiter. Die Künstler, ihr Leben, ihre Zeit*, Prestel Verlag, 3. Aufl. 2021

Erdmann-Macke, Elisabeth: *Erinnerung an August Macke*, Fischer Taschenbuch Verlag 1987

Fäthke, Bernd: *Marianne Werefkin. Leben und Werk 1860–1938*, Katalog zur Ausstellung in der Villa Stuck, Prestel Verlag 1988

Friedel, Helmut (Hrsg.): *Gabriele Münter. Die Jahre mit Kandinsky, Photografien 1902–1904*, Schirmer Mosel /Gabriele Münter- und Johannes-Eichner-Stiftung /Lenbachhaus 2007

Gabriele Münter. Die Reise nach Amerika, Photografien 1899–1900, Schirmer Mosel /Gabriele Münter- und Johannes-Eichner-Stiftung /Lenbachhaus 2006

Hahl-Fontaine, Jelena (Hrsg.): *Kandinsky. Das Leben in Briefen 1889–1944*, Hirmer Verlag 2023

Heißerer, Dirk: *Wo die Geister wandern. Literarische Spaziergänge in Schwabing*, C. H. Beck Verlag, 2. Aufl., 2016

Hille, Karoline: *Gabriele Münter. Die Künstlerin mit der Zauberhand*, Dumont 2012

Hoberg, Annegret: *Gabriele Münter*, Wienand Verlag 2017
- *Wassily Kandinsky und Gabriele Münter in Murnau und Kochel 1902–1904. Briefe und Erinnerungen*, Prestel Verlag 1994
- *Maria Marc. Leben und Werk 1876–1955.* Ausstellungskatalog, Städtische Galerie im Lenbachhaus 1995
- *August Macke, Franz Marc. Der Krieg, ihre Schicksale, ihre Frauen*, Wienand Verlag 2015

Hoberg, Annegret/Helmut Friedel (Hrsg.): *Gabriele Münter 1877–1962.* Retrospektive, Lenbachhaus /Prestel Verlag 1992
- *Wassily Kandinsky*, Prestel Verlag 2016
- *Der Blaue Reiter und das neue Bild. Von der »Neuen Künstlervereinigung München« zum »Blauen Reiter«,* Städtische Galerie im Lenbachhaus/ Prestel Verlag 1999
- *Der Blaue Reiter im Lenbachhaus München,* Prestel Verlag 2013

Holzinger, Michael (Hrsg.): *Franz Marc, August Macke: Briefwechsel 1910–1914*, Holzinger, 4. Aufl. 2018

Jansen, Isabelle: *Gabriele Münter 1877–1962. Malen ohne Umschweife*, Lenbachhaus /Prestel Verlag, 2. Aufl., 2018

Kandinsky, Nina: *Kandinsky und ich*, Bastei Lübbe 1978

Kandinsky, Wassily: *Rückblick*, Woldemar Klein Verlag 1955
- *Über das Geistige in der Kunst.* Mit einer Einführung von Max Bill, Benteli Verlag 1965
- *Gesammelte Schriften*, Bd. 1, hrsg. von Hans K. Roethel und Jelena Hahl-Koch, Benteli Verlag 1980
- *Essays über Kunst und Künstler,* hrsg. von Max Bill, Benteli Verlag 1963

Kandinsky, Wassily /Franz Marc (Hrsg.): *Der Blaue Reiter*. Dokumentarische Neuausgabe von Klaus Lankheit, Piper Verlag, 13. Aufl. 2016

Kleine, Gisela: *Gabriele Münter und Wassily Kandinsky. Biographie eines Paares*, Insel Verlag 2020

Lankheit, Klaus (Hrsg.): *Wassily Kandinsky, Franz Marc. Briefwechsel*, Piper Verlag 1983

Metzger, Rainer: *München. Die große Zeit um 1900. Kunst, Leben und Kultur 1890–1920*, dtv 2009

Möller, Hildegard: *Malerinnen und Musen des »Blauen Reiters«*, Piper Verlag 2012

Mueller-Elmau, Dietmar: *Schloss Elmau – eine deutsche Geschichte*, Kösel Verlag 2015

Mühling, Matthias/Jansen, Isabelle/Gabriele Münter- und Johannes-Eichner-Stiftung (Hrsg.): *Das Münter-Haus in Murnau*, Sieveking Verlag 2018

Ristić, Ivan/Hans-Peter Wipplinger (Hrsg.): *Gabriele Münter.* Retrospektive, Leopold Museum 2023

Roßbeck, Brigitte: *Marianne von Werefkin. Die Russin aus dem Kreis des Blauen Reiters*, btb 2015

Salmen, Brigitte (Hrsg.): *1908–2002. Kandinsky, Münter, Jawlensky, Werefkin in Murnau*, Schlossmuseum Murnau 2008

Uhrig, Sandra (Hrsg.): *Gabriele Münter. Die Zeit nach Kandinsky in Murnau*, Ausstellungskatalog, Schlossmuseum Murnau 2012

- »›Relativ unbehelligt‹. Robert Genin, ein russischer Zivilgefangener in München während des Ersten Weltkriegs.« In: *Robert Genin, 1884–1841. Russischer Expressionist in München*, S. 115–122, Schlossmuseum Murnau 2019
- »Von Wahlmünchnern zu ›Feindstaatenausländern‹ und Exilanten. Der Ausbruch des Ersten Weltkriegs und die Situation russischer Künstler in Deutschland und der Schweiz.« In: *Lebensmenschen. Alexej von Jawlensky und Marianne von Werefkin*, S. 246–250, Prestel Verlag 2019

Werefkin, Marianne: *Lettres à un Inconnu – Briefe an einen Unbekannten 1901–1905*, hrsg. von Clemens Weiler, Verlag M. DuMont 1960

Internetlinks und Zeitschriften

Bergverein Kallmünz: www.bergverein-kallmuenz.de/Maler-in-kallmuenz/Palmie-Charles/Charles-Palmie-Opf.pdf

Das Kunstwerk. Eine Monatsschrift über alle Gebiete der bildenden Kunst, 2. Jahr, Heft 7/1948

Eddy, Arthur Jerome: Cubists and Post-Impressionism, Chicago 1914; www.gutenberg.org/cache/epub/64936/pg64936-images.html

Huber, Johannes: »Herbst der Politik, Frühling der Kunst. Wassily Kandinskys Exil 1914 in Goldach«; in: Historischer Verein des Kantons St. Gallen (Hrsg.): *1914–1918/19. Die Ostschweiz und der große Krieg.* 154. Neujahrsblatt 2014; www.hvsg.ch/pdf/neujahrsblaetter/hvsg_neujahrsblatt_2014.pdf

Kunst für Alle, Heft 3/1. November 1910; https://dfg-viewer.de/show?tx_dlf%5Bdouble%5D=0&tx_dlf%5Bid%5D=https%3A%2F%2Fdigi.ub.uni-heidelberg.de%2Fdiglit%2Fkfa1910_1911%2Fmets&tx_dlf%5Bpage%5D=87&cHash=bbc24e28cf87d9f6ce85f8564603e439

Mann, Thomas: Gladius Dei;
https://archive.org/stream/gladiusdeischwer12053gut/12053.txt

Scheffler, Karl: *Die Frau und die Kunst. Eine Studie*, Verlag Julius Bard 1908; https://archive.org/details/diefrauunddiekun00sche/mode/2up

Simplicissimus, 2. Jg. 1897/98, Nr. 20
Simplicissimus, 15/1901

Zum Thema »entartete Kunst«:
www.kunstzitate.de/bildendekunst/manifeste/nationalsozialismus/ziegler_rede_entartet_1937.htm
www.geschkult.fu-berlin.de/e/db_entart_kunst/
https://germanhistorydocs.org/de/deutschland-nationalsozialismus-1933-1945/fuehrer-durch-die-ausstellung-entartete-kunst-1937

PERSONENREGISTER

H

J

K

L

BILDNACHWEIS

Innenteil

14 Ausstellung Entartete Kunst, 1937. Foto: ullstein bild

26 Fotograf*in: unbekannt, Emmy und Gabriele Münter mit weiteren Passagieren an Deck der *Pennsylvania*, 1902, Gabriele Münter- und Johannes-Eichner-Stiftung

36 Fotograf*in: unbekannt, Familie Münter, Herford, um 1882, Gabriele Münter- und Johannes-Eichner-Stiftung

46 Fotograf*in: unbekannt, Wassily Kandinsky mit zwei Kollegen von der Ažbeschule, Nikolai Zeddler und Dmitry Kardowsky, München, 1898, Gabriele Münter- und Johannes-Eichner-Stiftung

62 Fotograf*in: unbekannt, Kandinskys Abendaktklasse, 1902, Gabriele Münter- und Johannes-Eichner-Stiftung

74 Wassily Kandinsky, Münter an der Staffelei im Freien malend, Kochel, 1902, Gabriele Münter- und Johannes-Eichner-Stiftung

84 Fonds Kandinsky, Anja Kandinsky mit Daisy auf dem Balkon des Hotels »Grauer Bär« in Kochel, 1902, Paris, Centre Pompidou-MNAM/CCI-Bibliothèque Kandinsky. Foto: bpk/CNAC-MNAM/Fonds Kandinsky

90 Gabriele Münter, Kandinsky beim Landschaftszeichnen auf dem Burghügel über Kallmünz, 1903, Gabriele Münter- und Johannes-Eichner-Stiftung, © VG Bild-Kunst, Bonn 2024

100 o. Gabriele Münter, Kandinsky im Ruderboot, 1905/06, Gabriele Münter- und Johannes-Eichner-Stiftung, © VG Bild-Kunst, Bonn 2024

100 u. Wassily Kandinsky, Münter auf einer Wiese, 1905, Gabriele Münter- und Johannes-Eichner-Stiftung

124 Wassily Kandinsky, Alexej Jawlensky, Marianne von Werefkin, Andreas Jawlensky und Gabriele Münter in der Sollerstraße in Murnau, um 1909, Gabriele Münter- und Johannes-Eichner-Stiftung

132 Wassily Kandinsky, Münter auf dem Rodelschlitten, Kochel, 1909, Gabriele Münter- und Johannes-Eichner-Stiftung

140 l. Wassily Kandinsky, Münter im Dirndl, 1910, Gabriele Münter- und Johannes-Eichner-Stiftung

140 r. Gabriele Münter, Kandinsky in bayerischer Tracht, 1910, Gabriele Münter- und Johannes-Eichner-Stiftung, © VG Bild-Kunst, Bonn 2024

142 Gabriele Münter, Münter-Haus in Murnau, 1909, Gabriele Münter- und Johannes-Eichner-Stiftung

144 Gabriele Münter, Zeichnung des Rondells, um 1911, Gabriele Münter- und Johannes-Eichner-Stiftung, © VG Bild-Kunst, Bonn 2024

150 Wassily Kandinsky, Plakat für die erste Ausstellung der Neuen Künstlervereinigung München, 1909, Farblithografie, 94 x 64 cm, Städtische Galerie im Lenbachhaus und Kunstbau München

157 Wassily Kandinsky, Münter auf Friedhof in Kochel, 1911, Gabriele Münter- und Johannes-Eichner-Stiftung

172 Gabriele Münter, Wassily Kandinsky am Schreibtisch seiner Münchener Wohnung, 1911, Paris, Centre Pompidou-MNAM/CCI-Bibliothèque Kandinsky, Gabriele Münter- und Johannes-Eichner-Stiftung, © VG Bild-Kunst, Bonn 2024. Foto: bpk/CNAC-MNAM/Fonds Kandinsky

182 Wassily Kandinsky, Mitglieder des »Blauen Reiters« auf dem Balkon der Ainmillerstraße 36, 1911, Gabriele Münter- und Johannes-Eichner-Stiftung

200 l. Gabriele Münter, Kandinsky neben Wandvitrine in der Ainmillerstraße 36, München, 1913, Gabriele Münter- und Johannes-Eichner-Stiftung, © VG Bild-Kunst, Bonn 2024

200 r. Wassily Kandinsky, Münter neben Wandvitrine in der Ainmillerstraße 36, München, 1913, Gabriele Münter- und Johannes-Eichner-Stiftung

206 Fotograf*in: unbekannt, Porträt von Gabriele Münter, Zürich, 1915, Gabriele Münter- und Johannes-Eichner-Stiftung

220 Gabriele Münter, Vorarbeit zum Linolschnitt-Portrait Kandinskys, 1906, Bleistift auf Pergamentpapier, 25 x 17,5 cm, Städtische Galerie im Lenbachhaus und Kunstbau München, Gabriele Münter Stiftung 1957, © VG Bild-Kunst, Bonn 2024

240 Fotograf*in: unbekannt, Gabriele Münter und Wassily Kandinsky in Stockholm, 1916, Gabriele Münter- und Johannes-Eichner-Stiftung

250 Gabriele Münter, Nachdenkend (Frau E. F.), Bleistift, 21 x 14,4 cm, Städtische Galerie im Lenbachhaus und Kunstbau München, Gabriele Münter Stiftung 1957, © VG Bild-Kunst, Bonn 2024

258 Gabriele Münter, Entwurf für den Katalog für die Gabriele-Münter-Ausstellung, Kopenhagen, 1918, Tusche, Kreide, 18 x 12,3 cm, Städtische Galerie im Lenbachhaus und Kunstbau München, Gabriele Münter Stiftung 1957, © VG Bild-Kunst 2024

268 Fotograf*in: unbekannt, »ich 1919 Bornholm«, 1919, Gabriele Münter- und Johannes-Eichner-Stiftung

278 Lyonel Feininger, Nina und Wassily Kandinsky am Strand in Binz auf Rügen, 1925, Paris, Centre Pompidou-MNAM/CCI-Bibliothèque Kandinsky, © VG Bild-Kunst, Bonn 2024. Foto: bpk/CNAC-MNAM/Fonds Kandinsky

288 Fotograf*in: unbekannt, Gabriele Münter, um 1935, Gabriele Münter- und Johannes-Eichner-Stiftung

Bildteil

1 o. Gabriele Münter, Kandinsky beim Landschaftsmalen, 1903, Öl auf Leinwandkarton, 16,9 x 25 cm, Städtische Galerie im Lenbachhaus und Kunstbau München, Gabriele Münter Stiftung 1957, © VG Bild-Kunst, Bonn 2024

1 u. Gabriele Münter, Selbstbildnis, um 1909/11, Öl auf Pappe, 49 × 33,7 cm, Madrid, Museo Thyssen-Bornemisza, © VG Bild-Kunst, Bonn 2024. Foto: akg-images

2 o. Gabriele Münter, Allee vor Berg, 1909, Öl auf Malpappe auf Holz, 49 × 59 cm, Sammlung Deutsche Bank AG, © VG Bild-Kunst, Bonn 2024. Foto: akg-images

2 u. Gabriele Münter, Das gelbe Haus, 1911, Öl auf Pappe, 51,8 x 75 cm, Bayerische Staatsgemäldesammlungen - Sammlung Moderne Kunst in der Pinakothek der Moderne München, © VG Bild-Kunst, Bonn 2024. Foto: bpk/Bayerische Staatsgemäldesammlungen

3 o. Gabriele Münter, Nach dem Tee II (Kandinsky mit dem Kunsthändler Hans Goltz in der Ainmillerstrasse 36, München), 1911, Öl auf Karton,

51 × 68 cm, Sammlung Firmengruppe Ahlers, © VG Bild-Kunst, Bonn 2024. Foto: akg-images

3 u. Gabriele Münter, Kandinsky und Erma Bossi am Tisch, 1912, Öl auf Leinwand, 95,4 x 125,5 cm, Städtische Galerie im Lenbachhaus und Kunstbau München, Gabriele Münter Stiftung 1957, © VG Bild-Kunst, Bonn 2024

4 o. Gabriele Münter, Stillleben mit heiligem Georg, 1911, Öl auf Pappe, 51,1 x 68 cm, Städtische Galerie im Lenbachhaus und Kunstbau München, Gabriele Münter Stiftung 1957, © VG Bild-Kunst, Bonn 2024

4 u. Gabriele Münter, Anna Roslund, 1917, Öl auf Leinwand, 94 x 68 cm, Leicester Museum & Art Gallery, © VG Bild-Kunst, Bonn 2024. Foto: © Leicester Arts and Museums Service/Bridgeman Images

5 o. Wassily Kandinsky, Alte Stadt II (Rothenburg ob der Tauber), 1902, Öl auf Leinwand, 52 × 78,5 cm, Paris, Musée National d'Art Moderne. Foto: akg-images

5 u. Wassily Kandinsky, Kochel—Gabriele Münter, 1902. Öl auf Leinwand, 32,6 x 23,5 cm, Privatsammlung

6 u. Wassily Kandinsky, Das bunte Leben, 1907, Tempera auf Leinwand, 130 × 162,5 cm, 1972–2023 Bayerische Landesbank, Dauerleihgabe an die Städtische Galerie im Lenbachhaus, München, 2023 Restitution an die Erben Lewenstein. Foto: Bridgeman Images

6 u. Wassily Kandinsky, Naturstudie aus Murnau I (Kochel – Gerade Straße), 1909, Öl auf Pappe, 32,9 x 44,6 cm, Städtische Galerie im Lenbachhaus und Kunstbau München, Gabriele Münter Stiftung 1957

7 o. Wassily Kandinsky, Studie für Murnau mit Kirche II, 1910, Öl auf Leinwand, 32 × 44 cm, Sammlung Firmengruppe Ahlers. Foto: akg-images

7 u. Wassily Kandinsky, Impression III (Konzert), 1911, Öl auf Leinwand, 77,5 x 100 cm, Städtische Galerie im Lenbachhaus und Kunstbau München, Gabriele Münter Stiftung 1957

8 o. Wassily Kandinsky, Komposition V, 1911, Öl auf Leinwand, 190 x 275 cm, Privatsammlung. Foto: Bridgeman Images

8 u. Wassily Kandinsky, Landschaft mit roten Flecken II, 1913, Öl auf Leinwand, 117,5 × 140 cm, Venedig, Sammlung Peggy Guggenheim. Foto: akg-images